AF242093

英雄命運
貝多芬250年頌

THE HERO'S DESTINY

TRIBUTE TO BEETHOVEN'S 250TH BIRTHDAY

章凝　Ning Zhang

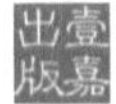

壹嘉出版 1 Plus Books
舊金山・2020
San Francisco, 2020

謹以此書獻給1990年代我于馬里蘭州
Towson大學就讀期間結識的朋友們。
當年你們對我的幫助提攜和救助之恩，
讓我永生不忘！

章 凝

目　录

貝多芬——我愛你！

（代序）

一

貝多芬 —— 我愛你！

請原諒：對你，我這樣說 ——"有個字過分被人們玷污，我怎能再加以褻瀆。"

可，比這更能凝聚起我對你的全部情感，且崇高、優美的言語，又在哪裡？

這愛，不要說起自塵世，而脫盡了世塵；不要說有多麼熱情熾烈，又多麼純潔溫柔，更多麼凝重深沉，多麼超常而執著。

茫茫汪洋上孤帆苦戀著海風，大漠跋涉的流放者癡情於檉樹；長夜憂愁的不眠人摯愛那一輪明月，太空下荒原上隕石永遠向慕著天狼星。

此即我對你的愛情：心靈愛著心靈；靈魂愛著靈魂；血液愛著血液；精神愛著精神！

哦，對你的大愛，即是我此人生大夢裡的一個真切、永遠，最美、最明亮的夢中之夢！

二

依稀地記得，那還是在十多年前：他，一個十一二歲的小男孩，一次偶然聽爸爸講起："從前，外國有位大音樂家，名叫貝多芬。他寫的樂曲非常好聽，但他自己卻是個聾子，並且還很窮……"小男孩聽了，心靈受到小小的震動，又覺得十分稀奇，聾子＝大音樂家？一個人什麼都聽不見，居然還會作曲，還是非常好聽的樂曲？啊，真了不起，又真不可思議。

初次相識，你的名字，悄然潛印上了那尚還稚弱的心靈。

數年過去了，小男孩長成了少年，開始會思索與憂鬱。在一個難忘的晚上，他懷著好奇多於興奮的心情，早早地守在收音機旁，等待著那後來證明是雙重劃時代的首演 —— 你的《命運》。"咚！咚！咚！"敲門聲傳來，…… ……，"隆！隆！隆！"轟鳴聲嘎然截止，自起始的心跳逐漸加劇，到最終的周身熱血沸騰，少年被震撼得幾乎驚諤得呆了，竟久久不能言語：哦，這是種什麼東西？原來在這世界上竟還有著這樣的一種東西。

這生平與你的頭一次遭遇，雷電破石的巨大共鳴將他整個乾淨地征服了。與你命中註定的不解之緣，就此正式開始。

從那時至今，十餘個春秋過去了，人生的歲月幾多風風雨雨，走在斑斕的人世，在我那總是交織彌漫著騷動和孤寂的心靈夜空，一顆顆閃亮的繆斯之星燦然升起又逐漸消隱，唯有你這顆星中之星始終長照著高懸天頂，燁燁明輝閃爍變幻著無盡的新興魅力！

三

你是我的朝陽、風暴，我光明與力量的源泉。我生命的孤帆，漂流在洶渾莫測的黑海，幾番烏雲壓頂，多少次拋錨陷落，於苦鬥中載沉載浮。抬起迷惘的雙眼，但見自周遭鋪向溟蒙天際的茫茫波濤，不時感到無助、哀竭又絕不甘沉淪的心兒，無所為而為地自然就投入你博大的胸懷：

你的第三～第九交響曲；你的小提琴、鋼琴協奏曲；你的「利奧諾拉」，你的「哀格蒙特」；你的「月光」、「熱情」和「悲愴」；你的……，我多少次，無數次地聆聽，再聆聽，而每一次，都好似走進了一派嶄新的天地，如同經歷了一場暴風雨的再洗禮！

　　我幾乎不能在人前，不甘願在音樂會上聽你的音樂，因為那不能使我聽得酣暢淋漓，強抑迷醉後的癲狂癡狀使我萬般難忍受。我靈魂與你靈魂的相會，只能進行在那與紛攘塵世隔絕，只有我一人的斗室裡：

　　只有在這裡，我才能凝聚起我的全部靈心，縱身躍入到你那浩大壯麗的藝術時空之中，似流螢飛撲進燦爛星天，遊魚漫潛於奇幻海底，縱橫無涯高蹈，逸興遄飛輕進；全身心充溢著超感官的絕妙歡樂，沉浸於物我兩忘至極的喜悅裡；又如夜幕下流星疾駛向大地母親，荒山裂谷中黑煤笑迎千年霹靂，靈與肉沉寂火山被引爆噴湧奔騰，化為一派洶湧澎湃燃燒的激情洪流，直至生命潛能煥發出全部強力。也只有在此時此刻，我才能夠真正做到，甩脫先天裸猿人的緊箍獸皮，扯下後天社會人的可憎面具，從而以一種最近於此生靈造物優質天性的"藝術／精神人"的面容身形，卓然挺立於碌碌存在的渾濁表層之上，再放眼極目矚望那迢遙高天處若隱若現的神明！

　　你是我的月光、清泉，我天涯遊子的鄉音，生就孤兒的搖籃曲。活在這世上，渴望著愛與被愛。可千般世俗的親情，刻骨銘心的愛與被愛，也總難拂及並撫慰一太深靈魂的最深處，那與生俱來無可療治的焦灼，對生命本體的煩惱憂思，註定了此靈魂的載體必時刻且終身上演著悲劇。除去無限大自然母親，就唯有你寓無限於有限的音樂，方能使我這因過於自由而沉重萬分的靈魂，不時地覓到哪怕是片刻的安寧、恬靜。

　　你遠不只是「英雄」，遠不只是「悲愴」「命運」，像你這樣星球般的人物必定是由兩極構成。今天在這裡，我只想特別地談到，你那不最膾炙人耳的兩首樂曲 —— G大調和F大調浪漫曲。

　　時常，在靜謐的午夜，我獨處斗室，關了檯燈，月光悄然拂進，閉上眼睛，靜靜地諦聽，完全地沉浸，直感到此時這世界上只有我與你的旋律存在 —— 這又是怎樣的一種旋律，怎樣的一種美啊 —— 海菲茨拉得也太好。前者那純潔怨訴的委婉低語，後者那孤飄遊雲的隱憂氣息，哀感頑豔的曲調，至情至靈的音波，盡流自攫攝魂魄的小提琴，直似將我這世紀畸零兒的這顆心都要自胸腔拉出來了，真欲投身於這音樂的夢中就此闔眼而死去。一曲未終了，我雙眼已噙滿淚水，呆呆地坐在那裡，情潮起伏久久不能平靜……哦，這是幅什麼畫面，又是種什麼情調，我親愛的大師，你在天之靈若能俯瞰看見，還會像你生前偶遇到此類情景時那樣感動得泣不成聲嗎？

四

　　記得有一次，在大學裡，一位同學不解但饒有興趣地問我：“你如此癡迷於貝多芬的音樂，可到底從中聽出了什麼？聽時腦子裡看到，又聯想到了些什麼？”我立即如實地給了他全部為否定的回答，令他既失望又似信非信。可這是真的。聽你的音樂，我幾乎從未聽出什麼具體的東西，腦海中極少浮現出相應的生動畫面：怒濤起伏的群山，雄渾浩蕩的江海；狂暴的電閃雷鳴，壯偉的人世場景；明秀田園，清幽林溪；月下夢幻湖波，情長脈脈兒女……，也難得試圖努力去做類似的聯想。我只是聆聽，竭力去除一切雜念聆聽，調集起全部神智於耳畔聆聽，讓聆聽成為斯時唯一的意識感受，盡力使理智思維停頓，感受著那萬千音波，蘊藉著與放射出的無限神奇——脫於又遠超乎于人間自然的抽象天國的大美與大力。

　　我也無心鑽習樂理，曾學過的一些音樂知識忘記了也任其忘記。一個人不識星圖，夜觀浩瀚星空會更感受那神秘的壯麗，而神秘的美為至美。自打我學得識別星座，再於晴朗的夜晚，觀星天以求感昭，眼光卻帶上了些許技術性成分，揮之不去，不禁很感到幾分得此失彼的悵然。從此我再不願從書本上深學音樂。我只是滿足能夠：以我真璞的感悟靈性、原始的審美氣質，從容悠然地張開自然這強勁羽翼，在你那藝術海天之中，自由放形無羈；或高翔或深潛，或馳騁或徜徉，讓全身心整體，直至每一深層細胞，汲取啜飲你每一音符所包孕的熱量乳蜜；讓那陽光和海水，滲透靈界每道孔隙，以期在今世漫長而艱辛的浮生歲月裡，使我這始終不懈在索求著真我的超越與高邁，而迄今卻仍然遠未能脫盡了假我的層層枷鎖，先天深重但又不足的內在靈魂，蕩滌去俗欲泥沙，焚燒掉病弱毒菌；將使命意識錘煉成真鋼，煽奮自強火炬放出光明，從而躍上更高的藝術/哲學的階梯，去熱愛、體驗人生與生命。以求在最終，與你那 —— 自由鋪展開博大莊嚴，寓優美和諧於激越跌宕 —— 幾與大自然韻律同步的韻律，似就是宇宙精神的精神，再不僅只局部、瞬間，而完全、緊密且永遠地熔煉結合成一體。

五

　　哦，貝多芬，每當我念叨著你的偉名，含英咀華頓覺滿口芳芬；可同時又不知怎麼搞的，有點像個虔誠的信徒，正滿懷感動念叨著他的上帝。其實在我內心，我崇敬、熱愛你，就好似對一位摯友——一位天天就生活在身邊，偉大而平凡的朋友。經常感覺到：就思想、情感而言，我們並不存在著什麼本質上的差異，精神層次高低的距離也遠不及成百上千里，我們各自靈魂的脈動具有著同一種頻率。誠如叔本華所言：“一個賦有高度心靈能力的人，他思想豐富，生活充實而有意義，有趣味對象的追求，所以在他自身裡含有最高貴的快樂源泉。諸如……對歷史上偉大成就的領會和瞭解，深刻透徹的明白偉大事蹟的意義，是此類人士獨具的才能。歷代偉人們所期望的千古知音便是這種具備高度心靈能力的人，偉人們也因自己的思想與藝術獲得知音而不曾白活。”是啊，你奉獻給我們人生以取之不盡的色彩和力量，我們還予你人生以崇高的偉義與不朽(這恐怕算得上俗世裡最公平且高標的等價交換了吧)，猶如海盆和浩浩海水，陽光與寥廓蒼穹，靈肉相依，永不可分離。

遠非所有人都欣賞你的音樂，更不用說既欣賞又理解你的音樂，甚至在情感心智都具相當水準的“精神上等人”當中。你真正的知音相對來說很少，如星散于無垠大海中的島嶼、岩礁。我不知道，這究竟是你繼生前身後必遭的厄運，還是嚴正歷史回報予你的優越待遇？

“音樂是比一切智慧、一切哲學更高的啟示……誰能滲透我音樂的意義，誰便能超脫那尋常人無以振拔的苦難。”這話出自你親口，真是更有意義。而能否有幸進入你輝煌的殿堂，我想正在於苦難二字。

你是普天下苦難者——一種心靈苦難者，最慷慨溫柔的母親與最威嚴暴厲的父親；你還是他們最知心的朋友，但絕不是他們的上帝。你飽蘸著自己的血淚寫下的剛柔心聲，從不將受苦人親手拯救，她只親吻人自救，他只鞭撻人自救。而能否感受到你的親吻，能否承接下你的鞭撻，乃是對一受苦的心靈，貴賤、高低與強弱的最好的一塊試金石。

誰若首先對人生、生命有著深痛的悲劇式的體驗與意識，再又具備一種將高級音樂旋律幻化為高級精神旋律的天賦，那麼他必能像一突兀孤礁於蒼海中昂然危立，在你以人寰天地為音樂會場的藝術精神世界裡，與你那沉夜驚雷般的人類最強音產生振聾發聵的共鳴共振。在對大美的迷醉中領悟到於冥思中得不到的生命哲理，對大力的感奮中勃發出苦煉後也難成的強力意志，從而終將振拔超升於一切凡俗的乃至高貴的人世間苦難之上，直至步入一種——既超然又熱情，既沉鬱又浪漫，祛小我存大我，自然人的精華稟賦和自然宇宙的神性脈率，有機渾然地交匯契合於同一軌道——那個體生命存在的光明理想之境。

六

　　哦，貝多芬，因你，我真為人類感到驕傲，你是全人類的光榮、希望與驕傲，人類竟生出了你這樣的兒子（你當然地屬於整個人類），真正無愧於偉大二字的大英雄，幾乎就是完美與理想的化身；古往今來，人品及作品同時達到如此的高度，舍你之外我不知道還有誰。

　　因你，我真為人類感到悲哀、羞恥。人類社會在你生前，讓你蒙受了莫大的屈辱，飽嘗了非人的摧殘。人工的冰火煉獄煉就玉成了你，以你的巨大不幸換取了千萬人的有幸，這是一種規律性的不公，是人類社會的自我諷刺，又是多麼殘酷的人間悲劇。

七

　　你以你整個的生存，及你生存後留下的一切，書刻下我們人類生存的最高本質意義：為真誠為善良，為博愛為正義，為自然為藝術，為思想為精神，與神秘大自然，善惡的人寰，和嚴酷的個體命運，做艱頑、慘烈且不死不休的抗爭與結合，在這血和火交融的悲壯抗爭與結合之中，進行並完成著我們這於短暫中求永恆的唯一的生存。

　　你以你整個的生存，及你生存後留下的一切，再一次生動地證明了這一有意義的存在事實：在人類的發展歷史上，對於一些集天賦豐富情感，深刻思想及超前意識於一身的精神貴族來講，活著就必然感到焦灼痛苦，生存即意味著無盡劫難，因為外在世界和內在本體，總不斷地存在著那麼多的疑謎、醜惡和缺陷，而他們的心智，又太過熱情、敏感與深邃，故必不可免地要如星星般於長夜裡感到孤寒。但精神貴族類所苦求的所謂存在價值，與他們所能獲得的真正幸福，也就建築于這人世的大漠苦海之上。只要赤子之心不泯，嚮往神明的意志彌堅，則定能自人生的憂患凜冽中品嘗到超凡的生存意趣，使心魂熾烈的煉火迸出思想或藝術的花朵，以此在靈肉內外交迫的幽冥大夜，踏著嶙峋灼人的無名隕石，一步一個足跡地攀向那個體生命所能達到的天定最高峰 —— 精神羽翼攜引著靈肉軀體，穿越本我存在的必然王國，直抵那靈魂自由王國的大限之終極。

八

你曾經說過："最美的事物，莫過於接近神明而將它的光芒散播人間。"你以你大苦大難的一生，你以你與大苦大難奮勇抗爭的一生，圓滿地成就了此天下最美的事物。你在我心中，你在千萬人心中，是親近自然的燦爛星辰，可飲可沐的聖水，和永遠清新的空氣。你給我們靈魂賴以生存的精神，送來了於塵世人間清晰可見的神明光輝，那最聖潔、明亮、美麗的色彩，為此，你應能含笑于天國。

對於我來講，有了你的音樂，即沒有白來這世上走一遭，因為她常常使我深切感受到，作為一個人活在這世上，什麼是那真正且有意義的人生歡樂和幸福。

你酷愛大自然，我又和你一樣，唯一能與你媲美的恐怕只有大自然本身。每當我獨自漫步在田野、湖畔、山崗和海邊，為大自然的美深深感動，腦海裡常會冒出拜倫的詩句："萊茵河兩岸應有盡有，只欠你與我攜手同遊。"

哦，未能與你生於同一時代，幾成了我的一大不幸；而生於你後世，又真可謂我之大幸。我多麼希望真有那天國存在，那麼有朝一日我定能與你同在，而不只是像現在這樣與你不朽的音樂同在。

我想，我應該能夠實現這樣單純的願望：既然沒能聽著你的音樂來到這世間，那麼就讓我在臨終時聽著她離去吧。

九

你天才中的天才，偉人中的偉人；星中之星，心中之心，哦——
我愛你——貝多芬！

（1988）

天生我才必獨身

—— 貝多芬的戀愛與婚姻

雲天君的帖子很有啟迪性，但有一點可以商榷：男人的外表很少成為他們捕獲美女芳心的障礙，只要他們有才或者有財，兩者兼備自然更好，其它的都是次要條件，常常可以忽略不計。君不見世間多少貂蟬手挽武大，嫦娥依著八戒，相反東施無鹽倒多伴著宋玉潘安。此乃愛情互補原理之一，屢試不爽異常靈驗，不足為奇。

言歸正傳。其實貝多芬一生很有女人緣，也是情種一顆，四十歲之前戀情豔遇不斷，對手多為貴族美少女，光芳名伴隨著他被載入音樂史冊的恐怕就不下兩位數，除了貝多芬研究學者沒人能記得清。美人關下，他的外貌幾乎不構成什麼問題 —— 不明白為什麼許多人說他醜，我怎麼覺得正相反，在任何畫像裡。他絕世的才華就是他無比的魅力，讓那些趣味高雅、才貌雙全的知識女性情迷神亂難以抵擋。不妨換位思考一下，現今的男性古典樂迷們，特別是小提琴的鍾愛者，有幾個不傾慕張永宙（Sarah Chang），誰還在乎她的容貌身高和體重，出神入化的琴技就是她讓男人五體投地拜倒在她晚禮服下的資本。

來看看貝多芬是怎樣善待他的戀人女友們的：《第四鋼琴奏鳴曲》（Op.7）、《第一鋼琴協奏曲》（Op.15）題獻給芭芭拉·凱格麗維克絲（Barbara　Keglevics）；兩首《鋼琴奏鳴曲》（Op.14-1,2）、歌曲《致希望》（Op.32）題獻給約瑟芬·布倫瑞克（Josephine Bruns-wick）；《月光奏鳴曲》（Op.27-2）題獻給茱麗葉·圭霞爾蒂（Julie Guicciardi）；兩首《鋼琴三重奏》（Op.70-1,2）、兩首《大提琴奏鳴曲》（Op.102-1,2）題獻給安娜·瑪麗·艾爾朵蒂（Anne-Marie Er-dody）；《特蕾莎奏鳴曲》（Op.78）題獻給特蕾莎·布倫瑞克（Teresa Brunswick）；《第28鋼琴奏鳴曲》（Op.101）題獻給多蘿蒂亞·艾特曼（Dorothea Ertman）；《迪亞貝裡變奏曲》（Op.120）題獻給安東妮·布倫塔諾（Antonie Brentano）；《致愛麗絲》（WoO 59）題獻給特蕾瑟·瑪爾法蒂（Therese Malfatti），等等（有些眼花繚亂是不是）。這些女性當時有人會想到嗎，她的名字將伴隨著貝多芬的音樂，不朽永恆。

這裡有一個事實應予以注意：貝多芬愛美人，但並沒有被美人們迷昏了頭腦。他題獻給她們的作品，幾乎都分量相對較輕，以單樂器奏鳴曲為主，只有一部早期的鋼琴協奏曲體型稍大。貝多芬將他的交響曲等曠世傑作大多題獻給了魯道夫大公（Archduke Rudolf）等經濟贊助人，因為他們的慷慨資助是他藝術創作的直接保障。如果說貝多芬是一個篳路襤褸的開拓先鋒，那麼這些貴族恩主就是他的後勤部隊。而女性們給予他的，基本上遵循一個模式：開始是溫柔的慰藉，熱烈的愛戀隨之而來，慰藉和愛戀帶來某些創作靈感，但最後的結局，無一例外是留給心靈永遠的傷痛。

另外還有一件趣事值得一提：那首在中國家喻戶曉，名氣不在第五、第九交響曲之下的鋼琴小品《致愛麗絲（Bagatelle in A minor 'Fur Elise'》，作曲家本人並沒有把它當回事。或許那只是一段即興彈奏的結果，事後就淡忘了；或許它是一件私下定情物，作者無心公佈于眾。總之是既沒留底稿，也沒想到要出版，所以這首日後馳名遐邇的小曲，竟然沒有一個正式的作品號（Opus）。作品寫於1810年，除去兩位當事人，幾乎無人知道它的存在。獲題贈者特蕾瑟·瑪爾法蒂，兼俱貝多芬醫生的侄女和他的鋼琴學生的雙重身份，當年拒絕了老師的求婚，對於這件珍貴贈品，既沒公開也沒丟棄，不清楚內心究竟是個什麼態度，直到她1851年去世。十多年後德國音樂學者諾爾（Ludwig Nohl）在瑪爾法蒂的遺物中發現了樂譜手稿，使其重見天日。但在1867年出版時卻陰差陽錯，將曲名《致特蕾瑟（Fur Therese）》錯寫成了《致愛麗絲（Fur Elise）》。小愛麗絲將錯就錯，就此開始了她不脛而走風靡全球的旅程。這時距貝多芬離世已經整整四十年過去。大師當初一定想象不到，自己牛刀小試的東東，百年後居然隨處可聞耳熟能詳，成了古典音樂中的流行曲。令人惋惜的是，來之不易的《致愛麗絲》手稿後來還是丟失了。不過丟了也好，缺少了第一手證據，留給後世貝多芬學者們一個永遠的研究課題："愛麗絲"真的是"特蕾瑟"之筆誤嗎？如果不是，那麼"愛麗絲"其人到底又是誰？

再來看看貝多芬的戀人女友們對他的評論：茱麗葉：“他很醜，但十分高貴，擁有優雅的情感和修養。”約瑟芬：“您已經長久地擁有了我的心，親愛的貝多芬。如果這能讓您感到快樂，那麼請接受我的心吧。同時您也要小心地把它放在最純潔的胸懷裡。通過我的表白，通過我對您的信任，您收到了我的愛和尊敬的最大證據！您最高貴之處在於，您懂得如何讚賞它，承認它的價值，我在此把它交給您。我在此保證，把我自己最高貴的部分交給您。”安東妮：“他作為一個人比作為一個藝術家還要偉大。”“我深深地欽佩他，他行走在人世間像個神，他站的立腳點高尚，他對待塵世仁慈。他腸胃的病痛只能使他煩惱片刻，因為藝術包圍著他，並緊緊地把他推向溫暖的心胸。”

貝多芬三十五歲時（1806）與維也納伯爵戴姆的遺孀約瑟芬熱戀，同時寫下了春光明媚的《第四交響曲》表達心境。雙方感情時斷時續維繫終身。1800至1810年是貝多芬創作生涯高質多產的鼎盛期，也是世界音樂史上空前絕後的黃金十年，豐碑式作品《英雄交響曲》（Op.55）、《三重協奏曲》（Op.56）、《熱情奏鳴曲》（Op.57）、《第四鋼琴協奏曲》（Op.58）、《第四交響曲》（Op.60）、《小提琴協奏曲》（Op.61）、《命運交響曲》（Op.67）、《田園交響曲》（Op.68）、《菲岱裡奧》（Op.72）、《皇帝鋼琴協奏曲》（Op.73）、《合唱幻想曲》（Op.80）等皆誕生於斯。愛情的力量功不可沒。

在此期間，貝多芬曾認真地考慮與約瑟芬組成家庭，但後者拒絕投桃報李，持戀愛可以婚姻免談心態。這或許是他最接近組成家庭的一次嘗試，一隻腳幾乎已踏進婚姻殿堂，另外一隻腳最終還是沒能跟上。我們可憐的路德維希就此做了一輩子鑽石王老五。究其原因，無外乎以下幾個方面：

貝多芬時代，音樂家的社會地位雖然比海頓、莫札特時期有所提高，但仍比王公貴族、商賈豪門、政府官員等低下許多。他沒有豐厚穩定的收入來源，讓女孩子特別是她們的家長們難以寬心。這完全可以理解，不好因此怪罪她們俗氣，不願意為藝術做出個人犧牲。畢竟音符不是牛奶麵包，交響樂、奏鳴曲填不飽肚子。苛求沒有必要，女人到底是女人，她們也有她們的終身事業，那就是生兒育女撫養後代，平凡而偉大，就像貝多芬那勤勞賢慧的母親一樣。貝多芬終其一生，無緣遇到他的卓文君、紅拂女，沒有李斯特那種公主慷慨饋贈大量財產，伯爵夫人與其私奔的福氣，既是他的不幸，也是他的幸，至少是他偉大不朽事業之大幸。想象一下吧，一個侄兒都把他折騰得焦頭爛額，如果再像巴赫、莫札特那樣子女成群，貝多芬還能成為貝多芬嗎。最後音樂史冊上，將多了一個不幸失敗的父親，少了一位千年不遇的天才。

耳聾問題，以上不利因素的加強版。作為一個以演出、賣曲為業的音樂工作者，耳朵有問題不能不讓人格外擔心他的前途，具體說是錢途。女孩子們愛他但不肯嫁他，自有她們的道理，這個人生投資的風險實在是太過巨大，讓人望而卻步。不是嗎，作為一個音樂家，縱然你是公認的才華橫溢，眼下的事業蒸蒸日上，可一旦耳朵聾掉了，還能有什麼戲唱。再慧眼識珠的東方伯樂、料事如神的以色列先知，恐怕也萬萬想象不到，一個聾子，最後竟能夠成為古往今來的"樂聖"。

如果說"樂聖"是後人為他加冕的，那麼貝多芬在世時，已被業界和大眾公認為歐洲首席音樂家，名聲遠播北美新大陸，歐洲首席自然也就是世界第一。不幸的是，世界第一只是一個空頭銜，沒有與之相應的職位和收入。男人沒工作婚姻免談，此乃婚姻第一定理，古今中外普遍適用。貝多芬不是一個不負責任的男人，他曾經發誓，一定要到自己的收入能夠維持妻子和家庭的正常生活時才結婚。為此，他一直渴望找到一份穩定的全職工作，既能一心一意從事音樂創作，又可兼顧養家糊口。他敬愛的祖父生前所任的宮廷樂長之類的職位是他夢寐以求的，可惜始終不能如願。有一次倒是差一點，那是在1809年，他接受了拿破崙之弟，威斯特伐利亞（Westphalia）國王傑羅姆·波拿巴（Jerome Bona-parte）所提供的宮廷音樂經理的職位邀請（貝多芬的法語流利，義大利語、拉丁語、英語等讀寫沒有問題），但在魯道夫大公等維也納貴族的極力挽留下沒有成行。其實貝多芬自己不到萬不得已也不願意離開維也納，他對這座"音樂之都"的感情深厚，將其視為自己的第二故鄉。還好他沒去，因為這個花花公子國王傑羅姆，四年後就隨著他那皇帝大哥的失敗而倒臺了，他的短命王國自然也隨之煙消雲散。好玄！偉大的貝多芬差點成為一個小丑式國王的殉葬品，個中原因引人深思。

整整十年後，機會再次向他招手，而且似乎更加理想：1819年貝多芬的贊助人、學生兼好友魯道夫大公榮升奧洛摩茨大主教（Archbishop of Olomouc），兩人長期的親密關係難以不讓貝多芬產生某種想法：您現在是一方主管了，你們那裡教會或公國的樂隊隊長之職，非我莫屬了吧。出於自尊，他在給大公熱情的祝賀信裡對此事隻字未提，但提到了特地為主教加冕所作的《莊嚴彌撒》（Op.123）。是一種拐彎抹角的暗示嗎？只有他自己心裡清楚。不知什麼原因，一向對他禮遇眷顧有加的大公爵，現在是大主教了，最後竟沒有成全他敬愛的老師的這番美意。後門沒走成，老師的失望可想而知，但他們師生間的誠摯情誼並未因此受影響。鴻篇巨制《莊嚴彌撒》的寫作進度由此加快，也算是收之桑榆。三年後，最後一次機會降臨，而且就在家門口：奧地利帝國的宮廷樂長，平庸的作曲家安東•泰伯爾（Anton Teyber）于任上壽終正寢，貝多芬的希望再起。為此他親自給宮廷劇院的負責人寫信，毛遂自薦。自身硬件超一流，關係軟件也沒得說，當今的皇帝陛下弗朗茨一世（Franz I）乃魯道夫大公的大哥。想當然的志在必得，結果卻仍是鎩羽而歸：為了節省開支或出於其它什麼原因，宮廷把這個職位一筆勾銷了，豈非天意。貝多芬的樂長之夢就此徹底破滅。時年五十二歲，距去世僅剩下四年時間了。就這樣，世界首席音樂家一輩子也沒有找到一份全職永久性工作，從十一歲開始進入職場作童工，直到最後五十六歲去世，幾十年下來，幹的全都是合同工、半職工和小時工，從來沒有一個正式的職稱，終生處於不穩定狀態。

可憐之人必有可恨之處，貝多芬也莫能例外。他可恨在性格，具體說是性格缺陷。問題是哪個藝術天才沒有性格缺陷，沒有性格缺陷哪還叫天才嗎。天才的級別和缺陷的程度成正比，他當之無愧中了頭彩。除非對他整體這個人 —— 從歷史到現狀，從生理到心理，從思想到感情 —— 都瞭解到了血液理解到了骨子裡，沒人能夠長期忍受他喜怒無常的精神折磨。距離產生美感，閨房裡無偉人，在這裡不幸都發生了作用。女人們由欣賞他美妙的音樂而對他產生愛慕，再由畏懼他怪誕的性情而對他產生反感。愛慕與反感的混合體，自然難以持久下去。這方面貝多芬自己需要負很大責任。除非找一個和你一樣的聾啞女作終身伴侶，耳不聽心不煩，不然天長日久，誰受得了你說風就風說雨就雨的全天候，事前沒一丁點徵兆。你疾風暴雨電閃雷鳴的性格成就了你前無古人後無來者的音樂藝術，同時也毀了你作為一個普通人嚮往渴望的世俗幸福。命該如此，你認了吧。

最後的因素是個人決志。至少在40出頭之前，貝多芬是希望得到一個永久的結合的，他祈盼找到一個和他情投意合並富於同情心的善良女人，一道建立一個中產階級式的家庭。"只有愛情，唉，只有她才給你的生活帶來幸福！—— 啊，上帝！—— 讓我找到它 —— 讓我最終找到那樣的愛情！—— 只有當它能加強我的美德 —— 這種愛情才能看作是屬於我的。"這是靈肉及精神上的，另外也有實際方面的考慮。他的健康狀況始終不是很好，除去耳聾日甚一日，經常還有其它問題。為此，他更容易陷入孤獨，害怕將來成為一個終身的單身漢。雖然工作是他最好的知心朋友，但堅強如貝多芬也常常會有傷感低迷和脆弱無助的時候。1812年貝多芬寫下了他那讓後世研究學者絞盡腦汁而不得其解的未署名書信《致不朽的戀人》，這或許是人類歷史上最著名的情書。《致不朽的戀人》既是貝多芬的愛情宣言，同時也是他的愛情告別書。

此後的他，愛情之夢終於徹底破碎，開始清醒地意識到：自己並不適合婚姻，或者婚姻不適合自己。為了獻身音樂創作這一崇高事業，為了完成個體此次生命存在所承載的天賦使命，必須捨棄對婚姻家庭的奢望與追求。有所不為才能有所為，孤身一人去音樂王國裡尋求幸福和永恆。"藝術，這是高於一切的上帝！""順從，衷心順從你的命運，只有這樣對你的工作 —— 才能帶來好處。哦，多麼艱苦的鬥爭啊！你不能為自己，只能為別人，做一個人。你不可能獲得幸福，除非在你的內心，在你的藝術中。哦，上帝，請給我力量戰勝自己，不許把我束縛在生活裡！"（《貝多芬日記》）（在婚姻與事業的取捨上，幾十年後勃拉姆斯步了貝多芬的後塵。）

獨自一生，終身未婚，貝多芬幸福嗎？這是一個見仁見智的問題。我想他是的。他犧牲了個人的幸福，如普羅米修士為人類盜來火種，奮然以一己之力，在音樂這一重大藝術領域完成了一椿千秋偉業，給億萬人送去莫大的精神享受，最後為全人類帶來了幸福。貝多芬得其所也！—— 等一下，這話怎麼聽上去這麼熟悉，好像早就被世人說成陳詞濫調了，原封不動地套在其他一些大人物身上也合適，雖然並非沒有道理。—— 那麼不強調也罷。實際點說：貝多芬為了追求個體事業上的成功，而捨棄了婚姻家庭的幸福。與他從藝術創造中所獲得的精神幸福相比，他失去的男歡女愛、子女繞膝的世俗幸福顯得狹隘了許多。悲劇中自包含著喜劇，獨身終生的結局並不那麼殘酷，讓貝多芬本人和我們後人可以欣然接受。什麼樣的人追求什麼樣的幸福，存在即合理，沒有高低貴賤，不必強求一致。母雞啄米是幸福，雄鷹高飛也是幸福。貝多芬最終獲得的人生幸福，雖然並不十全十美，但卻巨大深廣無匹。

參考資料：

——貝多芬畫傳，大衛·溫·瓊斯著，秦立彥譯，2003，ISBN：756333209X, 9787563332090

——貝多芬傳記，馬丁·格克著，嚴寶瑜譯，2011，ISBN：9787103036624

——貝多芬傳，羅曼·羅蘭，傅雷譯

——世紀之謎：貝多芬的"不朽的情人"，降 E 大調（http://www.writewww.com）

  ——維琪百科

  ——百度百科

  ——Beethoven and His Women by Dick Strawser（http://dickstrawser. blogspot.ca/2011/12/beethoven-and-his-women.html）

  ——The Life of Beethoven by David Wyn Jones, 1998, ISBN-10: 0521568781

  ——Beethoven（Life & Times Series）by Martin Geck, 2005, ISBN-10:1904341004

  ——Wikipedia, the free encyclopedia

（2013）

我是滄海不是雲

—— 貝多芬"永生的戀人"探秘（上）

一

永生的戀人，永遠的話題！

貝多芬病故後，負責處理後事的親友在他住處的一張舊書桌的一個隱秘抽屜中，發現了一些主人生前珍藏的隱私物品：七張銀行股票單據、兩幅女人象牙小像，和幾封書信。除去那從未示人的《海利根施塔特遺書（Heiligenstadt Testament）》，另有三封信，是貝多芬自己的筆跡。就內容看為情書，奇怪的是信上都沒有收信人姓名，但肯定是寫給同一女人的，根據三封信是兩天之內所寫判斷；信上標注日期為"星期一，7月6日；星期二，7月7日"，而重要的年分卻又缺失；發信人地址無，收信人地址僅有一個字母"K"。三封信都不長，語句熱烈而不乏紛亂，有一點顯而易見，那就是雙方當時正陷入熱戀，寫信人稱收信人為"永生的戀人（Immortal Beloved）"。

這三封"匿名信"並沒有馬上引起人們的重視，除去貝多芬的秘書申德勒（Anton　Schindler，1795 – 1864）隨意就此發表了一些意見，隨後被閒置了幾十年。19世紀下半葉，貝多芬權威傳記作家，美國人塞耶（Alexander　Wheelock　Thayer，1817-1897）首次提出貝多芬永生的戀人的身份是一個謎。隨著貝多芬影響的持續擴大與對其研究的深入展開，這個永生的戀人愈來愈引起專家學者們的興趣。情書上為什麼要隱去收信人姓名，不言而喻這是一種保密手法，防止對方的身份洩露。是什麼人的姓名需要保密？為什麼需要保密？她與貝多芬的關係究竟怎樣？貝多芬萬萬不會想到，當年他于私生活中施展的一個無論如何也算不上複雜高明的小手段，竟逐漸演變成了一個跨世紀的文化懸案，引得一代代博士、教授先生們前來偵探研究，最後連編造歷史水準一流的好萊塢也趕來湊熱鬧，1994年出品的同名同題材電影《永生的戀人（Immortal Beloved）》，從史學角度看就是一場肆意愚弄觀眾智商的鬧劇，比《戀愛中的莎士比亞（Shakespeare in Love）》還要不堪，將一個絕佳的古典愛情悲劇題材生生糟蹋得不成樣子。

懸案引發諸多疑問、解析和回答：信寫好了，怎麼會仍在寫信人手裡？是不是沒有寄出？為什麼沒有寄出？另外也不能想當然地認為既然信仍在寫信人手裡，信就不曾寄出，收信人就沒有看到過，因為信件完全可以是一式兩份——原件和複寫件，一份寄出，一份留檔。哪怕信是孤本，沒有複寫件，也有可能是寄出後又被退了回來，而退信者可能是郵差，也有可能是收信人，甚至是其他什麼人。對於寄信收信這個看似簡單的互動行為，答案就有如此多的不同組合可能。其它問題就更多更複雜，信寫於哪年？寫於哪裡？寄往何方？對信的內容如何分析？有什麼樣的解說答案？等等，當然最大的問題自然是：信是寫給何人？貝多芬這位永生的戀人究竟是誰？

經過幾代學者的研究探討，重要的寫信年份基本上被確定公認了下來——1812，貝多芬四十一歲那年。事情變得愈發蹊蹺，因為1812本是貝多芬羅曼史的饑荒年，沒有任何花前月下的痕跡，現在冒出來這麼一個猛烈而隱秘的愛情事件，讓人既驚異又好奇。候選永生的戀人前後加起來有七八位甚至更多，鶯鶯燕燕選美一般。最後大浪淘沙，在專家們的放大鏡、顯微鏡的檢驗篩選下，一個個佳人紛紛落馬，被淘汰出競爭行列，最後幾乎只剩下了一位倖存者——

1977年，美國音樂學家所羅門（Maynard Solomon，1930-）出版了他的那本或許是20世紀最有影響的貝多芬傳記。書中他以32頁的充實篇幅，和被推崇者譽為"嚴謹的科學研究"方式，對永生的戀人這一重量級貝多芬課題做了相對詳盡的探討。複雜精密的故事情節外加層疊交織的人物關係，讓人讀來如看福爾摩斯小說，頗有幾分頭暈目眩感。作者最後力排眾議得出結論：貝多芬的永生的戀人，既不是最早被輕率指定的茱麗葉，也不是五〇年代的重大發現約瑟芬，而是已經被個別專家懷疑，但並沒有引起普遍重視的安東妮•布倫塔諾。

安東妮亮麗登場，醜小鴨搖身變作天鵝，引來一片掌聲和歡呼。所羅門的研究成果很快得到了眾多學者的認可推崇，稱之為風靡一時也不為過，他的著作被翻譯成了多種文字，影響遍及各國音樂界，貝多芬永生的戀人＝安東妮作為一史實逐漸深入人心，變成了千萬古典樂迷的共識。那麼，百年之謎迎刃而解，永生的戀人之爭就此塵埃落定了麼？未必，事情還遠遠沒有完，一是學術爭論永無止境，二是意氣紛爭無處不在，三是專家學者也要吃飯。質疑所羅門的聲音從來就沒有停息過，其中以歐洲口音最多。歐洲人對美國的感情比較複雜，誇大點說可謂恨愛交織。而對於自二戰以來風靡全球，商業烙印濃重的美國文化，歐洲人的不屑恐怕要多於豔羨。從19世紀的塞耶到20世紀的所羅門、洛克伍德（Lewis Lockwood, 1930-）等，近現代影響廣泛的貝多芬專家、專著多出自美國，這讓歐洲人有些情何以堪，樂聖本應該是他們的"洲寶"呀。歐洲人挑戰美國人的研究成果並非全然出於酸葡萄心理，比如所羅門的福爾摩斯斷案本不是無懈可擊。當初塞耶為投身貝多芬研究，三十多歲開始學習德文，幾十年生活工作在歐洲，調查採訪的足跡遍及維也納、波恩等貝多芬故地，最後的貝多芬專著以德文寫就。而如今的美國貝多芬學者如所羅門等大多是外語文盲，沒有能力參閱豐富的原始德語文檔及其它語言文獻，只能依靠現有的英語翻譯資料。這是他們在貝學研究領域的先天不足，為歐洲人詬病無可厚非理所當然。

否定安東妮，認定約瑟芬，是至今仍遠未結束的永生的戀人之爭中的另一聲音，或說歐洲之音，雖然一時相對處於下風，但不應該被人為忽視，別忘了真理常常掌握在少數人手裡。非此即彼，針鋒相對，究竟是哪一位，或者哪一個都不是，需要以證據而非感情說話，來看相關評介分析。

二

安東妮·布倫塔諾（Antonie Brentano, 1780-1869）：安東妮出身於維也納一個顯赫的貴族家庭，父親是一位外交官、教育改革家兼藝術品收藏家，曾任神聖羅馬帝國的皇室顧問，直接服務于特蕾西亞"女皇"（Maria Theresia）和約瑟夫二世（Josef II）。安東妮八歲喪母，隨後被父親送往一個半封閉的修道院生活學習，在那裡度過了她的少女時光。十八歲時嫁給法蘭克福銀行家、富商弗朗茨·布倫塔諾（Franz

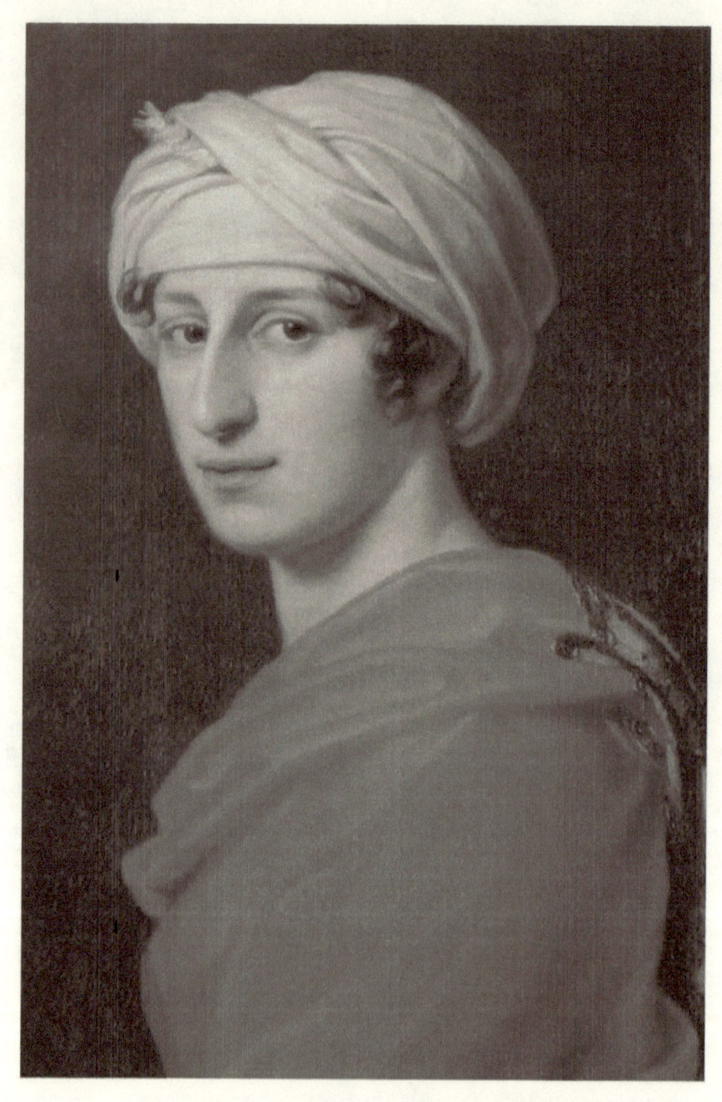

安東妮·佈倫塔諾畫像，1808年，施蒂勒作

Brentano，1765-1844），夫妻共同生活了將近半個世紀，生育有六個子女。卒於1869，享年八十九歲。綜觀安東妮的一生，養尊處優、波瀾不驚，一位典型的19世紀歐洲貴婦人。值得稱道的是安東妮也是當時法蘭克福一位著名的慈善家，她積極籌集資金，建立多家慈善機構以幫助當地的貧苦民眾，因此被人稱譽為"窮人之母"。

貝多芬、安東妮何時相識？不是通常認為的1810年，而是更早得多。貝多芬於1800年前就已經是安東妮父親的朋友，經常登門拜訪這位資深政府大員，自然也就認識少女安東妮。安父1809年死後，布倫塔諾夫婦維持深化而非開始建立與貝多芬的友誼，雙方經常往來交際，密切友情維持了十餘年。布倫塔諾夫婦在貝多芬的人生中留下的最大且沒有爭議的印記是1819-1820年委託法蘭克福肖像畫家施蒂勒（Joseph Karl Stieler，1781-1858）為其畫像。幾十年來為音樂大師畫像的人不少，最後以施蒂勒這幅最為成功，流傳至今成了貝多芬的標準像。另外哥德那幅有名的肖像畫也出自同一藝術家之手。作為當時巴伐利亞王室的宮廷畫師，施蒂勒其實是以畫美女見長，代表作為慕尼克美女肖像畫廊（Gallery of Beauties），端的是燕瘦環肥，美輪美奐。

貝多芬的這幅畫像，從表面看也經過了不少人為美化，或曰技術加工。當時貝多芬已年近天命，健康狀況欠佳，不大可能滿面紅光神采奕奕，顯得至少年輕了十歲。但藝術家火眼金睛，還是比較準確地把握住了人物的內在精神氣質，並盡可能地予以藝術再現：你看他，一頭亂髮飛舞張揚，其間夾雜著根根銀絲，更增添了那股自由奔放的大氣，仿佛一頭片刻沉靜了下來的雄獅。雪白的高領襯衣，鮮紅的圍巾領結，筆挺的深色外衣，裹在他身上頗有幾分滑稽感，仿佛一匹千里駒被套上了馬鞍。而他的眼睛，是全部故事的中心，遠看他是銳利而深邃，仿佛沉沉夜幕下的道道閃電，要穿透這渾沌世界的迷霧，洞悉生命靈魂的奧秘。而定睛仔細看，在那眼眸的深處，又隱隱流露著一波波溫情，如星似月般純淨，這是一顆返樸歸真的赤子之心閃爍放射著的光芒。畫中人右手持筆，左手托著一卷樂譜，那是他當時正在創作的《莊嚴彌撒》（Op.123）。入畫時，他正好在寫作或校對其中的第三部分《信經》，因為面對著他的首頁左上角，顯露出了Credo的字樣。肖像藝術家在這不起眼的細節處理上頗具匠心，似乎寓有深意，他是不是在暗喻偉大的音樂家如貝多芬等就是上帝派遣的使者，來到人間傳播真善美的福音。

貝多芬不喜歡被畫像，擺個固定姿勢一坐幾小時，像個木偶般被人擺佈，讓他感覺簡直就是活受罪。但這次有些不同，一是畫家的水準較高，二是委託人是自己的多年好友，所以對此次畫像請求他不僅爽快答應，並且十分配合，兩三個月內一共作了四次"模特兒"，藝術家與音樂家合作愉快，佳作也就此問世。為了回報老朋友的善意和友誼，貝多芬先後題贈給布倫塔諾家人三部作品：《迪阿布裡變奏曲》（Op.120）給安東妮；《第30號鋼琴奏鳴曲》（Op.109）、《（快板單樂章）鋼琴三重奏》（WoO 39）給她的長女瑪克西米麗亞妮（Maximiliane）。幸運的小女孩，一定不清楚她得到了一份多麼貴重的禮品。

貝多芬以為鋼琴奏鳴曲是最能表現自我思想情感的一種音樂形式，他史詩般的32部鋼琴奏鳴曲按創作年代可分為早、中、晚三個時期，普遍看法是《悲愴》（Op.13）、《月光》（Op.27-2）為早期代表作，更上一層樓的《黎明（華德斯坦）》（Op.53）、《熱情》（Op.57）為中期雙子星座。個人看法是那既沒有通俗別名，且在一般愛樂人中不那麼耳熟能詳的第30號和第32號（Op.111）奏鳴曲，尤其是第32，不僅是他全部鋼琴奏鳴曲中的頂尖經典，也是人類音樂寶庫中的登峰造極之作。令人難以置信的是貝多芬在創作這些情思深邃、結構複雜，而又優美動聽的晚期傑作時，自己已經全聾，什麼都聽不見了。肉體上，他生活在一個靜默死寂的世界；靈魂上，他遨遊於一個五彩繽紛的音響王國。

人無千日好，花無百日鮮。雖然共同擁有過很長一段美好時光，貝多芬與布倫塔諾夫婦的關係，據估計在他臨終前的兩三年已經疏遠，基本上斷絕了來往。簡單推論是：那幾年貝多芬沒有了固定收入，經濟上陷入困境，不得不四處推銷作品，行同變相乞討。那麼他到底窮到了什麼地步呢？由此可見：臨終前10天，他收到了英國倫敦愛樂協會因回應他的請求而寄來的100英鎊（約相當於今天的1萬美元）預付款，反應竟幾乎失控，一位在場的銀行職員（Sebastian Rau）事後描述了當時的場景："他扭著自己的雙手，因歡樂和感激而淚雨滂沱，這景象真叫人揪心。如果你們能看到這高貴、動人的一幕，你們這些慷慨的人啊，會覺得得到了莫大的酬勞和祝福！"真是一文錢軋死英雄漢，情可堪憐。當時的他還不知道，這筆錢對於他來說已經沒有多大用處，是徹底的身外之物了。他更是做夢也想不到，他租住的這套公寓就是一座小金礦，滿屋子都是珍寶，從隨意塗寫的紙張到大小各種樂器，但是只有在他身後，這些東西才能越來越有市場價值。他命中註定享受不到。而身為一方富豪的布倫塔諾夫婦對貝多芬那兩三年的情況不是不聞不問，就是了解詳情但卻沒有雪中送炭，要知道他們的九牛一毛可以救老朋友于水火之中。金錢如果比友誼還更重要，友誼也就不存在了。

那麼，愛情呢？—— 什麼愛情？—— 貝多芬和他的永生的戀人安

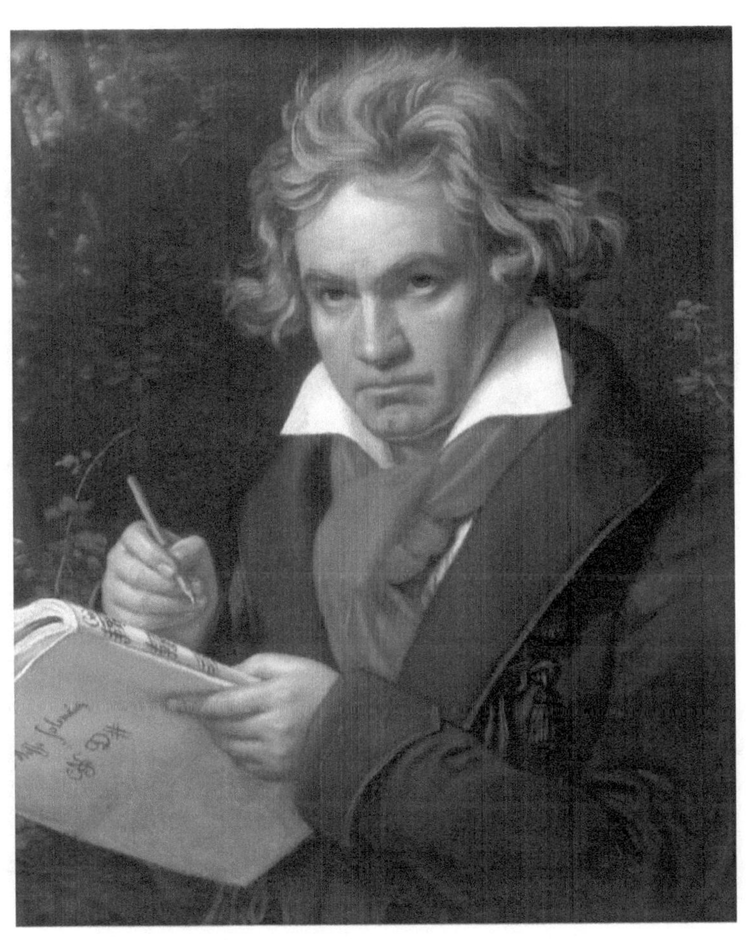

貝多芬畫像，1820年，德國畫家施蒂勒作

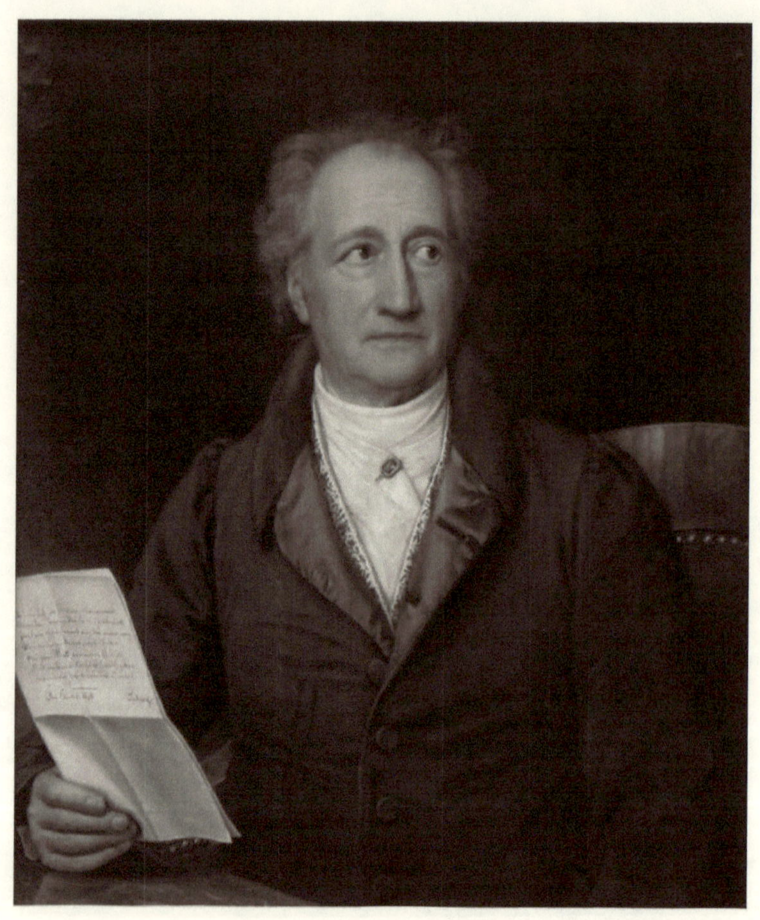

歌德畫像，1828年，施蒂勒作

東妮之間的愛情唄？——哦，對於這個問題，簡明扼要的回答就是：查無實據，乏善可陳。這段如今在古典音樂愛好者當中有口皆碑的愛情故事，可以簡單地用"三無"來概括：一無人證：沒有任何過來人曾證明他們是一對戀人，貝多芬、安東妮兩邊的親朋好友，沒有一人為他們的愛情作證，像波恩女歌唱家瑪格達蕾娜·薇爾曼（Magdalena Willmann，1771-1801）的侄女那樣不靠譜的證人也沒有，這位連名字都沒有留下來的女士在當事人離世六十多年後一手炮製了貝多芬當年曾向她姑媽求婚的傳說，並被廣為流傳。二無記錄：沒有任何歷史資料顯示兩人曾公開或暗地裡談情說愛。與貝多芬有過長期密切交往的朋友學生如魏格勒（Franz Wegeler，1765-1848）、裡斯（Ferdinand Ries，1784-1838）、車爾尼（Carl Czerny，1791-1857）、申德勒等人的貝多芬回憶錄，對安東妮其人都沒有特別記載，對他們之間的私人感情生活沒有任何涉及。三無物證：貝多芬身後留下來的大量書信、日記和談話簿，沒有片言隻字透露他愛過安東妮。二人之間確曾有過通信，安東妮寫給貝多芬的信沒有一封留存於世，應該是都散失掉了，收信人並沒有刻意將其保留——難以想象貝多芬對自己永生的戀人的信件會如此隨意。而保留下來的兩三封貝多芬寫給安東妮的信，沒有一件是情書，沒有一句是情話，除去那至今仍疑點重重的永生的戀人書信。

　　1867年首位貝多芬傳記作家諾爾（Ludwig Nohl，1831-1885）結識了當時已八十七歲高齡的安東妮，她給他講述了半個多世紀前他們夫婦與貝多芬友情互動的許多往事，欣然而坦蕩，還向他出示了當年雙方之間的通信。所羅門在他的書中沒有談及諾爾對安東妮的採訪，他自然知道有這麼一樁事情，只可惜從中找不到任何有利於自己發明的線索，只有故意裝聾作啞了。但他卻在無意中透露了一個對自己十分不利的信息，那就是諾爾基本認可申德勒的看法，也即貝多芬永生的戀人應該是茱麗葉·圭恰爾蒂（Julie Guicciardi，1784-1856），也就是當年《月光奏鳴曲》的受贈人。親自和安東妮有過面對面接觸的貝多芬傳記作家諾爾，根本就沒有將安東妮當作永生的戀人候選者之一，這應該很說明問題——除非安東妮守口如瓶，和對方談起自己對貝多芬的看法時言不由衷，甚至有意欺瞞，把諾爾給徹底忽悠了。鳥之將死其鳴也哀，人之將死其言也善，那時慈善家安東妮已步入耄耋之年，風燭殘年來日無多，其言還會不善麼。相當長壽的安東妮本人一生沒有招認此事，即使在丈夫死後也沒有公開什麼秘密，而後者比前者早走了整整25年——當然這不能怪她，如果此事根本就是子虛烏有，是後人強加于古人的，你讓她招認什麼。

三

　　證明貝多芬永生的戀人書信的接收人為安東妮是所羅門的重大研究成果，問世後為各國音樂界廣泛接受，除去在貝多芬的老家歐洲。那麼，所羅門是怎麼證明安東妮就是那收信人的呢？簡而言之：先以貝多芬書信裡的片言隻字為線索，推測他剛剛在布拉格與戀人會過面 —— 所羅門原話："假定，他們在布拉格碰過面"，然後以此假定為基礎分析證明：在當時和貝多芬關係比較接近的幾個女人當中，只有安東妮一人在正確的時間出現在了正確的地點，所以毫無疑問她就是那正確的人。以下是所羅門當代福爾摩斯故事的迷你版：

1812年夏貝多芬的波西米亞（現捷克）旅行路線：

7月1日：自維也納抵達布拉格（Prague）。

7月4日：離開布拉格。

7月5日：抵達特普利茨（Teplitz）。

7月6、7日：寫永生的戀人書信。

7月25日：離開特普利茨。

7月31日：抵達卡爾斯巴德（Karlsbad，簡稱卡鎮），住"上帝之眼"旅館。與布倫塔諾一家會合。

8月7日：與布倫塔諾一家同行，前往弗蘭岑斯巴德（Franzensbad，簡稱弗鎮），住"雙金獅"旅館。

9月8日：與布倫塔諾一家分手。離開弗鎮，回到卡鎮。

9月16日：離開卡鎮，回到特普利茨。往後行程略。

1812年夏布倫塔諾夫婦和幼女凡妮（六歲）的波西米亞旅行路線：

7月3日：自維也納抵達布拉格。

7月4日：離開布拉格。

7月5日：抵達卡鎮，住"上帝之眼"旅館。

7月31日：迎接貝多芬的到來。

8月7日：與貝多芬同行，前往弗鎮，住"雙金獅"旅館。

9月8日：與貝多芬分手。往後行程不詳。

可以看出，在貝多芬與布倫塔諾一家於卡鎮碰頭以前，布拉格是雙方各自旅程的相同中繼站和唯一交匯點，而交匯時間只有7月3日一天，這天的天氣是"大雨如注"。布倫塔諾一家前腳剛到，貝多芬後腳就跟進，和女主人私自幽會 —— 這就是所羅門的重大發現之一。有什麼不合理的地方？

二人的私情就發生在她的丈夫、他的好朋友弗朗茨的眼皮底下，時間最多只有一天24小時，還是風雨交加。先不說這種假定將貝多芬、安東妮二人的道德人品置於何等可悲的境地，單就技術層面而言，困難也太大了些。雙方下榻不同旅店，貝多芬住"黑駿馬"，布倫塔諾一家住"紅房子"。那年代沒有電話網絡小汽車，不像今天一來二往兩三個手機短信就可以把事情搞定，他們又是怎麼完成這項艱巨任務的？直接證據為零、間接證據虛泛的所羅門對此也不敢公然認定，只能說是自己的猜測，而隨著他大作的傳播流行，如今許多英文文獻竟然就直接了當地宣稱："貝安在度假期間於布拉格幽會"（"They met secretly in Prague while on a holiday."）；"貝安私情就發生在7月3日晚"（"The love affair took place on the night of 3rd July."），真可謂三人成虎。

安東妮為處理父親的龐大遺產，自1809至1812年一直住在維也納，而丈夫弗朗茨的主要生意和住家都在法蘭克福（他在維也納有一個分公司），兩地相距七百多公里，交通不便外加兵荒馬亂，夫妻二人這幾年自然是離多聚少，安東妮不免長期獨居，享有充分自由的她有的是機會與單身漢貝多芬幽會。二人又何必冒著被丈夫、女兒和僕人發現的巨大風險，於行程匆匆、車馬勞頓的旅行途中暗通款曲，況且不久就要再次見面。這不合常理邏輯。

7月份貝多芬獨自在特普利茨呆了整整三周時間，除去遵照醫生的建議，泡礦物溫泉試圖治療耳疾，還辦成了一件大事 —— 會見哥德。這是一個歷史性事件，時間1812年7月19日，人類史上的兩位文化巨人會面了。結局令人遺憾地不是佳話一樁。開始時雙方都客氣，惺惺相惜相見恨晚，接連幾天會面，情形似乎還不錯，但沒過多久隨著交往的深入，就開始相看兩厭了。二人的性情差異太大，哥德嫌貝多芬憤世嫉俗，太不通人情事故，而貝多芬則正好相反，感覺哥德的宮廷市儈氣太重，與自己心目中特立獨行、自由奔放詩人的形象相去甚遠。不能不說，兩個人對對方的性格判斷基本上都正確。哥德比貝多芬年長二十一歲，當時已經六十三，早已功成名就，開始老氣橫秋，且沉浮官場多年，不免精於世故。詩人的光環還在，繆斯的靈氣卻已經是昨日黃花了。

專業方面公平地說，音樂家的文學素養要比文學家的音樂素質高出一大截，或是說一個時代。哥德不讚賞貝多芬的處事為人也就罷了，他竟然沒有能力理解貝多芬的音樂。不管後人怎麼為其辯解，哥德在音樂方面的天賦靈性有限，欣賞面比較狹窄，並且非常保守，他不能理解莫札特之後的大多數作曲家。貝多芬則正好相反。作為半個散文家，他一生高度讚賞哥德的詩文，有機會就為後者的作品配樂。詩歌是他創作靈感的源泉之一，哥德是他最為敬重乃至崇拜的一位詩人。哥德的一些作品正是仰仗著貝多芬的配樂才得以廣泛流傳，一個典型的例子是《哀格蒙特》，當時如此，隨著時代的前行，愈往後愈發顯然。如今還有誰去看那出原創戲劇，而200年來《哀格蒙特序曲》（Op.84）始終是古典音樂會上的暢演曲目，此起彼伏經久不衰。其實這很正常，音樂是比詩歌更高級的藝術，自然也更永恆。當時不論是哥德還是貝多芬，對此恐怕都沒有足夠的認識和預見吧。

貝多芬與哥德在特普利茨共同串演的那個有名的故事出自散文家貝蒂娜•阿爾尼姆（Bettina von Arnim, 1785-1859）筆下。此女是安東妮的小姑，弗朗茨的同父異母妹妹。如今廣為流傳的安東妮通過貝蒂娜於1810年認識了貝多芬之說，是所羅門的有意誤導，原因見下。貝蒂娜那年夏天也在特普利茨度假。作為當時德奧上流社會的一朵文藝交際花，幾年來她周旋于哥德、貝多芬之間，積極促成了他們二人的通信，但是她與此次歷史性會面沒有直接關聯。貝哥故事的情節大概為：貝多芬與哥德正並肩行走在當地街道，迎面撞上了由奧地利帝國皇后率領的皇室團隊，無外金枝玉葉王子公主，前擁後簇袞袞諸公。見此豪華陣容，哥德急急忙忙擺脫了貝多芬的阻攔，退到路旁脫帽鞠躬，畢恭畢敬行禮如儀，而貝多芬則我行我素迎上前去，昂首闊步目無餘子。

故事有鼻子有眼活靈活現，生動刻劃出兩大文藝巨人的性格特點，問世後很快就成為貴族圈子、文藝沙龍裡的高雅笑談。直到七十多年後的1887年，德國畫家羅林（Carl Rohling, 1855-1920）依此題材創作了一幅油畫《特普利茨事件（The Incident at Teplitz）》，以半寫實半調侃的筆法，惟妙惟肖再現了當年貝哥遭遇皇室的場景，更推波助瀾，將此名人軼事推廣到了民間大眾。該畫布局頗具匠心，重點刻畫了位置呈三角形分佈的三個男人：左後方免冠躬身向王公貴婦行禮的是哥德；正前方頭頂禮帽，一臉孤傲，倒背雙手，闊步行走于人群之外的是貝多芬。而右後方那個落在了皇族隊伍尾部，手持禮帽，自背後向貝多芬行注目禮的英俊青年又是誰呢？他就是貝多芬的得意弟子，皇弟魯道夫大公（Archduke Rudolph, 1788-1831）。故事雖然有趣得緊，但有可能不是史實，即使很希望它是真的，卻不能不為哥德說句公道話。貝蒂娜是個人精，擅長玩些文學花樣。不過她確實不凡，不僅天生一雙識人慧眼，且有一顆蔑視權貴的善心，寓教於樂，以春秋筆法自一個橫截面臧否兩大歷史人物，小女子值得青史留名。

根據所羅門的敘述，貝多芬於7月25日離開特普利茨，31日抵達卡鎮，與布倫塔諾一家會面，雙方下榻同一旅館"雙金獅"。在接下來長達一個多月的時間裡，他們攜手度假，先是卡鎮，然後是另一旅遊勝地弗鎮。貝多芬在7月初書寫的戀人書信裡似乎暗示不久有機會與戀人再次會面，而他很快就與安東妮見了面。對此所羅門很有些得意，因為貝安的再次會面是他"安東妮論"的重要依據之一。問題是這裡有一個漏洞，一個讓任何人都難以視而不見的巨大漏洞 —— 安東妮的丈夫和女兒也在場，自始至終都在場。事情至此變得既有趣又詭異起來：貝多芬與布倫塔諾一家結伴度假一月有餘，其間除了遊山玩水泡溫泉外還發生了什麼事情？三人的交叉相互關係怎樣？很可惜，對此沒有任何記錄，史料一片空白。沒辦法，我們只有向所羅門學習 —— 猜測。猜來猜去，三人這段日子裡的相處局面，大約只有以下三種可能：

情形A、前提：安東妮是永生的戀人。過程：貝安二人心照不宣，表面上裝得沒事人一樣，公開場合不露聲色以禮相待，暗地裡則一有機會就互訴衷腸幽會偷情。傻丈夫弗朗茨一人始終被蒙在鼓裡，悲催得和武大郎有的一比。

情形B、前提：安東妮是永生的戀人。過程：朋友之妻不可欺，既然已經欺了，繼續隱瞞下去更不像話，是錯上加錯，而且也隱瞞不下去了，那麼就開誠佈公吧。貝安二人向弗朗茨坦承了他倆之間超出友誼的情感，並為之懺悔認錯，決意從此斬斷情絲，永不再犯。雖然感到震驚、憤怒和難過，但心胸開闊的弗朗茨對此不幸事件的發生表示理解，寬宏大度地接受了他們的懺悔和道歉，對妻子的背叛既往不咎，對朋友的友情一如既往。

情形C、前提：安東妮不是永生的戀人。過程：旅途愉快一路平安，沒有任何特殊的事情發生。既然貝多芬和安東妮的關係，同他和她丈夫的關係完全一樣，就是很要好的朋友，就像他多次聲明的那樣。這樣一來，好朋友一起度假很正常，沒啥不同尋常的故事在裡面。布倫塔諾夫婦已經處理完他們在維也納的私人事務，就要回法蘭克福老家，以後雙方見面的機會就少了 —— 後來證明是永別，所以貝多芬這次和他們一起多呆些日子，也算是為老朋友一家送行。他們在卡鎮相見，或是事先

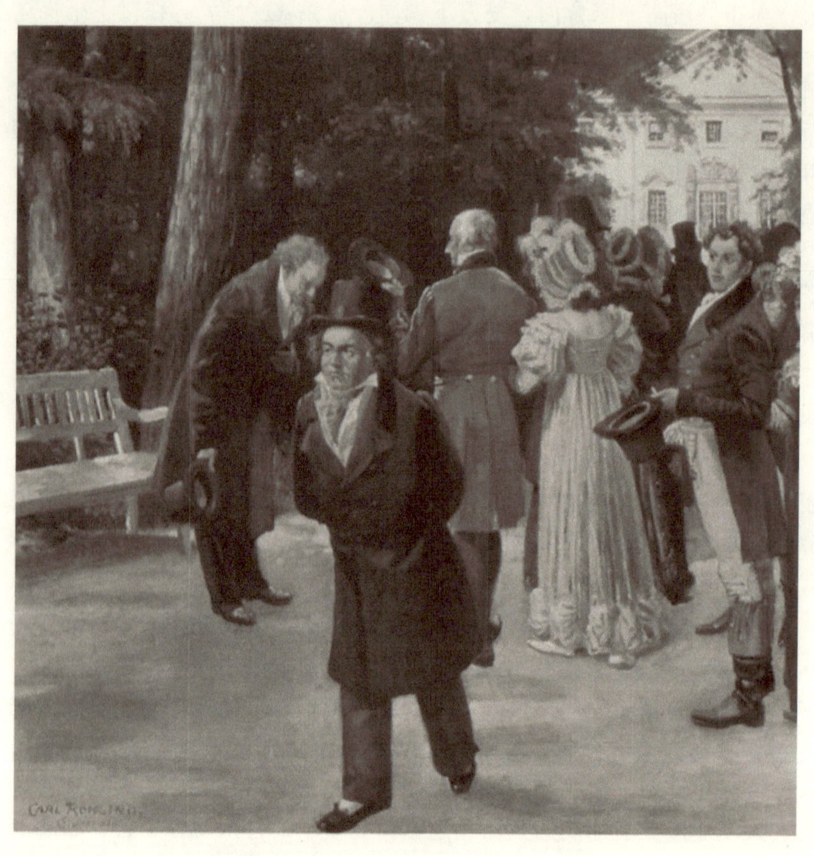

油畫《特普利茨事件》，1887，德國畫家羅林作

約定，或是不期而遇，即便是後者，也不是什麼不可思議的巧合，因為特普利茨、卡鎮、弗鎮這幾個溫泉勝地，是當時的王公貴族、名流富豪夏天熱衷的休閒去處，就像今天的佛羅里達、夏威夷，熟人相遇不稀奇。

貝安會面既讓所羅門感到滿意，但丈夫和孩子的在場，一家人和一個單身漢結伴長時間旅遊度假，雙方既親密無間又光明磊落 —— 至少表面看是這樣，又讓他覺得很頭痛：如果貝安之間確實存在著永生的戀人書信裡那樣水深火熱的愛情，他們三人這樣的行為方式豈止是不好解釋，簡直就是超乎人之常情到了匪夷所思的地步。於是音樂學家採取鴕鳥戰術，自欺欺人地想把難題糊弄過去，他寫道："冥思苦想貝多芬與安東妮和弗朗茨在1812年7月到9月間在卡爾斯巴德和弗蘭岑斯巴德重逢期間大概發生了什麼，毫無意義。"怎麼會毫無意義呢，這太有意義，極其重要呀。讓你難以解釋，對你的理論不利的事情就是毫無意義，這也太不嚴謹，太不負責任了吧。要知道寫歷史不能像吃自助餐，只管往盤子裡揀對自己口味的菜。以所羅門超強的現代美式想象力，也不敢想象情形A會發生，這將置音樂大師貝多芬、慈善家安東妮的人品道德於卑鄙低劣得幾乎沒有底線的地步，另外精明過人的銀行家弗朗茨在個人感情上怎麼可能如此弱智。於是他暗示情形B發生了，以毫不學術的武斷口吻做出結論："三個人不管怎樣肯定成功克服了危機，找到了一種新型的關係。激情昇華成了無限深情的友誼。"證據呢，還是莫須有。無證據，如何能"不管怎樣"地"肯定"？沒有任何證據即信口開河妄下結論，等同於強姦歷史，不是科學治學的態度。

沒有證據證明情形B發生過，當然同樣也沒有證據證明情形B不曾發生過。一個缺乏證據的歷史假說是否有說服力，可以從人物關係的來龍去脈前因後果，理性地予以分析推斷。1812年夏分手後，貝多芬回維也納，布倫塔諾一家回老家法蘭克福，雙方從此至死再沒有見面，只是保持著鬆散的通信聯繫。布倫塔諾夫婦及其後人對保存貝多芬信件很用心，但19世紀末拿出來公開拍賣時也不超過10封，由此可見他們通信的頻率很低。有幾年弗朗茨成為貝多芬與波恩出版商西姆洛克（Simrock）之間的仲介人，幫助他出版作品，還曾數次貸款、預付款給收支暫時失去了平衡的作曲家。老朋友從中獲益並為之感激，且在需要的時候沒有任何隔閡地跟他的銀行家朋友訴苦："我的現狀很艱難，壓力很大 … 但是我不應該對此有所抱怨，感謝上帝，這是我對他人的額外奉獻。"（"My circumstances are so tough and pressing ... though I am not to blame for this, thank God. It is my excessive devotion to others." —— Beethoven's letter to Franz Brentano, 1820.11.28）。在這封1820年寫給弗朗茨的信中，貝多芬和他討論了還貸和《莊嚴彌撒》的出版問題。這時距永生的戀人信件書寫日期已經過去了整整八年。特別值得一提的是弗朗茨曾經數次慷慨地免除貝多芬的還貸。

貝多芬和弗朗茨的私人關係，簡而言之就是一句話 —— 友好而正常，和他與其他好朋友的關係一樣。如果貝安之間確有私情，即使弗朗茨對此異乎尋常地寬宏大量不予追究，兩個男人又如何能夠長時期保持如此深厚的友誼，貝多芬怎麼還好意思請求被他嚴重傷害了的弗朗茨幫他辦事，並接受對方的錢財資助。如果他這樣做，豈不是太沒有人品自尊了，讓朋友的高大反襯出了自己的渺小。雖然身為一個成功的商人，弗朗茨懂藝術、有教養、重友誼，他對貝多芬的感情態度，自始至終是欣賞、崇敬和信任。1811年5月身處法蘭克福的弗朗茨在一封給妹妹貝蒂娜的信中說："我很思念維也納，因為整個冬天東妮（安東妮的昵稱）的健康狀況都欠佳。這真讓我為她擔憂。好在有貝多芬，能常常以他美妙的琴聲去給她帶來寬慰。"對妻子的深情摯愛和對朋友的信任感激躍然紙上。事情至此變成了這樣：一個作丈夫的人，對自己的一個知心男性朋友的人品道德百分之百地信任，絲毫不懷疑這位朋友和自己的妻子之間會有什麼不可告人的事情發生。而一個半世紀後在另一個時代，操著另一種語言，生活在另一個國度的一個學者，卻越俎帶庖自告奮勇，想方設法要為這位丈夫去"捉姦"，千方百計地試圖證明他的好朋友和他的妻子聯手欺騙了他 —— 事情是不是有些滑稽和荒謬。所羅門在這裡陷入了一個常識性的邏輯誤區：與老朋友密切交往多年的弗朗茨充分信任貝多芬，你憑什麼懷疑？和妻子相親相愛幾十年的弗朗茨充分相信安東妮，你憑什麼懷疑？難道你覺得自己比弗朗茨還更瞭解貝多芬和安東妮？你的這些捕風捉影、零散虛浮的所謂證據，你建立在大量的"假如"、"可能"、"或許"之上的最後結論，比弗朗茨的親身證詞更值得人們相信？按照你的世紀發明，貝多芬一面對別人說布倫塔諾夫婦是他"在這個世界上最好的朋友"，一面卻趁人之危，于朋友夫妻分居兩地，妻子身心處於低潮的時候，利用她對自己的崇拜與其苟且，你覺得他就是這樣的道德人品？

貝多芬在永生的戀人書信中，流露出了戀人有與他私奔結合的願望，而自己處於極度矛盾中的心情。安東妮作為一位養尊處優的豪門貴婦，有什麼巨大的力量能夠驅使她義無反顧，拋棄關愛體貼的丈夫、可愛幼小的四個孩子（另外肚子裡還有一個）和幸福美滿的家庭，去和一個半聾音樂家同赴那不可預知的未來？是愛情嗎？安東妮對貝多芬的情感態度，根據有案可稽的歷史記錄，集中反映在她的兩小段話裡。在一封1811年給她丈夫的同父異母弟弟，文學家克萊門斯·布倫塔諾（Clemens）的信中，她寫道：“我要把原譜（一首他寄給她的康塔塔）送到貝多芬神聖的手上，我深深地崇拜他。他像神明一般漫步在芸芸眾生之間，以更高的立足點對待這個低微的塵世。他消化系統的病痛只能使他暫時受到傷害，因為藝術擁抱著他，並緊緊地把他推向溫暖的心懷。”1819年在寫給自己的宗教顧問兼主教的一封信裡，她再次談及貝多芬，說他：“偉大，卓爾不群……作為一個人比作為一個藝術家更偉大……他自然，儉樸而且智慧，一望而知有善心……”

　　安東妮對貝多芬的評價極高，這已經很不容易，更了不起的是她的評語奇異獨特，她以一雙非凡的女性慧眼，洞察到了貝多芬不僅作為一位偉大藝術家，並且作為一個普通人的內在品質及價值所在。說安東妮是貝多芬可遇而不可求的紅粉知己絕不為過。但是，這種異性偶像崇拜是男女之情嗎？至少從這兩封信來看，不像。內容分析不像，收信人的身份分析更不像，不要說在19世紀初的歐洲，即便於21世紀今天的歐美，有哪一個身為天主教徒的已婚女人，會將自己對一個第三者男人的隱秘愛情，向自己小叔子和教區的天主教神父透露 —— 保密還來不及呢，除非她這是在作懺悔。而從安東妮信中的文句來看，她不僅為人熱情，而且很有理性，不像是一個輕率隨意的女性。如果說此種崇拜等同於愛情，那麼貝蒂娜則比安東妮走得更遠，來看看1810年貝蒂娜在寫給哥德的信中對貝多芬的具有某種前瞻性的讚美評論：“當我看到我要跟您說的這個人時，我忘記了整個世界 —— 當我回憶起當時的情景時，世界仍會消失，是的，它會消失……我要跟您說的是貝多芬，他使我忘記了世界，忘記了您。的確，我還沒有成年，但如果我說 —— 現在大概沒有人理解、相信這一點 —— 他大步走在了人類文明的前面，我不會說錯的。我們能趕上他嗎？我懷疑。但如果他能活到讓他靈魂中強大、高貴的謎團完全展開，能達到他靈魂的最高目標，那麼，他一定會把天國知識的鑰匙放在我們手裡，我們就可以朝真正的幸福更進一步。”

　　哇！還有什麼言辭能比得上一個女人對自己的男性偶像如此的讚美？單身無牽掛的貝蒂娜和貝多芬有過密切交往，但不是他的戀人，說明崇拜不等同於愛情。這對安東妮應該也一樣。1812年夏貝蒂娜正好也去了特普利茨，根據所羅門的推理方式，她豈不更應該是那永生的戀人。事實上貝多芬和貝蒂娜在心靈上確實很相通，1810年8月貝多芬寫了一封熱情洋溢的信給貝蒂娜，稱她為“可愛的少女，親愛的天使”，愛戀之情溢於言表。但由於後者的年輕多變及不穩定 —— 其實她只比他小十五歲，年齡不是太大的問題，他倆最終沒能成為戀人，多少令人惋惜。1849至1855年間，塞耶多次採訪了年過六旬，丈夫早已去世的貝蒂娜，請她回憶暢談當年與貝多芬的交往經歷。既多愁善感又熱情奔放，珍視與貝多芬友誼的貝蒂娜並沒有透露什麼驚人內情——這點和安東妮一樣，可見她是永生的戀人的可能性很低，後人沒有理由懷疑兩位不凡女士的誠信。順便說一句，貝蒂娜或許是19世紀最著名及有爭議的德語女作家，這讓她登上了如今流通的德國5馬克紙幣。

為了將貝安二人拉郎配捆綁在一起，所羅門想方設法尋找證據，從布倫塔諾夫妻感情方面下手也是其中的一個組成部分。他努力從有限的英文翻譯文獻的字裡行間去挖掘搜索，結果卻仍遠不盡人意，支離破碎的片言隻字很難說明什麼問題，但這並不妨礙他在斷章取意的基礎上充分發揮想象力，竭力向讀者灌輸一個弗朗茨不是個好丈夫，布倫塔諾夫妻之間不存在愛情的印象。言外之意自然是：因為安東妮不愛她丈夫，所以愛上了貝多芬。人云亦云以訛傳訛，時至今日竟然有人說"安東妮受盡了暴力婚姻之苦"，謠言的自我放大能力確實驚人。有力的歷史證據顯示，弗朗茨對小自己十五歲的貴族妻子愛護有加，是個模範丈夫，夫妻二人在幾十年的婚姻生活中感情甚篤，沒有任何負面新聞。總而言之，所羅門在證明安東妮愛上了貝多芬一事上，實在是乏善可陳。

四

為了證明貝多芬愛上了安東妮，所羅門下的功夫更多，他自方方面面收集到的多種所謂證據，一半屬於偵探推理，一半屬於主觀臆斷，不但沒有一項是板上釘釘的歷史事實，而且全部經不起認真推敲，至今也都被有關專家學者一一質疑，駁倒。除去以上提及，其它再舉數例：

（1）"五年說"："永生的戀人很可能是貝多芬1816年前約五年遇見或進一步認識的一位女性"（所羅門語）。來源根據：1816年貝多芬送侄子卡爾（Karl van Beethoven, 1806-1858）去一家私立學校就讀，結識了校長一家，校長二十六歲的女兒凡妮（Fanny Giannattasio del Rio, 1790-1873）愛上了他，而容易動情的音樂家這次卻沒有投桃報李，身心仍沉湎於數年前的失戀。有心的凡妮在日記裡記錄下了貝多芬那時的一些言行，說他曾親口承認五年前遇到過一位女性，幾乎就要與她幸福地結合，但由於某種原因美夢破滅，令他至今難以忘懷。凡妮的這個旁證份量比較有限，先不談她有可能聽錯、記錯，即使貝多芬真的說過她所敘述的事情，也不過是在回憶自己1812年那段刻骨銘心的戀愛經歷，並沒有什麼不為人知的信息在裡面。此證詞的最大價值在於從另一個側面，證明了1812年確實極有可能是永生的戀人書信的寫作年份。至於這個戀人，五年前"遇到"並不一定意味著五年前"結識"，完全有可能十年前就認識，五年前又"遇到"，這點所羅門自己也不得不承認。但是證據匱乏的他不願放過任何蛛絲馬跡的線索，為了套上凡妮的旁證，以為自己的"發現"提供更多的理論依據，所羅門將貝多芬與安東妮的初次會面時間選擇在了1810年，而忽略枉顧已有的充分事實證據。

反駁謬誤：加拿大退休律師、法官沃爾登（Edward Walden）於2011年出版了專著《貝多芬永生的戀人解謎 (Beethoven's Immortal Beloved: Solving the Mystery)》。書中作者以法律工作者的嚴密邏輯，用了一整章的篇幅來探討研究貝多芬和安東妮的相識年份，將多種史實證據展開論述，而證人皆為重量級貝多芬學人——申德勒、諾爾、塞耶。其中申德勒證明安東妮從小就認識了她爸爸的朋友貝多芬；諾爾證明貝安相識最晚也要在1808年。而學術作風嚴謹的塞耶則於1872年通過美國駐法蘭克福領事館，獲得了一份由當時布倫塔諾家族主持人簽發的書面陳述，證明貝多芬確實是安東妮父親的朋友，而布倫塔諾夫婦與貝多芬的友誼，即是從這層關係延續發展而來。經過沃爾登的嚴密論證，所羅門的"五年說"已經是毫無價值。

（2）"T字說"："永生的戀人名字的開頭字母可能是'T'"（所羅門語）。來源根據：1816年貝多芬在日記裡記下了這樣一段話："對於T，再沒有什麼了，除去交托予上帝。永遠不要讓軟弱導致犯錯。這件事只交給他，獨一、全知的上帝！／但是對T要盡可能地好，她的奉獻理應永世不忘，即使很遺憾，她或許永遠不會因你而有好的結果。"（"Regarding T., nothing is left but to trust in God; never to go where weakness might lead to do wrong; to Him, to Him alone, the omniscient God, leave all this. / But toward T. [be] as good as possible; her devotion deserves never to be forgotten —— though, unfortunately, advantageous consequences for you could never result therefrom."）對於這個代號T，所羅門輕描淡寫地排除了其他可能人選，將其定為安東妮（Tonie，安東妮的昵稱）。

反駁謬誤：1、這段話的語法時態是一般現在時，說明事態仍在進行之中，而不是早已過去，或者剛剛完成。此時（1816年）距貝多芬和好朋友布倫塔諾夫婦分手已有四年之久，期間除了互通寥寥可數的幾封信，雙方沒有任何形式的往來 —— 可惜那時沒有電話和網路。如果這位T女士是安東妮，貝多芬如何能夠或是從日常生活中，或是自精神層面上去"盡可能地對她好"呢？心有餘而力不足，這分明是一個不可能完成的任務。2、如果貝安之間確有其事，以"奉獻（devotion）"一詞來形容安東妮對自己的愛情，貝多芬在這裡是不是有些辭不達意，他在戀人書信裡可是熱情澎湃的。如果此時他真的是在深情懷念他永遠的戀人，不論她是否為安東妮，在私人日記裡完全應該更暢所欲言一些，而不是像現在這樣欲說還休，淺嘗輒止。3、聽話聽音，這位T女士眼下過得好像不怎麼好，貝多芬想盡力而為提供她一些幫助，但又感到有些愛莫能助。而遠在法蘭克福的富豪布倫塔諾夫婦相親相愛子女繞膝，哪裡需要貝多芬的幫忙，有忙他也幫不上，只有他們來幫貝多芬，他們也確實這樣做了。

綜上所述，基本上可以小心謹慎地推斷：這位T女士既不是遠在千里之外的安東妮，也不是近在眼前的另外某個戀人，而是一個在1816年和貝多芬有往來，對貝多芬有恩惠，自己卻生活得不盡如意的一個女人，當然她的名字裡至少還需要有一個大寫字母T。2011年，一個符合這些條件的女人于德裔貝多芬學者克拉普若斯（John Klapproth）的專著裡浮出水面，她就是在貝多芬情史裡也是赫赫有名，卻在這裡被所羅門"不能被認真列入考慮"一筆帶過的特蕾莎·布倫瑞克（Therese von Brunswick，1775-1861）。特蕾莎如何符合上面的前提條件，克拉普若斯提出的有力證據是什麼，為了行文方便我們下面再談。至此，所羅門的"T字說"亦搖搖欲墜。

（3）"A字說"："貝多芬永生的戀人名字的開頭字母可能是'A'"（所羅門語）。可以想見除了安東妮（Antonie），所羅門不可能選任何其她人作A女士。來源根據：貝多芬於1812年9月在日記裡寫道："順從，將最深重的奉獻投入到你的使命之中……哦，多麼艱難的掙扎！做好長途跋涉的各種準備… 你不被准許做人，你不能為自己，而只能為他人而活。你將不再有幸福，除了在你自己，在你的藝術之中 ── 哦，上帝！給我力量戰勝自我，讓我脫離一切世俗的束縛。"（"Submissiveness, deepest devotion to your destiny...Oh tough struggle! —— Do everything necessary to prepare for the long journey... you are not allowed to be human, not for you, only for others, for you there is no happiness any more but in yourself, in your art —— Oh God! give me the strength to defeat myself, nothing can bind me to life. —— In this manner with A, everything goes to ruin ——"）

反駁謬誤：這是一段貝多芬名言，被後人翻來覆去地引用，但結尾那句話總是被略去，導致絕大多數人根本就不知道它的存在。此句按字面看大意為"以這種態度和A在一起，一切都被毀了"（"In this manner with A, everything goes to ruin ——"）又是一個代號"A"，讓後世貝多芬專家們傷透了腦筋。這個A代表著什麼？它應該是代表一個人物，還是一件事務？如果是事務，是否可根據對貝多芬的理解而推測為："以這種（脫離一切世俗束縛的）心態面對逆境，所有（的阻隘）都將被摧毀"（"In this manner [nothing can bind me to life] with A [Adversity], everything goes to ruin."）如果是人物，如多數研究者認同的那樣，那麼這個人有可能是永生的戀人嗎？完全可能。日記寫於1812年秋，正是永生之戀剛剛結束後不久，貝多芬還沒有自失去戀人的巨大傷痛中復原過來。在這裡他試圖頑強地振作起精神，請求上帝給他以力量戰勝自我，超脫凡俗的個體人生，進而為音樂藝術奉獻終身。最後這句話很不容易理解：以什麼心態對待戀人？為什麼戀人會毀掉一切？破折號後面被省略的字詞可能是什麼？

答案眾說紛紜，難辨孰是孰非。我個人比較欣賞以下此種"心領神會"："以這樣的狀態繼續和戀人相處下去，我的一切，特別是我最重要的音樂事業，就要徹底被毀掉了。"話裡蘊含著一種矛盾心理：感情上他期望與自己心愛的戀人結成百年之好，享受凡人的家庭幸福；但理智上他開始清醒地意識到，世俗生活將不利於自己的偉大事業。魚和熊掌不可兼得，要事業，還是要愛情，最後他義無反顧地做出了艱難的抉擇。這個解析反映了貝多芬思想境界的超越層次。但是否有人為的拔高呢？

不得不承認，這樣的理解多少有利於所羅門，此次他的選擇最起碼還符合基本情理。但他的論證仍是問題多多，一如既往地缺乏嚴密，尤其不講邏輯。他輕易排除了其她幾位姓名也帶A，並與貝多芬過從甚密的女士。比如他否定某兩位女士因為她們1812年7月沒去波希米亞溫泉，他否定貝蒂娜（Arnim）因為她不生活在奧地利。本來是要證明獨立條件A，結果被證對象還必須同時滿足獨立條件B、C、D等；本來是要尋找A女士，結果候選人還必須滿足成為永生的戀人的其它條件。所羅門只是不講邏輯。像貝蒂娜不生活在奧地利和她是否為A女士有什麼直接關係，當年夏天她明明就在特普利茨，且和貝多芬有過近距離接觸。據說哥德在特普利茨街頭吃驚地看到散文家挽著音樂家的手臂，估計詩人當時是很有些醋意的。事實上貝蒂娜確實也是永遠的戀人候選人之一，沃爾登《貝多芬永生的戀人解謎》一書就是試圖為她正名，諸多論點論據亦不無一定道理。篇幅所限，茲不贅述。

A女士有可能是永生的戀人，但也有可能不是。瑞士音樂學家戈爾德施密特（Harry Goldschmidt, 1910-1986）在他的專著《貝多芬永生的戀人綜述（All About Beethoven's Immortal Beloved）》裡推出了一位新人選——柏林女歌唱家阿瑪麗·澤巴爾特（Amalie Sebald，1787-1846）。分析推論如下：1812年7月與戀人分手，接著於9月初相遇無望後，貝多芬仍在卡爾斯巴德、特普利茨等地盤恒，這時他遇到了去年也在這裡結識的澤巴爾特，"阿瑪麗·澤巴爾特姐妹般的關心照顧，幫助他平復了與永生的戀人混亂的男女關係而產生的後痛。"（所羅門語）又在信口開河，後痛如果那麼容易被平復，也就不算什麼後痛了。失戀帶來的巨大空虛和失落亟需填補，況且年齡不饒人，貝多芬突然起意隨便找個女人娶了，也算了卻了十多年來做丈夫、當父親的夙怨，對象就是近在眼前對自己溫柔體貼的澤巴爾特。閃婚的念頭只是靈光一現，靜下心來思量越來越覺得不對勁兒，自己和澤巴爾特只是好朋友關係，雙方之間不存在愛情，建立在這樣基礎上的婚姻一定不會有好結果，尤其是對自己的音樂事業。所以那句話的本意應該是："以這樣的狀態與阿瑪麗（進入婚姻），一切都要被毀了。"戈爾德施密特的這個解釋和上面的"拔高說"相比，在不降低精神高度的同時更通常理人情。即使是失戀了，貝多芬似乎也不應該從終身幸福的天堂感跳到另一個極端，認為與自己永生的戀人結合會毀掉個人的一切。

　　對所羅門更加密集、犀利的狙擊在後面。自2000年以來，通曉德文，在維也納工作多年的加拿大音樂學家斯德林博士（Rita　Steblin，1951-）發表出版了一系列文章書籍，探討貝多芬永生的戀人主題，並提出了許多新發現，以辯駁所羅門的"安東妮論"。在"A字說"問題上，她的研究成果比較獨特：所謂貝多芬日記基本上就是一個記事簿，許多內容支離破碎，並且採用了眾多符號、代碼、縮寫等，再加上作者的手書十分潦草，令一些字跡不易辨認。更糟糕的事情是日記原稿已經散失，流傳下來的是抄寫件，謬誤難免，與原文有一定距離。具體到此段文字的這個神秘字母，其實它的原文並不是A，而是"St"兩個字母的連筆拼寫，被抄寫員誤認作了A。那麼St又是什麼意思呢，原來它暗指的是另外一位永遠的戀人候選人的丈夫斯塔克伯格（Stackelberg）。另外"with"一詞的德譯英也不很準確，德文原文為"mit"，除去"和、陪伴"外，還有"因為"的意思。那麼上面最後這句話就變成了："因為戀人丈夫的存在，一切都被毀了。"含意與"拔高說"截然相反：音樂巨匠對於在戀愛競爭中的失利仍是耿耿於懷，在日記裡暗自抱怨自己愛情與婚姻的毀滅者。這是一個更有人情味，接近平凡人生的貝多芬。

　　就表面看，幾種解剖分析各有千秋，立足點不同，皆有存在的理由，也無所謂高低優劣。但新近問世的斯德林版的技術含量很高，讓沒有機會看到日記抄寫件原版文字及不懂德文的本課題研習者很難給出針對性的客觀評論。它對所羅門論的衝擊也最大。此說如能進一步被證實，將釜底抽薪地動搖"A字說"作為一個亞課題存在的根基。就感性而言我最認可戈爾德施密特說，而不怎麼喜歡斯德林說，因為後者展現的是一個過於凡俗的貝多芬，但對於歷史事實的尊重遠比個人的喜惡更為重要，更值得我們努力去追求。

最後再看一例：所羅門在他的書中寫道："作為他（貝多芬）對安東妮情感之深的一個例子，我們從他1816年2月6日致安東妮的一封信中引用一部分：'尊敬的朋友，……我希望您和弗朗茨心心相印，共享人間幸福。我在想象中親吻、擁抱您所有可愛的孩子們，並希望他們知道這個。對於你們夫妻倆，請接受我最美好的致意，這讓我愉快地回憶起了與你們伉儷二人一起共度的時光，那讓我永遠難以忘懷的日子。'（'I wish you and Franz the deepest joys on earth, those which gladden our souls. I kiss and embrace all your dear children in thought and should like them to know this. But to you I send my best greetings and merely add that I gladly recall to mind the hours which I have spent in the company of both of you, hours which to me are the most unforgettable.'）"幾乎讓人啞然失笑，這幾句對任何好友夫妻都普遍適用的友情客套話，如何能夠作為貝多芬對安東妮懷有愛情的證據。真有你的所羅門，不能不懷疑你從來就沒有談過戀愛，或許類似情感對你而言就算是了不起的愛情了。不過這幾句話引用得倒是很好，好在它能夠作為反證，從一個側面證明了貝安之間不存在什麼私情，他們就是純粹的好朋友關係。看吧："這讓我愉快地回憶起了與你們伉儷二人一起共度的時光，那讓我永遠難以忘懷的日子。"這主要是指1812年夏雙方在波西米亞一起度假的往事吧。如果"與你們伉儷二人一起共度的時光"是以上分析段落的假設情形A ── 心照不宣型，難道貝多芬還好意思再提起；如果是假設情形B ── 招認懺悔型，怎麼可能是"愉快的回憶"和"難以忘懷的日子"；所以只能是假設情形C ── 心懷坦蕩型，一次親密朋友的正常攜手度假。在一封1814年寫給安東妮的短信裡，貝多芬對收信人的稱呼為"我可敬的朋友"，信的內容是公事公辦地討論一張什麼匯票的問題，全文一個熱乎字眼也無，不引也罷。從1812年熱得發燙的永生的戀人書信，到兩年後官方公文般的私人信件，貝多芬情感的跳躍幅度也太大了點，難以想象兩次通信的對象是同一個人。當然，如此簡短乏味的貝安通信，所羅門是絕對無意讓他的讀者們知道的，他總是喜歡吃自助餐，確切說是喂給他的讀者的，只有那些對他自己胃口的菜。

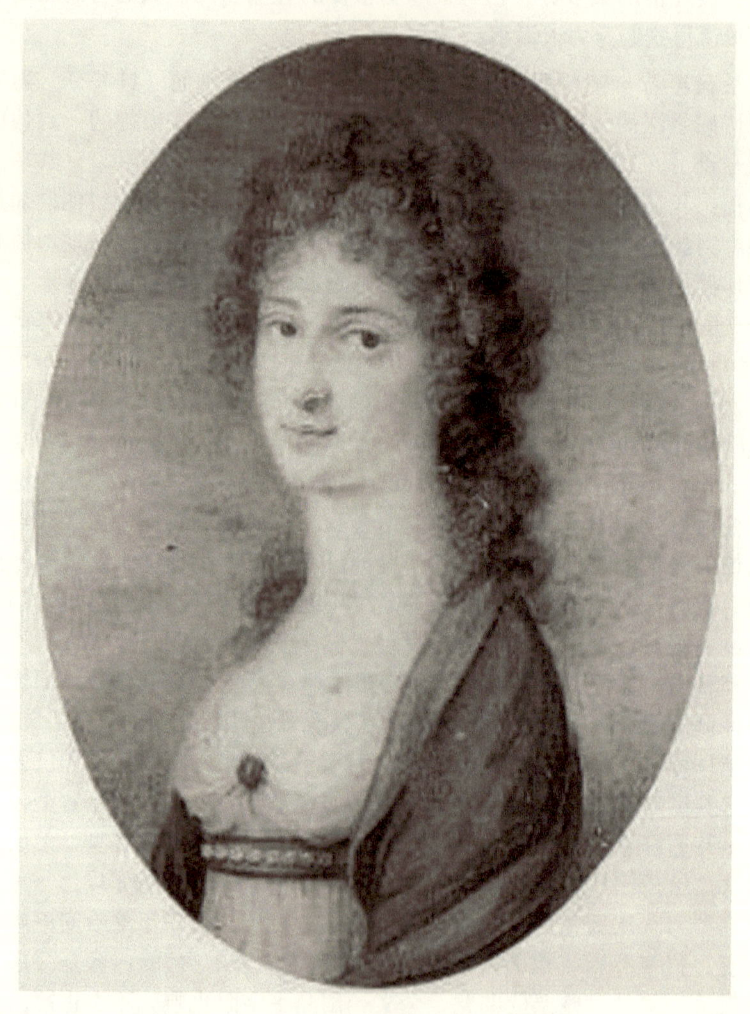

貝多芬保存的兩幅女子象牙小像之一，所羅門認定為安東妮·佈倫塔諾

五

　　貝多芬最後一次和第三者提起安東妮，是1823年9月5日給裡斯的信，在討論《迪阿布裡變奏曲》於倫敦出版事宜時他寫到："給布倫塔諾夫人的題獻辭應該用德文書寫，我欠她很多，而眼下沒有其它方式償還"（"The dedication to Brentano was to be confined to Germany, I being under great obligations to her, and having nothing else to spare at the moment." —— Beethoven's letter to Ferdinand Ries，1823.09.05）從字裡行間可見，他是感覺在"責任、義務、恩惠或債務（obligations）"等方面對她有所虧欠，而完全看不到有任何特殊情感在裡面。將《迪阿布裡變奏曲》獻給安東妮，是基於一種還債心理及目的，而決非出於什麼愛情。事實上貝多芬起初計畫將此曲獻給裡斯夫人，以償還裡斯幫助他在倫敦出版作品的人情債，四月份他寫信給後者："幾周內您還將收到基於單一主題的33段變奏曲（圓舞曲，作品第120），它是獻給你妻子的"（"In the course of a few weeks you shall have thirty-three new variations on a theme [Valse, Op.120] dedicated to your wife." —— Beethoven's letter to Ferdinand Ries，1823.04.25）半年後他改變了主意，可能是感覺虧欠布倫塔諾夫婦的更多，這筆人情債需要先還。裡斯的父親是貝多芬少年時的小提琴老師，裡斯是追隨貝多芬多年的學生，是比布倫塔諾夫婦更親近的人，自己人就不必過於拘於禮尚往來知恩圖報了。多年後申德勒說老師和學生產生了矛盾，因為天賦有限的學生剽竊了老師的作品，所以老師收回了作品題獻承諾。不過申德勒的人品被公認有很大問題，他的話不可全信。貝多芬至少在1825年還給裡斯寫過信，討論作品的出版問題，並親切問候了裡斯的夫人和父親。總之安東妮是陰差陽錯才得到了《迪阿布裡變奏曲》的題獻。前面提到《第30號鋼琴奏鳴曲》獻給了布倫塔諾夫婦的長女瑪克西米麗亞妮，其實這也是一筆"利益交換"，弗朗茨幫助貝多芬出版作品，免除他的多筆貸款，作曲家心懷感激又無以為報，只有奉獻作品。貝多芬晚期與人交往具有很強的"功利性"，他臨終前幾年所寫信件大多是在與出版社和朋友商談作品的出版問題，煞費苦心百般操勞，為了掙錢維持生計，說到底是為了頑強地活下去以寫出更多更好的作品，他沒有別的辦法。

　　來看看自稱"一個貧困的奧地利音樂家"的貝多芬在此期間有關生計的自述："倘若我不是如此貧困而被迫靠賣曲為生，我真不會接受愛樂樂團的任何酬謝。"（1823年2月5日，致裡斯）"冬天和各種狀況困住了我，讓我不得不幾乎總是靠賣曲為生。”（1823年2月25日，致裡斯）“我不幸只能靠作曲維持生計。”（1824年1月23日，致音樂之友協會的指揮們）“就像一個勇敢的騎士靠劍生存一樣，我必須靠賣曲為生。”（1824年8月24日，致安東•迪亞貝利）“我持續的悲慘狀況迫使我立即寫出能帶來足夠的錢以應付日常所需的東西。這是一個多麼悲哀的現實揭示啊。另外我的其它情況也很糟，渾身是病，眼睛也有大問題。”（1823年4月25日，致裡斯）“天啊！當其他人在海水浴場盡情享樂時，我的貧困狀況卻迫使我每天筆耕不輟。”（1823年9月5日，致裡斯）“阿波羅和繆斯現在還沒有準備把我交給那瘦骨嶙峋，手持長柄鐮刀的收割人，因為我仍舊欠他們許多。在我離別塵世前往極樂世界之前，我必須完成心靈向我啟示並命令我完成的東西。對我而言，仿佛自己僅僅才寫了幾個音符似的。我祝願您在藝術的攀登上獲得成功。藝術和科學，共同提示並期待著一種更高尚的人生。”（1824年9月17日，致朔特父子出版公司）“如您所知，我全靠我的腦力產品為生，可是在接下來的很長時間內，我所有的寫作想法和計畫都無法付諸實踐了。我的收入如此微薄，幾乎不能用它來支付半年的房租。”（1827年2月22日，致喬治•斯馬特先生）“您認識我許久了，知道我靠什麼維持生計。我將很長時間不能寫東西了，情況就是如此，我可能，很遺憾，變得缺乏生活必需品。”（1827年2月22日，致莫舍萊斯）“2月27日我接受了第四次手術，接受第五次乃至更多手術或許將是我的命運。如果這種狀況沒有改善的話，我的疾病肯定將持續到盛夏，那時我的結果將如何呢？我將如何勉強維持生存，直至我衰敗的體力恢復到足以再靠我的筆糊口呢？”（1827年3月6日，致喬治•斯馬特先生）“只要我必須忍耐活著的死亡，我就可能免於貧困。這將賦與我力量去承受我的命運，無論它是多麼可怕，我謙恭地順從上帝的旨意。”（1827年3月14日，致莫舍萊斯）—— 讀來令人唏噓不已。貝多芬病逝於1827年3月26日。在臨終前的一兩個月直至前幾天，他還在為生計發愁，四處給人寫信求助，並且仍念念不忘他的寫作。

這裡有一段小插曲：1823年，歷經四載幾經周折，《莊嚴彌撒》終於完成。他自己清楚這是一部巨作，於是想靠它發筆財，改善一下眼前不盡人意的經濟狀況，就像二十幾年前海頓靠《創世紀》大獲利市那樣。於是貝多芬給全歐洲幾乎所有的大小宮廷，及有影響的機構如教會、個人如王公貴族等去信，毛遂自薦作品的同時發出定購請求。直接向高傲的帝王大公們發廣告怕效果不大，他又想到了“走後門”，給一些和當地最高統治者有關係的文化人寫信，求他們在王室面前為文藝同行美言幾句，以促成這筆“藝術品交易”。曾任薩克森-魏瑪-艾森納赫大公國樞密顧問，與魏瑪大公有密切私人交情的哥德是他的求助人之一。在給哥德的信中，貝多芬將身段放到了最低，先是毫無虛偽地向對方表達了自己的最高敬意，接著提到《平靜的海洋和幸福的航行》（Op.112），這部小型康塔塔創作於1814-1815年間，是為哥德回憶義大利西西里島旅行而做的兩首小詩《平靜的海洋》和《幸福的航程》的配樂。再下來，他直言不諱但措辭婉轉地提出了請求，期望哥德能夠向魏瑪大公施加一些個人影響，以促成後者對《莊嚴彌撒》的贊助 —— 50達克特金幣。隨即他又坦率地談及自己不寬鬆的經濟狀況，以求得到對方的理解同情。最後音樂家再次向老詩人表示敬意，相信後者一定會幫助決意為藝術獻身，但卻生活窘迫的自己。

　　結果令人失望之極：魏瑪大公沒有贊助，哥德沒有幫忙，他甚至沒有回信。無果而終，這導致貝多芬浪費了一份《莊嚴彌撒》總譜，白白損失了對他來說也是一筆不小開支的抄譜費和郵資。七十三歲的詩人自有他的理由，當時他健康欠佳，臥病在床甚至有性命之虞。大難不死必有豔福，病情好轉後他接著又戀愛了，對象是一位十九歲的貴族小姐，詩人返老還童，五十五歲的代溝不是問題，自己巨大的人文成就可以將之填補，他滿腔熱情地向心上人求婚，遭拒後又開始為對方寫詩，繼續發動高品質文學攻勢，忙得不亦樂乎，自然就將那不走運的音樂家拋在腦後了。本來就不喜歡這個人，現在更沒有義務幫他這個忙。有時間精力為一個相識不久的小姑娘寫情詩，沒興趣為貧病交迫的文藝同仁寫封求援信，人都是為自己而活，信奉自我中心的大詩人做得極為到位。後人只能這樣解讀此次事件。對於哥德的冷漠和無禮，早已洞悉世態炎涼的貝多芬表現得很大度，從未私下對其表示不滿。當別人當著他的面對哥德出言不遜時，他還會予以阻止。

　　哥德不肯幫忙，魯道夫也不管他了，那麼永生的戀人呢？自1820年與弗朗茨的最後一次通信直至1827年巨星殞落，沒有證據顯示貝多芬與布倫塔諾夫婦再有任何直接來往，所羅門自說自話宣稱的三個人之間的"無限深情的友誼"，在行為方式上就此宣告終結。在生命的最後數年裡，貝多芬雖然談不上饑寒交迫，也是捉襟見肘比較寒酸。作為一方巨富兼慈善家的安東妮，如果確實是他永生的戀人，怎麼也不該、不會對老情人的健康狀況、生活起居不聞不問吧。單身漢貝多芬不善照料自己是有名的，半輩子疾病纏身，人生已步入黃昏，且依舊生命不息創作不止，而她完全有能力至少從經濟上幫他一把。當年華德斯坦伯爵、李希諾斯基王子、魯道夫大公、洛布科維茲王子、金斯基王子等人都能做到，永生的戀人反而做不到麼，怎麼能夠忍心讓音樂大師聽天由命自生自滅，如此的永生的戀人豈不是過於冷酷無情。那時的貝多芬如果能夠擺脫惱人的金錢問題，身心狀況有望顯著改善，保不定還能多活幾年。而他的時間就是人類的巨大財富，他又將多寫出一些如晚期鋼琴奏鳴曲、弦樂四重奏，甚至《莊嚴彌撒》、《第九交響曲》那樣的曠世傑作。僅憑這點來看，安東妮即使不應該被後人苛求，不能算是歷史的罪人，但又哪裡配得上貝多芬永生的戀人的稱號呢。她應該確實也不是。

綜上所述，安東妮是貝多芬永生的戀人的可能性，如果不是微乎其微，也是非常之低。依照所氏理論，貝多芬永生的戀人事件被認為一個婚外情民事案件。假若在法制尚不健全的柯南道爾時代，所羅門的這個基於想象推理、主觀臆測而非事實證據得出的破案結論，或許有可能被法庭所採納接受，但若放在任何一個現代西方法庭，則百分之百通不過辯護律師、陪審團和主審法官這幾關，無罪判決是唯一可能的結局，判決的法理依據只基於一條 —— 證據不足，換作歐美普遍適用的法律術語那就是：該案"無法排除合理懷疑（It fails to prove the case beyond a reasonable doubt.）"。其實沒有一個直接或間接證人，沒有一條直接證據，作為原告人的所羅門提交的這個案件根本就難以成立，法庭很有可能拒絕受理，審都不會審，更不要說是贏了。如果將永生的戀人課題比作一個色塊散亂的立體魔方，那麼所羅門就是一個不稱職甚至缺乏專業操守的解魔人。他勉為其難地將一個方面拼湊成了同一顏色，然後將此片面昭示世人，鄭重其事地宣稱謎底揭曉，問題解決了，而完全不顧另外多個方面仍舊是色彩斑駁參差不齊。所羅門苦心孤詣推出的"安東妮說"，就是這樣的一個單面同色魔方，遠觀可以唬人，絕對不可近看。

真的嗎？既然所羅門的"安東妮論"如此漏洞百出，缺乏基本的歷史證據支持，它又如何能夠於各國音樂界所向披靡，流行幾十年至今不衰？讓我們接著來看。

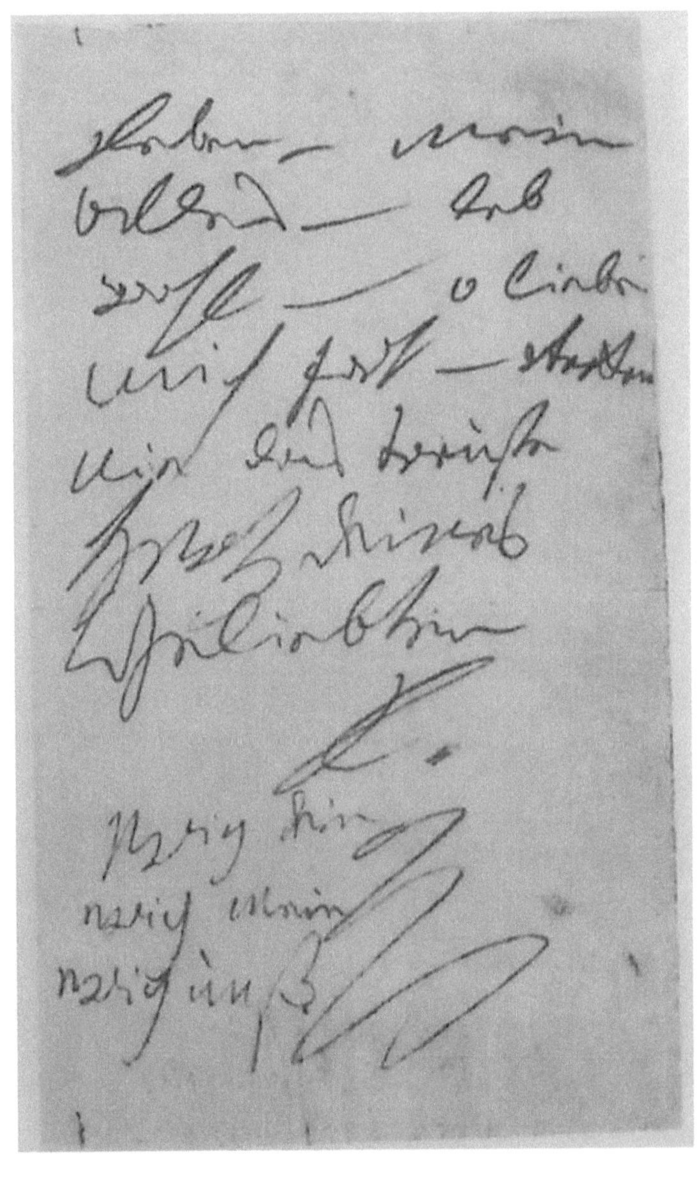

貝多芬"永生的戀人"書信手稿

貝多芬"永生的戀人"書信手稿

1

　　我的天使，我的一切，我的自我，今日我只寫幾句話，並且還是用鉛筆（你的鉛筆）寫的，要到明天我的住所才能夠確定，這樣的度日是何等無聊呀，我們對於必然的事實為什麼要發生這樣深的憂慮，我們的愛情除掉經過犧牲與不求全外，安能有其他方法使之實現，你不完全是我的，我不完全是你的，此事你安能加以改變。天呀，你試看一看美麗的自然；對於那必然的事件要放寬心些，愛情要求一切的一切，這完全是對的，我對於你，和你對於我都是如此？我必須為我和你而生存，然你不要把此事時常記在心頭，倘若我們完全結合了，那你一定和我一樣很少感覺這種痛苦。我的旅行是很狼籍的，我昨天早晨四點鐘才來到此地；因為缺乏馬匹的緣故，郵差另擇了一條路，但這是何等糟糕的一條路；在最後一站的前一站有人警告我不要於夜間行車，使我對於一個必須經過的森林頓生畏懼之心，但此舉只是徒亂我的心懷，我怕騎馬車要經過一條可怕的路，並沒有根據，這是我的不對，那條路只是沒有建築的鄉村道路；但如果沒有那樣的馬夫，我一定在路上投宿了。亞斯脫哈集（Esterhazy）駕了八匹馬的車子走另一條常行的道路，所遭遇的命運和我們駕四匹馬的車子正是相同。然我以快樂的神情去迎接事物，我總是和平常一樣，仍有一部分的享樂。現在又要快些由外部說到內部；我們不久會見面，我在這幾天對於我的生活的視察，今天也不能告訴你？倘若我們的心總是固結的，那我也不會有那一類的的觀察。我有滿懷心事要向你申訴，唉，有時我覺得言語文字殊不足以表情達意。祝你愉快，願你永遠做我的唯一忠實的寶貝，做我的一切，恰和我對你一樣，至於我們其他應有的東西，神是會賜予的。

你的忠實的路德維格

7月6日早晨

2

　　我的最親愛的人兒，你當感受痛苦了？我現在真正承認信件必須趕早些寄出。星期一和星期四日是郵件由此處寄往K城的唯一日期。你當感受痛苦了，唉，凡我住的地方，願你也同我在一起，我將設法使我能和你共同生活，當你不在我的面前，我度了何等的一種生活！！我到處為人們的善意所追隨，自己覺得不配有此，也不願有此，而人對人的謙卑，使我心痛，當我在宇宙的總體中視察我自己是什麼，而世人所稱為最偉大的人物又是什麼，當我想起你也許星期六日才接到我的第一次消息，我哭起來了，你固然也有愛情，但我對你的愛情更加濃厚，在我的面前決不要把你自己隱藏起來，祝你夜安，我必須去睡。唉，上帝呀？我們相距這樣近！又這樣遠！我們的愛情豈不是一種真正的空中樓閣，可是他也和天一樣穩固的。

7月6日，星期一晚上

3

我的不朽的愛人，我已經上床睡覺了，種種思想最集於你的一身，時而喜不自勝，時而又悲痛欲絕，期待命運，不知他是否對我們垂青，我或者能夠完全和你共同生活，或者完全不能夠做到這一著，我已經決定四處漂泊，一直達到能投入你的懷中，能完全稱為你的家人，能由你將我的心靈送入精神界中為止，最後一點必須如此，你當能深切瞭解我的意思，因為你是認識我對你的忠實的；決沒有另一個人能夠佔據我的一顆心，決不會有此事？決不會有此事？啊，上帝呀，人所鍾愛的，為什麼必須遠遠地離開，而我在世界上的生活卻和現在一樣，是一種充滿煩惱的生活。你的愛情使我最快樂，同時又使我最不快樂，我在現在的年華中需要一種整齊劃一的生活，這一點能夠在我們的關係中成立麼？天使呀，我剛才打聽到郵差是每日出發的，所以我必須即作結束，使你能即刻收到此信，請你放安靜些，你要愛我，今天，昨天，我因思念你，不覺涕泗滂沱了，你，是我的生命，是我的一切，祝你好，啊，你要繼續愛我，永不要誤解你的愛人最忠實的心。

永遠是你的永遠是我的永遠是我們的。

7月7日早晨

我是滄海不是雲

—— 貝多芬"永生的戀人"探秘（下）

六

約瑟芬•布倫瑞克（Josephine von Brunswick，1779-1821）：

1799年5月，春暖花開時節，神聖羅馬帝國的首都維也納迎來了三位來自布達佩斯的女貴賓，年長的一位是匈牙利古老貴族之家布倫瑞克的女主人安娜（Anna von Brunswick，1752-1830），年輕的兩位分別為安娜的長女特蕾莎和次女約瑟芬。安娜此行的目的有二，一是為女兒們尋找一位高水準的音樂教師。她們學習鋼琴等樂器已多年，頗有音樂才能，希望能夠進一步深造。女人們慕名拜訪了當時維也納的首席鋼琴家貝多芬，教學事宜商談得十分順利。除此之外，老師貝多芬與學生約瑟芬一見鍾情，但直到五六年後，雙方才得以互訴衷腸；再直到一個半世紀後，他們戀情的部分真相才曝光於天下。

男女雙方一見鍾情，卻不能進入戀愛狀態，這涉及到安娜此行的目的之二：為年輕美貌的約瑟芬在帝國的首都釣金龜婿，必須是有錢有勢的那種。與王公貴族、富豪巨賈們相比，再優秀的藝術家也屬於二等公民。他貝多芬琴彈得再好，曲作得再優美動聽，也不是合格的女婿候選人，根本不在貴夫人的考慮範圍之內。安娜的兩項工作進展極為順利，5月初貝多芬成了布倫瑞克姐妹的家庭音樂教師，7月底約瑟芬就在母親的一手包辦下，嫁給了一個名叫戴姆（Joseph von Deym，1752-1804），足足比她大了二十七歲的伯爵。這位戴姆伯爵倒是個文化人，一位蠟像藝術家，和維也納的大音樂家都認識，不僅曾委託莫札特為他的西洋鐘作曲（K.594、K.608），還居然為音樂天才製作了他的石膏"死亡面具"。戴姆在當地擁有一座頗有品味的藝術博物館，為當時維也納的著名景點之一，莫札特死亡面具的首展即在這裡舉行。另外他還有一位比較說得響的朋友 —— 當今聖上，神聖羅馬帝國皇帝弗蘭茨二世（Franz II）。有藝術館和莊園必定有錢，認識皇上必定有勢，這樣的女婿哪兒去找，除了年紀大點。一心要給女兒找個富貴人家的母親利令智昏，對準女婿的基本調查工作也免了 —— 寡婦母親自己為何不嫁，她和戴姆同齡，可謂年齒相當。她哪裡知道對方也有自己的小算盤，目的是一箭雙雕，在贏取美麗少女的同時得到豐厚嫁妝，同時他還老謀深算地製造了自己十分富有的假象。婚禮後沒多久女婿的經濟問題暴露，母親悔之莫及，雖然嫁妝損失不多，但女兒卻成了潑出去的水了。勢利眼母親不甘心作冤大頭，不顧外孫女都出生了，竟然想要解除這椿婚姻，但遭到不肯違反婚誓的女兒的拒絕 —— 既然有反抗母權的勇氣，當初怎麼沒敢拒婚。約瑟芬既柔弱又倔強，瞻前顧後優柔寡斷的個人性格，註定了她此生的悲劇命運。

其實戴姆也算是一個好人，不屬於得志便倡狂的那類，嫩草順利吃到後很知道感恩，所以婚後老少配夫妻的感情是越來越好，孩子也就接二連三地出生，經濟問題不久也解決了。那幾年約瑟芬過著一生中最為幸福的日子，世俗生活上有丈夫和孩子，文化生活上有貝多芬。後者繼續做她的免費義務家教，師徒二人三天兩頭會面 —— 只是學生由布倫瑞克伯爵小姐變成了戴姆伯爵夫人。在名師的悉心調教下，學生的音樂技藝突飛猛進。1800年12月，約瑟芬以一個貴族女鋼琴家的形象出現在了維也納一個上流社會的音樂晚會上，她與人合作，成功演奏了貝多芬的《小提琴（與鋼琴）奏鳴曲》（Op.12），藝驚四座，風采照人。

貝多芬還是戴姆-約瑟芬家庭音樂沙龍的主角，不僅和優秀的大提琴手，約瑟芬的哥哥弗朗茨（Franz von Brunswick, 1777-1849）成了好朋友，友誼維持了終身，並且和男主人相處得也很不錯。戴姆對妻子的音樂教師非但沒有絲毫醋意，而且像長輩般予以關懷。作為一種感激，貝多芬也為戴姆藝術館的西洋鐘配了幾首小曲：《為音樂鐘的五小段》（WoO 123）、《機械鐘的擲彈兵進行曲》（Hess 107）。事實證明貝多芬基於正統道德，無意插足他人婚姻，面對現實斬斷情絲，對女主人已不作它想了，且進一步移情別戀，對約瑟芬的表妹產生了愛情，短暫而著名的"茱麗葉之戀"就穿插於約瑟芬的第一次婚姻之間。戀愛之事上，

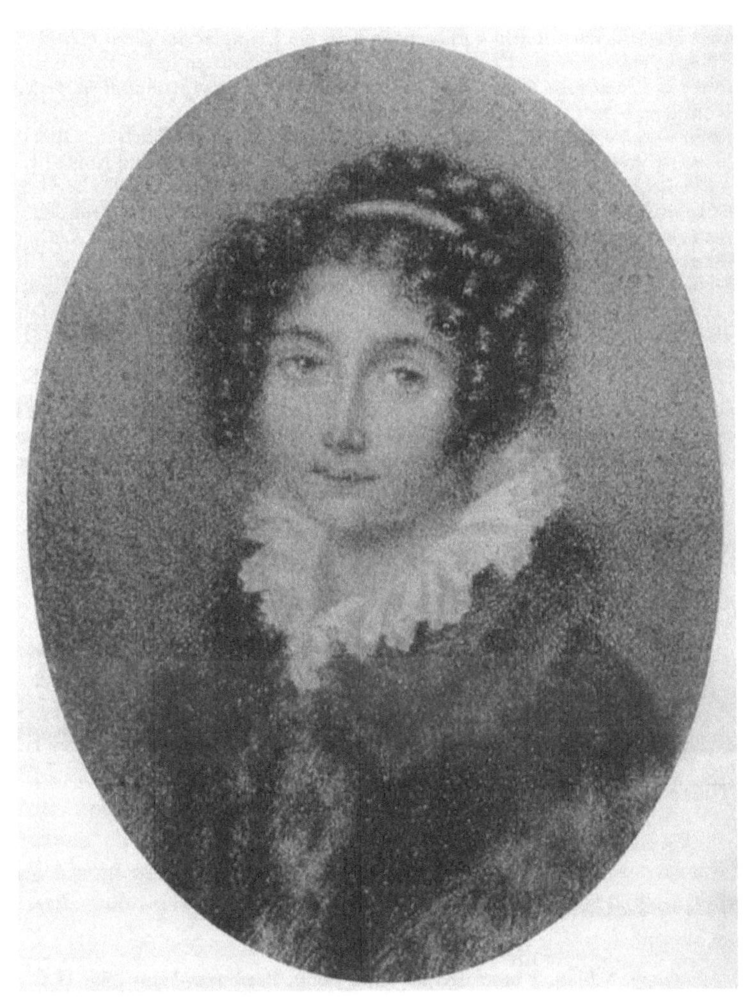

約瑟芬·布伦瑞克 (1779-1821)

貝多芬一生從未腳踏兩條船，與多於一個女人同時間進行。此次移情別戀沒能開花結果，這還屬於小傷害，日益加重的耳聾是大問題，給年輕作曲家帶來身心重創。1802年10月6日貝多芬寫下了著名的《海利根施塔特遺書》，隨即束之高閣，自己留在人世間繼續與嚴酷的命運抗爭。

約瑟芬卻也好景不長，婚後僅四年戴姆就死於當時的不治之症肺結核。臨終前，丈夫將孩子的監護權和遺產全部給予了妻子 —— 這很不尋常，因為根據當時的法律，丈夫死後寡婦並沒有自然繼承權。人生自古誰無死，可他實在是放心不下自己的嬌妻幼子 —— 老夫少妻的最大弊端此時顯現了出來。病榻上的戴姆掙扎著坐起來，執筆給他的皇帝朋友寫下了他的最後一封信，也就是托孤了。未亡人當時已懷胎八月，拖著沉重的身子進宮面謁皇上，報喪兼轉信。皇上自然是嗟歎一番，口惠而實不至地降恩體恤一下年輕寡婦。這也難怪，弗蘭茨二世不是太平天子，這幾年忙著應付氣勢洶洶的拿破崙，焦頭爛額自顧不暇，實在沒有多餘的心情來關照亡友的孤兒寡母。

此時萊麗葉也已嫁作貴人婦，戴姆的過早去世為貝多芬、約瑟芬打開了一扇玫瑰門，後世評論家和樂迷多有為此歡呼叫好的，卻沒有意識到這完全是感情用事。雖說當初貝、約相識在前，戴作為第三者橫刀奪愛在後，但依母親的強勢和女兒的軟弱來看，即便沒有戴姆的介入，貧賤音樂家最終能與貴族小姐走到一起的機會也是微乎其微，接下來發生的事情充分證明了這點。戴姆最起碼還是一個好丈夫，讓約瑟芬享受了幾年幸福人生。而丈夫的去世完全扭轉了妻子的命運，就此她走上了一條不歸路。

戴姆去世將近一年後的1804年底，天時地利人和都齊全了，師生正式開始戀愛，第一階段自1804年始到1807年止。這是貝多芬一生中持續時間最長，遺留物證最充實的一段愛情。但卻長期不為人知，概因當時這對情侶從事的是"地下戀"，對雙方的親朋好友嚴守秘密，真相直到一個半世紀後才大白於天下。1957年波恩大學音樂學教授約瑟夫·施密特-格爾克（Joseph Schmidt-Görg，1897-1981）將他收集到的貝多芬與約瑟芬的情書公佈於世，同時波恩貝多芬紀念館出版了這批信件的影印版。貝多芬寫給約瑟芬的書信，首次出版時為十三封，後又增補了兩封，總數最後為十五。約瑟芬寫給貝多芬的書信共七封，但皆為草稿形式。雙方情書交流的時間跨度為1804至1809年。兩人的文筆都好，互贈的情書堪稱經典。

貝多芬被後人追認為"情種"甚至"情聖"，其實多少有些名不副實，雖然終其一生，可以稱得上是貝多芬戀人、情人的女性加起來超過了兩位數，但其中不少屬於旁觀者捕風捉影，或當事人逢場作戲。史料記載相對較多，迄今已被專家學者們確定公認了的貝多芬戀愛經歷不過只有兩次半，對象及戀愛年份分別為：

1、茱麗葉•圭恰爾蒂：1801年某月-1802年某月。

2、約瑟芬•布倫瑞克：1804下半年-？具體分析見下。

3、特蕾莎•瑪爾法蒂：1810年1月或2月-1810年5月，基本上是一次單相思。

貝多芬與這三位女子的通訊情況如下：與茱麗葉，沒有任何書信存世；與瑪爾法蒂，有一封男方寫給女方的告別信，從內容看不是情書；與約瑟芬：有1957年的發現。所以約瑟芬收到的這十五封書信，是絕無僅有的貝多芬明確寫給某具體對象的情書。而約瑟芬所寫的七封書信，也是迄今發現的獨一無二貝多芬收到的情書。由此可見這二十二份歷史文獻的珍貴。後人要特別感謝當年的信件保存者約瑟芬。

次年（1805），二人的熱戀達到了頂峰。貝多芬寫給約瑟芬："您，我的一切，我的幸福 …… 寂靜中，我可憐的心在為您跳動，持續、唯一、永遠地為您跳動，直至生命告終，您是我的慰藉，我的所有。"（"You You my everything my happiness …… Only silently may my poor heart beat… For you always for you only you forever you to my grave only you My solace my everything." —— Beethoven's letter to Josephine, 1st quarter of 1805）"哦，親愛的約瑟芬，不是異性的驅動力將我吸引向您，不是的，而只是因為您，您的整個存在，連同您所有的特質，贏得了我的敬重，將我各種的感覺、意念和情思深深地迷住。當我第一次遇見您時，我就決意不讓我心中愛的火花燃燒起來，可是您還是征服了我。長久啊，長久，我們的愛情能夠天長地久嗎 —— 它是這樣地高貴，是基於如此深厚的相互理解、尊重和友情 —— 在思想、情感，在許許多多方面，我們兩個是這樣地相似。哦，您，讓我期望您的心兒繼續為我長久地跳動吧 —— 至於我的，我的心，將為您跳動到它最後停息的那一時刻！我親愛的約瑟芬啊！"（"Oh beloved J., it is not the drive to the opposite sex that attracts me to you, no, only you, your whole self with all its characteristics —— you have my respect —— all my feelings —— my whole sensibility enthralled by you. When I met you for the first time, I was determined not to let a spark of love germinate in me, but you have conquered me …… Long

—— long —— may our love last —— it is so noble —— so much founded on mutual respect and friendship —— even great similarity in so many things, in thoughts and feelings. Oh you, let me hope that your heart will continue to beat for me for a long time —— mine can only —— stop —— to beat for you —— if —— it beats no more —— beloved J" —— Beethoven's letter to Josephine，March/April 1805)

　　約瑟芬熱烈回應："甚至在我認識您之前，我的靈魂已經對您充滿熱情。現在有了您的這份情意，我的熱情也就更加有增無減。在我的靈魂深處，有一種無法表達的感覺，讓我愛您。……您的美德，您的情意，都增添了我對您的愛意。""您已經長久地擁有了我的心，親愛的貝多芬。如果這能給您帶來歡樂，那麼請接受我的心吧。同時您也要小心地把它放在最純潔的胸懷裡。通過我的表白，通過我對您的信任，您收到了我的愛和尊敬的最大證據！您最高貴之處在於，您懂得如何讚賞它，承認它的價值。我在此把它交給您，我在此保證，把我自己最高貴的部分交給了您。"

　　貝多芬情書中文句全部是直抒胸臆，如他的快板樂章般熱烈如火，像他的行板樂章般柔情似水，沒有浪漫主義愛情詩那些人工雕琢，讀來更加真實可信。從這些書信來看，當時他陷得很深，是一種全身心的投入，猶如沉寂了多年的火山一旦爆發。那麼約瑟芬究竟是一個什麼樣的女子，值得樂聖如此大動凡心呢？除去布倫瑞克姐妹倆留傳予家人的有限日記和信件，及貝多芬寫給當事人的情書外，沒有任何其它歷史資料談及約瑟芬其人，所以她留下來的原貌真容並不十分清晰，如今想要立體還原幾乎已經沒有可能。僅從以上文獻提取她生平的若干事蹟來看，後人可能容易得出這個女人並不值得貝多芬如此厚愛的結論。但不要忘了人生在世，最盲目不講理的事情就屬愛情了。情人眼裡出西施放諸四海而皆准，從古至今，令眾多詩人、藝術家神魂顛倒、靈思泉湧的幾乎都是些看似平凡無奇的小女子，她們的不完美甚至缺陷，在喜愛她們的男人眼裡就是至善盡美。這是人本天性的反映，除去人類學者、心理學家不需要問為什麼，問了也難以得出確切答案。具體到眼下事例，應該是約瑟芬的容貌、身體、才學和性格等內外品質交織疊加起來的這個異性混合體，正好對上了貝多芬的情感波段，於是為之迸發出電光石火。另外他在情書裡寫得也很清楚，他的愛是基於與戀人"深厚的相互理解、尊重和友情"，"在思想、情感，在許許多多方面，我們兩個是這樣地相似"。所以說貝多芬對約瑟芬的愛並非盲目，雖然也不盡理智 —— 從二人長期全面的交往史來看。

　　情書書寫那年貝多芬三十四歲，標誌性作品《熱情奏鳴曲》（Op.57）、《英雄交響曲》（Op.55）等已經完成，事業上進入了輝煌燦爛的全盛期，但個人的愛情園地卻依舊是一片荒蕪。以當時公認的全歐洲乃至全世界最有才氣的年輕音樂家的身份，竟然連一個妻子都找不到嗎？世上的男人千千萬萬，阿貓阿狗都能娶上老婆。問題出在了哪裡？—— 問題既出在社會，問題也出在個人。自從人類社會進入私有制，發明了以組建家庭為目的，使一對男女終生結合的律法契約之後，婚姻始終是以一種"等價置換"的商品交易形式存在，數千年來萬變不離其宗。人類個體作為社會存在的一元，其外形、財富、地位等為顯性價值，才學、性格、品行等為隱性價值。一雙單身男女各自擁有的內外價值的綜合指數愈接近，婚姻就愈有可能在二人之間實現 —— 這既包括 "物質婚姻"，也包括"愛情婚姻"，概因所謂愛情也是一種價值取向，不過就是精神的成份較大。第一次世界大戰前，仍處封建制的歐洲諸國普遍存在著兩條"公民原則"，既為法律明文規定，也是社會約定俗成：一是貴族身份高於平民一等；二是貴族與平民不得通婚。當然也不無例外，比如貴族女安東妮嫁給了平民男弗朗茨，因為男方是富豪，彌補了非貴族缺陷。其實弗朗茨的先祖也是義大利貴族，只是後代沒能將其封號繼承延續下去。

　　自二十二歲從故鄉波恩來到維也納，貝多芬大半生的活動範圍局限於帝國首都的上流社會，他所接觸的女人基本上都出自這個圈子。天涯何處無芳草，但上層女性的文化水準、藝術修養相對較高，很受作曲家的青睞，這讓他一輩子也沒有試圖另闢蹊徑，到普通市民階層中去尋找小家碧玉，哪怕在大家閨秀堆裡屢戰屢敗。如果他願意略微屈尊，將高傲的目光轉向中下層那更為廣闊的婚姻市場，找到一個秀外慧中、知書達禮的好妻子實在不會是一件困難的事情。但是他壓根兒就無意這麼做。於是高不成低不就成了他一生羅曼史的特色。後人在為他感到惋惜、不平的同時，還應該問一個為什麼？

　　比較有說服力的解答來自洛克伍德，來看看他在著作《貝多芬：音樂與人生（Beethoven: The Music and the Life）》的《同女性的關係》一節中的高見："來到維也納後，貝多芬的愛情亦如往日般延續，只是他所愛慕的女性大多出身更高的社會階層。這樣的戀愛在很大程度上使他向上拼搏的雄心得到滿足，卻使得婚姻變得幾無可能。縱觀貝多芬一生與女性的關係，我們能夠發現一個本質的特徵。貝多芬永遠在追求愛情，卻又避免任何長期的承諾。他擔心這種承諾會改變他的生活，並且掠奪他在音樂創作上投入的時間和精力。女人能夠成為他生活的一部分，卻不能成為他事業的部分。"──原來如此，貝多芬早已和音樂私定終身，而現實世界中形形色色的女人，不過都是些具有各種誘惑力的第三者，和她們談情說愛可以豐富充實人生，但卻難以與其廝守一生。

洛克伍德分析了貝多芬追求貴族女性的深層心理，見解可謂獨特，大體而言也基本說到了點子上，一個不惜捨棄個人幸福而為音樂事業奉獻終生的高大形象樹立起來了，但卻有失片面。詩人藝術家的性格特點是複雜、細微而多變，時常交織著矛盾與衝突。千年一遇的天才貝多芬更不例外，他一方面是一個超凡脫俗的英雄，另方面也是一個有血有肉的凡人。沒有人比他更具有理想獻身精神，但是當身心疲憊，孤獨難捱時，他對溫馨安寧的家庭生活也極為嚮往。數次不果戀愛，其實他與花燭洞房的距離並非遙不可及，如果不是陰差陽錯命中註定，正好碰上了幾位戀人的父母不是封建頑固，就是市井俗人，鑽石王老五或許早就當上了新郎倌。那樣的話幾乎可以肯定，歷史將給後人留下一個面目全非的貝多芬，一個中年過後即江郎才盡的貝多芬。這麼說貝多芬個人戀愛婚姻的不幸原來卻是人類之大幸，為此，後人實在應該感謝當年那幾個將貝多芬無情地阻擋在婚姻大門外的凡夫俗子，諸如茱麗葉的父親、約瑟芬的母親和瑪爾法蒂的父親等。

再者，貝多芬本人具有根深蒂固的貴族情懷，不僅自己只鍾情於貴婦人，對他的兩個親弟弟迎娶平民女都橫加干涉。但理想意識與嚴酷現實產生衝突，問題乃至悲劇就此產生 ── 貝多芬自己不是貴族，雖然他自認除了個人無法選擇的家庭出身，自己哪點都不比那些王公貴族們遜色，自己應該是貴族中的貴族，貴族中的王者。深入考察，貝多芬思維中的這個所謂貴族，與其是泛指世俗概念上的那個特殊社會階層，莫如說是他對某種超現實存在的感知覺悟，也即"精神貴族"一說，雖然他沒有想到用這個代詞來表達此種理念。貝多芬的貴族意識多少有些類似19世紀末尼采的超人哲學，自然不為當時的主流社會所接受。平民就是平民，就是比貴族低下，一個人的家庭出身決定了他的社會存在等級，而不管你的才華有多高，成就有多大。於是貝多芬對上流女人的追求，成了一個難以實現的夢。當戴姆伯爵夫人約瑟芬對他的愛慕發出積極回饋，讓他頓生感激之情，覺得終於尋覓到了知己，愛的火焰也隨之更加高漲。一些音樂學者將貝多芬1805年的戀愛與他同期創作的歌劇《菲岱裡奧》（Op.72）聯繫了起來，不無啟發意義。在歌劇裡，貝多芬以音樂語言精心塑造了一位他心目中的理想女性 ── 莉奧諾拉，她以無比的勇氣和智慧解救了被惡人冤屈入獄的丈夫，幫助他重獲自由和光明。現實生活中，或許沒有具體的惡人陷害事件發生，但生存的險惡、人類的罪惡、命運的無常，及靈魂的困惑與失落，對於精神貴族而言，存在本身命中註定就是一種非人的煉獄。那麼，貝多芬是期望約瑟芬成為拯救自己的身心靈魂於水火之中的莉奧諾拉嗎？他不是專門為她寫了一首藝術歌曲《致希望》（Op.32），難道她就是他的希望？

貝多芬投身愛情的心理複雜，約瑟芬的也不是白紙一張。首先她是一個拖著四個幼兒的寡母，心目中孩子始終位居首位，這讓她難以自由自在全身心地投入。母愛的偉大在此，自然無可厚非。再者她有一個等級觀念頑固、家長制作風強悍的母親，讓女兒心懷忌憚。體貼顧家的丈夫剛剛去世，家裡突然失去了主心骨，傷心空虛的心兒亟需慰藉，再加她剛剛生育不久——克拉普若斯在他2011年出版的英文專著《貝多芬唯一的愛人——約瑟芬（Beethoven's Only Beloved: Josephine）》中分析說約瑟芬很可能患有產後抑鬱症，這更讓她的境況雪上加霜。老師急風暴雨般的愛來得正是時候，學生也就順水推舟地投桃報李。但是，約瑟芬不僅對雙方戀情的發展方向沒有思想準備，並且在愛的投入和付出方面顯得非常有理智。為了防止仍將女兒視作金枝玉葉非貴族不再嫁的母親橫加干涉，他們採取了"地下戀"形式。女方似乎滿足於這種躲貓貓似的安排。

而貝多芬則對此若即若離的現狀感到不安，在書信裡表達了對戀情能夠維持多久的隱隱擔憂。基本上可以肯定他從未向女方求婚，雙方的關係遠沒有發展到美好的那一步，即使情書炙手可熱，還是互稱客氣的"您（Sie）"而不是"你（Du）"。那麼當時他對雙方關係的進展究竟是懷著怎樣的考慮與期待呢？雖然他感性有餘理性不足的情書對此沒有特別的透露，但答案幾乎無人質疑：他期望和戀人組成家庭，並做好了去當四個幼兒的繼父的思想準備。他對這場戀愛十分地嚴肅認真。貝多芬對約瑟芬的愛，具有古典愛情的純潔與高尚，煥發著一種忘我的犧牲精神。貝多芬作為一位偉大的音樂家，在此顯現出了他人性的真摯和品格的崇高——如此溢美之詞他應該當之無愧。

可是貝多芬的自我犧牲精神沒能打動對方，更沒有被接受。1805年1月20日特蕾瑟給他的妹妹夏洛蒂（Charlotte）的信中說："她（約瑟芬）的心應該有力量說出一個不字。這是一個可悲的義務，雖然還不是世間最可悲的義務！"是什麼強迫約瑟芬履行如此可悲的義務？應該是她的孩子。根據當時的法律，如果一個貴族女人和一個平民男人結婚，她將為此失去對其子女的撫養監護權。這是一個令任何一位母親都難以忍受的懲罰。要孩子，還是要愛人，約瑟芬面臨著這樣一種殘酷的抉擇，為此她成為一個值得後人同情的悲劇性人物。但另一方面，根據她後來的所作所為來看，也不能徹底排除以孩子作為理由回絕戀人，不過是女方的一個美麗且合理的藉口的可能性。不論怎樣，貝多芬的平民身份，再次成為他戀愛與婚姻的致命傷，阻止他與心愛的戀人終成眷屬。

百年之好無望，那麼退而求其次，和戀人發展到水乳交融，我中有你、你中有我的境地，也不失為一個令人滿意的結果。他渴望兩個人攜起手來，齊心協力將雙方的關係向前再邁進一步，而做愛是其中不可或缺的一環。只有佔有了女方的身體，不，應該說是男女相互擁有了對方的身心，這場戀愛才可以算得上功德圓滿，最終修成了正果。除去情聖彼得拉克，任你是販夫走卒還是賢哲偉人，持有此種心理再自然、正常且合理不過，上帝造出禁果就是給人嘗的，不然毫無用處。不幸的是存在即合理，反之合理卻不一定存在。即使女方是一個拖兒帶女的寡婦，歐洲首席音樂家在這場戀愛中竟仍舊是弱勢的一方，社會等級的巨大差異讓他失分太多，他眼巴巴的兩個期盼目的都難以達到。婚姻自然免談，約瑟芬還拒絕和貝多芬發展情愛關係，她寫到："不要撕裂我的心——不要再試圖說服我。我對你的愛難以言表，正如一個虔誠的靈魂愛著另一個。你有意接受這個契約嗎？眼下我不能接受任何其它形式的愛……如果您的愛並不止於情欲，您給予我的關愛，與您相處的愉悅，將是我生活中最完美的珍寶。我不能滿足您官能上的愛欲，這讓您生我的氣了，但是如果我順從了您的渴求，我就違背了神聖的盟約。—— 請相信我，我需要履行我的義務，所以我遭受的痛苦是最大的 —— 我的行為完全是跟隨著高尚的動機指引。"先是"可悲的義務"，現在是"神聖的盟約"，如果說不能結婚是為了孩子，無可厚非，那麼這個盟約又是為了什麼。可憐的貝多芬沒有答案，只有失望和痛苦。真正的愛是為對方做出犧牲，真正的愛不講理性。而約瑟芬似乎只滿足於和貝多芬維繫柏拉圖式的精神互動，從中獲得某種心靈寄託，但在具體的社會關係和現實生活等方面，則刻意與他保持一定距離，不肯越雷池半步。

1805年貝多芬寫給約瑟芬的那首藝術歌曲《致希望》，歌詞憂傷中飽含著希望："希望是神聖夜晚的親密伴侶／他溫存小心地把痛苦遮掩／那痛苦在折磨著弱小的靈魂／希望啊，請你把受苦人高高托起／讓他看見蒼穹上有一位天使／在一顆顆數著你落下的淚珠／／悲痛者仰望著蒼天訴說著命運／凝視著照亮他生命最後的陽光／正漸漸下沉，向他告別／那麼請讓他在塵世之夢的邊緣／看到雲層的縫隙中透出了光芒／那是向你走近的燦爛的太陽。"詩歌悲傷得感人，而更讓人傷感的是無情的現實，它向多情的歌曲作者揭開了自己的嚴酷面目：縱然你投身愛的海洋，去追逐希望的太陽，結果卻發現那不過是一輪水中月。讓他夢牽魂繞的約瑟芬並不是他的希望，更不是他的天使 —— 至少現在不是。他的終極幸福和希望，只存在於他的音樂之中。

不知情的古典音樂愛好者初聽《致希望》，有可能會脫口而出：這不是舒伯特的歌嗎。說得不錯，因為曲調風格聽上去很熟悉。但卻不正確，這是貝多芬的，1805年舒伯特還只是一個天才才露尖尖角的八歲小男孩。貝多芬以器樂作品聞名於世，在交響曲、協奏曲、重奏曲、奏鳴曲等多種體裁的寫作和創新方面成就斐然，雄踞於各自領域的頂峰，讓後來者望之興歎。同時他也是一位聲樂大師，《第九交響曲》、《莊嚴彌撒》有口皆碑自不待言；唯一歌劇《菲岱裡奧》名不副實，實比名高，是一部長期以來比較嚴重被低估了的宏篇大作；《合唱幻想曲》頗具獨創性，新穎別致自成一體；年僅二十歲時的兩部作品《皇帝約瑟夫二世葬禮康塔塔》（WoO 87）和《利奧波德二世加冕康塔塔》（WoO 88）即不同凡響，鋒芒已經畢露，展現大師風範。而不大為人所知的是貝多芬原來還是獨一無二的德國音樂形式 —— "藝術歌曲"的開拓先鋒之一（另一位是莫札特），及"藝術歌曲套曲"的創造者，他並且還是音樂史上首位進入民歌領域的大作曲家。貝多芬一生寫有六七十首藝術歌曲，收集、編寫了數百首包括蘇格蘭、愛爾蘭、威爾士、不列顛、西班牙、瑞士、俄羅斯、瑞典、匈牙利、葡萄牙、哥薩克等多個國家或民族在內的民間歌曲。這些工作成就大都是在他創作重型作品後的休整期間，或是受人之托，甚至是亟需現金時應付出版商的"副業"產品，但卻對隨之崛起的19世紀浪漫派歌曲大師舒伯特、舒曼、勃拉姆斯等影響巨大而深遠。

貝約戀情的高潮發生在1805年，接下來的發展竟受到了國際政治軍事局勢的影響。當年11月，為抗擊由奧地利、英國、俄國組成的第三次反法同盟，拿破崙率領法軍攻佔了維也納。弗蘭茨二世率皇族倉皇北逃，其他大小貴族則作鳥獸散自謀生路。約瑟芬臨時買了兩匹馬，獨自一人輪流騎著疾馳200多公里，逃回娘家匈牙利，顯示了弱女子的勇氣，只是不清楚她的幾個孩子此時在哪裡。布倫瑞克家族於布達佩斯附近的Martonvásár鎮擁有一座莊園（Brunswick Castle），新哥特式的城堡堪稱富麗堂皇。離開了戀人貝多芬，或許還有自己的孩子們，約瑟芬非但沒感到什麼不適，相反對老家新環境如魚得水，和妹妹夏洛蒂一道很快變成了"爬梯動物"，晚會、舞會夜以繼日，跳舞跳到昏天黑地，很快就跳出了問題：一個伯爵開始追求她。時間好像不長，動靜卻也不小，連遠在維也納的貝多芬亦有風聞，寫信給她對此表示不安，她回信表示他冤枉她了，並再次重申對他的感情，強調最愛的是他的內在心靈。風波很快過去，雙方之間的裂痕卻多少難免。

　　一年半載後時局穩定，約瑟芬返回維也納，與貝多芬的地下戀也已曝光，家裡對她的壓力開始加大，她本人則迅速變心，分起手來可謂決絕。1807年春她開始請戀人吃閉門羹，編些連傻瓜都不會相信的藉口讓傭人去打發登門求見的貝多芬，幾次三番，無情且無禮。可憐的音樂家癡情不改，見不到心上人的面就繼續給她寫信，言辭恍惚悲涼，傷心欲絕、失魂落魄狀躍然紙上，讓人讀之心酸不已，卻仍舊是一口一個"摯愛的"、"你最忠實的"等等。他寧可將戀情突變的遭遇歸罪於她的家人，也不肯指責她半句。從春天到秋天，他癡癡尋找了她半年，只求見一次面，最後好像是感動了對方的鐵石心腸，有希望如願以償，這讓他動情地寫道：

　　"親愛的，我摯愛的芬，只要有你寥寥的幾行字，就能讓我無比地歡樂起來。親愛的芬，多少次了，我掙扎著不去違反我給自己下的禁令，但只是徒勞。耳邊迴旋著千萬個沙沙聲響，告訴我你是我唯一的朋友，和僅有的摯愛，我再不能遵守自己所下的禁令了。哦，親愛的芬，讓我們再一起去無憂無慮地散步吧，沿著那條曾給我們帶來了多少歡樂的小路。明天，或者後天我就將看到你了，願上天賜給我不受干擾的一小時，那樣的話我們就可以好好地談一次，我等待這一時刻已經很久了，我的心靈和靈魂也都將再次與你相遇……我回到維也納才一天，已經去過你家兩次，但是沒能獲得見到你的幸福，這真讓我受傷。我猜你的心思變了——但我仍然心懷希望……不論我在哪裡，你的情影總是追隨著我，因為這是我人生的整個航向……不忘卻，不指責——對你永遠忠誠、為你獻身的貝多芬——1807年9月20日"（"Dear, beloved, only J.! —— again just a few lines of yours —— make me feel great joy —— how often beloved J. I have struggled with myself not to violate the ban I am imposing upon myself —— but in vain, a thousand voices whisper to me that you are my only friend my only beloved —— I am no longer able to obey what I am imposing upon myself, oh! dear J. let us walk again without worries on that path where we were often so happy —— Tomorrow or the day after I will see you, may heaven bestow upon me an undisturbed hour, when I can be with you to have the long awaited talk, when my heart and my soul can meet you again —— I had come back to Vienna only a day ago, I went to your home twice —— but I could not have the happiness —— to see you. It hurts me —— and I supposed that maybe your feelings had changed —— but I am still hopeful —— that also down at E. and wherever I happened to be your image will always follow me —— since it is the whole course of my life…….. —— do not forget —— do not condemn —— your eternally faithful devoted Beethoven —— September 20 1807"）

最後一面居然還是沒能見成，現在的約瑟芬比茜茜公主還難見到——至少對她昨天的戀人貝多芬是這樣。不過她總還回了一封短信，不冷不熱道了個歉並請求原諒，算是盡到了她最大的善意。終於，貝多芬意識到事情已經無可挽回了，追求摯愛的知其不可為而為必須有個限度，於是，他悲壯而尊嚴地退卻了：

"親愛的，親愛的芬，今天我只能簡短地寫幾句 …… 我將更加孤獨，在這裡我幾乎找不到一個志趣相投的朋友 —— 你的情形也不好 —— 不能和你見面傷得我不輕 —— 但是，為了你我身心的平靜，我還是不見你的好 —— 你沒有得罪我 —— 真的 …… 我們相互對對方的看法是建立在如此美好的基礎之上，那些缺乏本質價值的事情永遠不會讓我們成為敵人，縱然瑣事也能造成一定的影響 —— 感謝上天，別讓它發生得太晚 —— 我沒有任何事情和你過不去，親愛的芬 —— 一切都是為了你 —— 但是這件事情必須這樣了 —— 再見了，摯愛的芬！—— 1807年9月20日後"（"Dear, dear J. Today I can only write a few lines —— …… I will also be in greater solitude —— the more so, as here I cannot find almost any company congenial to me at all —— you are not well —— how it hurts [……] me, not to be able to see you —— however, it is better for your, for my peace, not to see you —— you have not off ended me —— indeed, …… our opinion of one another is certainly so favourable founded that things of little value can never make us enemies —— although, trifles can produce reflections —— that yet, Thank Heaven, do not occur too late —— nothing against you dear J. all —— all for you —— but it must be so —— farewell beloved J. —— After September 20 1807"）

<h2 style="text-align:center">七</h2>

1807年雙方有通信但沒有見面，1808年則徹底斷絕了來往。貝多芬、約瑟芬的戀愛關係就此宣告終結，或者說是暫時告一段落。貝多芬對約瑟芬的愛情如同他的音樂一般迴腸盪氣、真摯感人，但是投入越

大，痛苦就越深，此次失戀給他的打擊自然巨大，他的身體狀況本來就欠佳，他的精神能承受得住，他的音樂事業會因此而受到影響嗎？對於這個問題，我們可以從他這幾年的創作成果來看：

1804-1806戀愛期：《熱情奏鳴曲》（Op.57）、《第4鋼琴協奏曲》（Op.58）、《拉斯莫夫斯基弦樂四重奏》（Op.59）、《第4交響曲》（Op.60）、《小提琴協奏曲》（Op.61）、《歌劇菲岱裡奧》（Op.72）。

1807年失戀期：《寇里奧蘭序曲》（Op.62）、《鋼琴三重奏》（Op.64，Op.3整理版）、《C大調彌撒》（Op.86）。

1808年恢復期：《命運交響曲》（Op.67）、《田園交響曲》（Op.68）、《第3大提琴奏鳴曲》（Op.69）、《"幽靈"等兩首鋼琴三重奏》（Op.70）、《幻想合唱》（Op.80）。

可以看到，貝多芬在前兩三年當中碩果累累，作品既包含英雄風格的《熱情》、《菲岱裡奧》，更有以表達柔情見長的《第4鋼琴協奏曲》、《第4交響曲》和《小提琴協奏曲》。不能不說戀愛給了他靈感和動力，約瑟芬間接地功不可沒。失戀對他事業的消極影響雖然有限，但是顯而易見。1807是他三十歲後的所謂"十年英雄期"當中的唯一歉收年，除了《C大調彌撒》比較有份量，其它幾部作品都無足輕重，甚至可有可無。但貝多芬就是貝多芬，僅僅一年半載後，他就自低沉中奮然躍起，用一連串佳作宣告了自己的強勢回歸，不僅以《命運》吶喊出人類最強音，並且以開浪漫派先河的《田園》向大自然獻上了一曲豐碑式的頌歌。另外作品69、70、80等也都堪稱傑作。自強不息愈挫愈勇，貝多芬永遠是變幻無常生命博弈中的贏家，人生探險旅途上的強者。

回到本文主題：貝多芬、約瑟芬之戀有案可稽，人證、物證確鑿充分，那麼約瑟芬有可能是貝多芬1812年匿名情書的傾訴對象或收信人，也即他永生的戀人嗎？

早在上世初，德國人拉•瑪拉（La Mara，1837-1927）成為首位系統研究貝多芬永生的戀人課題的音樂學家。1909年她編輯出版了《特蕾莎回憶錄（Therese Brunsvik's Memoirs）》，並根據其中對貝多芬充滿仰慕的文字內容推測，特蕾莎或許是永生的戀人，這也是幾十年前塞耶的看法。第一次世界大戰後，隨著更多文獻自布倫瑞克家族遺產中被發現，拉•瑪拉改變了自己的觀點，開始將懷疑對象自特蕾莎轉向了她的妹妹約瑟芬。1920年於萊比錫出版的專著《貝多芬與布倫瑞克姐妹（Beethoven und die Brunsviks）》使拉·瑪拉成為"約瑟芬論"的創始人。另外法國作家，著名小冊子《貝多芬傳》的作者羅曼·羅蘭（Romain Rolland，1866-1944）也是早期即注意到了貝多芬與約瑟芬之間可能存在愛情的少數研究者之一，不過在這個課題上他又犯了其它嚴重錯誤。

1950年代十五信件問世後，貝約戀情大白於天下，再無疑問，但約瑟芬仍然無法名正言順加冕為貝多芬永生的戀人，原因很簡單：貝約二人早已於1807年分手，沒有證據顯示他們後來又破鏡重圓。洛克伍德在他的《貝多芬：音樂與人生》一書中有代表性地寫道："約瑟芬·戴姆（後來的約瑟芬·斯塔克伯格）曾被認為是永生的戀人信件最為可能的收信人。瑪麗-伊莉莎白·特倫巴赫（Marie-Elisabeth Tellenbach）和戈爾德施密特對此堅信不疑。但是，這種推測的可能性不大，因為我們缺少切實的證據證明1804-1807年後兩人繼續保持其關係，甚至相互聯繫的證據都沒有。"就連1957年負責出版了貝多芬約瑟芬十五封情書的施密特-格爾克也認為他們二人的戀愛史終止於1807年。

看來文藝工作者與司法工作者的思維方式和工作作風大相逕庭。當一個刑事案件發生，具有正義感和責任心的司法部門不會因為證據的暫時缺失，而匆忙草率地放過重大嫌疑人，更不會為了迅速結案以邀功，而拼湊七零八落的證據陷無辜者入罪。他們會以百折不撓的敬業態度展開耐心細緻的專業工作，根據蛛絲馬跡去尋找發現證據，從而最終將嫌疑人定罪，使正義得以伸張。淺顯的比喻或許不是很恰當，卻準確地點出了某些現代音樂學家的問題所在。他們缺少一種應有的歷史視野和學術功夫，不客氣說就是急功近利。急功近利造成近視，對現有的證據文獻視而不見。

研究約瑟芬是否可能為貝多芬永生的戀人，（至少）需要自以下幾個方面著手進行，重點考察、檢驗相關的人證和物證：（1）1807年後至1812年間貝約是否有過聯繫；（2）1812年夏也即永生的戀人信件書寫期間約瑟芬的行蹤；（3）1812年後二人是否還有聯繫。下面以簡略的編年史方式，就此話題進行一番探討。

八

1808年：特蕾莎、約瑟芬姐妹攜約瑟芬的兩個已達學齡的兒子外出遊歷，主要目的是去尋求一位高品質的家庭教師，重視子女教育的約瑟芬單身母親的角色扮演得不錯。特蕾莎小時候患有軟骨或佝僂病，容貌也不如兩個妹妹漂亮，另外可能還有宗教信仰的原因，這讓她在十六歲時就立志獨身，並且謹守誓言終身。她與二妹約瑟芬感情甚篤，在妹夫戴姆去世後長期住在維也納的妹妹家，為其分憂解難並幫忙帶孩子。因為這層關係，特蕾莎是貝約戀愛的唯一知情者兼見證人，《特蕾莎日記》是研究貝約之戀的重要文獻。

布倫瑞克姐妹一行來到瑞士，拜訪了著名教育家裴斯塔洛齊 (Johann Heinrich Pestalozzi，1746-1827)，經他介紹認識了一個名叫斯塔克伯格 (Christoph von Stackelberg，1777-1841) 的中青年教師，此人還有一個愛沙尼亞男爵的頭銜，雖然也屬於貴族，但家道中落花光了遺產，眼下以為富貴人家做家教為業。斯塔克伯格外表英俊能說善道，頗有個人魅力，教學能力應該也還不錯，所以很快就贏得了約瑟芬和她兩個孩子的好感，只有老成持重的特蕾莎不信任他，卻沒有對妹妹說明原因。聘請家教之事就這麼定下來了，斯塔克伯格開始隨新雇主一家旅行。

這是貝多芬事業雄起的一年，佳作迭出，高質高量。1808年12月22日，剛剛過了三十八歲生日的貝多芬身兼作曲家、指揮家和鋼琴家三重身份，在維也納劇院 (Theatre an der Wien) 主持了人類音樂史上空前絕後的一台專場音樂會，被後人稱為"猛獁音樂會 (Mammoth Concert)"。所有登場樂曲皆為首演，整個音樂會演出曲目為：

《第六"田園"交響曲》
《詠歎調：哦，負心人》 (Op.65) （這是在說約瑟芬嗎？）
《C大調彌撒》"榮耀經"樂章 《第四鋼琴協奏曲》

（中場休息）

《第五"命運"交響曲》
《C大調彌撒》"聖哉經"、"讚美經"等樂章
《幻想合唱》，上半闋鋼琴獨奏為貝多芬的即興表演。

整場演出時間超過四小時。偉大作曲家的幾部偉大作品在同一音樂會上首演，前無古人後無來者。另外還有一件事情值得一提："猛獁音樂會"上，貝多芬最後一次在社會公眾面前，以當代最優秀鋼琴演奏家的身份演奏了他的《第4鋼琴協奏曲》。再往後隨著失聰的逐漸加劇，他開始難以勝任大型鋼琴作品的演出。貝多芬最後一次當眾演奏鋼琴，是於1814年4月11日在一個小型的音樂沙龍上，親自參加了他的《大公鋼琴三

重奏》（Op.97）的首演，不幸的是演出因他的耳聾而近乎失敗。在以後，他就只能偶爾以指揮家的身份，斷斷續續在舞臺上又堅持了數年。

1809年：布倫瑞克姐妹一行繞道義大利返回匈牙利。約瑟芬越來越被斯塔克伯格所吸引，特蕾莎則正好相反。旅途中約瑟芬患病，家庭教師趁虛而入噓寒問暖，讓虛弱中的女主人在感情和理智上都難以抵擋，病情還沒完全好轉，兩人就發生了男女關係。終於回到了老家布達佩斯，母親、哥哥都不喜歡女人們帶回來的這個男人，但約瑟芬這回決意不聽母親的了，或許她也是沒有辦法，因為 —— 她懷孕了。

多年後約瑟芬否認她曾愛過斯塔克伯格，此言不足為信，要知道女人變心後都這麼說，千篇一律大同小異。明確無誤的事實是約瑟芬與貝多芬交往多年，始終保持著冰清玉潔，而與斯塔克伯格相處僅僅幾個月就一失足成千古恨，當初回絕貝多芬時所用的冠冕堂皇的藉口"神聖的盟約"早已拋在腦後。特蕾莎將之歸罪於家庭教師施展了致命誘惑，亦難以令人信服，約瑟芬不是十來歲的青春少女。拒絕和相親相愛的人做愛，而去和沒有感情的人發生性關係，情理上說不大通。

經過去年事業上的井噴，貝多芬在新的一年的春天裡再次陷入了巨大的孤獨，這本不足為怪，他的一生就是在神性與人性之間交替轉換。他給好朋友，原義務秘書格萊辛斯坦男爵寫信，請求他為自己尋找一個美麗的妻子，卻沒有得到積極回應。而給他帶來了一絲溫暖的人，居然是前年就已斷絕了來往的約瑟芬。1957年出版的貝多芬、約瑟芬通信集的最後兩封書信，據信寫於1809年秋，女方先寫給男方，內容雖然不長，卻滿是關切的問候。貝多分的回信更短，理性多於感性：謝謝對方惦念，相信分手是出於他人的干涉。至於自己的現狀，還是不談為好。結尾簽名前的字句依然為：永遠為你獻身的 ——。

分手兩年後約瑟芬主動和貝多芬聯繫，究竟是出於一種什麼心理，當時她不正和斯塔克伯格打得火熱麼。但見新人笑那聞舊人哭是普遍現象，人是一種不負心則已，負心則負得十分徹底的動物。對於她的做法後人又該怎麼理解呢。一種可能是當幸福地依偎在新歡的懷抱中時不覺良心發現，另一種可能是兩相對比發現還是舊愛更好，多少有些悔不當初。我以為前者的可能性更高，後一種多少像是貝多芬式的自作多情。因為如果發現了新歡的問題，當事人此時懸崖勒馬應該還來得及，而她對此卻是什麼也沒有做，不管前方是黑是白，一頭紮了下去。

1810年：年初約瑟芬和斯塔克伯格在老家成婚。此時他們的第一個女兒已經出生，生米煮成熟飯，約瑟芬的選擇餘地很小，並且她也不願意失去這個家庭教師 —— 根據特蕾莎的說法。全家人特別是勢利眼母親根本就看不上這個窮困潦倒的低階貴族兼新教徒，但木已成舟，不得不勉強首肯了他們的婚事 —— 這人再不咋地，好歹也是個貴族，比那個名氣很大的平民音樂家強。婚禮異常冷清，只有特蕾莎等區區幾位賓客到場，預示著這場婚姻的悲劇結局。隨後新婚夫妻回到維也納自己的家，雙方在家庭財務、子女教育等問題上的矛盾乃至衝突很快產生，並且愈演愈烈。如果說第一次婚姻的賊船是母親推她上去的，那麼第二次婚姻這條真正的賊船，則是約瑟芬自己主動跳上去的。首任丈夫憐花惜玉，對她百依百順；第二任丈夫屬於中山狼類型，她的好日子就到頭了。

貝多芬和約瑟芬又開始共同生活在同一座城市的圍牆內，前女友的新婚消息他必定是聽說了，於是陷入了抑鬱之中，同時展開了一場閃電式戀愛 —— 可能是為了儘快自消極處境中解脫出來，對象是他十八歲的鋼琴女學生瑪爾法蒂（Therese Malfatti, 1792-1851）。這段愛情 —— 有可能只是男方的單相思而已 —— 持續的時間很短，大約只有冬春兩季總共四五個月。自然也是無果而終 —— 除去那首日後馳名遐邇風靡全球的鋼琴小品《致愛麗絲》（WoO 59）。

1811年：結婚僅一年，斯塔克伯格夫婦的關係持續惡化，已經到了分室而居的地步。清官難斷家務事，只要沒有第三者介入，夫妻打架不需要涉及什麼大是大非問題。從現代評介貝多芬與約瑟芬關係的文字看，斯塔克伯格不是什麼善類，夫妻糾紛、家庭麻煩都是由他的貪婪、愚蠢和寡情引起。史實可能也確實如此。但還是需要注意到一個事實：那就是流傳至今有關斯塔克伯格其人其事的歷史記載，幾乎全部來自布倫瑞克姐妹倆的日記和書信。換句話說，是她們的一面之詞。所以需要理性分析地看，不好照章全收。

貝多芬的總體狀況應該還可以。他雖然和約瑟芬斷絕了直接往來，但卻和特蕾莎私下保持著聯繫，後者成為貝多芬、約瑟芬的中間代理人兼信使，為後人提供了這對昔日情侶在此期間藕斷絲連的可靠證據：塞耶的貝多芬專著錄有1811年2月特蕾莎寫給約瑟芬的一封信，特蕾莎在信中全文轉抄了去年底貝多芬寫給自己的一封信，信的內容很有意思，大致為：貝多芬先感謝特蕾莎送給了他一幅畫，接著說由於自己的粗心，那畫竟被丟失了。因為自己很喜歡這畫，所以能否拜託特蕾莎，請她身邊的那位畫家重新再畫一幅給他（"Even without prompting, people of the better kind think of each other, this is the case with you and me, dear and honored Therese; I still owe you grateful thanks for your beautiful picture and while accusing myself as your debtor I must at the same time appear before you in the character of a beggar in asking you if perchance you feel the genius of painting stirring within you to duplicate the little hand-drawing which I was unlucky enough to lose. It was an eagle looking into the sun, I cannot forget it; but do not think that I think of myself in such a connection, although it has been ascribed to me, many look upon a heroic play without being in the least like it. Farewell, dear Therese, and think occasionally of your truly revering friend." —— Beethoven's letter to Therese Brunsvik, 1810.11.23）。

　　畫的作者是約瑟芬，對此貝多芬心知肚明，在信中只是故意不點穿。特蕾莎興奮地要求妹妹趕緊再畫一幅一模一樣的，好給貝多芬送去。最後約瑟芬究竟重畫了沒有，結果不得而知。這幅貝多芬一度擁有卻又丟失了的手工繪圖，畫的是一隻雄鷹正凝視著太陽，氣勢非凡，想象力驚人，用來象徵貝多芬真是再貼切不過。約瑟芬確實稱得上是貝多芬的紅顏知己。

九

　　1812年：永生的戀人信件書寫年份。重頭戲是約瑟芬於6、7月份間的個人行蹤。至今為止尚無直接證據證明屆時貝多芬曾與某個女人于布拉格會面，然而有利於約瑟芬的間接證據已被發現：

　　根據約瑟芬當時十二歲的大女兒維多利亞（Victoria von Deym）的日記，四月初的一天母親和繼父發生了劇烈爭吵。而據約瑟芬本人六月某天日記記載：丈夫斯塔克伯格準備離家出走。這讓她倍感淒涼，情緒極為低落，身心承受著巨大的痛苦。約瑟芬又獨身一人了，並且亟需情感撫慰精神寄託，而貝多芬致永生的戀人書信寫于同年7月初，這留給後人符合邏輯的想象空間：女方這邊剛好既有主觀需要又有客觀時機，男方那邊就寫情書，且在情書裡透露了和某個女人幽會的秘密。時間上巧得不能再巧了，而這僅僅是一個巧合嗎，還是其中另有隱情。在這段日子裡，貝多芬、約瑟芬是否曾暗通款曲？

　　安東妮之所以被眾人接受為貝多芬永生的戀人，關鍵在於她被所羅門證明在正確的時間出現在了正確的地點，於是她就變成了那個正確的人，雖然她在很多方面很不正確，正所謂一美遮百醜。而約瑟芬之所以被許多專家排除在外，就是因為缺少她當時人在現場的證據，雖然同時也沒有她不在現場的證據（alibi）。如果約瑟芬也能夠於正確的時間出現在了正確的地點，那麼毫無疑問她比安東妮更應該是那個正確的人，原因很簡單：首先她和貝多芬是有案可稽曾經相愛得熱火朝天的戀人，雖然幾年前被迫分手；其次布倫塔諾夫婦相親相愛，出事的那些日子裡丈夫始終守衛在妻子身邊；而約瑟芬和丈夫已經勢同水火，分居多日，此時女方是單身一人。

證據遠在天邊近在眼前，不可思議地姍姍來遲，2007年斯德林博士取得突破性發現：1812年6月間，約瑟芬在日記裡一清二楚地記載著──"我要去布拉格見利伯特。我決不允許我的孩子們被帶離我身邊。"（"I want to see Liebert in Prague. I will never let the children be taken from me." ── Josephine's Diary, June 1812）這個"利伯特"據信是一位律師或銀行家，而布拉格正是貝多芬與情人會面的可能地點。約瑟芬以她親手書寫的白紙黑字，極大地消弱了其本人的 alibi，雖然嚴格講還沒有將之徹底否定。計畫去那裡，最後成行了嗎？回答是令人遺憾的不清楚。自六月中開始，約瑟芬日記十分蹊蹺地在此關鍵時期中斷了兩三個月，並且有幾頁紙被小心翼翼地自日記本中撕去。而這時期同她住在一起，姊妹情深的特蕾莎的日記也於此時中斷。期間發生了什麼？姐妹倆似乎合謀在隱瞞著什麼。綜合各種線索考慮，合乎情理的想象空間再次指向了貝多芬。

斯德林的重大發現贏得了約瑟芬陣營的歡呼雀躍，克拉普若斯興奮地在書中寫道："這絕對地激動人心，一個長期缺失的鐵證，這正是那些反約瑟芬派所需要的，他們一直無視其它證據，而一定要約瑟芬當時必須身處布拉格，否則就拒絕將她列入那神秘的永生的戀人的候選人之列。"

或許他是對的。司法與考古或歷史研究還是應該有所不同，兩個領域各自所需證明論據的標準尺度也有差異。從現代法律的角度看，當事人的"思想準備"並不能證明其"具體行動"，"預謀"是判斷案情的一個分析要素，但不是必要前提，更不是充分條件，它充其量也只能算作一個旁證或間接證據（circumstantial evidence）。法律以科學式嚴謹為宗旨，為的是保護憲法賦予每個公民包括罪案嫌疑人的基本權利，盡可能地避免冤假錯案的出現。而歷史研究作為一項文化活動，有一難一易兩個特點：難的是全面可靠的證據常常難以獲得，所以前人留下懸案累累，歷史之謎數不勝數；易的是研究者可以在小心求證的基礎上，做出在一定範圍內順乎情理、符合邏輯的假設，進而證明立論。即使基於此種假設的判斷出現了人為誤差，對已經作古的當事人的身心也沒有任何傷害，況且隨著調查研究的深入進行，一代代研究者隨時可以根據新近發現的證據去補充、糾正已有的立論觀點。故而，法律意義上的"無法排除合理懷疑"中的"合理懷疑"概念，放在歷史研究領域則應該相對寬鬆幾分，施用尺度可以具有某種彈性。當然有限寬鬆不等於無限放任，具體實施起來還需要有關人員秉持盡可能認真嚴謹的治學態度。

具體到約瑟芬的這句話，雖然不能作為她確實在事發時間出現在了事發地點的鐵證，但是假設她當時按計劃去了布拉格，與假設她最後變了主意沒有成行，不論從情理還是自邏輯而言，前者出錯的風險較小，也就是可能性更大。在此還可以逆向思維一下：如果約瑟芬當時說的是"我不準備去布拉格"，那麼我們假設她最終沒去的風險就要小過假設她到底還是去了的風險。

維也納距布拉格300多公里，那時馬車起碼要走三四天。貝多芬於7月1日抵達這裡，沒有記載他與何人同行，那麼他會不會是與約瑟芬結伴而行的呢？約瑟芬有私家馬車，兩人的出發地都是維也納，目的地也相同。此假設比較大膽但毫不過分，好像還沒有人想到過。在布拉格，貝多芬下榻"黑駿馬（Zum schwarzen Roß）"旅館，此處距戴姆生前的最後居所不遠，與約瑟芬的小姑或大姑，也就是戴姆的一個姐妹的家也近。而當時姑子不在家，作為親戚兼好友的約瑟芬有她住所的使用權 —— 巧事都湊到一塊兒了。貝約二人若有意幽會，可謂占盡天時地利人和。

1812年的最後重要一點：如果貝多芬永生的戀人是約瑟芬，他們曾在布拉格甚至維也納幽會，結局怎麼會仍然是分手？換句話說，這次又是誰抛棄了誰？

從約瑟芬方面看，仍然是那個老問題，她若與第二任丈大離異，有可能將失去對六個孩子 —— 最大的十二歲，最小的僅一歲 —— 的撫養監護權，天下很少有母親能為愛情做出如此的犧牲，也不應該要求她這樣做。但若以此推斷約瑟芬再次回絕了貝多芬談婚論嫁的請求，讓他與她結成百年之好的美夢再次破滅，則有可能失之故步自封，沒能用發展的眼光看問題，比如克拉普若斯好像就犯了這個錯誤。要知道彼一時此一時，1812年的約瑟芬再也不是1805年的約瑟芬了 —— 不光是青春已逝去，更在於她曾經背叛過；貝多芬更不是當年的貝多芬了 —— 他曾經被狠狠地傷害過，雖然對她的深厚情意還在，但內心深處的傷痕也在。即使女方願意，男方能答應嗎，很難說。與約瑟芬結合，如果她的子女撫養權因此被剝奪，貝多芬就成了一個從幼子們的小手中奪走母親的罪人，他恐怕沒有這個狠心；反之如果母親幸運地保住了子女撫養權，貝多芬立即升級為六個孩子的繼父，更多的子女還將接踵而來。他有能力養活這一大家子嗎？經濟上約瑟芬開始自身難保，家產已經被夫妻倆折騰得差不多了。他本來沒有義務和責任去撫養他人的孩子，那麼他應該為了愛情，跳進這麼個家庭泥潭嗎——作為一個具有偉大使命感的音樂家？如此，他還能有心情和精力去做其它事情嗎？他還能有獨立思考、自由創作的個人空間和時間嗎？婚姻本來就是一種身心約束，這些嚴酷的現實問題他不能不考慮。貝多芬愛女人，但是他更愛音樂，音樂永遠不會背叛，音樂才是他心甘情願為之奉獻終身的永生的情人。

　　即使在戀人書信裡愛得火熱，貝多芬已經開始被這些問題所折磨，看看他是怎麼說的："我仍然躺在床上，所有的思緒都湧向了你，我永生的戀人。一陣喜悅，一陣悲哀，等待著命運給予我們的不可預知的安排。我或者能夠同你緊密無間地共同生活在一起，或者根本就無法做到。我已經決定四處漂泊，直到投入你的雙臂，讓我的靈魂為你所擁抱，在那精神的王國——是的，不幸的是必須如此——你將獲得更加的安寧，因為你瞭解我對你的忠誠，永遠不會有另外一個女人這樣擁有我的心，永遠不會，永遠不會。啊，上帝呀，為什麼我不得不與我如此摯愛的人分離。我如今在維也納的生活是悲苦的，你的愛給我帶來了巨大的幸福，和巨大的不幸。在我這個年紀，我需要一種比較協調、規範的生活，這能存在於我們的關係之中麼？"（"While still in bed my thoughts turn towards you my Immortal Beloved, now and then happy, then sad again, waiting whether fate might answer us - I can only live either wholly with you or not at all, yes I have resolved to stray about in the distance, until I can fly into your arms, and send my soul embraced by you into the realm of the Spirits - yes unfortunately it must be - you will compose yourself all the more since you know my faithfulness to you, never can another own my heart, never —— never —— O God why do I have to separate from someone whom I love so much, and yet my life in V[ienna] as it is now is a miserable life - Your love makes me at once most happy and most unhappy - at my age I would now need some conformity[,] regularity of my life —— can this exist in our relationship?……"—— Beethoven "Immortal Beloved" letter 3）

　　當然不能。不要說與約瑟芬結合，就是繼續同她保持緊密關係，貝多芬期望的"協調、規範的生活"都將被打破甚至被摧毀，而他所謂的協調規範，說到底就是單身無牽掛，自由自在的藝術家的生涯。事情至此應該很清楚了：不論約瑟芬或者另外一個什麼女人的心思意念如何，最終貝多芬都不會與她結合。不是因為他絕情，而是因為他有比愛情更重大、更有意義的人生追求。當愛情與藝術相衝突時，放棄的是愛情，堅持的是藝術；犧牲的是世俗幸福，成就的是精神自我。

十

　　1813年：就本主題而言，這又是不平常的一年。上世紀中葉，德國、以色列圖書編輯兼出版商，波蘭裔猶太人西格蒙•卡茨內爾松（Siegmund Kaznelson，1893-1959）自布倫瑞克家族的遺產中發現了不少以前從未曝光的歷史文件，經過悉心考證斯塔克伯格夫婦的婚姻狀況，及貝多芬與約瑟芬的交往史，他於1954年出版了附有豐富檔案資料的《貝多芬遙遠的永生的戀人（Beethovens Ferne und Unsterbliche Geliebte）》一書。作者在書中不僅接過了拉•瑪拉的衣鉢，支持貝多芬永生的戀人為約瑟芬之說，並且更進一步，宣佈了自己的爆炸性發現：於1813年4月8日出生的斯塔克伯格夫婦的第三個小孩米諾娜（Minona von Stack-elberg，1813-1897），乃是貝多芬和約瑟芬的私生女。根據是貝多芬於1812年7月3日左右和永生的戀人幽會，約瑟芬整整九個月後就生下了米諾娜，而6月底7月初這段日子斯塔克伯格夫婦的關係是分居，斯塔克伯格人都不在維也納，自然不可能是這個孩子的生父。Minona是一個女性名字，在德語中比較罕見，它倒過來寫是Anonim，在匈牙利語裡的意思是"無名、匿名"，和英語詞Anonymous（匿名）有詞源關係。為什麼要給孩子起名"無名"？難道這女孩是一個私生子？她會是貝多芬、約瑟芬愛情的結晶嗎？

　　這是一個越來越為人認可的揣測或推論，但沒有確鑿的證據支持。話說回來，在1980年代DNA基因鑒定技術出現之前，任何私生子都沒有確鑿的證據為其驗明正身。如果米諾娜確系貝多芬的骨肉，那麼永生的戀人自然非約瑟芬莫屬；反之如果她乃斯塔克伯格親生，約瑟芬仍不能被排除在候選人之外；再如果她既不是貝多芬的，也不是斯塔克伯格的，而是某個第三者的，那麼約瑟芬基本上就出局了。於是米諾娜成了永生的戀人研究中的謎中謎、案中案。拋開這個主題不論，後人也實在感興趣貝多芬是否有過一男半女，不管是和哪一個女人所生。

　　直接證據缺失，那麼間接證據呢？除去出生于永生的戀人書信的書寫日期 —— 也即貝約可能幽會的期間 —— 整整九個月後這一事實，米諾娜自己"提供"了兩項證據以"尋找父親"：首先，她有些音樂天賦，成人後以鋼琴教師為業，也譜過一些音樂小品，算是一名票友作曲家。當然，貝多芬的子女不一定必有音樂細胞，有音樂細胞更不一定是貝多芬的子孫。況且約瑟芬本是業餘鋼琴家，誰能說女兒的音樂才質不是出自母親。再者，米諾娜有兩幅畫像存世，一幅看上去約二三十歲，另一幅約四五十。問題是兩位畫中人並不相像，即使將年齡差異衡量在內。有人說年輕的那位長得很像貝多芬，對此我有些難以苟同。而看到那幅年長的畫像，我的脊背不由得升起一股涼氣：太像了，實在是太像了！那薄薄的嘴唇、深陷的眼睛，那頗有幾分男性化的臉型，幾乎可稱為酷似了。貝多芬的遺傳基因竟如他的交響曲那般強悍麼，可以說米諾娜的這張臉，就是一件證明自己出身的強有力的證據。

當然這些還都不算是鐵證如山。米諾娜終身未婚，十分令人惋惜。1897年于貧困中病逝于維也納，終年八十三歲，她幾乎就要邁進20世紀了。約瑟芬在她的第二次婚姻中共生有四個女兒，其他三個都夭不假年，只有米諾娜一人長壽。米諾娜本人一生從未就自己的出生話題發表過任何言論 —— 有可能她確實什麼都不知道，就像世世代代千萬私生子的命運那樣。另外也有可能她知道些什麼但是不說，不能說或不敢說，也像世世代代千萬私生子的命運那樣。特倫巴赫注意到了一個有意思的事實：米諾娜自19世紀中直到世紀末，一直獨身居住在維也納，而她法律上的父親家的親戚都在波羅的海一帶，她母親家的親戚都在匈牙利布達佩斯等地。舉目無親，她獨居維也納是否另有原因呢。時至現代，一些熱情的永生的戀人迷提出做DNA檢測，以徹底探明米諾娜與貝多芬究竟有無血緣關係，但限於諸多技術因素至今難以付諸實踐，問題的關鍵是米諾娜的墓地是否還完好無損。根據克拉普若斯來源不詳的消息，米諾娜位於維也納的墓地於2005年被地主掛牌求售，買賣交易或許已經完成。果真如此，則墓地很可能已經被毀。對本主題而言這自然是一個極壞的消息，只希望不是真的。

有意思的是後來斯塔克伯格的態度：儘管夫妻關係越來越惡化，作丈夫的似乎從未懷疑妻子對自己不忠，也沒有對米諾娜的出生產生疑問 —— 至少從外表上看是如此。怎麼解釋他的這種看似反常的行為呢？可能性大致有幾：1、斯塔克伯格于1812年7月或8月曾回家一次，並且和妻子做了愛，於是就有了生父不明的米諾娜，或許連約瑟芬自己也搞不清這個孩子的生物學父親到底是誰，於是給女兒取名"無名"；2、斯塔克伯格也對妻子不忠，彼此彼此，心照不宣，無須挑明；3、斯塔克伯格雖然對妻子的忠誠、小女兒的出生都有懷疑，甚至心中完全有數，但家醜不可外揚，所以選擇忍氣吞聲，息事寧人。不然鬧開了的話他的出路只有一離婚，二找到那第三者進行決鬥，而這些都是他所不願或不敢的。幾

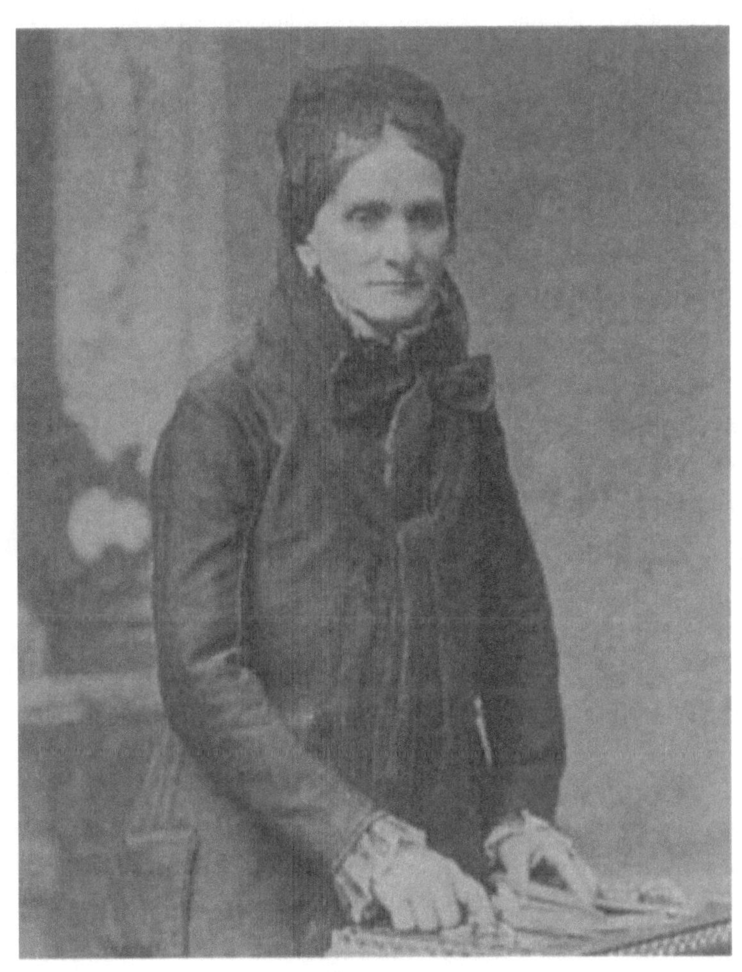

米諾娜（1813-1897）

種可能性當中，以最後的這個特倫巴赫的分析最為可信。

斯塔克伯格的風平浪靜有助於貝多芬洗清嫌疑嗎？後者作為當事人或嫌疑人是否知道一些真相？可曾有意無意透露過什麼內情？另外貝多芬與米諾娜是否見過面？傳言中的父親去世時女兒十四歲，兩人同住一座城市多年，在大街上散步、去餐館吃飯都有可能不期而遇。那時的維也納號稱中歐大城，其實人口不過30萬上下，在公共場所碰上熟人不需要特別大的運氣。這些問題簡明扼要，卻可能是揭開謎底的關鍵。可是能有答案嗎，如果有的話豈不早就廣為人知，還會等到21世紀的今天。斯德林博士在《以這種態度和A在一起，一切都被毀了（Auf diese Art mit A geht alles zugrunde）》，克拉普若斯在《貝多芬唯一的愛人——約瑟芬》書中，相繼披露了一條驚人信息：

大約自1818年起，貝多芬因為聽力完全喪失，與人交談開始使用談話簿（Conversation Book）。具體形式為他人寫字在本子上拿給聾子音樂家看，後者讀後以口語作答（偶爾也會寫幾句），結果是他人的文字被保留了下來，而更寶貴的貝多芬言論卻沒有被記錄在案，後人只能根據談話簿上他人的文字，來分析推斷貝多芬在交談中可能說了些什麼。貝多芬離世後，數百本談話簿被人品低下的申德勒出於個人目的搗毀、篡改了許多，至為可惜。如今保存下來的139冊《貝多芬談話簿》是研究貝多芬晚期人生的珍貴資料，至今還只有德文版。斯德林和克拉普若斯在他們的專著中引用了一段談話簿內容，談話時間為1819年12月中，寫字人即提問者是貝多芬的朋友兼義務秘書弗朗茨·奧利弗（Franz Oliva，1786-1848）。他寫道："因為你總是談起那個女人，她的丈夫應該會從他的孩子裡面，辨認出你的那個，也就是有音樂才能的那個。"（"Because you are always talking about that woman, the husband should recognize among his children yours as the one, who possesses musical talent."）早不談晚不談，為什麼偏偏在這個時候"總是談起那個女人"？原因也找到了：經過多年的拐帶出走，斯塔克伯格帶著已經快七歲了的米諾娜回到了維也納。小姑娘雖然不算美麗，但很有個性，比兩個姐姐都聰明伶俐，是三個小女孩當中的頭　——　根據特蕾莎的記載。這是一個激動人心的時刻，對於如果是米諾娜的親生父親貝多芬而言。

這是一段令人震驚的第一手記錄，它幾乎明確無誤地證明了：即在貝多芬生前，他有私生子　——　不論是和哪個女人的　——　就已經作為一個謠傳或事實而為人所知，並且當事人自己也已全然知曉。奧利弗文字裡談到的這個性別不詳的"你的"孩子，除去米諾娜還能是誰呢？　——　居然還有可能是他人，雖然可能性極低。說永生的戀人是世紀之謎，在於它謎中套謎。巧得不能再巧了：1813年3月初，安東妮也生了一個男孩，名為卡爾（Karl Josef Brentano，1813-1850），比米諾娜整整小一個月。所羅門發明了"安東妮論"後，有追隨者比他走得更遠，開始懷疑這個卡爾是貝多芬的種，但是除了套用所羅門假設，卻提不出任何其它的獨立證據來支持此說。根據所羅門偵探故事，推理中的貝多芬與安東妮的私會時間為1812年7月3日，前後誤差一天都不能有。這樣的話小卡爾必須足足早產一個月，變成八月懷胎，他的生物學父親才有可能是貝多芬，從醫學角度而言這有些讓人為難。另外除去生卒日期及沒有子嗣外，幾乎找不到任何有關卡爾的歷史記錄，沒人知道他是否有音樂才能，外表長得又像誰。這些無情的事實都讓他在與米諾娜"爭奪"貝多芬後裔的競爭中少有勝算。其實奧利弗的談話基本上已經排除了卡爾作為"你的"孩子的候選人資格：貝多芬"總是談起那個女人"，她的丈夫想必就在本地，只有這樣他才有可能通過坊間的小道消息獲取貝多芬的私下言論。而安東妮一家遠在700公里以外的法蘭克福，且離開維也納已有七年之久，自然和這裡的市井傳聞風馬牛不相及。

即使在司法操作程序高度完善的現代歐美法庭上，這段文字記錄也完全符合直接證據的嚴格標準，證明 —— 貝多芬至少有一個性別不詳、生母不詳的私生兒，因為這幾乎就是他本人的親口招認，而迄今為止這個私生兒最大甚至唯一的嫌疑人就是米諾娜。一個重要問題接踵而至：既然貝多芬瞭解事實真相，卻為何拒絕相認、撫養自己的親生骨肉？這幾乎是一個不成為問題的問題：答案是避免有可能導致雙方都身敗名裂的醜聞出現，既為了保護母女二人，也為了保護自己。按照當時上流社會的習俗，遭到妻子出軌羞辱的丈夫為了維護個人及家庭榮譽，應該找到那個第三者進行決鬥。這或許是貝多芬1813年春面臨的風險。當時他至少兩次對人表達了自己可能會不得不離開維也納或奧地利的擔憂，第一次就在米諾娜出生的那天。5月份後風險似乎過去，出國的事情就再沒有被提起。與約瑟芬的婚外情幾乎給貝多芬帶來了致命麻煩。難以想象如果他被逼參加一場決鬥將會是什麼情景，不論輸贏都將是一場巨大災難——他不能傷害斯塔克伯格，也不能被其傷害。貝多芬應該意識到了這點，所以考慮出走回避。這個做法比後來逞匹夫之勇的普希金明智許多。生命即事業，而事業比並非人格尊嚴的所謂上流社會的面子重要得多。

風險過後，在接下來的年月裡，守口如瓶是他沒有辦法的辦法。在米諾娜出生的1813年，他在日記裡寫道："學會沉默。言談是銀，在適當的時候沉默是純金。"（"Learn to be slient……Speech resembles silver, but to be slient at the right time is pure gold."）不約而同，同年特蕾莎也於日記裡寫道："對於那些你不能說出去的東西，將它們鎖在舌尖上。"兩年後的1815年，貝多芬在日記裡再次強調了守護隱私的重要性："即使對最親近的朋友，也不要與他分享你的秘密 —— 你想要他對你忠誠嗎，你自己都沒能做到。"("Even the most intimate friend, spare him your secret! —— Are you depanding loyalty from him, yet fail yourself?")貝多芬本人如此守口如瓶，奧利弗等外人又是怎麼得知米諾娜是他的私生女的呢？並且也不忌諱直接告訴貝多芬我知道你的這個個人秘密。奧利弗知道了，申德勒、裡斯、車爾尼等人自然也應該知道（至少能在談話簿上看到奧利弗的這段話），但他們在各自的貝多芬回憶文字中為什麼對此沒有絲毫透露？這些問題至今仍懸疑待解。

在永生的戀人課題上，米諾娜是一把雙刃劍，一方面她成了候選人母親的強力證據，大大增加了約瑟芬即為永生的戀人之說的可信度。但另一方面，貝多芬有私生女，且還是通過婚外情而產生的這一論說，也讓許許多多將他奉為聖人，且持傳統愛情與婚姻觀的音樂愛好者受不了。尤其是德國音樂界，難以接受此項重大發現竟然是出自卡茨內爾松 —— 一個猶太人這個事實。所以多年來抵制米諾娜的人不在少數，而拒絕米諾娜常常意味著冷落約瑟芬，女兒又拖累了母親。近二三十年隨著世人思想觀念的開放，和特倫巴赫、斯德林、克拉普若斯等約瑟芬擁護者的大量新發現的問世，米諾娜乃貝多芬私生女作為一種極有可能的歷史事實，開始越來越為人所重視、認同。

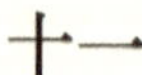

十一

1814年：斯塔克伯格夫妻的關係加劇惡化，幾次鬧到了官府那裡。斯塔克伯格四處傳播約瑟芬的壞話，在社會上成功地醜化了妻子的形象，但最具殺傷力的婚外戀事件沒有被提及。最後他在警方的協助下強行將雙方名下的三個女兒（包括一歲半的米諾娜）帶離維也納，然後將她們扔在一處教會之家後自行離去，隨後多年不管不問。既沒有經過妻子的同意，也沒有法庭的判決，這應該算是一種拐帶或劫持行為。斯塔克伯格離家出走後，約瑟芬與孩子的家庭教師安德里安（Andrian, Karl Eduard von Andrehan-Werburg）產生了私情並為之懷孕，由此可見她身心的不穩定。

"維也納會議（Congress of Vienna）"期間，東道主音樂大師貝多芬成了萬眾矚目的主角，取得了事業上的巨大世俗成功，聲譽廣播全歐洲，名利雙收前所未有。

特蕾莎在日記裡將貝多芬與約瑟芬相提並論，稱他們兩人為"塔索"。塔索為哥德的戲劇《托爾誇托·塔索》中的主人公，原型取自文藝復興時期義大利悲劇詩人塔索（Torquato Tasso，1544-1595）。塔索的代表作長詩《被解放的耶路撒冷》中的英雄人物嚮往高貴純潔的愛情，歷經曲折坎坷卻有情人難成眷屬。更有考證價值的特蕾莎日記文字為："收到貝多芬的來信，給貝多芬寫信。約瑟芬，書寫歷史，貝多芬。"由此可見特蕾莎與貝多芬仍私下保持著聯繫，而且是為了約瑟芬的緣故。

1815年：斯塔克伯格夫妻之間的冷戰在繼續，現在又摻和進來一個家庭教師安德里安。9月份約瑟芬生下她與安德里安的私生女愛彌麗（Emillie）。不論是想還是不想，她都不可能養育這個明顯不是自己那已離家出走的丈夫的孩子了。母女共同相處了僅七天，然後被交給了父親。生來就必須和母親分離的小愛彌麗兩歲時死於麻疹，在約瑟芬八個孩子當中屬她最小，卻是第一個離世。約瑟芬頭四個孩子來自首任丈夫戴姆，後面四個孩子分別來自三個男人，其中一個極有可能是貝多芬。

1816年：2月：一場貝多芬專場音樂會於約瑟芬的家 —— 戴姆公館（Deym villa）舉行，貝多芬蒞臨現場，與布倫瑞克姐妹當眾會面。車爾尼等多位音樂會參加者見證了此次事件。另外特蕾莎在日記裡記下了貝多芬的家庭地址。

7月：根據特倫巴赫的研究，貝多芬、約瑟芬有可能於7月在位於維也納南邊的礦泉療養勝地巴登（Baden）會過面。貝多芬在那裡一直呆到了9月份，期間寫下了《第28鋼琴奏鳴曲》（Op.101）。當時也在巴登渡假的凡妮在貝多芬的房間裡發現了一張紙，上面寫到："我的心被大自然的美所充滿，雖然她不在我身邊。"（"My heart overflows at the sight of beautiful nature —— albeit without her!"）凡妮怎麼會出現在貝多芬的房間？應該是偷偷溜進去的吧，去拜訪一下暗戀中的音樂家的私人空間。"雖然她不在我身邊"，聽話聽音，這個"她"似乎才離去不久，他的記憶仍然新鮮。無論如何，這個"她"不大可能是四年前就已經遠走高飛的安東妮吧。

8月：貝多芬在日記裡寫下了一句含有幾個縮寫詞的話，有可能是指與約瑟芬安排會面。目前這還只是一種專家分析，尚未定論，點到為止。

當年貝多芬與裡斯和凡妮的父親都談起過一個他所愛戀的女人，流露出了自己"可能（wohl）"永遠也無法擁有她了的苦澀心情。所羅門據此寫道："從凡妮的日記記載和貝多芬給裡斯的信可以推斷出，他1816年與永生的戀人的關係還在繼續。"關係還在繼續，意思應該是情緣尚未了斷，仍有互動進行。果真如此，這個人怎麼可能會是所羅門中意的，遠在法蘭克福家庭美滿的安東妮呢。這位女性毫無疑問應該佔有某種地利優勢，當時與貝多芬交往沒有距離問題。所羅門這不是搬起石頭砸自己的腳，在為始終身居維也納的約瑟芬背書麼，真可謂言多必失。

回到本文安東妮部分的"T字說"：根據克拉普若斯的分析，1816年貝多芬日記中的這位T女士，最佳候選人非特蕾莎莫屬。貝多芬對特蕾莎心存感激但又無以為報，一是因為她在斯塔克伯格夫妻多年的紛爭中，始終如一地站在身心受到重創的妹妹一邊，給予了她最大的精神與人力支援。二是貝約二人於1807年分手後，特蕾莎長期充當著他們之間的仲介橋樑，為雙方傳遞信息，至此亦有十年之久。其實特蕾莎對貝多芬也滿懷崇敬和愛慕，日記中對此不乏流露。19世紀末有個名叫騰格爾（Mariam Tenger）的好事者以此為主題寫了本小說，編造了貝多芬與特蕾莎的戀愛故事，雖然很快就被拉·瑪拉揭露批駁，但惡劣影響已經流傳開來，甚至連貝多芬專家羅曼·羅蘭也被哄騙，在他那本風靡全球的小冊子《貝多芬傳》裡以動人的文筆寫下了貝多芬與特蕾莎私定終身的浪漫故事。受騙者轉過來再騙人，千千萬萬讀者就此成了一個世紀騙局的犧牲品，直至今日。

1817年：貝多芬聽力幾近全失，長時期陷入低沉。特蕾莎在日記裡寫道："如果約瑟芬成為了貝多芬的妻子，她就不會因為貝多芬的痛苦而飽受今天這樣的懲罰。然而，她把他變成了一個英雄。"作為這場愛情悲劇的唯一見證人，特蕾莎多年來不厭其煩地將貝多芬與約瑟芬相提並論。

1818年：前面談到過約瑟芬可能患有產後憂鬱症。經過多年破碎婚姻的折磨，她的身體和精神狀態每況愈下，問題越來越嚴重，最後發展為某種莫名的病態。4月8日，米諾娜五歲生日這天，約瑟芬寫了一封不短的信，辭情淒婉，語句破碎，時而似乎不知所云，時而又好像深不可測，她以一種無比的親屬感，向致信人傾訴了自己看破紅塵、嚮往永恆的心思意念，仿佛一曲離別的挽歌。如同永生的戀人書信一樣，這封信沒有收信人的姓名和地址，但它毫無疑問是寫給貝多芬的，信中的一句話透露了此重要信息："你還好嗎 —— 但是聾了 ——"。約瑟芬的聾子密友，除了貝多芬還能有誰。信中的另一句話"回答你的一個要求"則證明了在此期間，貝多芬也有信寫給約瑟芬。

1819-1821：約瑟芬漸漸陷入貧病交迫的境地。她那勢利眼母親安娜仍然健在，住在布達佩斯的城堡裡拒絕對女兒伸出援手。根據克拉普若斯的初步研究，在約瑟芬生命的最後一兩年裡，貝多芬有可能暗中給予了她一些財物接濟，雖然他自己也不寬裕。

約瑟芬病逝於1821年3月31日，在她四十二周歲生日後的第三天。臨終前只有長女維多利亞在旁。沒有儀式，沒有墓碑，她被葬於維也納北郊的魏林格墓地（Waehringer Friedhof）。

整整六年過後，同樣為陽春三月，布魯甯和申德勒來到了這裡，說：就是它了吧。這裡是他常來逗留的地方，雖然不清楚他為什麼這樣做。於是，貝多芬也被安葬在了這裡。身後，貝多芬與約瑟芬，相隔的距離比生前更近。

這出從開始到結束，斷斷續續上演了二十餘年，既殘缺又完美的古典愛情悲劇，就此落下了帷幕。

十二

編年史終，回歸主題：約瑟芬可能是貝多芬永生的戀人嗎？重點考察的三大問題的答案無一例外為正面：（1）1807年後至1812年間二人確實仍然有聯繫。迄今已經發現的證據至少有兩條，雖然不多，卻是人證、物證並舉，相當堅實可靠。（2）1812年夏也即永生的戀人信件書寫期間約瑟芬極有可能出現在了事發現場布拉格。約瑟芬本人日記中的自證文字是本課題半個多世紀以來的最大發現，它令任何有關專家就此再也無法忽視約瑟芬作為最強有力候選人的存在，更給了所羅門的安東妮說以釜底抽薪的致命一擊。（3）1812年後二人仍聯繫不斷，幾年中的數項證據皆堅實有力：1813年米諾娜的出生，她外貌與貝多芬的酷似；1814年貝多芬與布倫瑞克姊妹的通信；1816年雙方在音樂會上的見面；1818年約瑟芬寫給貝多芬的准情書；1819年貝多芬對私生兒的變相招認。凡此種種，稱之為鐵證如山並不為過。洛克伍德的斷言"我們缺少切實的證據證明1804-1807年後兩人繼續保持其關係，甚至相互聯繫的證據都沒有"，所羅門的結論"說可能是約瑟芬的這個論點……獲得了相當多的贊同，然而1957年對1804年至1807年來往書信的披露預示著一段從未達到高潮的羅曼史過早的（即便不是冷冰冰的）結局，就算不知這種激情5年後是否會再燃燒一次，可是也沒有可證實的證據證明有可能"，全部徹底淪為謬誤。這些美國貝多芬專家沒看過德文版的約瑟芬日記、特蕾莎日記、貝多芬談話簿等原始文檔也就罷了，他們竟連塞耶的著作都沒有仔細閱讀過嗎（塞耶的貝多芬專著錄有1811年2月特蕾莎寫給約瑟芬的一封信，見上），塞耶的書應該有英文譯本吧，不然怎麼會做出如此離譜的判斷。

這裡還有一個史實需要指出：約瑟芬、貝多芬先後離世後，有意銷毀貝約情史證據的知情者不乏其人——無論如何這是斯塔克伯格和布倫瑞克這兩大貴族之家的雙重醜聞，約瑟芬的兄長，家族繼承人弗朗茨可能是一個；米諾娜或許是另一個——如果她不願意背負著一個私生女的名聲活在世上，哪怕生父是大名鼎鼎的貝多芬；約瑟芬的其他子女都有可能，如果他們想要保護母親的身後名聲；斯塔克伯格作為直接受害者則更不必說，如果他風聞到了一些什麼的話。在多方合圍前後左右夾擊下，部分甚至大量有關史料被人為銷毀幾乎是難以避免的事情，另外還有非故意遺失及自然損毀等。但即便客觀條件如此惡劣，仍然有這麼多的貝約情史證據流傳至今，這不能不說是一個不大不小的奇跡。

約瑟芬是一個矛盾的悲劇性人物，可憐之人必有可恨之處。一方面因為喜愛音樂藝術，嚮往豐盈的精神生命，她愛上了貝多芬，這在當時本是一個超凡脫俗的行為。但另一方面，她的世俗心又很重，迷戀上流社會的浮華，無意為精神犧牲利益。在與貝多芬熱戀的幾年，開始階段只肯秘密地進行，後來遭到來自家庭的阻力，與戀人結合有一定的難度，但是障礙並非完全不可克服，最後的決定權畢竟還是在她個人。即便在當時，貴族女下嫁平民男也不是一件不可能的事情，比如安東妮嫁給了弗朗茨，貝多芬青少年時期在波恩的初戀女友艾麗奧娜·布魯寧（Eleonore von Breuning, 1771-1841）嫁給了他的好朋友魏格勒。在精神與物質的天平之間，約瑟芬小心翼翼地走著鋼絲，最後實在走不下去了，她沒有過多猶豫就撲向了後者，無情地捨棄了對她一片癡情的戀人。斯塔克伯格是一個低俗的男人，與貝多芬本不可同日而語，但是靠著一張小白臉、一張能說會道的嘴和一張貴族身份證，就迅速征服了約瑟芬的芳心。結果是一手種下了自己下半生的致命苦果。約瑟芬第二次婚姻期間對貝多芬的回心轉意，1812年兩人的重續情緣，大致是她追悔莫及的一種表現。可惜人生不可逆轉，最終除了留下一段淒婉的佳話，她也難逃美人薄命的結局。

自歷史角度看，貝約之戀中的約瑟芬不過是一個配角，雖然帶有某種悲劇色彩，但因為她自身的行為方式難以稱為不凡——即使可以被寬容地理解，其美學價值十分有限，不大值得欣賞及同情。後人關注的重點全在貝多芬。一代代專家學者不厭其煩地探討研究貝多芬永生的戀人主題，其出發點和目的不在於挖掘名人情史軼事，以追求花邊新聞效應，而是為了從音樂領域之外的一個即使不是不可或缺，也是十分重要的側面，試圖更深、更全面地分析這位文藝巨人的人性心理。那麼在這部時間跨度長達二十多年的戀愛史中，貝多芬展現開來的是一個什麼樣的自我呢？簡而言之，音樂中的貝多芬出類拔萃，戀愛中的貝多芬也非同一般。

西方自文藝復興以來數百年間，詩人作家藝術家音樂家，大師巨匠層出不窮，在各自的領域內取得了非凡的成就，自不待言。這是一個以白種男性為主的存在群體。出於各種心理，當然主要還是好奇心，世人在欣賞優秀文藝作品的同時，對創作者們的個人私生活也頗感興趣。然而，文藝故事與現實生活嚴重脫節，一流藝術家為後人留下的可歌可泣的愛情傳奇不多。單相思情聖彼得拉克、但丁無獨有偶，有情人終成眷屬好像僅勃朗甯夫妻一對。除了屈指可數的這幾位，絕大多數文學家、藝術家的羅曼史都乏善可陳 —— 不論是按照傳統宗教、倫理觀念，還是依據他們自己努力在作品中推崇宣揚的文藝標準來評判。究其原因，文藝大師們自恃才高八斗，性情多愁善感，思想自由奔放，處世哲學與眾不同，行為方式拒絕為社會輿論、道德禮教等條條框框所束縛。所以用世俗的眼光看，他們以自己親生經歷譜寫的那些浪漫故事，大多不是情感氾濫，就是薄情寡義。這是一種頗有諷刺意義的社會存在現象。

而戀愛中的貝多芬沒有顯露出這種兩面性，這種古今文藝家的通病。他對約瑟芬的摯愛癡情既具有詩人的浪漫，又富有騎士精神。十幾二十年，他對戀人始終一往情深，即使幾次三番被背叛、被拋棄也無悔無怨。這在一般凡夫俗子都很難做到，更不要說一位千古一見的文藝天才。為何文藝家要異于常人？因為他們的雄性荷爾蒙格外旺盛，既多情善感又自由奔放，愛得可以山高海深，但卻難以地久天長，今天失戀了痛不欲生，明天太陽照樣升起，昨天的眼淚還沒幹透，就開始了新的一輪戀愛。貝多芬對約瑟芬的愛出於一種深摯的理解、欣賞和傾慕，這在外人看來或許並不值得，因為他所戀對象的為人不無問題，特別是她對他的感情很不專一。但是沒有關係，只要貝多芬自己認為是值得的，他的情感就是有價值的。愛得越深，就越有意義。美常常是一種缺陷而非完整，了不起的愛情常常不是愛上了所謂正確的人，而是恰好相反。公主王子相互來電老生常談，這其中王子愛上了灰姑娘，比灰姑娘愛上了王子偉大一千倍。

他的騎士精神反映在尊重戀人的個人選擇上，在約瑟芬的首次婚姻中，無意扮演第三者的角色，相反和她的丈夫成為了好朋友。後者數年後病故，他開始與年輕的寡婦相戀，願意承擔起做她幾個幼子繼父的沉重職責。這與當年盧梭為了維持個人自由，濫情卻不顧後果，只管播種不問收穫，將幾個親生兒女都送去了孤兒院的做法不可同日而語。不過這裡對貝多芬的褒揚需要有一定的節制。當時的約瑟芬既是一個拖兒帶女的寡婦，同時也是一個富有的貴婦人，作曲家若能與之結合，精神上和物質上都將不無收穫。貝多芬當然沒有那麼勢利，但也不是不食人間煙火。他一生中從來不和社會中下層女人交往，經濟考量未必不是原因之一。

必須特別著重指出的是，1812年貝多芬與約瑟芬的婚外戀 ── 如果確實發生了的話，在社會道德層面上無可指摘 ── 無論是以當年還是現代的標準來看。二人本來就是多年戀人，斯塔克伯格後來居上才是第三者。那時斯約夫妻關係已勢同水火難以挽回，只是礙於離婚法律條文的嚴苛及相互物質利益的捆綁，再有就是看在幾個孩子的份上，而不得不繼續維繫著這椿沒有愛情作支柱的不幸且不道德的婚姻。此時貝約重溫舊情相互慰藉，于情於理都無可厚非，米諾娜的出生更是順其自然。將貝多芬視為聖人的樂迷們大可不必為此糾結，另外實在也沒有必要將其奉為道德楷模。一個活出了自我良知的人，就是一個有道德的人，而貝多芬很好地做到了這一點。"布拉格事件"發生後，兩位舊情人兼新歡各自面臨著重大抉擇，是情無返顧將親密關係繼續發展下去，從而面臨著一個不可預知險惡的未來，還是見好就收於此罷手。約瑟芬的態度不清楚，而貝多芬在永生的戀人書信中明確表達了自己一動不如一靜的意願，不是為了愛情，而是為了生命 ── 他的音樂。

十三

最後小結比較一下約瑟芬和安東妮作為貝多芬永生的戀人的可能性：

＊1812年前與貝多芬是否有實名情書往來：約瑟芬 ── 是，安東妮 ── 否

＊1812年7月初是否出現在了布拉格和卡鎮：約瑟芬 ── 可能，安東妮 ── 確認

　　＊1812年7月初在布拉格和卡鎮時是否有丈夫陪伴：約瑟芬 —— 否，安東妮 —— 是

　　＊1812年時期與自己丈夫的關係：約瑟芬 —— 惡劣，安東妮 —— 良好

　　＊1812年後與貝多芬是否有過會面：約瑟芬 —— 是，安東妮 —— 否

　　＊1812年後與貝多芬是否有准情書往來：約瑟芬 —— 是，安東妮 —— 否

　　＊與貝多芬育有私生子的可能性：約瑟芬 —— 高，安東妮 —— 低

　　＊與貝多芬戀愛是否有人證：約瑟芬 —— 是，安東妮 —— 否

　　＊是否獲得過貝多芬作品題贈：約瑟芬 —— 是，安東妮 —— 是

　　＊是否與貝多芬安葬於同一墓園：約瑟芬 —— 是，安東妮 —— 否

　　可以看出，在以上十條對比中，安東妮唯一強過約瑟芬的地方，就是她已經被證實事發時出現在了事發地點布拉格和卡鎮，而約瑟芬則是明確地計畫去布拉格，而結果是否成行尚未被最後證實。但短暫的一天時間及丈夫和女兒在場這些不利條件，讓安東妮的這個微弱優勢沒有多大意義。安東妮之所以成為永生的戀人候選人大熱門，仰仗的幾乎全是這個有丈夫和女兒陪伴的在正確的時間出現在了正確的地點。其實連所羅門自己也不得不承認："沒有證據顯示貝多芬曾與安東妮在布拉格見面。"（"There is no proof that Beethoven and Antonie met in Prague."——Solomon　1972）主要支柱缺乏證據，其理論建築在一堆由猜測和假設構成的沙灘上也就不足為怪了。

　　再看作品題贈：安東妮共獲得貝多芬一部半作品，《迪阿布裡變奏曲》和《第32鋼琴奏鳴曲》次要的英文版，主要的德文版被題贈給了他的學生兼贊助人魯道夫大公（Archduke　Rudolph, 1788-1831）。另外安東妮還祈求貝多芬給了她一張作品手稿，這是一首半成品歌曲 ——《致戀人》（WoO　140），只有一分零幾秒鐘長，幾乎剛剛開始就戛然而止，根本就沒有完成。好朋友親口要東西，且不過是一張紙片，很可能還是複寫件，主人能不賞光麼。本來是小事一樁，可所羅門如獲至寶，拿這張紙當作貝安戀愛的證據之一："在我看來，這是一個有說服力的提示：安東妮早在7月6日和7日的書信之前，就已經是貝多芬永生的戀人了。"一首小曲居然能證明這麼大的課題。那麼貝多芬將成熟正式得多的愛情套曲Op.75和Op.83都獻給了他的贊助人金斯基王子（Prince Ferdinand　Kinsky）的夫人凱若琳公主（Princess　Caroline　Kinsky）又怎

麼說，難道他也愛上了公主麼；他還將他的著名愛情組曲《致遠方的戀人》（Op.98）題獻給了另外一位贊助人羅伯克維茲王子（Prince Joseph Franz Maximilian Lobkowitz，1772-1816），按照所羅門的分析法就更沒法說了。

　　貝多芬送安東妮作品手稿，還是首愛情歌曲，說明他心懷坦蕩，無須顧忌什麼，無所謂安東妮的丈夫、自己的好朋友弗朗茨看到與否。而他和約瑟芬進行的是地下戀，出版作品時將她當作題贈受惠人就需要瞻前顧後了，所以正式而言約瑟芬僅僅得到了作曲家戀人的半部作品，她和姐姐特蕾莎共享了貝多芬的題贈短歌兼變奏曲《我和你一起》（WoO 74），當然這也不大可能牽涉到什麼愛情。具體包涵愛情內容的是作品《致希望》（Op.32），這首藝術歌曲是貝多芬特意為約瑟芬所寫，在前者1805年致後者的情書中特地談到過。當時貝多芬的主要贊助人李希諾斯基王子（Karl Alois, Prince Lichnowsky，1761-1814）在他家無意中看到了《致希望》的手稿，對貝多芬為約瑟芬譜寫愛情歌曲頗感詫異。約瑟芬得知此事後感覺地下戀曝光了，發起了脾氣。貝多芬連忙寫信給她，努力解釋以消除其顧慮。可以想見在這種情形下，最後作品不可能公開題贈予約瑟芬。

　　斯德林注意到：貝多芬超過三分之二的主要作品創作於1799到1809年之間，她稱之為"約瑟芬年"。戈爾德施密特、特倫巴赫等經過潛心專業研究後得出結論：除了《致希望》和《我和你一起》外，貝多芬的另外幾部作品也與約瑟芬有直接或間接關係，計有：《三首（第16、第17、第18）鋼琴奏鳴曲》（Op.31）、《第22鋼琴奏鳴曲》（Op.54）、《一組愛情歌曲》（Op.75）、《第8交響曲》（Op.93）、《第31鋼琴奏鳴曲》（Op.110）、《第32鋼琴奏鳴曲》（Op.111）和《可愛的行板》（WoO 57）。而寫於1822，也即約瑟芬病故次年的《第31鋼琴奏鳴曲》和《第32鋼琴奏鳴曲》，這兩部貝多芬最後，或許也是最好的鋼琴奏鳴曲，則是他為約瑟芬譜寫的安魂曲。

　　《第32鋼琴奏鳴曲》是貝多芬為他永生的戀人約瑟芬所寫的安魂曲嗎？學者們的專業研究結論應該不無道理，但作為一名聆聽此曲幾千遍，悉心鑒賞了上百個演奏版本，而對之有著非同一般感悟理解的資深發燒友，我個人以為這部無與倫比的金曲所傳達的信息、包容的內涵和承載的意義，遠遠超出了男女之情。這是音樂思想家以音符為傳播媒介，為普遍意義上的精神貴族個體書寫的一部濃縮了的百科全書及史詩。《悲愴》、《葬禮進行曲》、《月光》、《田園》、《暴風雨》、《狩獵》、《黎明》、《熱情》、《特蕾莎》、《杜鵑》、《告別》、《槌子鍵琴》，貝多芬的著名鋼琴奏鳴曲大多被人冠以雅俗共賞別名，以努力反映作品的主題動機及音樂特色，但他的這部傑作卻竟然是一個例外，長期以來沒有自己獨特的別名，只有這個既繞口又乾巴巴的《c小調第32鋼琴奏鳴曲》。該結束了，現在容許我不揣淺陋，為幾年來給我帶來幾番領悟莫大感動的她起一個正式的名字 ——《終極奏鳴曲（Eternity Sonata）》。"終極"代表"最後"、"至高"，用於本曲再恰當不過，她是貝多芬於鋼琴奏鳴曲領域的絕筆及登峰造極之作，人類音樂藝術所能夠企及的珠穆朗瑪峰上的一塊淨土。英文"Eternity"具有"永恆"、"不朽"、"永生"、"上帝"、"來世"等多重涵意，更能表達此曲博大精深的無限精神。

<h1 style="text-align:center">十四</h1>

最後再來分析解答前面提出的那個問題：既然所羅門的"安東妮論"千瘡百孔漏洞百出，缺乏基本的歷史證據支持，它又如何能夠於各國音樂界所向披靡，流行幾十年而至今不衰呢？

此事涉及過去百多年來世界地緣政治的變遷及文化版圖的劃分。尋找貝多芬永生的戀人作為貝多芬研究的一個課題，起源於19世紀末20世紀初的歐洲。第一次世界大戰不久爆發，緊接著是席捲全球的經濟大蕭條，再然後是第二次世界大戰。將近半個世紀，西方各國的文化活動飽受接二連三慘烈人禍的輪番衝擊。人們飯都吃不飽，甚至命都保不住，哪還有閒情逸致去研究100多年前貝多芬的某個戀人姓誰名甚，雖然期間也產生了拉•瑪拉開拓性的研究成果。

戰後世界政治板塊發生巨變，美國作為將歐亞各國自法西斯魔爪下拯救出來的天降救星，一躍登上西方自由世界的王座，不僅在政治、軍事和經濟上聲振八方無遠弗界，在文化領域也是揮灑自如開天闢地。而貝多芬的故鄉德國（西德），則深深背負上了發動世界大戰及對猶太人實行種族滅絕的原罪。在接下來的數十年間，德國人除了反躬自省，不斷向當年深受納粹戕害的國家與民族懺悔贖罪，再有就是忍辱負重重建家園，在世人眼裡表現得沉重而謙卑；在世界舞臺上心甘情願作配角，既不敢也不願發出任何高音，尤其是對她的戰勝國兼改造恩主美利堅。

雖然冷戰取代了熱戰，和平發展時代終究到來，貝多芬研究就此走上正軌。在接下來的二三十年間，永生的戀人課題學術成果豐碩，幾乎全部來自歐洲：卡茨內爾松重新啟動了對約瑟芬的追蹤探索，並首次將貝多芬與約瑟芬可能的私生女米諾娜推到了世人面前；施密特-格爾克讓貝約十五封情書重見天日；法國學者馬辛夫婦（Jean and Brigitte Massin）首先發現了安東妮的"涉案嫌疑"，但在對比研究了永生的戀人書信和貝約十五情書後，確認兩者從文字到內涵具有緊密的相似關聯，於是棄安東妮而就約瑟芬。一時間約瑟芬成為永生的戀人一枝獨秀的候選人。可是美國人對此無意認同，一是因為他們不懂德文，也沒有興趣或耐心去學，手中的原始資料和學術文檔就相當有限，且孤陋寡聞而不自知；二是他們喜歡創新發明或標新立異；三是他們具有一種老大心理。終於，所羅門於1972年正式推出了"安東妮說"。其實這並不是他的原創發現，而是將馬辛夫婦自我否定的研究成果又揀了起來，重新包裝一番後隆重推向市場。

二戰後至今，美國人的月亮不一定是最圓的，但美國人的話一定是最有份量的。英語是世界性語言，而美式英語更是英語中的英語。同樣的話由美國人說出來和由非美國人說出來，效果大不一樣。本課題即為此提供了一個絕佳例證：最早提名安東妮為貝多芬永生的戀人的發明者，不是將安東妮牽扯進了本課題的馬辛夫婦，更不是日後因鼓吹安東妮而名聲大噪的所羅門，而是一位名叫青木（Yayoi Aoki）的日本學者，她于1959年提出了這一看法，比所羅門整整早了十三年。但由於可以想見的政治、文化因素，人微言輕，青木的發現在日本之外沒有激起一絲漣漪。而所羅門理論借著美式文化席捲全球的世紀西風，很快就後來居上，征服了歐洲以外的各國音樂界。後者沒有興趣再去看看歐洲人怎麼說，更沒有能力親自去做一番功課。既然美國人說話了，定性了，那麼貝多芬永生的戀人自然非安東妮莫屬，本世紀之謎就此塵埃落定。這是一種典型的政治勢力帶動文化影響現象。非英文相關研究文章，除了在本國內發表傳播，大多很難走出國門為世人所知。美國人一般沒有興趣學外語，搞翻譯，翻譯不如創造，而世界各國又大多以美國的馬首是瞻，只對美式英語文獻趨之若鶩。所以所羅門在此課題上的一時成功，不是因為他的研究成果有多麼博大精深，而是20世紀下半葉美國文化在世界範圍內全面壓制歐洲文化的一種反映。

上世紀90年代初東歐發生巨變，共產大廈轟然崩塌，極權鐵幕終於被撕開。這一驚天動地的政治生態變遷，竟給貝多芬永生的戀人的研究也帶來了意想不到的積極促進作用。東歐諸國的文史資料庫就此向西方敞開了大門，來自匈牙利布倫瑞克家族、愛沙尼亞斯塔克伯格家族的許多原始資料陸續被披露於世，一些原本不為人知的有價值信息就此曝光。這使得過去二三十年來，有利於約瑟芬的材料證據不斷被發現、被補充。而另一方面，自所羅門於20世紀70年代推出安東妮充任貝多芬永生的戀人至今，在長達三四十年的時間裡，沒有任何新的證據被任何人包括所羅門自己發現，以補充、支持、完善他的這個漏洞百出的假說。從20世紀初的拉•瑪拉到21世紀初的克拉普若斯，"約瑟芬論"是一個世紀以來的集體研究成果，群策群力，一代代專家學者為之貢獻了各自的學力和智慧；而"安東妮論"則正好相反，從頭到尾是所羅門一個人閉門造車的獨家產物（青木在世界範圍內的影響微弱得可以忽略不計）。真理常常掌握在少數人手裡不錯，但在此實難成立。

但是所羅門不是光杆司令，他非但不孤獨，相反幾乎可以稱得上是人多勢眾，他的背後是美國古典音樂界。根據克拉普若斯的說法，在美國，貝多芬研究領域是一個相對自我封閉的文化小圈子，這裡的教授博士們自成一體，為博取學術名利相互捧場提攜，拒絕甚至排斥外來思想，特別是來自歐洲的"異端邪說"。貝多芬研究發展至今已經走調變質，不幸蛻化為一項半商業活動。克拉普若斯在其著作中引用了他人給這個文化幫派組織起的一個雅號 ——"貝多芬黑手黨（Beethoven Mafia）"。全面驗證克拉普若斯對美國古典音樂界的批判，索檢相關譯文的數量可以是一種方式。這裡為其提供一項佐證：美國音樂學家洛克伍德的《貝多芬：音樂與人生》本是一部不錯的貝多芬專著，不少論述不乏真知灼見，但作者在永生的戀人章節裡，幾乎全盤引用所羅門的安東妮說，而對歐洲同行特倫巴赫、戈爾德施密特等人的嚴謹學術研究成果，則以一種隨便得近乎輕蔑的態度予以否定。很難說他在這裡的立場是客觀公正的。由此看來有關美國貝多芬學人之間的裙帶關係盛行之說不是空穴來風。古典音樂高雅，古典音樂界不乏低俗。

在任何自然科學和人文科學領域，學術研究上的標新立異非但不是錯，相反應當大力提倡和鼓勵。所羅門說雖然在歷史考證上根基虛浮漏洞百出，但作為一種個人觀點並非沒有存在的理由，讓有興趣的人沿著他的思路繼續研究下去，以求一步步接近史實真相也不無益處。所羅門的最大問題是學霸作風，假說提出時就鐵口直斷，陰差陽錯受到追捧後更是以真理發現者自居，不容他人挑戰，拒絕反對意見。比如他在書中對安東妮的有力競爭對手約瑟芬著墨其少，有意無意顯出一副不屑一顧的態度，對本案的重要涉及人米諾娜更是隻字不提 —— 欲蓋彌彰，米諾娜對"安東妮"論的巨大殺傷力由此可見。這一狀況持續到了21世紀，他的貝多芬傳記再版及中文等譯本發行時。自1972年所羅門說問世，40多年來貝多芬永生的戀人研究取得了巨大進展，尤其是進入21世紀後，斯德林博士在刻苦研讀大量第一手資料的基礎上，陸續取得了一系列有利於約瑟芬的重大發現，對所羅門的安東妮說形成了強力乃至致命的衝擊。而所羅門卻依然是我行我素，以不變應萬變，即使支持約瑟芬的證據越來越全面、強大，即使幾十年來沒有任何人包括他自己對安東妮論再有任何新的發現，他仍然拒絕修改原始說法，在書中刻意回避反方的論點論據。煮熟的鴨子嘴硬，這種固執己見的頑固態度讓人不能不懷疑他對追求歷史真相的誠意，讓人感覺他與其說是認定自己正確，莫如說是不願承認自己錯了。這也難怪，所羅門一生的學術成就和名利地位，在很大程度上建築在安東妮的身上，他吃的就是安東妮這碗飯，否定安東妮幾乎就是否定他的一生。已進入耄耋之年，所羅門怎麼會有這個反思、認錯的勇氣。他的行為可以被寬容地予以理解，雖然十分令人遺憾。不得不說，所羅門或許是一位成功的商人，但不像是一位令人尊敬的學者。

<h2 style="text-align:center">十五</h2>

　　貝安之戀與貝約之戀之爭，至今已持續了近半個世紀，並且似乎還看不到短期內塵埃落定的可能。但是隨著越來越多有利於約瑟芬的證據的發現，相信水落石出的日子也不會遙不可及。不論是和哪一個女人，這段男女之情都屬於不為傳統禮教及世俗道德所容的婚外戀，那麼一眾專家學者費盡心力研究這斷歷史舊案有意義嗎？女方究竟是誰有那麼重要嗎？—— 有意義，很重要，因為它涉及到的是作為一代偉人貝多芬的人品及心理方面。

　　倘若貝安之戀為真，貝多芬一方面對外聲稱布倫塔諾夫婦是他最要好的朋友，一方面卻在好朋友夫妻之間橫插一腳，扮演了一個無論如何也難稱光彩的第三者角色，並且事後還利用被他暗中背信棄義傷害了的丈夫的善意，多次接受對方慷慨的財務資助。對於如此為人處世的一個貝多芬，後人雖然仍不得不以其巨大的藝術成就為重，而寬容地給予理解和接受，但總會感覺幾分遺憾和失落，雖然我們並不要求樂聖同時必須也是德聖。如果貝約之戀為實，那麼此次婚外情事件非但不是貝多芬人生中令人遺憾的一個污點，相反是他人性美善披肝瀝膽的一次完美展現。十幾二十年癡戀一個女人，一個或許並不值得他如此愛戀的女人，歷經對方的幾番背叛和世人的百般阻撓而無悔無怨，這樣的舉止行為放

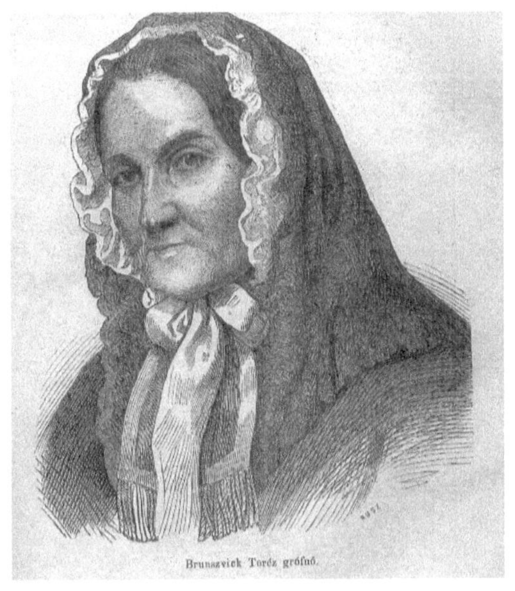

特蕾莎·布倫瑞克（1775-1861）

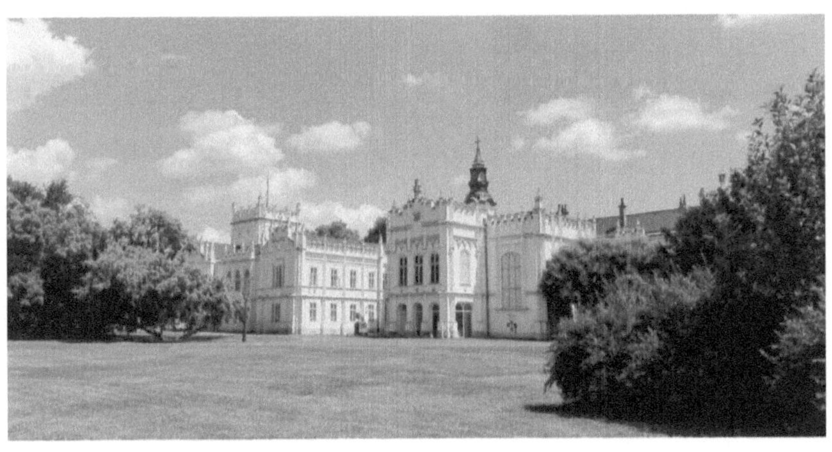

布倫瑞克城堡（Brunswick Castle from https://gardenista.hu）

在哪個時代的哪個男人身上都能夠稱為不凡，發生在貝多芬身上更增添了他的輝煌光彩。愛情作為人類具有的一種常常被扭曲異化了的本性兼德行，在偉大藝術家這裡竟然得到了足以媲美甚至超越經典文藝作品內容涵義的身體力行的再現。

200個春秋轉瞬過去，那一段因超前於時代而使得淚水遠多於歡樂的愛情悲劇早已化作雲煙，美麗高雅而又性情多變的伯爵夫人只留下了一抔黃土，永垂不朽的是對她一往情深卻飽嘗了失戀苦酒的天才戀人。愛情短暫，藝術永恆，他那感天動地的音符就此日夜不息繚繞迴旋於星球的表面。位於匈牙利布達佩斯附近的布倫瑞克家族城堡依然壯麗，如今部分已被闢為貝多芬博物館，這是當年約瑟芬的母親安娜萬萬想不到的。最後讓我們以貝多芬、約瑟芬之戀唯一的見證人特蕾莎的證詞作為本文的結語：

"貝多芬的三封書信，據說是寫給圭恰爾蒂，該不會是惡作劇吧？"（特蕾莎日記，1840年11月12日。注：1840年申德勒出版了他的貝多芬傳記，其中首次公開了貝多芬的三封永生的戀人書信）

"貝多芬！——　一顆美麗的心靈！他是我們家的朋友和知己，這件事情就像是一場夢。我妹妹約瑟芬為什麼不能在她還是戴姆遺孀時嫁給他——她的靈魂伴侶？他們二人本是為彼此而生。她和他在一起會比和斯塔克伯格在一起快樂得多。母愛使她放棄了個人幸福。"（特蕾莎日記，1846年2月4日）

"貝多芬的三封書信，（據說是）給圭恰爾蒂的，一定是寫給約瑟芬的——那個他熱烈愛戀的女人。"（特蕾莎日記，1847年1月15日）

"我是多麼榮幸結識了貝多芬，和他既感性又智性地交往了這麼多年。他是約瑟芬的密友，她的靈魂知己。他們二人本是為彼此而生。如果他們還都在世的話，一定會結合為伴侶！"（特蕾莎日記，1848年3月）（全文完）

參考資料：

——貝多芬：音樂與人生，路易士·洛克伍德著，劉小龍譯，2011，ASIN：B006LWCZS6

——貝多芬傳，梅納德·所羅門著，田園譯，2013，ASIN：B00HC05N4Y

——貝多芬傳記，馬丁·格克著，嚴寶瑜譯，2011，ISBN：9787103036624

——貝多芬畫傳，大衛·溫·瓊斯著，秦立彥譯，2003，ISBN：756333209X, 9787563332090

——貝多芬書簡，楊孝敏譯，2002，ISBN：7563335714

——歌德為什麼不能接受貝多芬？嚴寶瑜著，《讀書》雜誌1984年第1期

——歌者貝多芬——貝多芬的藝術歌曲，立彬著，愛樂雜誌2012年第6期

——世界名人傳記系列文學藝術家卷貝多芬，第十五章不朽的情人：永恆之謎 楊林 曉陽編著（http://www.xiexingcun.com/biography/bdf/bdf014.htm）

——維琪百科

——百度百科

—— All About Beethoven's Immortal Beloved by Harry Goldschmidt, 1977, translated by John E Klapproth, 2014, ASIN: B00HTB5ANU —— Beethoven and His "Immortal Beloved" Josephine Brunsvik by Marie-Elisabeth Tellenbach, 1983, translated by John E Klapproth, 2014, ASIN: B01A68OEX4

—— Beethoven's Immortal Beloved: Solving the Mystery by Edward Walden, 2011, ASIN: B004KA9Y62

—— Beethoven's Only Beloved: Josephine!: A Biography of the Only Woman Beethoven ever Loved by John E Klapproth, 2011, ISBN-10: 1461186382

—— The Trials and Tribulationsof the "Immortal Beloved" Mystery, or: FromSchindler's List toWalden's Pond by John E Klapproth, 2012 (https://www.academia.edu/4099281/Trials_and_Tribulations)

—— Beethoven by Maynard Solomon, 1979, ISBN-10: 002872240X

—— Beethoven (Life & Times Series) by Martin Geck, 2005, ISBN-10:1904341004

—— The Life of Beethoven by David Wyn Jones, 1998, ISBN-10: 0521568781

—— A meeting of genius: Beethoven and Goethe, July 1812 (http://www.gramophone.co.uk/features/focus/a-meeting-of-genius-beethoven-and-goethe-july-1812)

—— Antonie Brentano (http://en.wikipedia.org/wiki/Antonie_Brentano)

—— Beethoven and His Women by Dick Strawser（http://dickstrawser.blogspot.ca/2011/12/beethoven-and-his-women.html）

—— Beethoven in Teplitz - "Absolutely Uncontrolled Personality" by Carole Bos（https://www.awesomestories.com/asset/view/Beethoven-in-Teplitz-Absolutely-Uncontrolled-Personality-）

—— Beethoven: a Biographical Romance by Heribert Rau, 1880（https://books.google.ca/books/about/Beethoven.html?id=MHk5AAAAMAAJ&redir_esc=y）

—— BEETHOVEN'S ACADEMY CONCERT OF DECEMBER 22, 1808（http://www.raptusassociation.org/22dec1808e.html）

—— Brunswik von Korompa family（https://familypedia.wikia.org/wiki/Brunswik_von_Korompa_family）

—— Death and the muse by Misha Donat（http://www.theguardian.com/music/2004/jun/12/classicalmusicandopera.music）

—— December 22, 1808: The most remarkable concert of Beethoven's career by sgtr（http://sgtr.wordpress.com/2012/01/01/december-22-1808-the-most-remarkable-concert-of-beethovens-career/）

—— IMMORTAL BELOVED Beethoven's Love Letters（http://www.sexualfables.com/immortal_beloved.php）

—— 'Immortal Beloved' Eternally Tedious by Daley C. Haggar（https://www.thecrimson.com/article/1995/1/13/immortal-beloved-eternally-tedious-pimmortal-beloved/）

——Immortal Beloved（http://en.wikipedia.org/wiki/Immortal_Beloved）

—— Immortal Beloved: beating Beethoven into Meat Loaf by Alex von Tunzelmann（https;//www.theguardian.com/film/2010/jul/01/ludwig-van-beethoven-classicalmusicandopera）

—— Josefine Brunswik von Korompa (1779-1821)（https://familypedia.wikia.org/wiki/Josefine_Brunswik_von_Korompa_(1779-1821)）

—— Josephine Brunsvik (1779-1821): Beethoven's great love（http://www.classicfm.com/composers/beethoven/guides/beethoven-josephine-brunsvik/）

—— Josephine Brunsvik（http://en.wikipedia.org/wiki/Josephine_Brunsvik）

—— Josephine Gräfin Deym von Stritetz, geb. von Brunsvik (1779-1821) - Fotografie eines Johann Baptist von Lampi zugeschriebenen Gemäldes（https://da.beethoven.de/sixcms/detail.php?id=15288&template=dokseite_digitales_archiv_en&_dokid=i3272&_seite=1-1）

——Letters of Note: Immortal Beloved（http://www.lettersofnote.com/2011/06/immortal-beloved.html）

—— LOVE LETTERS BY BEETHOVEN AND JOSEPHINE（http://www.testimonios-de-un-discipulo.com/Luis-Van-Beethoven/Love-Letters-by-Beethoven-to-Josephine.html）

—— Ludwig Van Beethoven Episode 3: The Heroic Years. 1803-1811（http://www.englishwordplay.com/beethoven3.html）

—— LUIS VAN BEETHOVEN'S ETERNALLY BELOVED JOSEPHINE VON BRUNSWICK（http://www.testimonios-de-un-discipulo.com/Luis-Van-Beethoven/The-Eternally-Beloved-of-Beethoven-Josephine-von-Brunswick.html）

—— Newly-Found Letters Reveal Beethoven's Life And Loves, Lakeland Ledger, Nov 22, 1959（http://news.google.com/newspapers?nid=1346&dat=19591122&id=ilpYAAAAIBAJ&sjid=MPoDAAAAIBAJ&pg=5062,3246157）

—— The face of Mozart, the composer? by Boatswain（http://www.antiquephotoalbum.nl/bloqjes/?p=59）

—— The Immortal Beloved by Hannah SALTER (translator)（http://www.lvbeethoven.com/Amours/ImmortalBeloved.html）

—— The letters to the "Immortal beloved"（http://www.lvbeethoven.co.uk/page12.html）

—— Who Was Beethoven's 'Immortal Beloved'? by BARBARA MARANZANI（https://www.biography.com/news/beethoven-immortal-beloved-identity）

—— Wright Essay Beethoven Immortal Beloved by Wright（http://carleton.ca/fass/wp-content/uploads/Wright-Essay-Beethoven-Immortal-Beloved-28-June-2012.pdf）

—— http://lvbeethoven.co.uk

——http://www.lvbeethoven.com/

—— http://www.beethoven-haus-bonn.de

—— http://www.classicfm.com

—— http://www.gyrix.com/forums/index.php

—— http://www.lvbeethoven.com

—— http://www.raptusassociation.org

—— https://www.sin80.com/artist/beethoven

—— Wikipedia, the free encyclopedia

(2014)

我是火焰非刀劍

—— 論反革命的貝多芬

一

自上世紀70年代末至今，三十餘年來，中國大陸文藝界對貝多芬推崇備至，近乎頂禮膜拜，西方文化巨人陣中，得此殊榮無出其右者。這個文化啟蒙風潮的影響積極，意義非凡，無論如何值得肯定。我個人對於大陸學界有如此多的貝多芬愛好者和知音深感欣慰，在此感謝他們多年來的有益工作。

先禮後兵，不能不遺憾地指出，大陸媒體對貝多芬宣講的主旋律基本上是變了調的，音高在走調的基礎上至少提高了八度，有意無意人為歪曲乃至篡改了眾多史實，其結果是將貝多芬的本真形象扭曲、俗化。究其原因，僵化的意識形態造成的理解偏差為主，其次是歷史知識的欠缺或選擇性失明，再有就是對音樂這一純藝術形式理解認知上的局限。這也難怪，任何優質舶來品進口到那塊土地，都難逃被醬缸浸泡污染的命運。為我所用地往貝多芬頭上亂套光環，和朝他身上潑污水一樣讓人難以容忍。正本清源，作為貝多芬愛者的我自責無旁貸。

首先是突出貝多芬的政治性，人為地將其抬舉成一位資產階級革命家，反帝反封建的急先鋒。類似言論在貝多芬宣講中隨處可見："法國資產階級革命的進步思想給了貝多芬深刻影響。此後，他終生奉共和為自己的理想，並在封建復辟的黑暗年代中，寫出許多富於反抗精神的英雄性作品。……在1824年，他以自己篤信的‘自由和進步是創作的意義，也是目的’，寫出了最後一部交響曲 ——《第九交響曲》，總結了自己一生創作歷程，謳歌了自己所信仰的共和理想。”（《音樂巨人貝多芬教案》）“我們看得出，貝多芬的音樂，是以力量著稱；它的偉大，也多源自一種無與倫比的力度。這當然是作曲家的堅強意志和滿腔熱情使然，卻也深深打上那個時代，具體說是革命時代的烙印。正因如此，要理解貝多芬，理解他作品的崇高與偉大，就必須知道發生在18世紀末那場震動整個歐洲的革命運動，知道那深刻地觸動了貝多芬的思想的革命精神。”（《貝多芬傳略》）

此說雖然不是出自共產官方的紅頭文件，但大致符合他們的胃口。長年累月經媒體千篇一律的反復灌輸，已形成一種文化概念，尤其於知識階層中根深蒂固。比如一篇介紹《熱情奏鳴曲》（Op.57）的文章，總體而言頗具專業水準，竟然也夾雜有這樣的文字：“《熱情》以其生動而深刻的音樂形象，概括了十九世紀初期歐洲人民反對封建，反對侵略的英雄面貌……表明了貝多芬對他生活的時代和社會有著複雜的體會及不滿。十分明顯，貝多芬最終還是感覺到了人民的力量和時代的前進步伐，以無比巨大的熱情寄希望于新的未來。”還記得80年代聽過一個以貝多芬為題材的配樂廣播劇，裡面的貝多芬大義凜然地對一些封建貴族怒吼：“再過一百年，世界上到處都是共和國！”一個高大的形象頓時聳立了起來，一尊人造的神。

當然，造神的不只是共產信徒，在這裡中國人其實又是在山寨，跟著西方幾個早已為歷史所摒棄的思想文化人物鸚鵡學舌。追根尋源，最早將貝多芬抬上反帝反封建佛龕的，是馬列主義的祖師爺之一恩格斯，來看看他的首創論點：“這是在政治和社會上一個可恥的時代，但同時又是德國文學上一個偉大的時代……這時代的每部卓越的作品都充滿了反抗的精神。這個文學和哲學的光輝燦爛的發展時期，是以貝多芬為代表的音樂的繁榮昌盛的時期。”還有就是西方左派大師，聲言自己“是一個普通的無產者”、“一個社會主義者”的蕭伯納，這裡是他的有關高論：“他是造成法國革命的精神風暴中的一個巨浪……貝多芬是一個穿著散腿褲的激進共和主義者。”（《貝多芬百年祭（Beethoven's Centenary）》）好，就差赤膊裸胸親自上陣，左手提著上了刺刀的滑膛槍，右手高舉著三色旗，身先士卒振臂高呼，去領導推翻封建皇朝的街壘戰了。

這些西式神像製造商中能量及影響最大者，當推那位20世紀三大獨裁者之一史達林的座上客，身處自由世界卻心向專制王國，聲稱“我不是布爾什維克，然而我認為布爾什維克的領袖是偉大馬克思主義的雅各賓，他們正在從事宏偉的社會實驗"的法國左翼作家羅曼•羅蘭了，真應該讓他去親身品嘗一下那被當作"宏偉的社會實驗"的實驗品的滋味。此君一生吃貝多芬飯，對其宣傳鼓吹不遺餘力，所著《貝多芬傳（The Life of Beethoven）》在國際上流傳甚廣，千千萬萬讀者正是靠著這本小冊子，才瞭解到了貝多芬其人其事，進而去聽他的音樂的。他這樣充滿詩意地描述貝多芬："這種音樂所特有的戰鬥性，令人想起產生它的時代。大革命已經到了維也納。貝多芬被它煽動了。他仿佛一個革命的古羅馬人，受著普盧塔克的薰陶，夢想著一個英雄的共和國，由勝利之神建立的：而所謂勝利之神便是法國的首席執政；於是他接連寫下《英雄交響曲：波拿巴》（1804），和《第五交響曲》（1805）的終曲，光榮的敘事歌。第一闋真正革命的音樂：時代之魂在其中復活了，那麼強烈，那麼純潔，因為當代巨大的變故在孤獨的巨人心中顯得強烈與純潔的，這印象即和現實接觸之下也不會減分毫。貝多芬的面目，似乎都受著這些歷史戰爭的反映。在當時的作品裡，到處都有它們的蹤影，也許作者自己不曾覺察。"作者自己沒有覺察，於是你就不辭勞苦地越俎代庖了。虛虛實實真真假假，反正貝多芬已靜靜地躺在了維也納中央公墓的地下，不會爬出來為自己分辨了。羅曼•羅蘭之於貝多芬，正所謂成也蕭何敗也蕭何。

平心而論，恩格斯曾對《命運交響曲》（Op.67）倍加讚賞："如果你不知道這個奇妙的東西，那麼你一生就算什麼也沒有聽見。"蕭伯納做過音樂評論員，羅曼•羅蘭算是音樂理論家，他們無疑都是音樂內行，並且是真心喜愛貝多芬。問題在於，幾個人皆主張文藝必須服務於政治，前者為後者的工具。將政治觀念置於藝術審美之上，政治為主子，藝術為僕從，是他們進行文藝批評的標準，也是其評價、定義貝多芬的立足點。這正是其致命誤區。

評判一位藝術家的政治立場，相對比較科學，也即客觀公正的方式是考察研究他的作品。作品是藝術家行為方式間接但形象化的體現，也是其影響社會民眾思想情感的主要甚至唯一媒介。貝多芬一生留下數百件作品，其中被出版並經作者本人審編認可，具有正式作品號（Opus）的凡138件。其它未於貝多芬生前發表，或發表了但沒有得到他批准使用作品號的曲目被冠以WoO序號（德語縮寫"Werke ohne Opuszahl"，意為"不帶Opus的作品"），凡205件。一些作品號包含多部相同形式的樂曲，比如Op.18，一個作品號含有6首各自獨立的弦樂四重奏曲。另外還有一個Hess列表，收錄了貝多芬的一些"壓箱"之作和殘篇等，有些與WoO中的作品重疊，姑且不論。一般而言我們可以泛泛地說，貝多芬留下來總共400左右件/部作品。現代經常上演及錄音的曲目幾乎全部出自Opus系列，當然WoO系列中也有若干佳作。

那麼這四百件/部作品，其中哪些反映了貝多芬的政治理念？換句話說，哪些可以用來支持他被人冠以"革命音樂家"，"反帝反封建先鋒"這一頭銜？哪些又正好相反呢？

二

《第三英雄交響曲》（Op.55），對貝多芬稍有瞭解的人馬上脫口而出，這也是神像製造商們最為津津樂道的，伴之以那個最早來自貝的學生裡斯（Ferdinand Ries）的敘述，如今在音樂愛好者中已盡人皆知的傳奇故事：貝多芬原先計畫將《英雄交響曲》獻給"共和偉人"拿破崙。拿破崙稱帝后，貝多芬深深感到被欺騙了，憤怒之下，他撕毀了寫有波拿巴名字的樂譜扉頁，同時高喊道："那麼他也不過是一個凡夫俗子罷了！現在，他也要踐踏所有人的權利，以實現自已的野心。他將凌駕於民眾的頭上，成為一個暴君！"（"So he too is nothing more than an ordinary man. Now he will trample on all human rights and indulge only his own ambition. He will place himself above everyone and become a tyrant."）無庸置疑，音樂史上劃時代的這部交響曲的寫作，確實受法國大革命的影響和激勵甚深，說它是那個波瀾壯闊時代的產物恰如其分。有人說這部交響曲的構思，完全是出於貝多芬作為一個共和主義者的意願，這應該是基本符合事實的。此一時彼一時，1803-1804年間，貝多芬似乎是處於一種政治狂熱狀態，據說甚至曾想要移民去革命聖地巴黎 —— 謝天謝地他沒去，不然很有可能因為發了幾句牢騷而被雅各賓黨人送上斷頭臺。在這部氣勢磅礴令人迴腸盪氣的偉大作品裡，貝多芬將他嚮往光明，推崇自由的人文主義精神發揮得淋漓盡致。

《英雄交響曲》是世界音樂史上一個史無前例的奇跡 —— 類似奇跡在貝多芬一生中還要多次上演，當人們從前所未有的衝擊震撼中醒轉過來，無比驚訝地發現：啊，音樂，原來、竟然可以是這樣的呀！在貝多芬之前，交響曲幾乎全都是娛樂消遣性的宮廷音樂，也就是演出規模大一些的室內樂，除去莫札特曾有意無意地做過若干有限的突破性嘗試。

《英雄交響曲》首次將交響曲鋪開到社會歷史的廣度，推進到人類靈魂的深度。這如同首次原子裂變似的內容與形式高度完美結合的革命性實踐，極大地挖掘擴充了音樂，特別是人工樂器的豐富表現力，一舉奠定了交響曲作為最高形式的抽象音樂的至尊地位，並為整體音樂向更廣、更高、更深的未來擴張展現了無限廣闊的空間。《英雄交響曲》的橫空出世，標誌著貝多芬大步踏進了他碩果累累的藝術成熟期，堂而皇之躋身於有史以來頂尖作曲家之列，進而篳路襤縷向縱深處挺進，去開創他前無古人後無來者的音樂王國。依此而論，《英雄交響曲》最名符其實的被題獻者既不是拿破崙，也不是什麼其他的帝王將相，而是作者本人——貝多芬自己。如果將人類歷史比作一匹奔騰向前永無止境的駿馬，那麼拿破崙充其量也就是碰巧騎上了這馬，駕著它跑了區區幾秒鐘，旋即被無情地甩下了馬背。而貝多芬，已成為那駿馬昂首嘶鳴的部分，它既是過去時，也是現在時，並且還是將來時，將永遠伴隨著人類的歷史進程，回蕩在未來寓無限于有限的時空之中。

這裡有一個細節不應該被忽略：1802年8月，拿破崙修改共和八年憲法，自命終身執政官。這是公開的專制獨裁舉動，與共和理念南轅北轍。而《英雄交響曲》的創作始於1803，完成於1804年。那時貝多芬對拿破崙已經背叛革命是否有所意識，對他即將恢復帝制是否已有預感，今天的我們不得而知。政治家是實用主義者，藝術家是理想主義者，理想主義者對上實用主義者，上當受騙的自然是前者。其實這部交響樂中的所謂"英雄"，完全可以理解為一種抽象廣義上的反抗壓迫，爭取自由與光明的圖騰形象，與"共和"、"革命"等時髦政治概念不一定有必然或具體的聯繫。如此論斷並非是空穴來風：《英雄交響曲》最後發表時，貝多芬將獻詞改為"為了紀念一位偉人"，表明作品是獻給一個為追求理想而死的偉大人物。有專家考證說這個"偉人"是貝多芬所尊敬的普魯士王子路易士•菲迪南特（Prince Louis Ferdinand of Prussia），前不久他在抵抗法軍的耶拿-奧爾施塔特戰役中英勇陣亡，就此成為歐洲各國反抗拿破崙侵略，為民族自由而戰的象徵。從共和偉人180度跳躍到封建王子，由此可見在貝多芬心目中，這個理想中的英雄形象的可塑性有多大。路易士王子一面是反共和分子，另一面是民族英雄，同時他還是一位頗有造詣的音樂家，會作曲，善鋼琴。早在幾年前貝多芬就曾將傑作《第三鋼琴協奏曲》（Op.37）題獻給他，以表達對這位上馬能殺敵下馬會彈琴王子的敬意。

再比如貝多芬的另部名作戲劇配樂《哀格蒙特》（Op.84），表面上是歌頌抗擊異族侵略者的民族英雄，實際上是作者借他人之酒杯，澆自己心中之塊壘。音樂的抽象性給了他盡情發揮的餘地。《哀格蒙特序曲》可以說是《英雄交響曲》的袖珍版。後人聆聽這兩部作品，感受到的是那長江大河樣的慷慨激昂與崇山峻嶺般的威武雄壯。這純藝術化的大美與大力跨越時空，超脫于現實年代，與聽者所持意識形態無關。說到《哀格蒙特》，讓人想起幾乎和貝多芬同時代的義大利喜歌劇作曲家羅西尼所作歌劇《威廉·退爾》。兩者題材近似，同樣以序曲聞名，劇本原作者分別為"狂飆突進運動"時期德國詩壇上的雙子星座歌德和席勒。從來沒有人將羅西尼拔高為"革命作曲家"吧。如果有興致，類似事例還可以找到許多。同類或相近的題材，出自他人之手稀鬆平常，但如果是來自貝多芬的筆下，馬上就身價倍增，被升級換代為"革命作品"了。這究竟是貝多芬的幸還是不幸？

三

　　談完《英雄》，再來看看其它 —— 哦，很遺憾，沒有其它了。《英雄交響曲》之外，貝多芬再沒有任何一部作品，尤其是主要作品，與所謂的"資產階級革命"有著直接的淵源或關聯。當然，受其潛移默化影響的可能性難以排除，但這影響究竟是來自"啟蒙運動"，還是引發于"共和革命"，尚須進一步深入探討。簡而言之，席捲於17、18世紀歐美的啟蒙運動的主要信念是理性、自由與平等，而發生在18世紀末的法國大革命側重的是憲政、民主與人權。前者是歸於意識形態範疇的社會思潮，後者為政治經濟領域的人類活動。兩者於多方面融會貫通，但卻不能完全混為一談。可以說啟蒙為孕育土壤，革命為其果實之一，但不是全部。

　　就個體而言，熱衷革命者決非必定就出自啟蒙陣營，或是自由、人權和民主等啟蒙理念理所當然的推行人及捍衛者，歷史上更多的是反例，也即革命者事實上乃啟蒙主義的大敵。先有法國大革命時期的羅伯斯庇爾、拿波侖，後有20世紀的馬克思主義信徒，苟延殘喘時至今日的那些所謂的無產階級革命家。他們以革命的名義荼毒億萬生靈，給人類帶來了比鼠疫、黑死病更為慘絕人寰的無窮災難。革命，世間多少滔天罪惡假汝之名而行。另方面，持啟蒙意識形態的思想文化人士遠非自然而然就是革命者，事實上，純粹的人文主義者罕見暴力革命的同盟人，這個名單可以開出很長，首推啟蒙思想家孟德斯鳩、伏爾泰，再就是與貝多芬有關聯的歌德、席勒等。一部歐洲古典音樂史，從18世紀的巴赫、亨德爾到20世紀的西貝柳斯、肖斯塔科維奇，幾乎從來沒有產生過革命吹鼓手。那麼貝多芬是一個特例嗎？他究竟是音樂領域裡的盧梭還是伏爾泰？讓我們繼續來看。言為心聲，貝多芬有稽可查的所謂"革命"作品只有一部《英雄》，相反地，他無可推諉的"反革命"作品卻不少。讓我們還是先來探討"正面"的貝多芬，以他的三部代表作為例做或淺或深剖析：

《第五命運交響曲》：作者最具靈肉衝擊力，令人魂銷魄散的曠世傑作，被人稱為"交響曲中的交響曲"。我至今還清晰地記得1976年首次聆聽此曲時的震驚感受，它在我眼前鋪開了一片陌生而嶄新的天地。《命運》的樂曲規模比《英雄》稍小，卻更為狂野奔放、陽剛四射，犀利好比剛剛磨礪過的刀鋒，鮮活仿佛噴射如注的精血，是典型的雄性荷爾蒙產物。《命運》和《英雄》的終曲結尾處，毫無疑問是人類迄今為止發出的最強音，讓知音如我者直聽得熱血沸騰渾身抽搐幾乎要瘋癲過去。《命運》表達的是本體與命運的互動搏擊，演繹了個性化的自由意志於殘酷卓絕的生存狀態下竭力發揮、突破及超越的可行性。這與整體人類，尤其是代表著人類社會關係總和的政治制度風馬牛不相及。《命運》不是一面迎風飄揚的戰旗，而是一團邊嘶號邊舞蹈並且邊燃燒著的血肉；《命運》不是巴黎街頭的燧發槍榴彈炮，而是阿爾悲斯山上空的電閃雷鳴。它是音樂領域裡的奧德賽或西西弗，但不是普羅米修士。貝多芬寫出了《命運交響曲》，就已經戰勝了他自己的命運，將其由悲劇一舉扭轉為喜劇。貝多芬將此宏篇大作題獻給了他的兩位贊助人，洛布科維茲王子（Prince Lobkowitz）和拉祖莫夫斯基伯爵（Count Razumovsky）。借著這一異于《英雄交響曲》的題贈方式，作者明確表達了作品的去政治化，或者說去法國化。去政治化意味著個體化。我以為這個"個體化"實乃貝多芬絕大多數作品的第一主旋律，第二主旋律，與第三主旋律。簡而言之，唯一主旋律。個體化成就了貝多芬，貝多芬是個體化的代名詞。

《第九合唱交響曲》（Op.125）：作者少數"群體化"代表作之一，與人類社會息息相關。它弘揚的主旨為"歡樂、仁愛、和平"等即使在當時也已為包括封建上流社會在內的社會各階層所普遍接受了的啟蒙價值，《合唱》於1824年5月7日首演時維也納肯恩頓門大劇院的空前盛況令人信服地證明了這點。原因很簡單，買得起音樂會門票的觀眾起碼也得是中產階級，像舒伯特那樣為了聽一場貝多芬的歌劇而忍痛賣掉自己的音樂課本以購買門票的超級發燒友肯定是鳳毛麟角。大合唱歌詞取自貝多芬極為欣賞的席勒名篇《歡樂頌（Ode To Joy）》。貝多芬年輕時即有意為《歡樂頌》配樂，二十二歲時已著手嘗試。他在波恩大學旁聽時的法學教授菲謝尼希（Bartolomaeus Fischenich）在寫給席勒夫人夏洛特（Charlotte von Schiller）的一封信裡說："在波恩有一位很有希望的青年作曲家，他提議將席勒的《歡樂頌》一節一節地譜成音樂。我對他寄予厚望，因為他立志獻身于偉大和崇高。"1808年所作，題贈給了巴伐利亞國王馬克西米廉·約瑟夫（King Maximilian Joseph of Bavaria）的《合唱幻想曲》（Op.80）可謂技術準備工作，但直到生命告終的前三年才最後得償夙願。

"像那恒星飛翔在瑰麗的太空"，詩句表達了以康得的星雲說為源泉的自然觀；"你溫柔的翅膀飛到哪裡，哪裡的人們都結成兄弟"、"億萬生民，互相擁抱吧！把這一吻送給全世界！"反映的是世界大同的烏托邦理想；"兄弟們，星空的高處，定住著慈愛的天父。萬民，可曾跪倒？可曾認識造物主？越過星空尋找吧，他定在星際的盡頭！"合唱結尾處，基督信仰接管了樂曲，宏偉莊嚴，聖潔虔誠，將音樂推向感人肺腑的高潮，一氣呵成，直至終曲。《合唱交響曲》所含人文思想色彩斑斕，包羅萬象，但有一點不難看到，那就是裡面沒有絲毫"革命"的蹤影。貝多芬一生景仰歌德和席勒，中晚期的思想觀念與他們十分接近。點出這個事實會讓神像製造商們有些尷尬，概因這兩位大詩人都只是啟蒙主義者，而不是什麼革命家。歌德任職薩克森-魏瑪-艾森納赫大公國的樞密顧問，隸屬封建官僚階層。"法國大革命時期，席勒發表美學論著《論人類的審美教育書簡》（1795年），曲折地表達了他對暴風驟雨般的資產階級革命的抵觸情緒。席勒主張只有培養品格完善、境界崇高的人，才能夠進行徹底的社會變革。這也是在《唐·卡洛斯》中宣揚的開明君主思想的延續。"（維琪）在這裡貝多芬和席勒有思想共鳴嗎？答案不言而喻。《合唱交響曲》是晚期作品，貝多芬的世界觀早已成型，而他的席勒情節可以追溯到波恩年代。除了喜愛《歡樂頌》等篇章，據信他的一些早期作品如《悲愴奏鳴曲》（Op.13）等，也是受席勒的某些論文啟發而作。可以說瞭解了席勒，就把握到了貝多芬社會意識形態的主調。除去音樂和詩歌本身，貝多芬更是以將《第九交響曲》題獻予普魯士國王腓特烈·威廉三世（Friedrich Wilhelm III）這一舉動，將這部偉大作品與所謂的"資產階級"切割得一乾二淨。

四

歌劇《菲岱裡奧》（Op.72）。與貝多芬的其它重量級作品相比，

《菲岱裡奧》具有以下幾個顯著特點：它是作者一生所作的唯一歌劇，它的成功之路最為艱難曲折，它是作者寫得最苦的一部作品，自稱是"世界上最艱辛的工作"。自1804年開始動筆，到1814年完成最後修訂，十年間幾經刪改嘔心瀝血。沒有任何其它一部樂曲耗費了貝多芬如此多的時間和精力，光寫作筆記和樂譜草稿就有好幾百頁，三幕壓縮為兩幕，序曲先後寫了四首，歌曲內容幾乎全都被重新寫過，第二幕開始時的男高音宣序調和詠歎調被改寫多達十八次，等等。據說當他一病不起時，將《菲岱裡奧》手稿送給了秘書申德勒（Anton　Schindler），上面寫著："我所有的朋友，它令我付出了最大的代價，帶給了我極度的憂鬱。這也是使我最憐愛它的一個原因。"那麼接下來的問題就是：這部被人稱為"政治歌劇"，凝聚著貝多芬大量心血的作品，是否比較全面、客觀地反映了作者的世界觀呢？

《菲岱裡奧》的原始腳本為法國歌劇《萊奧諾拉》，有法國大革命的背景。傳說取材於真人真事，一個隱姓埋名的"杜蘭尼貴婦（Dame de Touraine）"從雅各賓黨人的監牢中救出自己的丈夫。此處需留意：既然雅各賓黨人是徹頭徹尾的革命派，那麼這個"丈夫"不是其犯了政治錯誤的革命同志，就是一個保皇黨成員了，總之是個"反革命"。作品的主題簡單而鮮明 —— 自由與公義，又是一個起源於文藝復興時代，發揚光大於啟蒙運動，早已為當時歐洲諸國（沙俄等除外）社會各階層所普遍接受了的人文價值。它確實為新興的共和理念之一，卻不是其獨享的專利，屆時的君主封建體系也承認它廣義上的思想意義，不然《菲岱裡奧》沒有可能在帝國的首都維也納上演。劇本在某些地方確有針砭時弊挑戰當局的意味，比如《囚徒合唱》："噢！自由啊，自由，你會回來嗎？""小聲點，控制一下自己，我們是時刻有耳目監視的啊！"問題是將此內容應用到法國大革命的雅各賓專政"恐怖統治時期"，也是極為恰當。不論在哪個年代，自命為"革命政府"的監獄從來都是人滿為患的。

總體而言，《菲岱裡奧》的主體色彩並不血紅，尤其是那個皆大歡喜好萊塢式的大團圓結局，政治犯的最後解放依賴的是國君的開通聖明和欽差大臣的賢良剛正，而不是攻陷巴士底獄的結果。那代表著人間正義的小號嘹亮地響起來了，但不是國民自衛軍的進軍號，而是皇家樂隊的儀仗號。劇作者在這裡明確表達了其政治傾向：光明戰勝黑暗，明君可寄希望。這與席勒的"和平過渡"思想一脈相承。考慮到當時維也納存在著較為嚴厲的新聞和文藝審查制度，任何劇本都難以越界，大至劇情小到臺詞，都不可能赤裸裸地與哈布斯堡王朝當局公開唱對臺戲。《菲岱裡奧》的文學內容大致也只能如此了，不可能出現任何比尋求自由和公義更加驚世駭俗的話題。這是可以理解的。德語劇本改編者索恩萊特納（Joseph Sonnleithner）的工作中規中距，無懈可擊。歌劇的藝術表現力大半在音樂，音樂是沒有文字勝似文字的詩歌。那麼，作為《菲岱裡奧》的音樂製造者，貝多芬有沒有充分運用他的機智，巧妙地利用音樂特有的"隱蔽性"，來借機宣揚他的政治理念和立場呢？

答案是"有"。這裡有一個重要線索，融合於《菲岱裡奧》那有名的終劇合唱《那人有一位好妻子（Wer ein holdes Weib errungen）》。合唱之王名不虛傳，終劇合唱是《菲岱裡奧》的高潮與精華所在，典型的貝式英雄樂風，既雄偉莊嚴又熱情洋溢，幾可媲美《第九交響曲》的終曲歡樂大合唱。兩者的區別是歡樂合唱中景仰上帝的成分較重，虔誠聖潔更接近天堂，而終劇合唱盡情謳歌理想中的英雄人物，直抒胸臆更貼近人間。從歌詞到音樂都可以看出這種差異。終劇合唱的引子是一段男女聲重唱，由二重唱起始，逐漸發展過渡到四重唱。先是男中音詠歎調《你打開了這高貴男人的墳墓（Du schlossest auf des Edlen Grab）》，伴隨劇情是欽差大臣鄭重地將那象徵著自由與公義的鑰匙遞交到菲岱裡奧手上。女英雄心潮起伏感懷萬千，雙眼飽含著熱淚，親手打開她那被冤屈入獄的丈夫身上的枷鎖，同時唱起了女高音詠歎調《哦上帝，這是何等的時刻（O Gott! O Gott! welch' ein Augenblick）》。這是全劇的轉捩點，標誌著光明驅散了黑暗，正義終於戰勝邪惡。

此時此刻，這優美動人的旋律聽上去怎麼這麼熟悉？這是上個月一個週六的晚上，我靠在底特律歌劇院的座位上，在這撥人心弦的時刻，一邊眼睛酸酸被感動著，一邊想到了這個問題。答案很快得出：這是貝多芬的《皇帝約瑟夫二世葬禮康塔塔》（簡稱《葬禮康塔塔》，WoO 87）裡的主旋律之一，女高音詠歎調及伴唱《當人類奮起發出光芒（IV. Aria con coro: 'Da stiegen die Menschen an's Licht'）》。

1790年初，神聖羅馬帝國皇帝約瑟夫二世駕崩（Joseph II，就是電影《阿瑪迪斯（Amadeus）》裡那個對莫札特還挺不錯的陛下。莫札特於翌年去世）。當年貝多芬十九歲，在約瑟夫二世的幼弟，科隆選帝侯馬克西米廉的宮廷樂隊當差，同時師從音樂名家奈弗。在選帝侯顧問華德斯坦伯爵和奈弗的委託和鼓勵下，貝多芬創作了《葬禮康塔塔》。初始啼聲，這部作品具有很多貝多芬第一：第一部正式獨立作品，第一部聲樂及管弦樂作品，第一部長篇作品，第一部政治相關作品，及第一部傑作。首部傑作卻命運多舛，先是沒能在皇帝的葬禮上演出，主要原因可能是時間太緊，作者沒能按時交稿，還有就是樂師們報怨技術上難以掌握。隨後據說得到了來波恩訪問的樂壇泰斗海頓的好評，因此為貝多芬贏得了前往音樂之都維也納進修深造的留學錄取信。總之是在專業小圈子裡風光了幾天，隨後就湮沒無聞了。這一湮沒就是將近一個世紀，期間樂譜手稿幾經拍賣轉手，最後終於被買回了維也納，就此重見天日，於1884年在維也納首演，次年在它的誕生地波恩上演。貝多芬的追隨者，當時的大作曲家勃拉姆斯特地為《葬禮康塔塔》寫了一段短評，高度讚揚這部被埋沒了近百年的貝氏早期作品。他寫道："整部作品有著一股徹徹底底的貝多芬風格，充滿高貴而悲壯的情懷，而其中那種緊張、激動的表達方式都能在貝多芬以後的作品中見到。"（"even if there were no name on the title page, there would still be no doubt concerning the composer -- throughout it is altogether Beethoven! Here are the beautiful, noble pathos, the great sensitivity and imagination, the power as well as violence of expression, added to the special quality of the voice leading and declamation at which we marvel in his later works!"）

有先皇駕崩，自有新帝繼位。送舊迎新，反映在了音樂上，《約瑟夫二世葬禮康塔塔》有一部姊妹篇名為《利奧波德二世加冕康塔塔》（簡稱《加冕康塔塔》，WoO 88），同樣作於貝多芬19歲那年，同樣為早期傑作 —— 這裡有一小段很到位的未名專家評論："這兩部早期作品其實已頗具大家風範。特別是《利奧波德清唱劇》裡那首長大的詠歎調，大提琴托著女高音的行文樣式，讓人倍感新鮮的同時還有一種脫俗的美。"最後是同病相憐，半斤八兩的命運。當時沒有獲得演出機會，並就此埋沒了近百年。重見天日並不意味著舊貌換新顏，這兩部作品還是始終沒能紅起來，完全不能和作者的其它傑作相提並論。時至現代，演出和錄音都極為稀少。究其原因，作品的音樂絕對不是問題，其文學內容是罪魁禍首。

作為不同形式的舞臺演出，從歌劇、清唱劇到康塔塔，戲劇性依次削弱，表演成分逐一減少，所以康塔塔基本上是一種大中型聲樂套曲，俗稱大合唱。既為聲樂，歌詞就很重要。歌詞如果陳舊，音樂哪怕再好，歌曲的生命力恐怕也難以持久。貝多芬這兩部康塔塔的不幸命運就是一個例子。流傳至今，生命力經得起年代考驗的古典清唱劇或康塔塔，諸如巴赫的《馬太受難曲》，亨德爾的《彌賽亞》、海頓的《創世記》，還有貝多芬自己的《基督在橄欖山上》，歌詠吟唱的都是人類信仰這一永恆主題。而《葬禮康塔塔》和《加冕康塔塔》歌唱的，基本上是西洋版的奉天承運吾皇聖明那一套，雖然其中也有讚頌上帝的宗教內容，給作品塗抹上了一層莊嚴肅穆與崇高神聖的色彩，但主題毫無疑問是為帝王歌功頌德。不論這兩位皇帝是否為明君，隨著時代的前行，歌詞內容不可避免時過境遷，樂曲也就隨之為世人遺忘。縱然以貝多芬的生花妙筆，也難以化腐朽為神奇。

從《菲岱裡奧》跳到兩部早期康塔塔，耗費筆墨予以說明，並非行文中無意跑題，而是為了烘托出一個關鍵的問題：貝多芬為什麼要在《菲岱裡奧》終劇前那撥雲見日的轉折場合，插入了他那早已被人們遺忘了的《葬禮康塔塔》的主題旋律呢？這究竟是一個漫不經心的無意之舉？還是寓意深長的匠心獨運？

貝多芬的寫作態度極為嚴謹，在業界是出了名的。天才有多種類型，有流水作業的速食型，有慢火焙燉的大餐型，貝多芬無疑屬於後者。他不象莫札特、舒伯特那樣下筆千言倚馬可待，音符奔流如泉水下山，兩三天一個協奏曲，一天五六七八首歌。貝氏作品的問世，大多經過長期醞釀、鄭重下筆、反復推敲、精心修改、認真校訂這五步曲。從他留下的大量草稿中，後人可以一窺他的作曲過程，一個創作動機、一個主題樂思，都要經過不斷的打造、琢磨，千錘百煉方能最後成章。另一方面，作為當時數一數二的鋼琴演奏家，他同時也是即興演奏大師，不乏靈光噴湧一發不可收的時候。比如《合唱幻想曲》那精彩的鋼琴引導，是他在音樂會上當眾即興發揮的產物。《熱情奏鳴曲》了不起的第三樂章，是一次傍晚散步歸來後一氣呵成。裡斯對此有生動的回憶描述。他另外一個學生，鋼琴教育家車爾尼（Czerny）說："老師的即席演奏極為燦爛，震撼人心。不管他遇到何種賓客，都知道如何製造效果，而聽眾少有不被感動的潸然淚下者，有人甚至會放聲痛哭。因為在他的音樂裡，除了樂思的創意、美感，呈現創意美感的抖擻風格之外，還有非常絕妙之處。"英國著名鋼琴演奏家、教育家克拉瑪（Cramer）則表示，除非有人聽過貝多芬的演奏，否則不算聽過即興演奏。

由此可見，貝多芬的大腦裡絕對不缺旋律，他的旋律豐富多彩各具特色，沉鬱凝重有命運，輕鬆快樂有愛麗斯，靜謐幽美有月光，莊嚴大氣有歡樂頌，至今都已家喻戶曉耳熟能詳，成為跨越時空的世界之音。他喜歡創新，不喜歡複製自己，不象維瓦爾蒂"一首協奏曲寫了400遍"（斯特拉文斯基語）。《菲岱裡奧》是他心血的結晶，每個細節都處心積慮精心推敲，絕不可能為了一時省力，而隨隨便便拉一個二十年前寫就的旋律，到眼下這個至關重要的場合去濫竽充數。

但是，不喜歡複製自己不等於從來都拒絕這樣做，巴赫就常常利用自己原有的音樂元素進行改進創新，當貝多芬也來就地取材時，那一定是有意為之匠心獨運，唯一目的是使負載了他某些重要思想理念的典型音樂主題，於創作在不同年代的不同樂曲之間遙相呼應，前後傳承。比如1801年貝多芬為芭蕾舞劇《普羅米修士的創造物》（Op.43）配樂，譜寫了一段終曲主旋律既雄渾強健又樂觀向上。作者本人對它十分滿意，感覺這就是自己心目中的普羅米修士形像。於是相同旋律還出現在了同時期的另外一首次要樂曲《12首對面舞曲》（WoO 14）之7中，好像是在有意推廣。隨後作者又以它為藍本寫了首《降E大調15變奏與賦格》（Op.35），以進一步展示發揮之。最後，這段主題旋律被應用到了《英雄交響曲》的終曲樂章，終於演變為那著名的"英雄主旋律"。一段旋律先後被用於4部作品中，作者可謂用心良苦。其實，貝多芬想要通過這段音樂表達強調的思想很簡單，那就是：普羅米修士就是我心目中的理想英雄。另一例是兩部重量級作品的撞車：《熱情奏鳴曲》第一樂章與《命運交響曲》第一樂章，後者那幾乎已成為貝多芬音樂形象代言符號的起始四音符動機，那凝練緊湊而又嚴峻淩厲的"Da Da Da Dum"，陰沉而隱蔽地出現在了更早完成的前者裡面，並且斷斷續續反復多次。作者如此設計安排的匠心又是什麼？簡而言之那就是：命運碰撞激情，激情擁抱命運。

至少是第三次了，貝多芬在《菲岱裡奧》裡再次啟用他早已得心應手的"老調重彈"創作手法，於那雨過天晴雲開霧散的激動人心時刻，唱起了似乎很不合時宜的《葬禮康塔塔》主旋律。採用這樣的特別處理方式，作者煞費苦心的用意究竟是什麼？他有什麼自認重要的樂思需要在這裡繼承傳揚？答案並不複雜高深，簡單明瞭也就是：開明帝王可為救世主，是受苦受難民眾獲得新生的希望。前面已經點明，歌劇文本需要經過當局的政審，而音樂則基本上不會。帝國的文藝檢查官既聽不出來什麼曲調屬於離經叛道什麼屬於馴服順從，也沒有硬性規定作曲家一定得採用某種歌功頌德的八股模式。但貝多芬仍執意這樣做，這不僅是心甘情願，簡直就是別有用心刻意為之了。如果說波恩時代19歲的貝多芬因為年幼無知，在宮廷老師和貴族官員等人的擢輟下譜寫了那兩部歌頌封建帝王，違背革命精神的康塔塔還情有可原，那麼40多歲思想成熟的貝多芬依然不改初衷，竟從故紙堆裡翻出皇天浩蕩的老調重彈，這豈不是頑固地堅持反革命立場麼。

《菲黛裡奧》解析至此，事情開始變得有趣起來：我們本來在努力尋找貝多芬自告奮勇充任"革命家"的線索，不承想結果事與願違，竟然找到了他自任"保皇派"的證據。這究竟是怎麼一回事情呀？一邊是"共和主義"的《英雄交響曲》，另一邊是"改良主義"的《菲岱裡奧》，我們究竟應該相信哪一個？哪一個代表著真切的貝多芬？

五

　　我以為哪一個都是真正的貝多芬，我們現在探討的是究竟應該偏重哪一個。歷史上有兩個截然不同的貝多芬，一個為推翻封建王朝而歡呼雀躍，另一個和帝王將相過從甚密，與封建體系水乳交融。這兩個貝多芬共生於一個矛盾統一體。不錯，貝多芬是一個啟蒙主義者，政治觀念進步且成熟，正義、平等、自由等人文思想根深蒂固。但終其一生，貝多芬與神聖羅馬帝國、奧地利帝國皇室、眾多貴族之間的關係，用如魚得水來形容恰如其分。從波恩的科隆選帝侯馬克西米廉（Archduke Maximilian Francis, 1756 – 1801）、華德斯坦伯爵（Count Waldstein, 1762 – 1823），到維也納的李希諾夫斯基親王（Prince Lichnowsky, 1756 – 1814）以及魯道夫大公（Archduke Rudolf, 1788 – 1831）等，貝多芬藝術生涯的每一步，後面都帶有王公貴族協助扶持的身影。後者提供給他金錢、食宿、學生、沙龍、音樂會場所、人脈關係及社會地位，並親自演奏、推廣他的作品，甚至給他義務當差作不支薪的秘書如格萊辛斯坦男爵（Baron Gleichenstein, 1778 – 1828）。這些思想開明、文藝修養高深的貴族精英們對貝多芬的幫助提攜可謂無微不至，令人感動。貝多芬最後所取得的偉大歷史性成就，他們絕對功不可沒。

　　特別需要指出的是，幾位貴族並不是在貝多芬已經功成名就之後，才來附庸風雅和他套近乎的，而是在他遠未取得公認的成績之前，即求賢若渴愛才如命，主動前來提供幫助。貝多芬的伯樂除了他少年時的恩師奈弗，就屬華德斯坦和李希諾夫斯基了。華德斯坦認識貝多芬時，後者還只是個十七歲的半大孩子，並沒有寫出與莫札特同齡時相似水準的東西。換句話說，貝多芬不是神童。但華德斯坦慧眼識珠，最早將他與當時音樂界的偶像人物莫札特、海頓相提並論，並發出驚人預言：貝多芬將影響整個音樂世界。華德斯坦說：“無論如何，我要幫助這個有才華、有朝氣的年輕人，使他成為最有前途的作曲家，最偉大的作曲家。”貝多芬多年的好友魏格勒（Franz Wegeler, 1765 – 1848）在日記中寫道：“起先，貝多芬在藝術事業上得到的最熱心、最重要的資助者，是華德斯坦伯爵。他是年輕選帝侯的寵兒與侍從，地位十分顯赫，以後是維爾斯貝格騎士團的指揮官和奧國皇帝的大臣。他不僅是位鑒賞家，而且是位音樂實踐者。他以各種方式支援了我們的貝多芬。貝多芬從他那裡得到了大量經濟上的幫助。通過他，這位年輕天才的才能得到了發揮。”藝術修養是素質而非美德。華德斯坦不但有伯樂之才，更有鮑叔牙之賢：他資助貝多芬以金錢，不是將同情憐憫掛在臉上，更不是高高在上擺出一副施捨姿態，而是很有分寸地借著貝多芬的雇主選帝侯，以工作獎勵或例行賞賜的名義進行，充分照顧到了少年受惠者的自尊心。除去經濟上的慷慨資助，華德斯坦將貝多芬引進貴族社會及上流文化圈，這大大擴展了年輕音樂家的眼界，積極促進了他的思想成長。

華德斯坦的另一重大善行義舉是利用自己作為選帝侯親信顧問的影響力，將貝多芬介紹給了當時歐洲樂壇第一人海頓，促成了他去維也納留學深造，一切費用由波恩宮廷支付。華德斯坦在歡送貝多芬的留言簿上寫道："親愛的貝多芬！你現在要去維也納實現長久以來受阻的願望。莫札特的英靈仍在哀泣他弟子的去世。他在勤奮的海頓身上找到避風港，卻不長久駐留；他希望通過海頓再次和某人結合。通過你不停息的努力，從海頓手中接受莫札特的精神。1792年10月29日于波恩。你真誠的朋友華德斯坦"。帶著親朋好友們的殷切期望，貝多芬踏上終身背井離鄉的旅程。這一去如矯龍入海，貝多芬就此於維也納安家三十五年，在這裡完成了他的千古偉業，卻再也沒能回歸那讓他夢牽魂繞的故鄉波恩。

後來發生的事情也值得一提：這位華德斯坦伯爵不但是一位樂壇預言家，同時還是一個鐵杆保皇派。作為保守的條頓騎士團的統領，他對法國大革命深惡痛絕，迷信神聖羅馬帝國的武力，幾次三番越權勸說弗蘭茨二世（Franz II）去和法蘭西開戰，最後因此惹惱了皇帝陛下，被撤職流放。可他仍不死心，一面聯絡法國的死敵英國，一面散盡千金組織私家軍隊，想要親自上陣去和拿破崙對壘，蕩平法蘭西共和國。只可惜勇氣可嘉時運不濟，結果是軍隊沒建成，自己卻破了產。窮困落魄潛回維也納，還要東躲西藏以逃避債主。自波恩一別，十餘年來兩人沒什麼聯繫，各忙各的，一個忙著作曲，一個忙著消滅拿破崙。現在聽說了故人的淒涼現狀，貝多芬心裡挺不好受，可又幫不上什麼忙，愛莫能助，只有將新近創作的《第21鋼琴奏鳴曲》題獻給昔日的恩公兼老友，聊表懷舊和關切之情。這就是著名的《華德斯坦奏鳴曲》的來龍去脈。

小插曲裡面有大文章：作品號為53的《華德斯坦奏鳴曲》與作品號為55的《英雄交響曲》創作於同一時期，都是1803-1804這兩年間。《英雄交響曲》原計劃題獻給"革命英雄"拿破崙，《華德斯坦奏鳴曲》卻題獻給了"反革命頭目"華德斯坦。不瞭解貝多芬的人會因此以為他是個機會主義者，共和封建兩頭下注左右逢源，最後不論哪邊得勢了自己都會有好果子吃，至少不會被劃為階級敵人。其實這矛盾之舉不過是體現了當時貝多芬政治立場的不確定性。對於政治問題，他從來都不是愛憎分明，黑是黑白是白，你死我活不共戴天。《華德斯坦奏鳴曲》的音樂形象朝氣蓬勃，故又名《黎明奏鳴曲》。可是在接到天才故人的友情題獻後，華德斯坦的人生卻日趨黃昏。命運的無常詭異正在於此。1823年，一代名爵華德斯坦於維也納郊外的一個貧民收容所屈辱地死去，不過他可以瞑目了：一是仇敵拿破崙已於兩年前先他而去，法蘭西共和國也已完結；二是三十年前他對貝多芬所作的先知性預言，如今已百分之百應驗；三是華德斯坦家族至他絕嗣，但華德斯坦這個名字，將伴隨著《黎明奏鳴曲》千古永存。

再來看另一位伯樂。二十二歲的貝多芬初到維也納，舉目無親，揣著華德斯坦的推薦信前往李府拜訪，一下子就投對了門。當時維也納文藝界的領袖，為人豪爽、愛好藝術的李希諾夫斯基夫婦隨即提供給他食宿，領他進入當地的音樂社交圈，在上流社會為他大打廣告，資助他外出巡演以擴大視野和影響，並協助他出版了作品第1號，3首鋼琴三重奏。這使貝多芬賺到了急需的名氣與金錢，很快就在音樂之都站穩了腳跟，為繼續向前發展打下了良好的基礎。自1800到1806年，李希諾夫斯基自掏腰包支付貝多芬薪俸，使他能夠免于後顧之憂安心創作。這是貝多芬由初步成功大踏步走向全面成熟的期間，也是他高質豐產的幾年，李希諾夫斯基功莫大焉。貝多芬稱李為"我最忠實的朋友兼藝術贊助人"。在給親朋好友的信裡他寫道："說實話，在我所有的朋友當中，李希諾夫斯基是最真誠的。""我必須告訴你們，李希諾夫斯基一直是，依然是我最溫暖的朋友。我們之間偶爾會有一些小分歧，但這些分歧只會加強我們的友誼。"他在寫給兩個弟弟卡爾（Karl van Beethoven, 1774 – 1815）和約翰（Johann van Beethoven, 1776 – 1848）的《海利根施塔特遺書（The Heiligenstadt Testament）》裡還特別提到了李希諾夫斯基，感謝他對自己的幫助："別了，望你們互愛！我感謝所有的朋友，特別是李希諾夫斯基親王和施密特教授。李希諾夫斯基贈送我的樂器，希望你們倆當中的一個能將它們妥善保存，但不要為之起紛爭。如果能對你們更有幫助，那就賣了它們吧。"（"Farewell and love each other -- I thank all my friends, particularly Prince Lichnowsky's and Professor Schmidt -- I would like the instruments from Prince L. to be preserved by one of you, but not to be the cause of strife between you, and as soon as they can serve you a better purpose, then sell them."）不要賣不要賣，賣什麼也不要賣樂器，即使是唯一的財產，因為它們還有大用處。當初作為一個很不錯的提琴手的李希諾夫斯基為了鼓勵貝多芬寫弦樂四重奏而送給他的這些名貴義大利弦樂器，現都保存在波恩的貝多芬紀念館。貝多芬獨步古今的16首弦樂四重奏，應該就是出自這些"李希諾夫斯基樂器"的琴弦吧。幸運的它們，已經成為那段

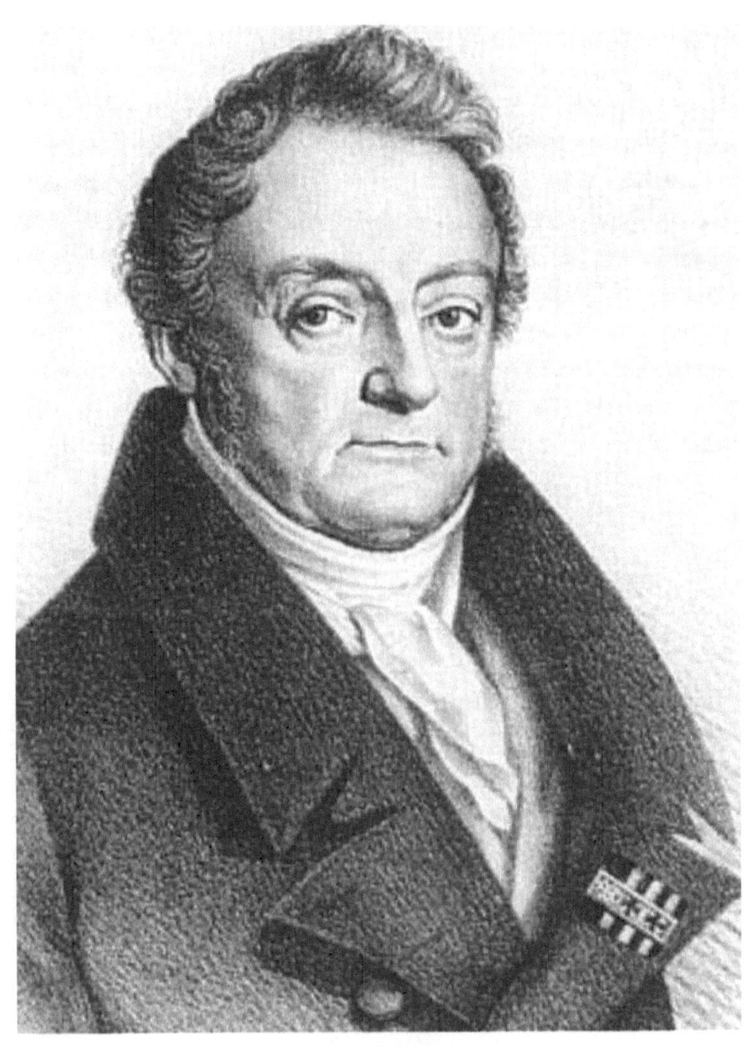

貝多芬早期的朋友兼贊助人華德斯坦伯爵(1762-1823)

不平凡歷史的見證。

後來不幸發生了那個"拒演事件"：貝多芬拒絕為正在李家鄉間別墅作客的法國軍官彈琴助興，而和李希諾夫斯基起了衝突。具體過程大致為：主人提出請求或要求，遭音樂家拒絕。這讓主人有些下不來台，固請；音樂家的倔勁兒也上來了，固辭。雙方話趕話，情況越來越糟，期間還有旁人進來插一腳，局面越發不可收拾，幾乎造成了音樂大師和法國軍人的肢體衝突。音樂家的備戰武器是一把椅子，軍人的是什麼不清楚但不難想象。結局：不顧主人的挽留，貝多芬大怒離去，懷揣《熱情奏鳴曲》手稿，連夜冒雨步行八公里 —— 定是一次刻骨銘心的體驗，投宿小鎮客棧，次日趕回維也納。有驚無險，謝天謝地！如果音樂界一定也要出個普希金、伽羅瓦，哪怕是年輕時和他人動過刀子的巴赫，也千萬不要是貝多芬。要說這事的起因，李確實難逃其咎，後人歸罪於他不無道理：既然你明白貝是個特殊天才，就不該隨意使喚他，不論你對他有多眷顧，施予了多少恩惠，他無論如何不是你的僕人，而是具有獨立人格和自由意志的藝術家。你花在他身上的金錢精力，全都是為文化事業做貢獻，公正的歷史自然會記上你一筆。當然貝多芬的反應或許也有點過度，但完全可以理解。事發時貝多芬發出的那句怒吼流傳至今成了他的名言："你之所以成為一個親王，只是由於你偶然的出身，而我之所以成為貝多芬，完全是靠我自己。你這樣的王公貴族現在有得是，將來也有得是，而貝多芬卻只有我一個！"（"What you are, you are by accident of birth; what I am, I am by myself. There are and will be a thousand princes; there is only one Beethoven."）話說得不錯，可是氣頭上的貝多芬一定沒有想到：在這許許多多的王公貴族當中，像李希諾夫斯基這樣衷心熱愛藝術，慷慨資助貧困藝術家的大好人不說是鳳毛麟角，也是百裡挑一。這是前不久貝多芬自己也承認了的："在他那個社會階層群體裡，李希諾夫斯基確實是一個罕見的例子。"（"He really is -- surely a rare example among persons of his social class -- one of my most faithful friends and promoters of my art."）如果沒有這幾個不常見的好心貴族，世界上這唯一的貝多芬最後能否成為貝多芬，恐怕還不好說。當時李希諾夫斯基確實有將貝多芬當作高級奴僕的意念，這是時代的局限，後人不必苛求。總體而言，他做得已經相當不錯。

此事又牽扯上了政治。作為奧地利大貴族的李希諾夫斯基熱情接待了法國軍官 —— 當然或許他不敢不這樣做，而貝多芬作為一介平民、思想開明人士，為何對法國人如此冷漠甚至仇視呢，連逢場作戲為他們彈彈琴都堅決不肯，為此不惜與自己長期的恩主兼好友決裂。他不是熱

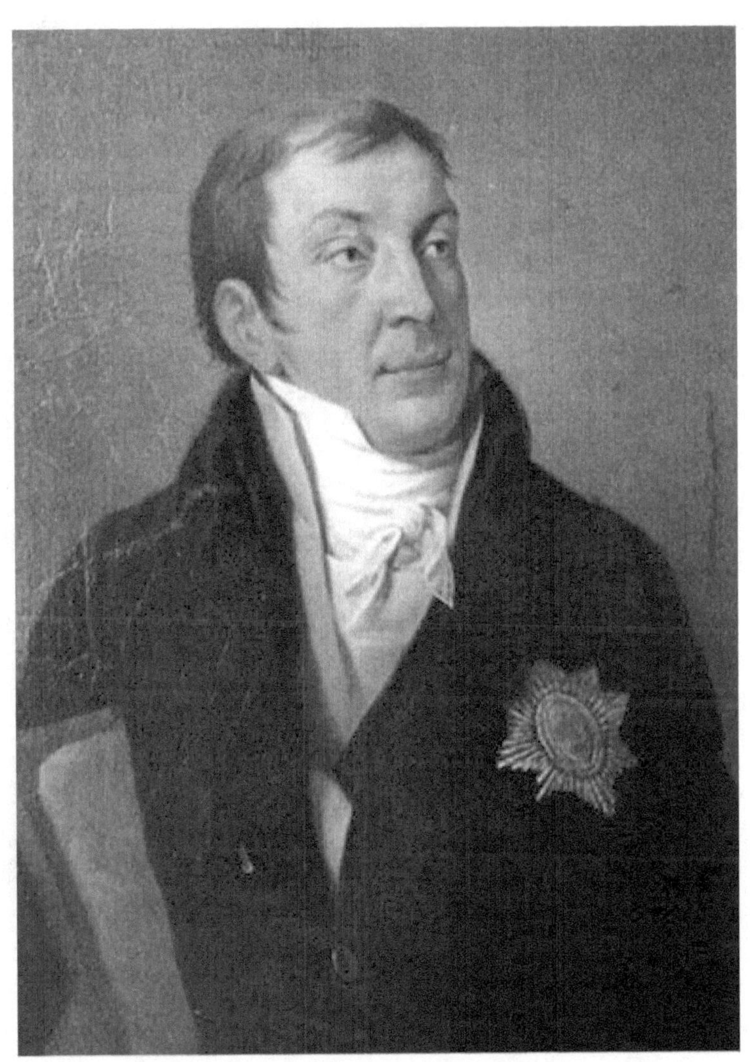

貝多芬中期的朋友兼贊助人李希諾斯基親王(1761-1814)

切嚮往法國大革命的嗎，他不是音樂界的革命家嗎。雖說拿破崙稱了帝，可是革命的成果並未因此而完全失去，《民法典》、《國家憲法》、《人權與公民權宣言》等章典制度還在，自由、平等、博愛等進步思想理念更是深入人心。與歐洲其它古老封建帝國相比，法國人仍舊是革命的代表，法蘭西依然是先進政體的典範。法國大軍在拿破崙的統率下東征西討，並不是為了推行殖民主義，而是為了打破奧、俄等封建王朝的聯合圍剿。所以這不是民族鬥爭，而是階級鬥爭。"拿破崙持續不斷的對外戰爭，掃蕩了歐洲封建勢力，代表和捍衛法國大革命的成果和資產階級的利益，將法國資產階級革命的成果不同程度地傳播到法軍所到之處。"（百度百科）法國軍隊所到之處傳播革命火種，打破舊有封建體制，解放社會低層民眾，等等。所有這些，理應為"穿著散腿褲的激進共和主義者"貝多芬所喜聞樂見。豈止是喜聞樂見，簡直就是夢想成真了呀。況且他的祖先為弗拉芒人（Flamand）人，來自如今位於比利時的弗蘭德（Flanders）地區，族源與荷蘭人大致相同。他的故鄉波恩靠近法國邊界，所以他從小就學習法文，成年後法語流利。日爾曼、德意志等民族國家概念對他而言應該不是特別強烈。可貝多芬為什麼就是不待見這些法國來的"革命軍人"，幾乎視之為洪水猛獸呢？答案只能有一個：他不在乎。他不在乎你法國人是革命還是反革命的代表，他不在乎你法國的政治制度比奧地利、普魯士的更先進還是更落後。此一時彼一時，兩三年前《英雄交響曲》時期的政治狂熱已經退燒，眼下他只在乎他自己，和他的音樂藝術。

兩人關係斷絕後又恢復，卻再也沒能和好如初。李希諾夫斯基盡了很大努力，但這次貝多芬比較記仇 —— 很多類似情形他倒不是這樣，雷陣雨來得快去得也快，與人爭執後主動修好甚至賠禮道歉是家常便飯。即便如此，李希諾夫斯基仍然關愛著他，與魯道夫等一道為他的年薪張羅，雖然自己的家境已是每況愈下。李希諾夫斯基的晚景淒涼，健康欠佳瀕臨破產，卻還有閒情逸致時常去貝多芬的公寓，爬上四層樓，坐在房門外聽他彈琴，以此為莫大的享受。他告訴貝多芬的僕人說，自己能這樣坐在門外聽琴就很滿意了 —— 一個人癡迷上了藝術，就無可救藥了。而愛上了貝多芬這樣的藝術家，就像愛上了一個美麗迷人卻又高傲任性的女人，教人一點沒有辦法。貝多芬從未請他進門，極端藝術家氣質的負作用在此顯現，這豈止是不近人情，簡直就是忘恩負義了 —— 我真希望這個傳聞不是真的，可憐的李希諾夫斯基。貝多芬題獻給李希諾夫斯基夫人克莉斯婷公主（Princess　Christiane）兩部作品，包括《普羅米修士的創造物》，另外還題獻給李希諾夫斯基家族的其他成員多部作品。

他題獻給李希諾夫斯基本人七部作品，包括上面提到的作品1號、《葬禮進行曲奏鳴曲》（Op.26）、《第二交響曲》（Op.36）和他的首部名作《悲愴奏鳴曲》。唉，兩人恩恩怨怨的這段歷史，讀來還真讓人有些悲愴。

完全可以說，貝多芬一生所取得的所有藝術成就，都離不開哈布斯堡王室及上流社會的開明眷顧——完全不似生於貧凡死於窮困的平民作曲家舒伯特，甚至在他公開表達了對法國大革命的代表人物拿破崙的崇敬之情後，作為後者政治上的死對頭，維也納的封建貴族們也寬宏大量地不予計較，對他的厚愛關懷不減分毫。對此貝多芬自然心知肚明，滿懷感激。雖然以他天生的自由氣質和威武不能屈的品行，不可能因此出賣獨立人格，做出違背自己良知和原則的事情，但波恩、維也納金主對其長達數十年的仁慈寬厚，不可能不對貝多芬的政治觀念產生潛移默化的影響，為之投桃報李也完全符合正常的人性。

作為回報，除了作曲外別無長物的貝多芬所能夠做的，一是直接為自己的恩主們譜曲，或為其歌功頌德，或表達自己對他們的感激，及雙方之間的友情；二是將自己的作品題獻給他們。從十二歲時的處女作《選帝侯奏鳴曲》（WoO 47），到開始走向成熟的《葬禮康塔塔》、《加冕康塔塔》，直到晚期的《莊嚴彌撒》（Op.123）、《第九交響曲》等。王公侯門、淑女貴婦的名字貫穿於貝多芬各個時期的作品——其他古典作曲家很少有這種現象，一些已約定俗成成為著名作品篇名，為後人耳熟能詳，如《大公三重奏》（Op.97）、《華德斯坦奏鳴曲》、《拉祖莫夫斯基弦樂四重奏》（Op.59）等。如今，華德斯坦伯爵、李希諾夫斯基親王、魯道夫大公、洛布科維茲王子（Prince Lobkowitz, 1772–1816）、金斯基親王（Prince Kinsky, 1781–1812）、拉祖莫夫斯基伯爵（Count Razumovsky, 1752–1836）、伊斯特霍茲王子（Prince Esterházy, 1765–1833）等名字，已經和貝多芬這個偉大符號密不可分。他們與貝多芬共同譜寫的樂壇佳話，被載入音樂史冊流芳百世。

六

貝多芬題獻給魯道夫大公15部作品，其中Opus作品11件，WoO作品4件，幾乎占其出版物的十分之一。考慮到他的約一半作品沒有題獻人，這個比例就更高。其中名作計有《第4鋼琴協奏曲》（Op.58）、《皇帝鋼琴協奏曲》（Op.73）、《槌子鍵琴奏鳴曲》（Op.106）、《第32鋼琴奏鳴曲》（Op.111）、《大賦格弦樂四重奏》（Op.133）。其它幾部傑作貝多芬是專門為魯道夫所寫：形式別具的《三重協奏曲》（Op.56）、情深誼長的《告別奏鳴曲》（Op.81a）、光輝燦爛的《大公三重奏》和崇高神聖的《莊嚴彌撒》。這是其他任何人——不論你是帝王、貴冑還是美人——做夢也享受不到的榮譽。這位魯道夫何許人也，值得樂聖如此厚愛？瞭解一下貝多芬和魯道夫的相互關係，對於幫助我們把握貝多芬的政治思想脈絡不無益處。

神聖羅馬帝國不戴皇冠的女皇、"歐洲岳母"瑪麗亞·特蕾西亞（Maria Theresa）和丈夫弗蘭茨一世（Franz I）生育有16個子女，其中4位皇子公主和貝多芬有直接或間接聯繫：約瑟夫二世（四子）、利奧波德二世（九子）、瑪麗·安托內特（十五女）、科隆選帝侯馬克西米廉（十六子）。以下二人為利奧波德二世之子：奧地利皇帝弗蘭茨一世（Franz I，長子，暨神聖羅馬帝國皇帝弗蘭茨二世）、魯道夫大公（幼子）。

前面已經談到，貝多芬曾分別為約瑟夫二世、利奧波德二世寫了《葬禮康塔塔》和《加冕康塔塔》。他自十一歲開始到二十二歲為止，整個青少年期一直都在皇弟馬克西米廉的波恩宮廷當差（貝多芬的祖父、父親分別為該宮廷的樂長和樂師），最後被公費派往維也納留學，師從海頓。為了表達對選帝侯多年來給予自己的關懷和栽培的感激之情，貝多芬曾計畫將《第1交響曲》（Op.21）獻給他，可後者偏偏在這時候薨了，作品最後獻給了早期資助人斯維滕男爵（Baron Swieten）。這位斯維滕男爵是哈布斯堡王室的忠實僕人，擔任高級官方職務多年。貝多芬在維也納的三十多年，當朝皇上一直是弗蘭茨一世，所以魯道夫又是一位新皇弟，他也是馬克西米廉的侄兒。馬克西米廉、魯道夫，這兩位皇弟一先一後，對貝多芬的早期成長和中晚期發展影響巨大，可謂恩重如山——貝多芬希望革掉這些恩公的命嗎？

那麼這個瑪麗·安托內特（Marie Antoinette）又是誰呢？她就是那位大名鼎鼎，在法國大革命中同丈夫，法皇路易十六一道被共和政府送上了斷頭臺的法國皇后。革命要砍皇帝和皇后的腦袋，兔死狐悲，歐洲其它古老王朝的帝王們坐不住了，利奧波德二世發誓要為小妹討回公道，可惜出師未捷身先死。太子弗蘭茨一世要為姑媽報仇，自父皇手中接過皇冠的同時也接過了反革命旗幟。魯道夫的階級立場自然是和父兄保持高度一致。拿破崙如日中天時，逼娶了弗蘭茨一世的長女瑪麗·路易莎（Maria Luise）。法國人殺了一個奧地利來的瑪麗皇后，再來搶奪一個奧地利的瑪麗皇后回去，是可忍孰不可忍，弗蘭茨一世舊仇未了，又添新恨，剿滅法蘭西第一帝國成了他的終身理想和職業。此君先後組織、參加過七次反法同盟，屢敗屢戰棄而不舍，最後終於聯合俄國、普魯士和英國，徹底擊敗了拿破崙，扶植波旁王朝在法國復辟。亦可謂有志者事竟成，君主報仇二十年不晚，只要你活得年頭夠長。拿破崙被趕下臺，瑪麗二世逃回奧地利娘家，最後得以善終，總算是沒有步她姑奶奶的後塵。順便談點輕鬆的：這位既可恨又可憐且還有幾分可敬的法國皇后瑪麗•安托內特的初吻，是在她七歲時被六歲的莫札特強行奪去的。後者非但沒有因此受責罰，相反逗得前者那皇帝老娘哈哈大笑。特蕾西亞女皇很喜歡這個音樂神童，親自把他抱置膝上問長問短。這很難得，歐洲歷史上兩位在各自領域裡叱吒風雲的頂尖人物，就這樣完成了他們的零距離接觸。

魯道夫大約在十五歲時（1803年）拜貝多芬為師，學習鋼琴和作曲。貝多芬一生的活動範圍，少說一半囿于貴族圈內，施教過的豪門子弟無數，卻沒有人如魯道夫這般身世顯赫的，當朝皇上的親弟弟，自己身為大公爵。兩人的相遇也是一種緣分，概因皇弟魯道夫想學音樂，自然要找帝國內數一數二的老師，而當時貝多芬才三十出頭，雖說鋼琴、作曲早已躋身一流，但還不是維也納公認的首席音樂家，比他名氣大、資格老的同行不乏其人，三朝元老、宮廷樂長薩列裡（Antonio Salieri，1750-1825，電影《阿瑪迪斯》裡那個害死了莫札特的壞蛋）就是一個。當時早已功成名就的薩列裡不僅是大作曲家，同時還是一位優秀的音樂教育家。貝多芬初到維也納時曾拜他為師，免費學習聲樂創作、詩體學、義大利音樂術語和歌劇作法。有評家認為教學的效果顯著，《哦，負心人》（Op.65）、《初戀》（WoO 92）等早期歌曲皆為成果。據信貝多芬優秀的聲樂三重奏《Tremate,empi,tremate》（Op.116）也是在薩列裡的指導下完成，這是《菲岱裡奧》、《莊嚴彌撒》與《合唱交響曲》中的那些經典重唱曲的起點。說薩列裡出於強烈的妒忌而毒殺了莫札特應該為莫須有。剛剛除去了莫札特，轉身就來教貝多芬，這不是前門拒狼後門進虎麼，十分不合邏輯。但是流言的腿腳是最勤快的，連貝多芬都聽說過，他明確表示此乃無稽之談。或為了表示學生對老師的感謝，或為了傳達同僚間的友誼，更可能是兩者兼而有之，貝多芬將他的前三首《小提琴奏鳴曲》（Op.12）題獻給了薩列裡。身為維也納首座音樂學院——創建於1817年的演唱學院的院長，薩列裡還是比貝多芬小一輩的舒伯特的恩師，單獨給他授課的時間最長，對其影響最大。自然又是基於愛才的免費教學，因為這個天才學生窮得連鋼琴都買不起，需要不時去朋友家"借彈"。薩列裡甚至還教過比舒伯特還小了半輩的李斯特。一師三名徒，僅憑這個了不起的成就或巧合，薩列裡就足以名垂音樂史了。

作為貝多芬的學生，魯道夫不是茶餘飯後的票友，更不是附庸風雅的紈絝。他是真正的音樂發燒友，並且有一定天賦。跟隨老師學習長達二十年之久，直到當上了奧洛摩茨大主教（Archbishop of Olomouc）後仍未停止。有一次他回維也納四周時間，不清楚是度假還是公務，竟提出了一個過份要求，讓已年過半百的貝多芬在這四周裡天天給他上課，每天兩個半到三小時。可能是急於補回失去的時間吧，由此可見他勤勉認真的學習態度。有專家評說魯道夫是貝多芬一生所教過的最具投入精神的學生，這意味著他對音樂的追求比專業音樂家車爾尼、裡斯等更為執著。都知道學習音樂非常艱苦枯燥，需要長期大量的時間精力投入。古往今來，千萬人以音樂為養家糊口的一門職業，喜歡得幹，不喜歡也得幹，哪怕是濫竽充數，因為改行不易。而大貴族魯道夫沒有這樣的問題，他完全可以把音樂當作是業餘消遣，高興了學一些，煩了就扔一邊去。他之所以努力學習音樂，純粹是出於對它的由衷熱愛。依靠自己的長期努力和名師的用心調教，魯道夫成為了哈布斯堡王室有史以來最優秀的音樂家。考慮到音樂在貴族當中的流行程度，這一成就還是有些了不起。

看到一些中文材料質疑魯道夫的音樂能力，說他鋼琴水準很差，諸如"簡直難以想象，他（魯道夫）能將為他而寫的樂曲的某些片段照譜彈下來，如《槌子鍵琴奏鳴曲》的賦格，即使是以他命名的《大公三重奏》的末樂章的艱難部分更是不敢想象他能夠彈奏。"進一步說他之所以能夠成為貝多芬的學生，靠的全是他的皇家身份。此說不知從何而來，孤陋寡聞想當然的成分很大。我迄今所看英文材料，大都肯定魯道夫的學習成績。貝多芬題獻給他的《第4鋼琴協奏曲》和《皇帝鋼琴協奏曲》，他都能夠於公開音樂會上演奏。這可是需要相當高的水準。貝多芬親自為自己的幾部鋼琴協奏曲譜寫了通常是由演奏家即興發揮的高難度華彩段落，據信也是為了魯道夫、裡斯等演奏所用。作曲家自己寫定協奏曲中的華彩段，就是從貝多芬這裡開始的 —— 他還親自為莫札特最優異的《第20鋼琴協奏曲》（K.466）譜寫了華彩樂段（WoO 58）。我猜想貝多芬將他的兩部最為成熟的鋼琴長篇題獻給魯道夫，或許多少也有借助於這位皇弟學生的親自演奏，以更好地推廣作品的用意。要知道那年頭他的不少大作，維也納的聽眾並不買帳。貝多芬的生前身後直至今日，始終面對著一個曲高和寡的問題，誠如貝多芬的崇拜者舒伯特所言："莫札特現已為大家熟知，但真正理解貝多芬的人卻寥寥無幾。要讓大家都熟悉他，恐怕要等到維也納的市民具備了更高尚的精神和更寬廣的胸懷。只有到那時，人們才配領受他的藝術，才能完全明白他的偉大之處。"此說今天依然有效，只需將"維也納"換為"全世界"。除了學習鋼琴，魯道夫還是貝多芬唯一的作曲學生。留下來二十四件正式作品及幾十篇未完成品，體裁多為室內樂，其中的三重奏等不是容易駕馭的樂曲形式。他是當時的流行作曲家，當然這或許多少借助於他顯赫的身份。今天查理斯王子要是能寫幾首歌，保不准能被捧為貓王二世。看看貝多芬對魯道夫的評價："他理解音樂並且十分投入。他很有天份，這讓我感到對不起他，因為不能像過去那樣對他的學業費心。"（"He understands music and is quite absorbed in it. He is so talented that I am sorry not to be able to take as much interest in him as I used to."）

師生二人的確切關係程度，年齡及社會地位的差異給此種關係造成的正負面影響，後人只能從有限的史料中作大致分析和揣測，很難百分之百精准。作為學生，魯道夫崇拜、敬愛貝多芬；作為恩主，魯道夫尊重、眷顧貝多芬，從各個方面甚至包括：1815年貝多芬的長弟卡爾病逝，貝多芬開始與弟媳約翰娜（Johanna van Beethoven, 1786 – 1869）爭奪侄子卡爾（Karl van Beethoven, 1806 – 1856）的監護權，官司打到了民事法庭。無權無勢又沒錢，一介平民寡婦如何能鬥得過當朝皇弟的老師呢，結果也正是這樣，貝多芬贏了官司。傳說法庭背後有魯道夫的身影，當然也只是一個傳說。這個官司曠日持久，一打就是整整四年，搞得貝多芬心力交瘁，嚴重影響了寫作，對於本來根據當時的法律贏面就很大的他，最後結果只能算是個皮魯斯的勝利。如果他真的走了自己皇弟學生的後門，這個後門實在是不夠強硬。事情發生在尚處封建制的奧地利，西方司法由來已久的獨立性，由此可見一斑。除去金錢等資助，學生甚至還在音樂寫作上給了老師以某種特殊而直接的幫助。當時魯道夫以自己的財力，在皇宮裡建立了一個音樂資料庫，力所能及地收集了大量樂譜和書籍，1814年時已收藏有古今825位作曲家的5700件作品。即便在兩百年後出版印刷業高度發達的今天，如此規模的專業圖書館也屬罕見。魯道夫音樂庫對貝多芬敞開大門。不說其它資料，他在那裡尋找自己的舊作都比在他那亂七八糟的家裡還便捷。豐富的信息來源讓貝多芬獲益匪淺，這直接影響了他的後期創作。如此看來，魯道夫不僅充實了貝多芬的口袋，並且還充實了他的腦袋。

魯道夫之於貝多芬，兼具多種身份：一個勤奮的學生，這或許是相對次要的。一個老師如果太高大了，沒人會指望學生超過老師，包括老師自己。對於貝多芬而言，創作是頭等事業，教學充其量是一項副業。一位慷慨的藝術贊助人，李希諾夫斯基之後，魯道夫是貝多芬唯一長期而穩定的收入來源。其他幾位金主如金斯基、洛布科維茲等，由於多種主客觀原因，最後證明都不十分靠得住。長期以往持之以恆作貝多芬堅實經濟後盾的，只有魯道夫一人。一個值得自豪甚至誇耀的上層關係，貝多芬很以有如此尊貴的學生為榮，平時言談之間不時流露出來。除了當年亞裡斯多德做過亞歷山大的老師，古往今來還真沒幾個文化巨匠成為皇家先生。最為難能可貴的是這位年輕大公，教養修行一流，沒有任何皇族傲氣，對老師執弟子禮甚恭，比如在大街上碰到了當眾脫帽致敬，讓自尊心極強的老師感覺甚佳。貝多芬曾將魯道夫比作十字軍時期的英國獅心王查理（King Richard the Lion Heart），而將自己比作查理身邊的隨從，曾解救主人于牢籠的遊吟詩人兼歌手布隆德爾（Blondel de Nesle）。隔著時間長河今天我們可以看到，這個比喻實在不咋地，倒過來用還差不多。最後是一位知音好友。二十年地久天長，二人之間產生了深厚的感情。魯道夫定是一個有著特殊魅力的男人，高貴而和藹，莊重又可親，如同那光輝燦爛的《大公三重奏》第一樂章展現的音樂形象，這是貝多芬為魯道夫的人格氣質所激發的神來之筆，靈感之作。貝多芬的學生莫歇爾斯（Ignaz　Moscheles）評說《大公三重奏》的首演："許多首演的作品其實並不足以稱為'新作'，只有老師的作品，尤其是這一首，永遠令人耳目一新！"瞧這學生，對自己的老師真會撿好聽的說，但又不得不承認他說得一點沒錯。這世界上有一些東西如旭日朝霞銀河星空等確實是萬古常新，其中也包括貝多芬的《大公》。魯道夫像是一個高明的馴獸師，與其恩威並施，莫如以柔克剛，生生將貝多芬這頭桀驁不馴的雄獅給降服了。到最後老師幾乎離不開學生了：

　　1809年春，法軍擊敗奧軍，兵臨維也納城下，魯道夫隨皇室倉皇出逃。貝多芬沒有走，自然不是為了留下來歡迎革命軍，而可能是預計將不會有什麼人身危險吧。當時交戰的雙方都還文明，不搞贏者通吃株連九族那一套。法國佔領軍沒來找奧國皇家音樂教師的麻煩，但貝多芬卻因魯道夫的離去而倍感傷感失落，滿腔心緒付諸音樂，寫下了《告別奏鳴曲》。有別于作者的其它無標題器樂作品，《告別奏鳴曲》是貝多芬唯一以某一親身經歷事件為素材，並附有具體標題及說明文字的樂曲。由此可見此次與魯道夫的離別給他造成的心理衝擊有多大，因為分別時誰也不知道何年何月再能重逢，很有可能就是生離死別。師生被迫分離的直接罪魁禍首就是那個昔日的革命英雄拿破崙，此時的貝多芬對他懷有的恐怕只是怨恨。為樂曲及章節加提示性標題是19世紀浪漫派的通常作法，貝多芬為首創者（之一）。《告別奏鳴曲》三樂章的標題分別為"告別"、"缺席"和"重逢"。樂曲手稿上所附文字：第一樂章："告別，1809年5月4日維也納，離開殿下，可敬的魯道夫大公。"第三樂章："1810年

1月30日，尊敬的親王，魯道夫大公歸來。"第一樂章寫於魯道夫臨別之際，第二樂章寫於分別期間，同時他還為不在城內的魯道夫編寫了《數字低音教材》，對學生的歸來充滿期待。貝多芬寫信給魯道夫說，在您歸來維也納之前，我將不寫這個奏鳴曲的終曲樂章。事實上他說到做到。貝多芬到底是貝多芬，對悲傷痛苦憂愁孤獨等老朋友從來都是來者不拒，你們可以不時來拜訪我，在我身心的殿堂小駐，但謝絕長期安營紮寨，反客為主更是休想。1809年身處被法軍佔領的維也納，他還寫下了那震鑠千古的《皇帝鋼琴協奏曲》。自然，這個皇帝，決非拿破崙，更不是弗蘭茨一世，而是精神之王，貝多芬他本人。

離別九月，一朝重逢。生活重歸正軌，人生還是美好的。魯道夫是上帝給貝多芬派來的守護天使，貝多芬對之越來越珍視。一次貝多芬出了一個主題《Theme "O Hoffnung" for Piano》（WoO 200）作為練習給魯道夫，學生就此寫了一組變奏曲，題贈予老師作為新年禮物。貝多芬收到後喜出望外，寫信向學生致謝："這偉大的變奏曲……我這崇高而尊貴的學生，繆斯的寵兒。你給我帶來了恩愛和驚奇，我不知怎樣用語言和文字來表達我的感謝，因為我比你低下得太多。我要做的是譜寫一首新曲以報答你。願上天垂聽且接受我的禱告，祝願殿下健康。我在此保證，幾天內一定聆聽殿下贈給我的傑作……此致崇高的殿下。深切的愛慕和尊敬來自你最謙遜的僕人路德維希·範·貝多芬。"（"……and to this must be ascribed my not having waited on Y.R.H., nor taken any notice of the masterly variations of my much-honored and illustrious pupil, and favorite of the Muses. The gratitude I feel for the surprise and the honor you have done me, I dare not venture to express either verbally or in writing, for I am too far beneath you, even if I could or wished ever so ardently to return like for like. May Heaven accept and listen with peculiar favor to my prayers for Y.R.H.'s health. In the course of a few days I trust I shall myself hear the masterpiece Y.R.H. has sent to me, and nothing will rejoice me more than to assist Y.R.H. as early as possible, in taking the place already prepared for you on Parnassus."—— Beethoven's letter to the Archduke Rudolph，1819.01.01）一道家庭作業值得老師如此熱情洋溢嗎，誇張得近乎受寵若驚了。這與長期以來人們印象中的狂人貝多芬形象差距不小。管中窺豹，從中我們可以得出兩個事實真相：一是貝多芬是人不是神，雖然思維超前行為狂放，但決非不食人間煙火，該面對現實放下身段時並不拒絕這樣做，也常常有庸俗謙卑的時候。二是貝多芬和魯道夫的關係非同一般，老師確實是真心感激、喜愛這個特殊學生，師生關係極其親密，相互之間如魚得水。

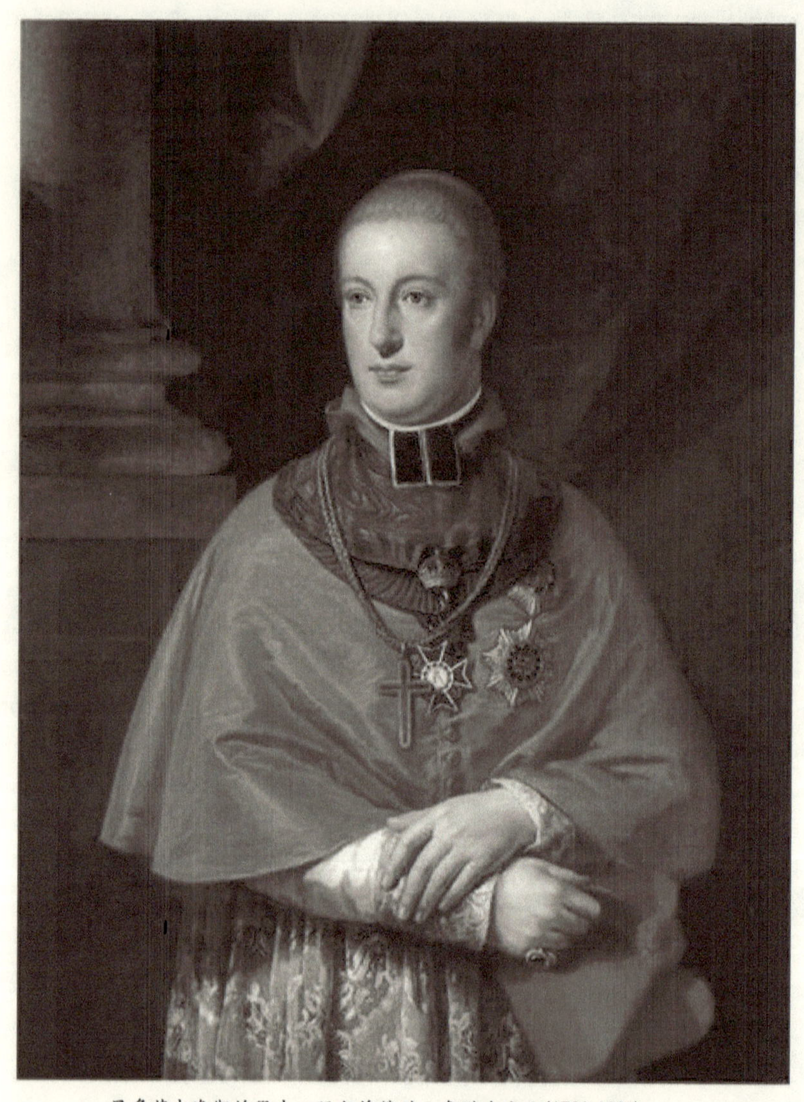

貝多芬中晚期的學生，朋友兼贊助人魯道夫大公(1788-1831)

　　貝多芬有一首不為人知的小曲名為《"Ich bin der Herr von zu"（I am the man for you）》（WoO 199），大意為"我是你的人"。這次不是寫給哪個美麗的女人，而是寫給魯道夫的。雖歸類為調侃笑話，卻也反映出貝多芬的真實心境。其實同性戀關係之外，絲毫不捲入性意識，男人也是可以喜愛男人的。此類喜愛近乎一種兄弟、父子般的親情。這對師生之間的關係，最後就達到了此種境地。英語有一個單詞叫"Bromance"（中文直譯為"兄弟羅曼斯"，有些詞不達意），準確地定義了此種男人之間不涉及"性"的親密深厚情誼。這裡還有一個動人的傳說：貝多芬在他生命的最後幾年，耳朵已經接近全聾，與人交流需要用紙筆，但他居然可以通過他那個最小號的，也即擴音效果最差的喇叭狀助聽器，聽見魯道夫那輕細的聲音。真可謂心有靈犀一點通了。

　　貝多芬對魯道夫持有的，除了親屬感，還包含一種帝王情節。除去上述獅心王比喻，他甚至走得更遠。結構宏大、技法艱深的《槌子鍵琴奏鳴曲》，被人譽為古今絕無僅有的大型鋼琴曲，是貝多芬渡過中年低潮期，進而向成果輝煌的晚期創作進軍的轉捩點。寫作此曲時，他同時還醞釀著為魯道夫的命名日寫一首合唱曲。他在同一本草稿簿上記下了兩首樂曲的構思，奏鳴曲與合唱曲的主題動機竟然是相同的，也即後來《槌子鍵琴奏鳴曲》起始段那道如同英雄號角聲的雄壯旋律。兩首樂曲各含同一句解說文字 ——"魯道夫萬歲（Long live Rudolph）！"情深誼長加崇敬忠誠，溢於言表力透紙背。

　　貝多芬於1827年去世後，魯道夫將當時奧德新聞界對他的眾多讚美詞及訃告等，全部認真地親筆抄寫下來，作為最後的哀思與紀念。他還完整地保存著老師多年來寫給他的近百封信件。又過了四年，自小體弱多病的魯道夫就追隨著貝多芬去了，年僅四十三歲。

七

　　18、19世紀兩百年，乃西方古典音樂空前絕後的全盛期，大師巨匠接踵而至相繼亮相，你方唱罷我登場，各領風騷數十年。以他們各具特色的精品傑作，在人類文明史上留下了燦爛輝煌的不朽印記。粗略而論，歐洲音樂於此期間的總體發展脈絡，近似一個漢語的"山"字形狀。此山左峰為18世紀上半葉以巴赫、亨德爾、維瓦爾第為翹楚的巴羅克流派，右峰為19世紀下半葉以勃拉姆斯、瓦格納和柴可夫斯基為領軍人物的後浪漫派，而中峰則是18、19世紀之交前後，以海頓、莫札特、貝多芬、舒伯特等為旗幟標杆的古典、浪漫派。所謂左右難分仲伯，中路異峰突起。

貝多芬生前個人的事業軌跡，以當時維也納的社會輿論評判，竟也是一個"山"形。左峰為1805年左右，他以《熱情奏鳴曲》、《英雄交響曲》等不論在思想內容上，還是在技術形式上皆堪稱開拓創新的革命性作品，正式被公認為莫札特、海頓的繼承人，且青出於藍勝於藍。右峰為1824年舉辦的那場以《合唱交響曲》為主，《莊嚴彌撒》為輔的音樂會（57音樂會）的巨大成功。它向世人展現了作者思想性音樂所達到的又一嶄新境界，強化了貝多芬作為當代歐洲首席音樂家的地位。那麼中峰呢？貝多芬事業的如日中天發生在哪裡？它發生在1814-1815年"維也納會議"期間，貝多芬作為一位"反法"、"反革命"音樂家，攀上了他藝術生涯世俗成功的珠穆朗瑪峰。

1814年3月，俄國、奧地利、普魯士反法聯軍攻陷巴黎，拿破崙宣佈無條件投降，隨即被流放到地中海厄爾巴島 ── 不以牙還牙，得勝的封建帝王們堪稱仁慈，比走極端革命路線的雅各賓強許多，除去屠夫沙皇亞力山大一世（Alexander I of Russia）。法蘭西第一帝國滅亡，波旁王朝復辟。消息傳來，奧地利舉國歡騰，多年來重重壓在頭頂上的大山終於被推翻了。奧國宮廷劇院管理層匆忙拼湊了一部題為《喜訊》的歌唱劇以茲慶祝。劇本即歌詞作者為資深劇作家特萊什克（Georg Treitschke），音樂由多位著名作曲家連袂譜寫，貝多芬作為頭號種子選手，被委託寫壓軸大合唱，曲名《日爾曼之歌》（WoO 94）。作品完成後，貝多芬寫信向魯道夫表忠："《日爾曼之歌》屬於對我們的事業持認同感的整個世界，並且她第一屬於你，正如我的全身心屬於你。順祝你巴勒莫之旅愉快！高貴的殿下忠誠而最順從的，貝多芬（"Your Imperial Highness! The song "Germania" belongs to the whole world who sympathize with the subject, and to you beyond all others, just as I myself am wholly yours. I wish you a good journey to Palermo. Your imperial highness's faithful and most obedient, Beethoven." ── Beethoven's letter to the Archduke Rudolph, 1814.04）來看歌詞："日爾曼，日爾曼，如今你輝煌地屹立！""弗蘭茨皇帝，勝利，讚美他！日爾曼萬歲！"

接下來"維也納會議（Congress of Vienna）"隆重召開，歐洲各國帝王將相、達官貴人雲集維也納，規劃歐洲未來的政治生態：劃分各國版圖，重整封建秩序，復辟拿破崙戰爭時期被推翻的西班牙、葡萄牙、義大利、荷蘭等王朝，防止法蘭西共和派東山再起等。議程鬆散的大會自

1814年秋一直開到了1815年夏，時間長達9、10個月，創下了人類有史以來持續時間最長國際會議的記錄，並保持至今。冗長拖拉不一定就意味著枯燥乏味，會議主辦者很有商業頭腦，會議期間大張旗鼓地慶祝戰勝拿破崙，五花八門的活動安排得豐富多彩，宴會、晚會、舞會、音樂會、運動會、教會儀式等層出不窮密集上演。鶯歌燕舞花天酒地，折騰得一眾來賓樂不思蜀，直把他鄉當故鄉。也是銷金一鍋子，維也納不提供免費的午餐，精明的奧地利人不幹倒貼錢以換取太平盛世萬國來朝空名氣的蠢事，會後許多貴族發現自己的財富大大縮水，甚至已經淪為貧民 —— 如今流行的發會議財想必也是古為今用。西湖瘦了東湖肥，有人變窮的同時必然有人變富。會議為文藝工作者們提供了一個千載難逢大展身手的舞臺，東道主音樂大師貝多芬恭逢其盛，音樂國王舍我其誰，順理成章成了萬眾矚目的主角。數月之間，在各國的皇帝皇后、王公貴族、政治家、外交家及維也納市民面前出盡了風頭，個人聲望登峰造極。

先是恭迎各國貴賓，貝多芬受命寫了首合唱曲《你等英明的建國者》（WoO 95），然後是應景創作，舉辦個人音樂會，忙得不亦樂乎。那麼，貝多芬拿出了什麼作品來款待他尊貴的賓客們，從而達到了他人生的頂點呢？除去與政治不直接沾邊，相對抽象中性的《第七交響曲》（Op.92）和《第八交響曲》（Op.93）外，幾乎全都是以歌功頌德為主旋律的愛國反法作品：《威靈頓的勝利》（Op.91）、《慶祝奧皇命名日序曲》（Op.115）、《光榮的時刻康塔塔》（Op.136）、《日爾曼之歌》（WoO 94）、《大功告成》（WoO 97），外加那個假革命真保皇的歌劇《菲岱裡奧》。其中最受當時愛國情緒空前高漲觀眾歡迎的，是那首在維也納會議之前就已風靡一時的《威靈頓的勝利》，接二連三上演，倍受大眾稱讚。當然新近改編過的《菲岱裡奧》也不遑多讓。

這些產生於1814-1815年的“會議作品”中，《日爾曼之歌》、《你等英明的建國者》、《大功告成》的篇幅都不大，牛刀小試，可謂時事性作品，最後都被歸於WoO系列，可見作者時過境遷後認識到了它們藝術品質上的嚴重不足。《慶祝奧皇命名日序曲》完成得稍晚，雖然擠進了Opus系列，至今也屬於被遺忘作品。幾首曲子確實都比較虛浮簡陋，但個人以為純樸中自有一股雄渾之氣的《大功告成》仍值得一聽。此曲為《喜訊》劇作者特萊什克為慶祝1815年滑鐵盧戰役後，反法聯軍再次攻佔巴黎，再次放逐拿破崙去大西洋聖赫勒拿島所作的另部歌唱劇《凱旋門》的終劇合唱。特萊什克同時也是使《菲岱裡奧》起死回生的改編者。這幾年貝多芬與他工作配合得十分愉快，思想上的志同道合不能不說是主要原因。為《菲岱裡奧》的改編工作，貝多芬寫信向特萊什克致謝：“如果不是你的費心，把一切都修改得這樣完滿 ── 為此我將永遠感激你 ── 我簡直沒有勇氣做我這份工作。但是，你憑你的工作，把一條已經擱淺的壞船，打撈起了一些好部件。”（“Had you not taken so much trouble with it and revised everything so satisfactorily, for which I shall ever be grateful to you, I would hardly bring myself to do my share -- but by your work you have salvaged a few good bits of a ship that was wrecked and stranded.”──Beethoven's letter to Georg Treitschke，1814 Spring）

《光榮的時刻（The Glorious Moment）》康塔塔乃是受維也納市政府委託所作。不同於上面幾首不足掛齒的“小曲”，此次貝多芬的創作態度應該是相當認真的。源自教會儀式的日爾曼康塔塔和清唱劇本身就是一種正式嚴肅的音樂形式，貝多芬不輕易動用，此時距他上一部同類型作品《基督在橄欖山上》已經過去了十年。共有六個樂章，演出時間長達45分鐘的《光榮的時刻》為貝多芬本年度唯一的長篇作品。天賜良機大展身手，他沒有理由不予以重視。當然這次他寫得很快，一個月內就完成了這部就長度而言堪稱大作的樂曲。對比80分鐘的《莊嚴彌撒》他寫了整整4年，這個速度可謂驚人。但卻不是絕無僅有，50分鐘的《基督在橄欖山上》他也是兩周就完成初稿，40分鐘的《大公三重奏》花了三周。靈感來了貝多芬也能寫得很快，所以不能僅憑寫作速度來評判作曲家的寫作態度與作品品質。

1814年11月29日，是貝多芬一生除生死日外，個人意義最為重大的一天 ── 以當時而非歷史的眼光看：在維也納霍夫堡皇宮燈火通明、金碧輝煌的大雷德滕薩爾廳，他親自主持指揮了一場個人音樂會 ── 1129音樂會，其盛大隆重無與倫比，場面之大百年不遇。皇族貴冑，冠蓋雲集，前來參加維也納會議的各國君主盡數蒞臨，其中最引人注目的當推聯手戰勝了拿破崙的歐洲大陸三巨頭之中的兩位：俄國沙皇亞力山大一世、普魯士國王威廉三世（Frederick William III of Prussia），及一眾皇后王子公主等。東道主奧地利皇帝弗蘭茨一世不知何故缺席，由皇后瑪麗亞·露多維卡（Maria Ludovika of Austria-Este）代表。其他來賓無外乎各國的王公望族、顯貴名流，如奧國外交大臣梅特涅、普魯士外交家兼學者洪堡等。音樂升級為國際重大慶典的中心，而音樂家被推崇為此中心的主角，這是音樂界近乎改朝換代的巨變。不要說一生低調的巴赫、半紅不紫的莫札特，這是連當年深受皇恩的亨德爾都沒有享受過的殊榮，因為他的高級觀眾最多只有英國王室。而眼下，全歐洲的上流社會彙集一堂聆聽貝多芬。史無前列，莫此為甚。音樂會的節目單為：《第七交響曲》、《威靈頓的勝利》和《光榮的時刻》。

　　《第七交響曲》旋律鮮明、結構簡約、篇幅適中。因其總體歡樂明亮的特質，被形容為"舞蹈交響曲"，瓦格納稱之為"舞蹈的神化"，貝多芬自己稱之為"我可憐的才華所創作出的最歡樂的作品"。屬雅俗共賞之作，比《英雄交響曲》、《命運交響曲》較易欣賞，特別好在男女咸宜——《英雄》《命運》對於女性而言過於博大暴烈，或曰"雄性"，是典型的男人音樂。女人若要由衷欣賞，非得具備若干天生的男性氣質不成，這實在有些難為人。《第七交響曲》自1813年12月8日（128音樂會）首演後廣受歡迎，就此成為十年後《合唱交響曲》問世前，貝多芬最為普及的交響曲。

　　《威靈頓的勝利》也於128音樂會上隆重推出，樂曲別出心裁地在音樂中加入了大量的模擬槍炮聲，舞臺效果驚人。作品內容又是緊跟當前形勢，於是轟動一時大獲成功。一年來身陷愛國熱潮中的維也納觀眾怎麼也聽它不夠，有一種聽一遍這曲子就狠狠地揍了拿破崙一頓的感覺。它推動作者的名聲更上一層樓，也使得貝多芬一時幾乎淪為流行作曲家。《威靈頓的勝利》是貝多芬功利上的最大勝利，後來卻被認定是他藝術上的最大敗筆。其實他創作此曲的主要動機還是基於政治熱情，雖然其中也不乏追求短期功利的目的 —— 1814年會議作品的出籠大體都是這樣。如今我聽《威靈頓的勝利》，感覺它像是一部上世紀五六十年代出品的戰爭影片插曲。個人以為拋開政治不談，此曲在藝術上並非一無是處，最大價值在其創新實踐，它應該是最早的場景音樂或交響音畫，對即將興起的浪漫派音樂不無啟迪作用。近70年後柴可夫斯基同樣描寫拿破崙戰爭的《1812序曲》，明顯地有《威靈頓的勝利》的影子在裡面，雖然做到了青出於藍。貝多芬日後承認《威靈頓的勝利》很"粗陋"，自己"做了一件蠢事（Wellington's Victory was a piece of folly）"。但請注意：這裡他的自我批評指的是音樂藝術，而非政治立場。對於任何一部1814會議作品，貝多芬在有生之年從來沒有為之懺悔，也算是堅持反革命立場到底了。

　　1129音樂會上唯一的首演曲目為《光榮的時刻康塔塔》，此曲本來正是為本音樂會而作，是今晚當仁不讓的主角。康塔塔以一句激動人心的"歐羅巴站起來了！"起始，立即攫住了在場所有人的耳膜。隨著音樂的逐漸深入，貴賓觀眾們反應熱烈，陣陣整齊劃一的掌聲中沒有絲毫雜音。當樂曲行進至高潮，男女聲部齊聲高唱出"天佑吾王"時，台下的帝王將相、王子公主、豪門貴冑、騎士淑女們群情激揚，男人們扯去威嚴持重的面具，女士們放下矜持端莊的身段，一起爆發出山呼海嘯的掌聲、歡呼聲，台下的滾滾音波洪水般湧上台去，淹沒了正在進行中的歌唱。就這樣，18141129這個不眠的夜晚，在全歐洲封建統治階層的高聲喝彩聲中，貝多芬大功告成。

《光榮的時刻》的歌詞由前軍醫兼業餘詩人韋森巴赫（Alois Weissenbach）所撰，因缺乏文采獲得一致惡評。據說貝多芬開始也曾嘗試著自己作詞，結果還不如軍醫詩人的上得了檯面。後人多次改寫、重寫此曲歌詞，使之盡可能地與大作曲家的音樂合拍相配。至於《光榮的時刻》更為重要的音樂部分，後世評價毀譽參半。有人說它做作、平庸、浮誇空洞，是作者繼《威靈頓的勝利》之後的又一大敗筆。也有人抱寬容態度，認為既然為"應景之作"，就不能要求過高。這就好比我們熟悉的命題作文，自然會有諸多條條框框，難以自由任意發揮，作者這是在"戴著腳鐐跳舞"，應該說是圓滿地完成了任務。為寫此文，我在網上找到了兩三個版本的《光榮的時刻》，兩三周來聽了不下三十遍。最後得出個人結論：基於人們對貝多芬的高期望值，此曲難稱傑作，但也決非敗筆，它可以說是一部優秀作品。我這樣反反復複聽竟然也沒聽厭，甚至有種越聽越有味的感覺，簡單明瞭地證明了這個論斷。一首樂曲能否經得起多遍過耳，是品質檢驗的標準之一。莊嚴與歡樂有機地結合為一體是這部康塔塔的總體風格，貝多芬那獨具的英武、深沉氣質於樂曲中也多有表現。技術處理上也不乏亮點，比如第三樂章由單一小提琴伴奏的女高音詠歎調加合唱，似乎是《莊嚴彌撒》那絕妙第四部中《降福經（Benedictus）》的練筆。第六樂章加入了女孩童聲合唱，清新歡快、稚拙可愛，是想表現普天同慶吧，貝氏音樂中少見，也讓人有種新鮮感。

《光榮的時刻》曇花一現，於1814年末維也納會議期間連演三場後，就此銷聲匿跡。貝多芬對此結果是既不滿意又不甘心。成功上演後的次年，他將作品賣給了維也納斯坦納（S. A. Steiner）出版社。斯坦納花了錢，卻莫明其妙沒有出版它，作者於是又聯繫到了英國的所羅門（Salomon）出版社，不幸也沒有好運氣。一稿多投或許不是問題所在，貝多芬經常這麼幹，因為那時候的版權法還很不完善。接下來的幾年，他又多次試圖在個人音樂會上重演這部作品，使之起死回生。直到1825年，他甚至還考慮為《光榮的時刻》加寫一個序曲。最後這些計畫或想法都不了了之，無疾而終。貝多芬晚年對當年的這部應景之作仍難以忘懷，與其說是對它藝術價值的自我肯定，莫如說是對昔日無限風光的一種傷感懷舊。可歎歲月如梭人生無常，良辰美景難再了。1837年《光榮的時刻》最終得以出版，此時距貝多芬去世已整整十年過去。光陰荏苒，風雲變遷，200個春夏秋冬又輪轉過去，時至今日，貝多芬的三部康塔塔成了他最為冷僻的長篇作品：《葬禮康塔塔》、《加冕康塔塔》和《光榮的時刻康塔塔》。

貝多芬終其一生，不計短期出國巡演，包括《菲岱裡奧》在內，總共在維也納舉辦過大約六十余場面向社會公眾，而非貴族沙龍的個人音樂會，平均一年兩場不到。個人音樂會的數目是衡量一位職業音樂家生前事業成功程度的重要標誌之一。托維也納會議的福，1814年是貝多芬空前絕後的豐收年，12個月內頻繁舉辦個人音樂會，數目達到了創記錄的十六場（非個人專場的《喜訊》等不計）。以下為統計數字：

1月2日：《第七交響曲》、《威靈頓的勝利》

2月27日：《第七交響曲》、《第八交響曲》、《威靈頓的勝利》

3月25日：《威靈頓的勝利》、《哀格蒙特》

4月、5月、6月：《日爾曼之歌》（《喜訊》）

5月23日、5月26日：《菲岱裡奧》

6月2日、6月4日、6月7日、6月21日：《菲岱裡奧》

7月18日：《菲岱裡奧》

9月26日：《菲岱裡奧》

10月4日、10月9日：《菲岱裡奧》

11月29日：《第七交響曲》、《光榮的時刻》、《威靈頓的勝利》

12月2日、12月25日：《第七交響曲》、《光榮的時刻》、《威靈頓的勝利》

從中可以看到，《菲岱裡奧》於1814年上演曲目中獨佔鰲頭，共上演十場。一部歌劇在一座城市裡的一年當中如此密集上演，有史以來罕見，要知道19世紀初維也納的城市總人口數僅為三十萬左右。這也從側面為本文第四節的作品分析及主題論證提供了令人信服的佐證，即：貝多芬的"政治歌劇"《菲岱裡奧》實際上是一部保皇作品，不然它怎麼可能在保守派大行其道的維也納會議期間，不惟獲當局恩准上演，並且被上流社會及中產階層公眾如癡如醉追捧。

在這狂熱的1814年，貝多芬迅速成名，成鼎鼎大名，聲譽廣播全歐洲。正如多年後他驕傲地對申德勒所說的：那年頭，他聽任王公貴族們的追逐。與名俱來的，是經濟上的大翻身，一年當中錢財滾滾而來，比他一生中其它任何時候賺得都多，比如1129音樂會後，俄國皇后伊莉莎白•阿列克謝耶芙娜（Tsarina Elisabeta Alexejewna）個人就獎賞給他200達克特（ducat）金幣，大約相當於今天的3萬美元 —— 這是那年代一位音樂家的天價出場費了。當然對於現代的傑克遜、麥當娜等人而言，這

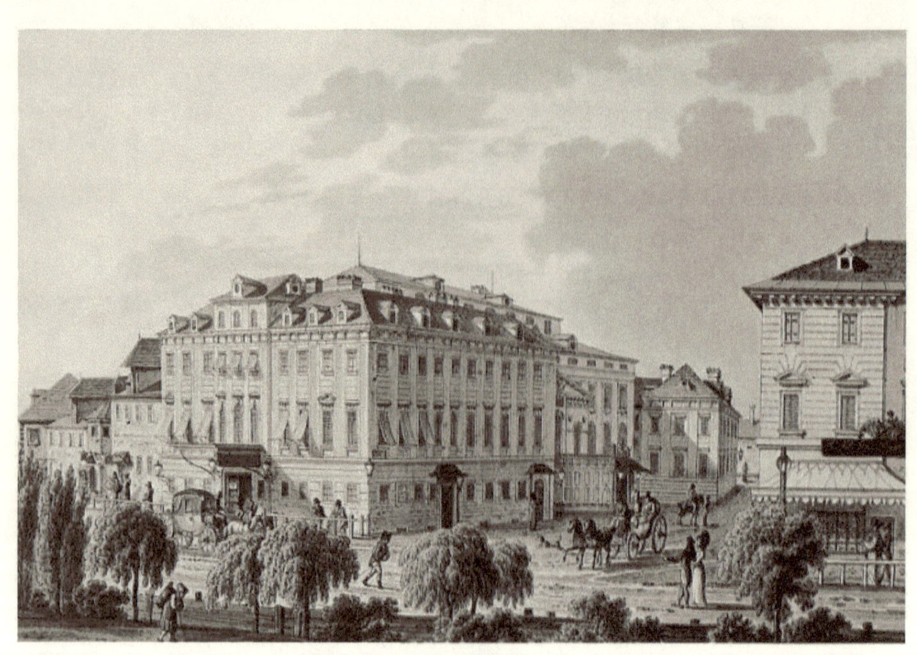

維也納劇院(Theatre an der Wien)

還遠遠不夠唱一首歌的酬勞。人類歷史從來都是不公正的。威廉三世不知道是屬行節儉還是天性吝嗇，只給了他區區十個金幣。後世學者用"很富有"來形容他此時的經濟狀況。為表彰貝多芬對本地做出的巨大貢獻，維也納市政府於1815年授予他"榮譽市民"稱號。這"榮譽市民"不僅是一個級別甚高的官賜名號，並且還十分有利可圖，獲此殊榮者終生免稅。這意味著貝多芬從此再也不用交官稅，他所掙的每一塊錢，100分屬於他自己。大紅大紫，名利雙收，這就是貝多芬一生事業如日中天的頂峰。與之相比，十年前《英雄交響曲》等構成的左峰影響基本上只局限於專業圈及上流社會，十年後《合唱交響曲》形成的右峰更像是一種迴光返照。

綜上所述，縱觀貝多芬的一生，按照他的後世神像製造商們自己制訂的政審標準，他的"革命"作品十分有限，只有絕無僅有的一部創作中期開始時的《英雄交響曲》，而他的所謂"反革命"作品卻數以倍計有目共睹，在當時尤其影響巨大，特別是那風靡一時的1814年。貝多芬以其政治性極強的諸多"反革命"作品和相應行為揚名天下，這讓他的神像製造商們情何以堪啊。於是乎，在眾多貝多芬的評介文章裡，對於讓當事人自我感覺極佳的這段光榮歷史，或輕描淡寫一筆帶過，或裝聾作啞諱莫如深，總之是不願或不敢直視面對，在鐵一般的歷史事實面前選擇性地失明。這本不足為奇，對於自命的"革命者"，尤其是那些當了家作了主的"革命家"而言，他們口口聲聲的所謂"實事求是"，與他們張口閉口的"革命"口號一樣，從來都只是欺世盜權的工具，而非自身行為的準則。指望他們尊重歷史事實，無異於期待黑社會遵紀守法，怎麼可能。

八

17世紀末至今，"革命"一詞在世界範圍內長盛不衰，家喻戶曉婦儒皆知，始終是一個社會時髦字眼，為各種政治勢力所利用，其概念內涵逐漸被扭曲混淆。特別是在近、現代中國，"革命"口號而非實際行動早已淪為黨派之爭的工具，成為迫害對立面以達成個人或利益集團營私目的的武器，和愚弄教唆、控制驅使無知民眾最有效的迷魂藥。誰自稱"革命"誰就佔據了道德至高點，順我者"革命"，逆我者"反革命"。張口閉口"革命"，為的是革掉他人的命，抬高自己的命；只要揮舞著"革命"這塊最好使的擋箭牌兼遮羞布，就可以立於不敗之地，進而為所欲為橫行天下。那些口口聲聲為人們服務的自命"革命家"，本質上全都是逆歷史潮流而動的反動派。"革命"一詞早已黑白顛倒是非不分。經過幾代人耳提面命，謊話重複千遍就是真理的反復洗腦，人們的思維被污染鈣化，變得和三歲小孩一般幼稚愚昧：一聽是"革命者"必定是大好人，"反革命"一定是大壞蛋。至於由何人來決定誰為"革命"誰為"反革命"，沒有統一的客觀標準，由殺人的槍桿子加騙人的筆桿子說了算。歷經了無數"革命"悲劇，至今竟仍然很少有人意識到："革命"決非追求正義嚮往真理的代名字，"反革命"也不是逆歷史潮流而動的同義語。長期以往，"革命"已淪為人間罪惡的淵藪，"革命家"墮落為"政治騙子"的同義詞。

按字面定義，"革命有廣義和狹義之分。從廣義上講，革命指推動事物發生根本變革，引起事物從舊質變為新質的飛躍。從狹義上講，革命主要是指社會革命和政治革命。"（百度百科）推動社會變革，有循序漸進式，有暴力巨變式，目的一致殊途同歸，兩者皆可稱"革命"，只是具體實施的手段不同。問題是在馬列理論那裡，拒不承認自上而下的改良主義為一種革命方式，而只認同鼓吹自下而上的暴力革命。按照此種標準，貝多芬不僅不是什麼革命家，相反是一個十足的反動派。作為一個啟蒙主義者，貝多芬在他不同時期的言行及作品裡，表現出了他那並非是不可調和的思想上的矛盾。一方面，早期的貝多芬對於封建制落後於共和制這一在當時尚屬前衛的政治觀有著某種理解認同，拒絕因為自己是帝王將相的座上客、受惠人而自動加入維護這個體制的保皇黨，心甘情願為法國大革命發出自己的幾聲吶喊歡呼。於是就有了《英雄交響曲》。

但另一方面，隨著思想認知的不斷成熟深化，中晚期的貝多芬應該注意並理解到：神聖羅馬帝國、奧地利帝國和普魯士王國雖然實行的是封建制，但政治上並非鐵板一塊暗無天日，統治者也不是荒淫無道潛頑不化，一面壓榨魚肉百姓無所不用其極，一面對草民實行高壓血腥手段的獨裁暴君。他們也都在順應時代潮流，在風起雲湧的啟蒙運動的影響下，不斷進行著具有進步意義的政治改良，站在主觀約束己身，客觀造福民眾的立場上來進行文明統治。"開明專制"已成為歐洲那時期流行的政治時尚用語，先後幾代帝王皆屬明君。先看神聖羅馬帝國：瑪麗亞•特蕾莎女皇為廢除農奴制做好了準備，減少農民的勞役地租。她的繼承人約瑟夫二世廢除了農奴制，剝奪天主教會的世俗權力。利奧波德二世廢除了酷刑拷問和死刑，平衡稅收弱化教會力量。即便是那位以保守著稱的奧皇弗蘭茨一世，在維也納會議後也順天應時，著手制定了先進政體所必備的國家憲法。

再來看普魯士：神武英明的腓特烈大帝（腓特烈二世，Friedrich II）名義上是一個封建國王，實際上更像是一位共和總統。他自稱"國家第一公僕”，信奉“人人平等”也即“天賦人權”公理，而且言行一致身體力行。他實行內政改革，消減賦稅救濟貧困，提倡宗教寬容，促興科學文化。建立廉潔高效的公務員制度，使普魯士成為歐洲首個開放有限新聞自由的國家。他實行教育改革，興建了數以百計的學校，使普魯士成為人類歷史上第一個普及全民義務教育的國家。他實行律法改革，公佈憲法草案，廢除刑訊逼供，推行司法獨立。允許國民通過上書或求見的方式向國王求助。1777年他寫道：“我很不高興，那些在柏林吃上官司的窮人，處境是如此艱難。還有他們動輒就會被拘捕，比如來自東普魯士的雅各•特雷赫，他因為一單訴訟而要在柏林逗留，警察就將他逮捕了。後來我讓警察釋放了他。我想清楚地告訴你們，在我的眼中，一個窮困的農民和一個最顯赫的公爵或一個最有錢的貴族沒有絲毫高低之別。法律面前人人平等！”（腓特烈二世致司法部長的信）順便說一句，作為一位偉大的政治家、軍事家和政治軍事理論作家，古今罕有的全才腓特烈大帝多才多藝且德才兼備，他竟還是一位具有相當水準的業餘音樂家，吹得一口好長笛，並且還能作曲。將他的長笛協奏曲、奏鳴曲等混在莫札特、海頓的作品堆裡，幾能以假亂真。進入19世紀，腓特烈•威廉三世放手讓公民參與政治，實行地方自治，改組中央政府機構，給予工商業自由，改革全民義務教育制度。國王提出了這樣的口號：“大學是科學工作者無所不包的廣闊天地，科學無禁區，科學無權威，科學自由！”

君主們既然如此開明，前途遠非漆黑一團，那麼，英國式的君主立憲制就不失為一個可行的政治改革選項。像法國大革命那樣街壘戰三天兩頭爆發，斷頭臺日以繼夜工作，順我者昌逆我者亡的暴民運動，不應該是改變歷史進程的唯一方式。這或許就是貝多芬保皇意識形態的理論基礎。於是就有了《菲岱裡奧》。

1814年維也納會議的積極成果，是歐洲各大國之間的勢力平衡得以長期維繫，直至半個多世紀後的普法戰爭（1870）前，歐洲大陸無戰事，長久和平相對穩定，為各國的科技發展與工業革命創造了一個良好的人文環境，開啟了一個保守中改革的新舊秩序交替的時代。而重演拿破崙戰爭那樣席捲整個歐洲的多國混戰，則要到距維也納會議整整一個世紀後的1914年，第一次世界大戰爆發。會議的負面歷史作用：各王朝在竭力鞏固維持封建體系的同時，壓制自由民主思潮，限制呼聲漸高的民眾權利，共和、議會制進程就此受阻延遲。在這種政治大環境下，以追求人性自由為己任的藝術家無疑會感到某種精神壓抑，貝多芬自然也不例外。

他開始抨擊時政，或者確切地說，他開始發牢騷。抨擊時政是一種正式行為，通常以文章、講演、繪畫或音樂等文化宣傳形式來進行和完成。而發牢騷則比較隨意，與人私底下談談天說說話就可以了，場合不限，以沙龍、酒吧、茶樓等消閒場合居多。貝多芬沒有寫過任何音樂或文字來表達對時下政局的不滿，連嘗試也沒有，所以他的言行不構成抨擊時政，而只能算是發牢騷。他的政治牢騷大多發洩在小酒館 —— 不清楚那裡的四周牆壁上有沒有張貼著"莫談國事（或國是）"的警告條幅，不顧朋友們的好心勸阻，罵皇帝、罵大公爵（想當然不是魯道夫）、罵部長們，嗓門兒又特別大 —— 別忘了他是個聾子，直嚇得滿座皆驚。至於罵的具體內容，可惜流傳下來的不多，但可以想象，大多政治方向正確、道德立場正義。按時下的流行說法，屬於正能量。

罵皇帝，反了不成。貝多芬竟膽敢在帝國首都的公共場所肆無忌憚，發出如此不和諧之音，其後果將是什麼？聽上去有十足的理由為他擔心。1820年秋一位不萊梅的業餘音樂家訪問維也納時，對此有所記載："警察局清楚地知道這些事，但是由他去了，原因或許是把他當成了一個幻想家，或許是出於對一代音樂大師的尊敬。"總之是沒找他的任何麻煩。原來如此，作為維也納"榮譽市民"的貝多芬不僅免於納稅，還免於因言獲罪，特權著實不小。看來維也納會議後封建王朝復辟的所謂"黑暗時期"，反動當局的白色恐怖也不過如此。梅特涅首相的秘密警察還是蠻通情達理的嘛。倘若換個社會大環境，比如20世紀任何一個無產階級專政國家，才不管你是什麼勞什子大師呢，宰你沒商量。你發牢騷就是妄議中央，妄議中央就是尋釁滋事，尋釁滋事就是犯上作亂大逆不道，那麼擺在你面前的命運只有兩個：一個是被殺，另一個是被逼自殺，沒有第三種選擇。

我以為衡量一個知識份子是否不僅具有堅實的人文關懷及正義感，並且具備超前敏銳的社會存在視野的最簡單方式，是看他對其所處時代、社會的政治體制與總體人類活動，是否採取一種相對批判的態度，不論他是活在文明度如何先進的國家，比如今天的美國。這種批判具有兩個主導傾向，一為徹底否定式，一為促進改良式，根據具體社會環境而定。一個隻會為當局唱讚歌的知識份子，不是人文精神萎縮不振，就是政治敏感度麻木不仁。原因很簡單，人類社會發展至今，從來沒有完美理想化的制度和人。你如果能夠做到走在現今社會的前頭，就可以盡可能地脫離自身的局限，以一種歷史性的回顧結合前瞻的目光，洞悉眼下現實社會的黑暗和落後，與現代人的愚昧及短淺。

具體到貝多芬，他是不是這樣一個既不乏天然正義感，又具有後天練就的敏感政治視覺的知識份子呢？我認為他部分是，但並不完美 ——

古往今來，又有哪一個人在政治上是完美的呢。每當看到社會陰暗面，尤其是由制度造成的少數人壓迫多數人的邪惡現象時，不平則鳴，於是發出自己應有的聲音。像他這類人，不會對任何一種政治制度和社會存在永遠唱讚歌。假如他當初移民去了法蘭西，哪怕拿破崙始終沒有稱帝，法國大革命順風順水，貝多芬會長年累月一部接一部地寫他的《英雄交響曲》嗎？答案不言而喻。

貝多芬在維也納的小酒館裡罵皇帝、罵政府，表達了他作為一個知識人的基本良知，與對先進的自由民主社會的嚮往。接下來一個問題油然而生：貝多芬這種異於維也納會議期間所作所為的"反帝反封建"言行，是否說明了他意識形態上的幡然悔悟"改邪歸正"，開始棄保皇，擁革命了呢？

九

答案為否。縱觀貝多芬的一生，大體而言，感情的他始終對帝王們抱有某種好感、幻想和期待，雖然理智的他對後者也時有抨擊與批判。因為社會地位的巨大差異，他不能像和眾多貴族那樣與帝王們建立起如魚得水的直接關係，但幾十年間兩者之間的多次良性互動，一清二楚地揭示了貝多芬對於帝王們的階級立場及情感態度。

自十一歲至二十二歲，貝多芬在波恩的科隆選帝侯宮廷聽差任職，十餘年間歷經兩屆君主，馬克西米廉•腓特烈（Maximilian Fried-rich，1708-1784）、馬克西米廉•法蘭西斯（Maximilian Franz）。兩個馬克西米廉對他都很不錯，嚴正而寬厚的前者發現了他的音樂天賦並予以鼓勵和資助，開明慈善、熱愛音樂的後者更是對他恩惠有加多年。貝多芬十一歲時寫出習作 《以戴斯勒先生一首進行曲為主題的羽管鍵琴變奏曲》（WoO 63），1783年十二歲時出版了他的正式處女作，三首大鍵琴奏鳴曲，獻給自己的首位贊助人腓特烈選帝侯，因此被後人命名為《選帝侯奏鳴曲》（WoO 47）。如今只在貝多芬發燒友當中小有名氣，而不為圈外人所聞的《選帝侯奏鳴曲》雖不無值得稱道之處，對於一個十歲出頭的少年而言亦屬不易，卻仍舊是稚嫩有餘成熟不足，完全無法匹敵音樂神童，之前的莫札特和之後的孟德爾松同齡時的作品。作為千年不遇的音樂天才，人類歷史上屈指可數的以其早熟才華讓人不得不相信有上帝和天堂存在的神童之一，莫札特五歲開始作曲，十二歲時已經是五十多篇作品的擁有者，其中包括十首交響曲、四首鋼琴協奏曲、兩部彌撒和一部半歌劇。孟德爾松十二歲時的代表作是篇幅長大、結構複雜，且頗有深度、風格初露的《鋼琴五重奏》（Op.1）。所以如果說這三首小曲展現了少年貝多芬的才華，預示了他輝煌的未來，多少有些事後諸葛亮的味道。年幼的貝多芬不指望事後諸葛亮，而需要事前伯樂來發掘他的沉睡天賦。兩位開明的選帝侯給了他一些物質上的好處，為他創造了不少學習機會，但這些幫助對於他的成材遠遠不夠。身處總人口還不到一萬的小城波恩，如果錯過了那短短幾年至為關鍵的學齡期，天才有可能就此變為庸才。受幸運女神眷顧的貝多芬，還真的及時遇到了他的首位，同時也是最重要的一位伯樂——奈弗（Gottlob Neefe, 1748 – 1798）。

作為當時的國家級音樂家兼人文學者、前輩大師巴赫的徒孫，奈弗為師貝多芬長達十年，十至二十歲學習音樂的黃金階段，這個不是神童的可造之才的音樂老師兼人生導師可謂所得其人。老師對這個學生鍾愛有加，但頗為嚴厲，他指導他學習巴赫被譽為"鋼琴舊約聖經"的《十二平均律鍵盤曲集》（BWV.846-893）等經典文獻，貝多芬堅實的鋼琴基礎就此打造成型，最終成為有史以來最偉大的鋼琴演奏家兼作曲家。更為可貴的是，奈弗不僅僅教貝多芬彈琴作曲，更潛移默化、言傳身教他安身立命、為人處世和藝術追求的原則和道理。要論貝多芬一生中對其思想成長影響最大者，非奈弗莫屬。《選帝侯奏鳴曲》問世的同年，奈弗投書漢堡的權威《音樂雜誌》，介紹當時波恩包括自己在內的十一位音樂家，他花了最大篇幅在十二歲的貝多芬身上，對其褒揚有加："貝多芬……是個前途無量的天才。他鋼琴彈得特別純熟、有力，能很熟練地隨看隨奏樂譜……這個年輕天才需要資助以擴展經歷。如果他能持之以恆的話，一定會成為莫札特第二。"兩百多年來，有關貝多芬的評介文字車載斗量，而此次是他的名字首度出現在音樂刊物上。十二歲的貝多芬與十二歲的莫札特本不在一個水準線上，但慧眼獨具的奈弗竟將二人相提並論。他似乎從這稚氣未脫的《選帝侯奏鳴曲》裡面，已經聽到了未來幾十年內將橫空出世的"鋼琴新約聖經"——貝多芬三十二首鋼琴奏鳴曲了。可惜他沒有真正聽到，可能連一首都沒聽到。奈弗於1798年去世，此時的貝多芬已經取得了維也納年輕音樂家的領袖地位。貝多芬離開波恩後寫信給奈弗說道："我感謝您。您常常教誨我，如何使我的神聖藝術得以進步。如果我有朝一日能成為一個偉人，我的成功中有您的一份。"（The Berlin Musikzeitung recorded in 1793 the following words about Neefe by Beethoven which are not otherwise preserved in any other docu-

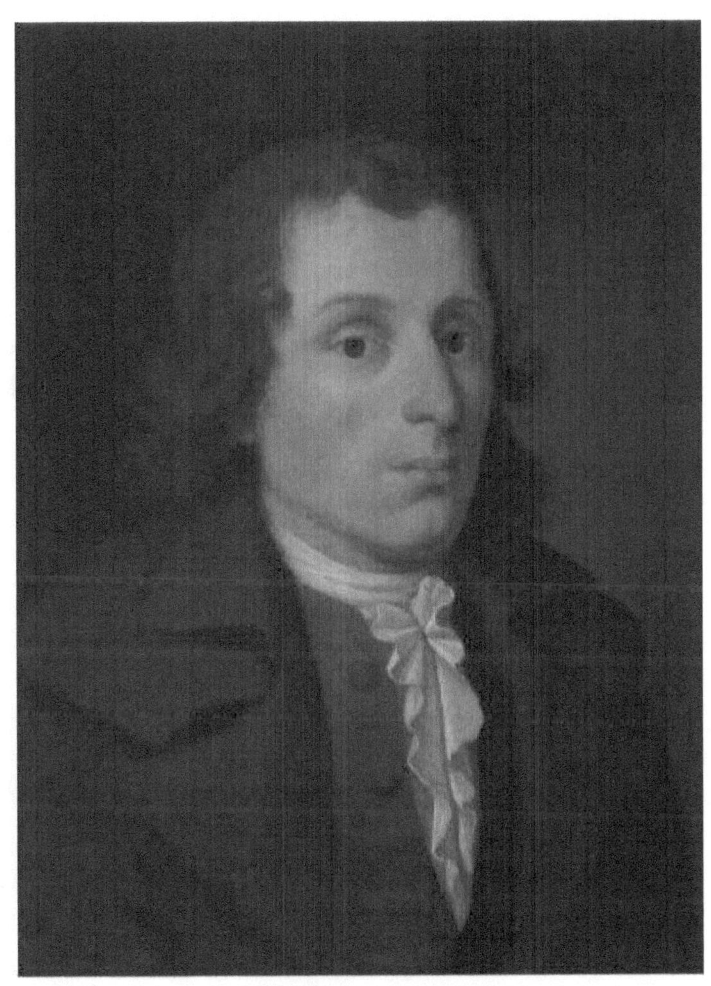

貝多芬少年時期的老師奈弗(1748-1798)

ment:"I thank you for your advice which you very often gave me in the course of my progress in my divine art. If I someday become a great man, you have had your share in it.")貝多芬與奈弗共同譜寫了一曲樂壇佳話，但留下來一個令人稍感遺憾的結果：不知出於什麼原因，貝多芬沒有一首樂曲題贈恩師奈弗。

選帝侯算是准帝王，等級比國王低一級，如春秋時的一方諸侯，齊桓公、宋襄公什麼的。此時的神聖羅馬帝國正好也有七個選帝侯，東方的戰國七雄兩千年後無獨有偶了。法蘭西斯之後，貝多芬二十五歲時首次近距離接觸了一位大牌國王 —— 普魯士的腓特烈•威廉二世（Friedrich Wilhelm II）。1796年，為了幫助年輕的音樂家擴大影響開闊眼界，李斯諾斯基出資為貝多芬安排了首次 —— 可惜也是他一生中唯一的一次 —— 巡迴演出，並且親自陪同隨行。他們走訪了波西米亞及德語北部地方，旅程所及布拉格、德累斯頓、萊比錫和柏林（同年晚些時候還去了普雷斯堡、布達佩斯等地），與幾年前莫札特和他的贊助人李斯諾斯基走過的巡演路線完全相同。

在普魯士的首都柏林，如他的前輩海頓、莫札特做過的那樣，貝多芬向熱衷文藝、本人為業餘大提琴手的威廉二世獻上了自己的新作，兩首於旅途中趕寫出來的《大提琴與鋼琴奏鳴曲》（Op.5），並且於宮廷音樂會上與御用樂師、大提琴家杜伯特（Jean-Louis Duport）合作，為國王演奏了這兩首樂曲。海頓、莫札特向威廉二世獻上的是大提琴演奏份量被特意加強了的弦樂四重奏，而貝多芬則更進一步，直接請大提琴來唱主角。這是貝多芬被後人譽為"大提琴新約聖經"的五首大提琴奏鳴曲中的前兩首（巴赫《大提琴組曲，BWV.1007-1012》為"舊約聖經"）。後世音樂史家對其評價很高，因為它們增進了大提琴的表現力，首創大提琴奏鳴曲這一曲式，在大提琴發展史上具有革命性的意義。

作品是革命性的，作曲家的行為卻有點"反革命"的味道：宮廷音樂會上，貝多芬還演奏了他的另一首新作《G大調大提琴與鋼琴12變奏曲》（WoO 45）。既然尊貴的主人是一位大提琴票友，客人就投其所好，專門奉獻大提琴曲。此曲變奏的主題取自亨德爾的清唱劇《馬卡布的猶大》（HWV63）第三幕58曲合唱《看啊，征服的英雄來啦》，所以也有稱之為《馬卡布的猶大變奏曲》。這是亨德爾十分普及的一段旋律，為眾多愛樂者耳熟能詳，雖然不一定都知道具體出處。初到維也納的貝多芬為練習作曲，多以前輩作曲家的某些名作主題為藍本，試寫不同形式的變奏曲。時過境遷，成熟後的他變奏技巧爐火純青，天下無雙，自然不把這些早期的練習曲當回事了，它們大多沒有資格進入正式作品集。這首《馬卡布的猶大變奏曲》卻是這些變奏習作中的佼佼者，一部大提琴精品。樂曲既含有海頓老爹的雍容典雅，又相容了作者自身情思奔放的特質，或悠然、或歡快、或憂傷，一道簡單的旋律竟變化出許多精妙來。作品雖名列WoO系列，卻是道熱門產品，從卡薩爾斯到杜普蕾再到馬友友，現代大提琴名家幾乎皆有演奏錄音。

作品本身沒有一點問題，問題出在作品演出的場合、時機和服務對象：宮廷音樂會上，當著一位以瓜分他國（波蘭等）擴張領土，並無情鎮壓佔領國民族起義的國王的面讚頌"征服的英雄"，寓意豈止是不言而喻，幾乎就是赤裸裸了——蕭邦如果知道了這段史實，會對貝多芬持什麼態度。此乃那時代音樂家們慣用的高雅奉承，業餘文藝家威廉二世如何不明白，於是龍顏大悅，當即賞賜給年輕音樂家一個金制鼻煙壺，裡面還盛滿了金幣。對此慷慨御賜，貝多芬雖然還不至於感激涕零，但至少是引以為榮，回去不無自豪和得意地向朋友誇耀：這可不是一般的鼻煙壺哦，它通常是國王贈予外國大使們的禮品。其實音樂家如貝多芬、莫札特等都是天國降臨人間的美的使者，一般外交使節哪能與之相比。從這點看，作為一國之君的威廉二世還算識人，倒是貝多芬自己缺乏足夠的底氣與自信，當然他那時還很年輕。

威廉二世其人，既是一位熱情的文藝君主，又是一個保守的封建帝王，算得上是一名反革命急先鋒，與神聖羅馬帝國的利奧波德二世志同道合，同為歐洲最堅決對抗法國大革命的舊體制當權者。1791年威廉二世與利奧波德二世共同發表皮爾尼茨宣言，宣稱要以武力對抗法國革命，以捍衛其君主制。次年二人締結首次反法同盟，這是接下來二十年內七次反法聯盟的當頭炮。1796年法國大革命正進行得如火如荼，處於所謂督政府時期，革命黨與保皇黨針鋒相對寸步不讓，明爭暗鬥得不亦樂乎。而就在這時刻，"革命音樂家"貝多芬正身著燕尾服——而非革命黨人的標誌性服裝散腿褲，在普魯士的王宮裡與反革命國王互贈禮品，相見甚歡。

原計劃六周，結果花了五個月，巡演大獲成功，名利雙收，我們年輕的作曲家志得意滿，凱旋維也納。1796或許是除了1814，貝多芬事業上最為春風得意的一年，自然又是以世俗的眼光來看。但貝多芬的歡樂，命中註定不可以長久，不然窮而後工定理如何能在他身上完美地演繹及證明。一片不期而至的烏雲，將滿天的盎然春意驅散得一乾二淨：這一年，他那雙偉大的耳朵首現病徵。

十

　　人間帝王終究也要上天堂或者下地獄，且走第二條道路的居多。威廉二世在與貝多芬見面的次年薨去，但二人的緣分卻沒有就此終結。事情發生在十多年後的1810年左右，並非空穴來風，維也納坊間流傳著一個令人震驚的奇聞：我們的音樂大師貝多芬原來是一個私生子，他的親生父親是某位普魯士國王。這位父王不是威廉二世，就是威廉二世的叔叔腓特烈大帝。三人成虎原理放之四海而皆準，在東西方都大有市場。謠言止於智者不假，問題是愚人永遠比智者多得多。漸漸地，這則奇談被傳成了事實，伴隨著貝多芬的名字反復出現在各類百科全書、音樂辭典和期刊中，最後流傳至大半個歐洲，音樂愛好者幾乎無人不曉了。

　　事實真相不難鑒別，只需對歷史環境稍加分析：即使是封建制，西方人實行起來也比東方人更人性化，不興贏者通吃更接近動物世界的那一套。比如從古羅馬的凱撒到近代的拿破崙，不論是信奉基督教、多神教還是無神教，西方帝王皆嚴格實行一夫一妻制，不要說三宮六院千萬嬪妃，就是三房四妾都是妄想。像晉武帝那樣強娶豪奪兩萬個大小老婆的壯舉，在歐洲這塊土地上是天方夜譚。英王亨利八世的妻子創記錄地多，總共才區區六位，且是先後分別迎娶，非同時侍奉。拿破崙想要逼娶奧皇弗蘭茨的女兒路易莎公主，首先要和他的原配妻子約瑟芬離婚。當然西方帝王們不都是柳下惠，一夫一妻制不妨礙他們行使享受平民百姓也同樣擁有的權利 —— 婚外戀，但這種或非法或不道德的男女關係畢竟受制於多種因素，比如以風流倜儻聞名於世的法國太陽王路易十四，情婦也不過十來個而已，與東方的權勢、富貴男人相比實在是寒酸之極。威廉二世算是個花花公子，一生有情婦數名，並與她們多有生育，但貝多芬的母親卻不可能為其中的一個。

　　貝多芬之母瑪麗婭-瑪格達勒娜·凱維利希 (Maria Magdalena Keverich，1746-1787) 生於科布倫茨 (Koblenz)，是埃倫布賴特施泰因的特里爾選帝侯 (Elector of Trier at Ehrenbreitstein) 廚房總管的女兒。科布倫茨距波恩僅八十餘公里，水路更近，這是她與貝多芬的父親約翰 (Johann van Beethoven，1739 or 1740-1792) 相識進而結合的天時地利。同等的社會階層為人和，約翰在一次訪問著名的古城堡埃倫布賴特施泰因時，在一家小客棧或小酒館邂逅了瑪麗婭-瑪格達勒娜，這最後被證明是人類歷史上兩個平民男女青年的一次偉大相會。而柏林則遠在600公里之外，與波恩分屬不同的諸侯國。沒有記錄顯示威廉二世曾來過波恩，或者瑪麗婭-瑪格達勒娜去過柏林。除去宏觀年代，二人生命的時空軌跡不存在任何交匯點。至於指說腓特烈大帝則更是荒誕無稽。這位尚武國王倒是東征西討，距離或許不是問題，問題是他本人對女人的興趣缺缺，包括自己的伊莉莎白王后（Queen Elisabeth Christine）在內，連洞房花燭夜都拒絕和美麗的新娘圓房。他建造的那座將藝術情調與自然景觀渾為一體的"無憂宮"，因為始終不設女主人，且從來不允許任何女人入住，被人譏為"無婦宮"。按通常情理分析，腓特烈不是性無能就是有斷袖之嫌，這與古希臘英武神勇的亞歷山大大帝遙相呼應惺惺相惜。憎惡他的人以此嘲笑損毀他的人身，愛戴他的人則想方設法為其辯護。其實個體的生理問題或性取向不是當事人的罪錯，在局外人看來也沒啥不好，失之東隅收之桑榆，免疫於強烈情欲的困擾，正好將時間精力用於更有意義的事業，以證明蓬勃旺盛的力比多並非是成就偉大的必要條件。大帝終身不近女色的結果是沒有後嗣，最後不得不讓自己的侄子威廉二世繼承了王位。一生血脈無存的腓特烈，怎麼可能在自己五八高齡時，又憑空多出來貝多芬這麼個私生子。

所以這明擺著是一個可信度為零的蹩腳謠言，憑空捏造沒有事實依據。造謠者的動機不詳，或是要借此抹黑音樂大師，或是相反想給他臉上貼金。後者的可能性似乎更大，像是出自一個不可救藥追星族的手筆，好心辦壞事，沒特別惡意，倒也不足為奇。奇的是身處謠言旋渦中心的唯一主角對此事的反應：敏感多疑、性情暴烈，從來都是人若犯我我必犯人的貝多芬，此次竟一反常態地沒有被激怒，不僅沒發怒，而且處變不驚風平浪靜，對於這個事關父母人格名譽的謠傳，態度出人意料地曖昧。包括侄子、學生在內的許多親朋好友的反響則正相反，他們義憤填膺，多年來反復催促他採取行動，以公開發表聲明等方式闢謠，為自己和父母雙親正名。他們說："這樣的事情必須更正，因為你（貝多芬）不必借助國王來增添榮耀。與之相反，倒是真的。"眾多帝王將相、豪門貴族借著貝多芬名揚後世，這是兩個世紀以來歷史的證明，但在當時能如此想，敢這麼說，還是很有幾分了不起的先見之明。可皇帝不急急死太監，當事人仍舊按兵不動，不僅自己不動，還不准他人輕舉妄動。這種消極態度幾乎激怒了一些親友，比如和他有幾十年友誼，波恩時代的老友魏格勒指責他"對此事漠不關心"。一拖十幾年，直到臨去世的前幾個月，貝多芬才在給魏格勒的信中間接否認了這個謊言，並批准後者去做澄清事實破除謠言的工作："我願意把向世人昭示我的雙親之正直，特別是我母親的高潔的責任留給你。"

貝多芬對此事的態度及行為，即使不是有意為之或人為的冷漠，也是一種不應有的遲鈍。這在當時無形中造成了對他早已死去父母的名譽損害。那麼他的父母是什麼樣的人呢？他與他們的情感、關係又如何？

瑪麗婭-瑪格達勒娜秀外惠中，性情沉穩而堅強，鄰居描述她為"一個聰慧的女人，談吐得體、禮貌，對無論高低貴賤的人，都不卑不亢。正因為如此，她深受大家的喜歡和尊重"。但她卻是一個不幸的女人：十九歲嫁給約翰時，已經是一個死去了首任丈夫和頭生子的寡婦 —— 她若不改嫁當然就不會有貝多芬，這首先要感謝約翰愛情至上，不在乎娶一介寡婦；其次要慶倖再嫁女的前夫早逝。這樣說很有些殘酷，一個無辜年輕男人的死最後被證明是人類史上的一件大喜事，歷史時常詭異而有趣。再婚後的二十年裡瑪麗婭-瑪格達勒娜七次生育，病逝的前一年還在生孩子，但只有貝多芬三兄弟活到了成年 —— 這倒不是貧窮的結果，那年代即便皇室的嬰孩死亡率也是驚人得高，多少金枝玉葉都早早地香消玉殞。事實上，在這段歷史性婚姻的大多數年月裡，這個家庭的總體狀況其實還不錯 —— 至少在經濟上。與許多大膽假設粗心求證的傳記作者的研究，及海量以訛傳訛的通俗讀物的描寫正相反，貝多芬並非生長於貧苦環境，貝家最起碼也是中產階級，小康一族。他們祖孫三代先後凡六十年（1733-1792）在科隆選帝侯宮廷做全職中高級白領工作，很多年是父子 —— 爺爺和爸爸或者爸爸和兒子 —— 同時任職。小貝多芬從十三歲起就開始掙工資了，工作性質其實是半工半讀，既可掙錢又能學習，對他的專業發展大有助益。祖父老路德維希身為高薪宮廷樂長，除了專長音樂，還頗具商業頭腦，業餘時間經營釀酒、放貸、房屋出租等多種生意 —— 他本出身于小商人家庭，父兄皆為成功的職業商人，而他因自小生有一副好嗓子，先是參加天主教會唱詩班，然後學習管風琴，然後成為教堂合唱團指揮，一帆風順，最後竟走上了專業音樂道路。如果他跟從父兄從商的話，就不可能千里迢迢去波恩結婚生子，結果是妻子、兒子、孫子全都要換人，貝多芬其人根本就不會降生及存在了 ——所以這又是陰差陽錯的一奇。一個歷史性奇才偉人的出現，原來竟是由多種命運機緣的巧合碰撞造就。祖父過世後留給兒孫一筆不薄的遺產，雖然不能管他們一輩子，也可保數年衣食無憂。約翰本人一輩子從未失過業，即便在晚年因酗酒而被雇主勒令退休後，也有固定的養老金收入。至少在貝多芬青少年期之前，他是一個基本稱職的丈夫和父親，雖然嗜好杯中物，但還有所節制。他曾身兼數職努力掙錢，且工資盡數上交，妻子是家中的財政大臣兼內務部長，夫妻倆內外分工，配合得十分默契。貝家小日子過得絕對不差。

想要瞭解貝多芬兒童少年時的物質生活狀況，最簡便的辦法是來看看

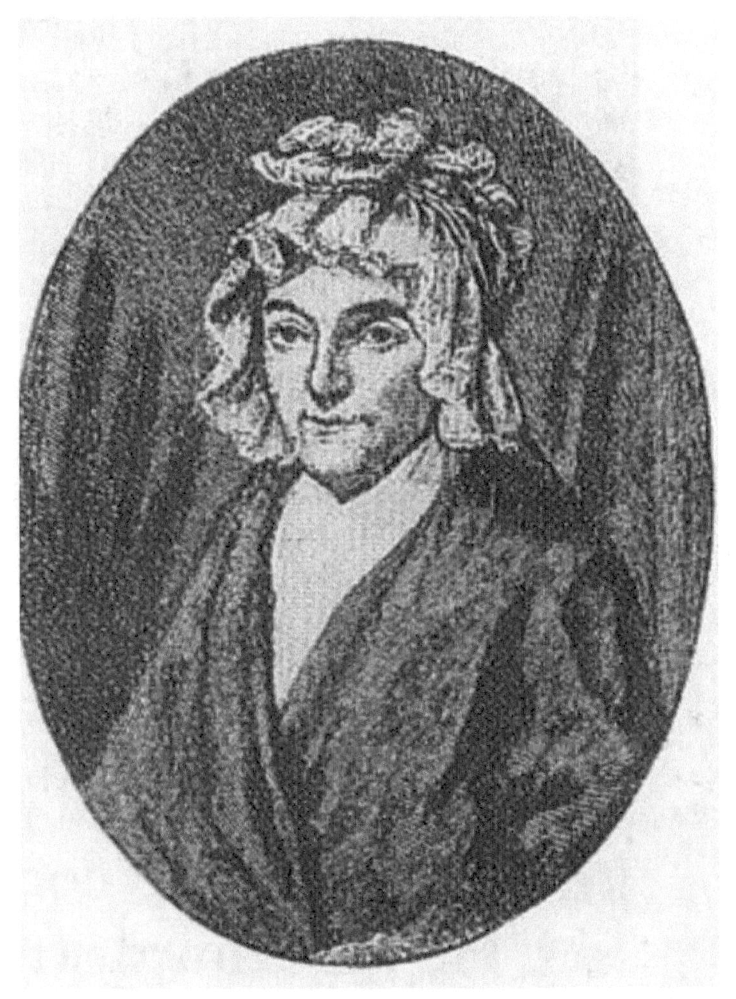

貝多芬的母親瑪利亞-瑪格達勒娜•凱維利希(1746-1787)

貝家的住房情況。在任何國家的任何時代，住房是僅次於衣食的最直接的經濟衡量標準。後人難以考察小貝多芬當年吃、穿如何，但較容易通過文字記載，瞭解到他住得怎樣。以下是約翰夫婦二十年的婚姻裡，貝家于波恩的住房一覽表（若干年份不一定精准，不含兩三個臨時住處）：

1767年-1774年：波恩胡同515號（515 Bonngasse）。約翰、瑪麗亞·瑪德萊娜於1767年婚後不久遷入。這是一套帶閣樓及地下室的兩層聯排公寓，所謂"鎮屋（townhouse）"，為典型的中產階級住房，面積對於小夫妻兩口來說足夠寬敞了。1770年12月16日，貝多芬降生在這座房子的閣樓。此事費解：為何要把他生在這前後透風，寒冷而低矮的閣樓，而不是在那溫暖的二層主臥室裡？唯一的解釋或許是：頂層閣樓更接近天空。

1774年-1775年或1776年：三角廣場7號（或8號，7/8 Dreieckplatz）。研究學者稱這是一棟"上等房屋"。可以理解：祖父剛剛去世，父親繼承了一筆遺產，想要改善一下全家人的生活。此處距大教堂廣場（Munsterplatz）不遠，七十年後，廣場上聳立起貝多芬青銅立像。

1776年-1785年：萊茵胡同934號（934 Rheingasse）。街區一般，但房子寬敞而舒適，還有僕人房間。貝家一住九年多，貝多芬在這裡度過了他的童年和少年時光。房東為麵包師費希爾（Fischer），故此房又名"費希爾之家（Fischer House）"。長壽的費希爾姐弟塞西莉亞（Cacilia）和戈特弗裡德（Gottfried）於1838年寫了一本回憶錄《費希爾手稿（Fischer Manuscript）》，盡可能詳盡地記載了他們作為房東和鄰居，對貝家人事的所見所聞和瞭解認識。這是一部有關貝氏家族及早期貝多芬的珍貴文獻，雖然由於年代久遠，作者受教育的程度又低，本回憶錄的內容不可能十分地準確無誤。另部很有價值的同類型作品為魏格勒與裡斯合著的《自傳筆記（The Biographical Notes）》。裡斯的父親（Franz Ries）是位小提琴家，早年在波恩給貝多芬上過課。

1785年-1792年（？）：溫策爾胡同462號（462 Wenzelgasse）。這是一座地區及房子俱佳的獨立屋，貝家租用面積不詳，似乎也有僕人或管家房間。直至一百多年後的1928年，還有貝多芬的崇拜者為此屋作畫留念，見證了房子的高質堅固。好房子沒有帶來好運氣，貝多芬的雙親先後於這座他們最後的住房辭世。這裡也是貝多芬在波恩最後的家。

200年光陰算不上滄海桑田，卻也是世事變遷。歷經上世紀兩次世界大戰，古老的波恩劫後餘生，幸運地未遭重創。當年克萊門斯·奧古斯特（Clemens August）選帝侯 —— 他和貝多芬家族也頗有淵源 —— 興建的眾多標誌性巴羅克建築仍完整無缺，而上述幾處貝多芬故居卻多已蕩然無存。只有他的出生地波恩胡同515號（現為20號），先是躲過被推倒拆除的命運，再于二戰空襲中落在貝多芬出生閣樓屋頂上的盟軍燃燒彈下倖存，最後奇跡般被保全下來，幾經修葺後被辟為"貝多芬紀念館（Beethoven Haus）"，成為全世界古典樂迷的參拜聖地之一。有人轉述紀念館工作人員的話說：他們曾經遇到過訪客，一踏進門就哭了。真是可人，浮華世界裡的精神貴族。只是不知道有朝一日我去到那裡，一踏進門的表現會怎樣。

以上貝家二十五年的居住史，證明了這個家庭雖然並不富裕，但也從未貧窮過，即使在父親潦倒不堪的晚年，仍住得起溫策爾的好房子。母親去世後，失去了女主人的貝家，竟還有經濟能力聘請管家來照看家務。父親的墮落大約發生在80年代中期，數筆投資或投機的嘗試失敗後，人就此逐漸消沉下去，愈來愈沉浸於酒精而無法自拔，家境也就每況愈下。那時十五歲左右作為長子的貝多芬已經開始正式工作，逐漸負擔起了養家重任，母親的人生也走向了尾聲。瑪麗婭-瑪格達勒娜婚後不久就開始為之悔恨，多年後她將自己的婚姻描述為"一條悲哀之鏈（a chain of sorrows）"。對女人苦難的感同身受，讓她的歎息具有某種社會學的深度："當女孩降生于世時，你當哭泣。""婚姻是什麼？一點點快樂，隨之而來的是一連串的悔恨。""這麼多年輕人草率結合，卻不知道婚後的懊悔在等待著他們。"作為一個中產階級的家庭主婦，物質生活的不盡如意不應該是她對婚姻不滿的主要根源。她大致不是一個樂觀主義者，很有可能是一個理想愛情與完美婚姻的執著夢想人，而婚後的丈夫年復一年越來越令人失望，她也就不能不感到終身所托非人，夢碎伴隨著心碎。所以說她的不幸與其說是物質上的，莫如說是精神上的。

其實人生再怎麼不盡人意，也總會有若干值得歡樂的人事，眼前的小貝多芬不就是一個。沒有記載顯示這個音樂之家的女主人熱愛且理解音樂，漸漸從才華初露的長子身上看到了隧道盡頭的光明。據知情人回憶，母親對兒子的關愛並不體貼入微，甚至時常失職，讓可憐的小貝多芬常常衣著邋遢骯髒。家裡有一個暴君父親，母親自然而然被視為避難所，讓人為小貝多芬難過的是瑪麗婭-瑪格達勒娜並未能很好地承當起這個角色，飽受父親施虐的天才兒子從她這個避難所得到的庇護有限。這自然是因為她有著自己的身心問題。精神的抑鬱、人生的重負，壓得她平生絕少展露笑容。母親對婚姻的消極態度，對幼小的貝多芬起到了某種潛移默化的影響，這使得他在成年後，對婚姻始終保持著一種既滿懷憧憬又異常謹慎的態度。不難看出，約翰夫婦各自的性格都具有或軟弱或悲觀等致命弱點，難稱積極向上。值得慶倖的是貝多芬沒有繼承父母的這些低質基因，長大後的他面對非人的靈肉痛苦，是愈挫愈勇，永不屈服。他的音樂，即使是那些傾訴悲憂、表達沉重的部分，也都蘊含著對光明和希望難以抑制的嚮往，和以奮鬥搏擊換取精神昇華的衝擊力。這是貝多芬有別于其他一流作曲家，如悲哀陰鬱到了骨子裡的蕭邦、勃拉姆斯、柴可夫斯基等，最為奇異、偉大的地方。

身處失去了愛情的婚姻，大體而言瑪麗婭-瑪格達勒娜仍舊是一個賢慧的妻子、盡職盡責的主婦，和一位合格的母親。她是貝多芬唯一衷心摯愛的親人，只活到了四十歲。當時十六歲的貝多芬放棄拜莫札特為師，抱病自維也納風雨無阻日夜兼程趕回波恩，為彌留中的母親送終（"I must tell you that from the time I left Augsburg my cheerfulness, as well as my health, began to decline; the nearer I came to my native city, the more frequent were the letters from my father, urging me to travel with all possible speed, as my mother's health was in a most precarious condition. I therefore hurried forwards as fast as I could, although myself far from well. My longing once more to see my dying mother overcame every obstacle, and assisted me in surmounting the greatest difficulties." —— Beethoven's letter to Dr. Von Schaden，1787.09.15）。這是他一生中最為心碎的時刻。事後他寫道："她還活著，但是情況極糟。她患的是肺結核，經過長達七周的病痛折磨，她終於去了。她是這樣一位善良、慈愛的母親，和我最好的朋友。哦，誰能比我更加幸福，如果我現在還能夠喊出媽媽這個甜蜜的聲音，並且能夠被人聽見。現在讓我去叫誰媽媽啊！我現在只能借助著想象，對著冥冥中她那還原了的沉默影像呼喚著媽媽。"（"I found my mother indeed still alive, but in the most deplorable state; her disease was consumption, and about seven weeks ago, after much pain and suffering, she died [July 17]. She was indeed a kind, loving mother to me, and my best friend. Ah! who was happier than I, when I could still utter the sweet name of mother, and it was heard? But to whom can I now say it? Only to the silent form resembling her, evoked by the power of imagination." —— Beethoven's letter to Dr. Von Schaden，1787.09.15）貝多芬擅長以音樂感人，常常讓人聽著聽著，不知不覺就熱淚盈眶了。這段表白或許是他最令人動容的文字。

對貝多芬多少有些瞭解的樂迷、讀書人等，聽說過他母親的人不多，但不知道他父親的人很少。約翰作為一個大名鼎鼎的"反面角色"，出現在汗牛充棟形形色色的貝多芬文獻中。他如果天上或地下有靈，一定會悲喜交集，倍感糾結：我這傻兒子，小路易士（貝多芬小名Little Louis），當初我費盡心機，花去大量時間精力，想要把他培養成莫札特第二，可到了也沒能如願。他要是早就出息了，我最後能借酒澆愁成那樣嗎。我走的時候他都二十二了，雖然也能寫兩筆，卻連人家少年莫札特的皮毛都不如，基本上是沒啥指望了。可做夢也沒想到，這小子最後居然成了大器，成為古往今來數一數二的音樂巨人，為普天下音樂愛好者所熱愛、崇拜，被尊稱為樂聖。哦，我的親生兒子 —— 路德維希 —— 樂聖！哈哈哈，這太不可思議了。每當我一想起這個，就忍不住要痛痛快快地大笑一場，怎麼也笑不夠。可是……可話又說回來了，生前沒沾上這小子的光，死後他揚名立萬了，我卻仍舊沒能時來運轉，情形甚至更糟。兩百年來，我始終是作為一個面目可憎的家暴主角，和一個無可救藥的酒鬼父親伴隨在他的左右。人們以我的卑劣不堪來襯托他的崇高偉大，我被喜愛他的人千萬次地指責咒罵，甚至有人說他的耳朵是被我給打聾的 —— 這些話簡直要把我活活再氣死一回。這也太過份了吧。你們的樂聖是一生下來就會彈琴作曲的嗎，沒有我作他的啟蒙老師，自告奮勇充任吃力不討好的"虎爸"要職，對他高標準嚴要求，發現、發掘他的音樂天賦，為他尋找比我水準更高的老師，讓他在十一歲時就退學，從而走上專職音樂道路，鬼知道他最後能成個啥才。當初我要是只管喝我的美酒，逍遙自在賽神仙，而對其放任自流，讓他自生自滅，你們今天還能聽到貝多芬麼？對於我的小路易士最後的大功告成，我作為他爹，沒有功勞也有苦勞吧。你們後人這樣任意地編排、貶損我，實在是有失公允。

貝多芬對父親的情感，恐怕也是五味雜陳，一言難盡：父親這一輩子，哪怕還算不上人品低下、劣跡斑斑，卻也實在是乏善可陳。對於家庭和個人而言，他幾乎就是一個揮之不去的噩夢：早年為了將我打造成一棵搖錢樹，他對我實行摧殘式的音樂教學，無情剝奪了我應有的童年歡樂，在我幼小的心靈上投下了終生難以抹去的陰影。他讓母親常年蒙受肉體和精神上的雙重痛苦。晚年愈演愈烈的酗酒行徑，讓他成為一個全城聞名的丑角，和叫全家人都抬不起頭來的恥辱。連為人並不刻薄，對父親先是雇用，後是支付養老金的法蘭西斯選帝侯，在他死後都出言嘲諷道："因為老貝多芬的死，國家的酒稅收入遭到了一些損失。"但是，手心連著手背，父親畢竟是父親。除了對我有養育之恩，不論他出於什麼動機目的，引導我走上音樂之路的畢竟是他；不斷發掘我的潛能，並持之以恆教導、督促我學習音樂的，也還是他一人。沒有他這些巨大的物質、精神投入，我的藝術之路究竟能走多遠，實在是很難說。那麼，已經成年的我，現在到底是應該怨恨他，還是應該感激他呢？抑或是感激和怨恨都有，而怨恨和感激，哪個又佔據了我對其情感的主導地位。唉，這一聲"父親"，叫得太複雜沉重。

　　因為複雜沉重，兒子在父親的最後時刻，以一種沉默的方式懲罰報復了他。貝多芬一去維也納，他的父母就要出事，幾成規律。1787年是母親病危，他接到消息後立即抱病趕回波恩，陪伴母親走完人生最後一小段路。1792年11月重返維也納，父親又快不行了，但這次他選擇了不歸，這對恩怨父子也就沒能見上最後一面，約翰於一個月後亡故。當然兒子事前似乎沒有接到父親病篤的消息，但即使他及時接到了消息，不歸的可能性也比歸的更大。另外還有一種可能是兒子離家時，父親就已經病入膏肓了。不歸就不歸吧，波恩到維也納近900公里路，在那時更是千里迢迢。路途顛簸，車馬勞頓，回去一趟不容易，可以理解。不容易理解的事情在後面：他到維也納後學習壓力大，開銷也大，法蘭西斯選帝侯為其支付的留學公費必須精打細算。他開始錙銖必較，記流水帳日記："海頓和我的咖啡，6個十字幣。""海頓和我的巧克力，22個十字幣。"看來學生需要請老師吃喝，古今中外倒是都差不多。雞毛蒜皮記得一清二楚，但對於父親的去世，兒子在日記中隻字未提，好像家裡什麼事情都沒有發生過一樣。

　　因為複雜沉重，告別家鄉後的貝多芬，大半生中對約翰幾乎絕口不提，沒有留下片言隻字道及對父親的感情，除去1793年給選帝侯的一封討論自己薪水問題的信，其間不得不談及父親，內含屈辱的言辭對其不乏責備和怨氣（"MOST ILLUSTRIOUS AND GRACIOUS PRINCE, Some years ago your Highness was pleased to grant a pension to my father, the Court tenor Van Beethoven, and further graciously to decree that 100 R. Thalers of his salary should be allotted to me, for the purpose of maintaining, clothing, and educating my two younger brothers, and also defraying the debts incurred by our father. It was my intention to present this decree to your Highness's treasurer, but my father earnestly implored me to desist from doing so, that he might not be thus publicly proclaimed incapable himself of supporting his family, adding that he would engage to pay me the 25 R.T. quarterly, which he punctually did. After his death, however (in December last) , wishing to reap the benefit of your Highness's gracious boon, by presenting the decree, I was startled to find that my father had destroyed it. I therefore, with all dutiful respect, entreat your Highness to renew this decree, and to order the paymaster of your Highness's treasury to grant me the last quarter of this benevolent addition to my salary (due the beginning of February) . I have the honor to remain, Your Highness's most obedient and faithful servant, LUD. V. BEETHOVEN, Court Organist." —— Beethoven's letter to the Elector

Maximilian Francis，end of April or beginning of May 1793）

因為複雜沉重，親朋好友如果有誰當著他的面說他父親的壞話，不管他們是在對他的不幸表達同情，還是僅僅道出客觀事實，他都會生氣發怒。疏不間親，確實犯忌。他一生愛戴景仰自己的祖父，將老路德維希的畫像視為傳家寶，掛在住處顯眼的地方，有機會就向來客介紹講解，語氣充滿熱情。他的父母也都留有畫像，卻不知道被他放在了哪裡。其實祖父過世時他才剛剛三歲，不可能對老人家有很深的印象，他的祖父形象主要來自母親的回憶口述。老路德維希去世後，不孝的約翰居然在毫不缺錢的情況下，將亡父的畫像送去當鋪，最後還是靠小孫子長大後給贖回家。可見爺爺與爸爸很不和睦，爸爸和兒子又頗多衝突，祖孫三代貝多芬兩不相容，"貝式教育"看上去失敗得一塌糊塗，可最後居然冒出來個絕世天才，也是一奇。祖父和孫兒的關係沒問題，其實是隔代一頭熱。貝多芬這多少有些反常的祖父情結，是否是出自一種心理補償機制：父親是不願意談、不值得談的，一想起他來心就痛。距離產生美感，於是由當年也曾在家鄉風光過的祖父來填補這個缺憾。另外還有那個謠傳——

當私生子謠言傳到貝多芬耳朵裡時，他不由地動了心。從他對此無稽之談異常寬容的態度來看，人們實在有理由認為：在潛意識、無意識的內心深處，他很可能希望 —— 更準確地說是幻想 —— 這則傳聞是真的。自己搖身一變成了王子，親生父親是那萬人景仰，文治武功獨步德意志，且音樂才華出眾的腓特烈大帝。這個誘惑實在是太大了，讓心比天高身為下賤，雖才華絕世卻屢遭王公貴族白眼，飽受低微出身之苦的貝多芬難以抵擋。而他這種天馬行空式的幻想並非沒有理論根據：首先在人品性格上，兩人就異常接近。腓特烈和貝多芬同為德意志千載一遇的奇男子，都具有出類拔萃的英武氣質，一個在政治軍事上，一個在音樂藝術上。腓特烈以他的馬鞭和軍刀，貝多芬以他的樂隊指揮棒和鋼琴鍵盤，各自調度著他們的千軍萬馬。歷史證明後者的樂器遠比前者的武器更具震撼及感召人類心靈的偉力。轉眼間兩個世紀過去，腓特烈的血肉軍團早已化為塵土，而貝多芬的音符軍團始終響徹於星球的表面。穿越時空無遠弗界，英雄命運月光田園，有一種聲音叫作不朽，有人類的存在就有貝多芬。

其次在外表容貌上，居然也能提供給當事人很大的聯想空間：腓特烈的老爹威廉一世（Friedrich Wilhelm I）是個身高兩米的巨人，可兒子最多也就中等身量。他留傳於世的畫像很少，看上去難稱相貌堂堂，上了年紀後更是一幅老農模樣。而記錄中貝多芬的外形是"矮壯且醜"（不曉得那年代人們的審美觀出了什麼問題。我觀看過所有能夠找到的貝多

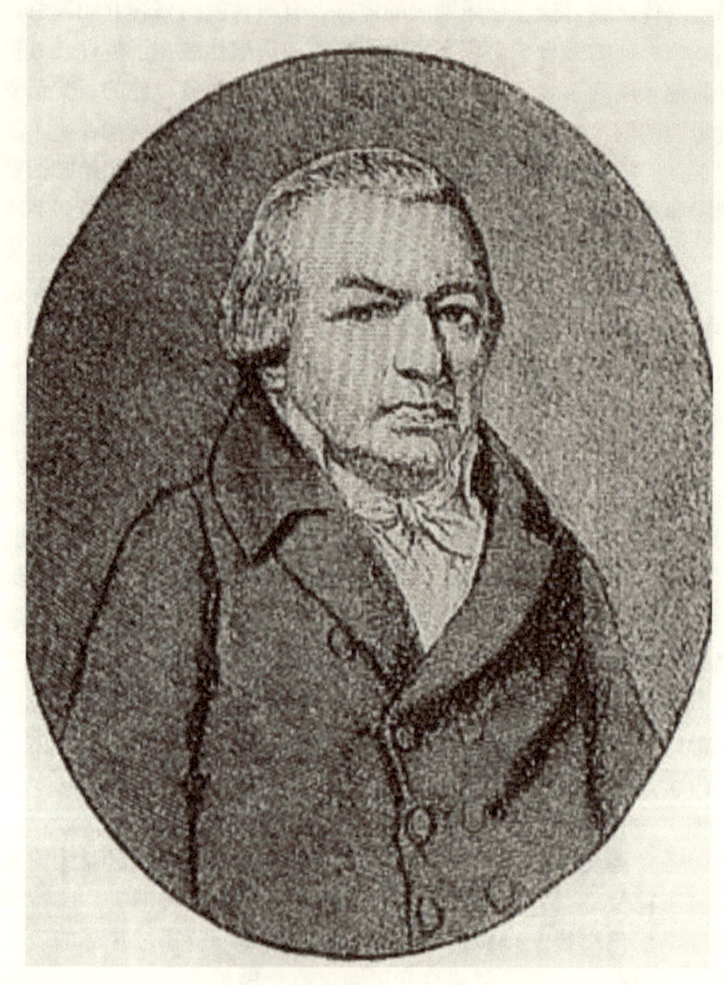

貝多芬的父親約翰•貝多芬 ((1740-1792)

芬畫像，由衷感覺他是一個頂天立地的美男子，最起碼也要比米開朗基羅的《大衛》美三分）。據知情人回憶他的雙親是一對美女帥哥組合，不幸的是兒子和父母兩不像，卻又構成了貝多芬、腓特烈二人生物遺傳聯繫的可能性。"認王為父"困難不是沒有，自己一生景仰的祖父怎麼辦，孫子好像顧不得這許多了，爺爺到底是隔著一層。而捨棄這個讓人說恨不能、說愛不易的父親，對他來說沒有不可逾越的心理障礙。至於自己所摯愛的母親，既然我個人都覺得這個事實完全可以接受，母親也應該與有榮焉。誰都知道，愛上一位英明帝王決不是恥辱，婚姻和愛情常常是兩回事情，況且母親本來早就不愛他的丈夫了呀 —— 貝多芬說服自己的思想工作並不難做。事實也正是這樣，到最後，他完全沉浸其中，陷入了一種天才藝術家特有的迷幻之境：我，貝多芬，就是一位高貴、榮耀的普魯士王子！

如此以樂迷之心度樂聖之腹，實在是有些大不敬。既為證明此論斷並不武斷，更為了探索偉人的心理狀態，除了這個"假父王"事件，還有必要談一談貝多芬那個更為有名的"偽貴族"事件。

十一

18世紀上半葉，當時的荷蘭共和國（Dutch Republic）所屬小城梅赫倫（Mechelen，位於布魯塞爾東北約22公里處）出了一個不大不小的音樂人才，擅長男低音、管風琴和合唱指揮等 —— 皆教堂及宮廷儀式所需技能，年僅二十一歲即任職利彊（Liege）大教堂的合唱團指揮，隨即為科隆紅衣主教暨選帝侯，兼利彊大主教克萊門斯·奧古斯特看中，獲邀前往波恩宮廷樂隊任職。他的名字叫作路德維希·範·貝多芬（Ludwig van Beethoven, 1712-1773）。像大半荷蘭人（及後來的比利時人）一樣，這位貝先生是佛拉芒人（Flemish）。佛拉芒人亦稱佛蘭德人（英語譯為佛蘭德斯Flanders），因其大多居住於比利時北部的佛蘭德地區而得名。佛拉芒族源主要由弗裡斯、法蘭克、撒克遜等古代日爾曼部落與凱爾特人結合而成。在羅馬帝國時期，北方的日爾曼人和凱爾特人被並稱為蠻族，屬於尚未開化的野蠻人。其它方面姑且不論，在胡編亂造歷史上幾可媲美大陸垃圾古裝戲的好萊塢大片《角鬥士（Gladiator）》開場的那段慘烈大戰，表現的就是在智慧君主瑪律庫斯·奧列裡烏斯（Marcus Aurelius）的統帥下，先進的羅馬軍團征討落後的日爾曼遊掠部族的場景。

在與古羅馬開始接觸後的千百年間，日爾曼和凱爾特這兩個民族或部落總稱於大遷徙中，都經歷了與歐洲其它族群的混血。所以時至近代，它們與其說是人種概念，莫如說是地域及社會文化概念。佛拉芒人以荷蘭語（Nederlands）為母語，或者說荷蘭語即佛拉芒語，屬於印歐語系日爾曼語族下的西日爾曼語支，是一種介於德語和英語之間的語言。操荷蘭語的人來到英語或德語國家，與人做基本交流沒有很大問題，可謂一語多用。

告別祖祖輩輩在這裡繁衍生息至少已有200年的尼德蘭，貝先生從此在波恩安了家，娶妻瑪麗婭•約塞法•波爾（Maria Josepha Poll, 1714-1775），生子約翰；約翰娶妻瑪麗婭-瑪格達勒娜，生子路德維希•範•貝多芬。小孫子和爺爺完全同名同姓，也就是今天馳名遐邇的貝多芬。因為祖母、母親都算是正宗的日爾曼即德意志人，所以貝多芬身上有四分之一的佛拉芒血統。按照中國的"父系人種論"，父親是哪裡人兒子就是哪裡人，那貝多芬就是佛拉芒人，或荷蘭人。按照美國的"黑白人種論"，只要有幾分之一甚至十幾分之一的黑人血統，此人就算黑人，貝多芬還是佛拉芒人。上世紀納粹德國時期，鼓吹社會達爾文主義，宣揚日爾曼種族至上的希特勒當局對貝多芬產生了特殊興趣，組織人馬調查他的家譜，並作深入研究，結果尷尬而沮喪地發現他的德意志血統很不純正。最後無奈又無恥地採取掩耳盜鈴術，將貝多芬具有佛拉芒血統的相關史料證據一律不予採納，全盤否認，生生將其樹立為日爾曼的文化英雄，他的作品代表著"德意志的精華，雅利安人的偉力"。為20世紀的殺人魔王所利用，這自然是貝多芬的身後不幸。但納粹德國即使發現了貝多芬的日爾曼血統不純，仍不敢將之捨棄，仍把他樹立為國家英雄，更進一步證明了：貝多芬既是德意志的驕傲，但更是全人類的財富！

血緣意義不大，姓氏卻有意思。貝多芬全名為"Ludwig van Beethoven"，這是一個佛拉芒語和德語的混合體。其中Ludwig（路德維希）為名，Beethoven（貝多芬）為姓，van（範）為姓氏前置詞。佛拉芒與日爾曼淵源深厚，佛拉芒語（荷蘭語）和德語關聯密切，佛拉芒姓氏相比德語姓氏，二者既有共性又有異性。它們的姓通常都取自家族居住地或職業，比如貝克（Bakker）為麵包師，布林（Boer）為農民，施密特（Schmidt）為鐵匠，施耐德（Schneider）為裁縫，伯格（Berg）為小山，巴赫（Bach）為小溪，等等。貝多芬曾一語雙關地說："巴赫不是小溪，而是大海。"那麼"Beethoven"又是什麼意思呢？這其實是一個組合詞，由"beet"和"hoven"兩個獨立的字構成。"beet"是"beetroot"的俗稱，意為"甜菜"；而"hoven"為"hof"的複數形式，意為"園地"或"場院"。所以顧名思義，"Beethoven"的意思就是"甜菜園"。它揭示了貝多芬的祖先或是甜菜農，或是居住在某個出產甜菜的地方。有專家考證出16世紀時，在比利時的佛蘭德斯或Luik省，還真有一個地方叫作"Bethove"或"Bethoven"，與"Beethoven"十分接近。不論此考證的真假，"Beethoven"實在是一個具有預示意義的好姓氏，貝多芬在音樂這塊園地辛勤耕耘，最終培育出了高質多產的甜菜，讓全人類的子孫後代受用不盡。

Ludwig（路德維希）是一個德國男性俗名，意為"有名的勇士"，叫的人很多，沒什麼故事。有故事的是中間這個一般全為小寫字母，看似最不起眼的典型荷蘭字"van"，漢語通常譯為"範"或"凡"。"範"為介詞（preposition），意思是"來自"或"的"，也即英文的"from"或"of"，前者的意味更強些。"範"字用於姓名中時，並非西式姓名常見的那位於名與姓之間，用以表達當事人某些特殊屬性的所謂"中間名（middle name）"，而是一個前置詞（prefix），乃姓氏的一個組成部分。"範＋地名（或職業）"組成了整體姓氏。如此看來，"van Beethoven"的意思就是"從甜菜園來的人"。這也是本音樂家的全姓，準確的漢語翻譯應該為"範貝多芬"，而不是"貝多芬"。當然如今"貝多芬"三個字早已如雷貫耳深入人心，今人也只有將錯就錯了。好在"貝多芬"比"範貝多芬"叫起來要鮮明響亮得多。不清楚佛拉芒人是否都姓"范"，清楚的是荷蘭人、比利時人姓中帶"範"的成千上萬，歷史和現代名人就不少，如荷蘭國父威廉姆奧蘭治親王（Willem van Oranje）、畫家倫勃朗（Rembrandt van Rijn）、凡高（Vincent van Gogh）、科學家列文虎克（Anton van Leeuwenhoek）、足球明星范•巴斯滕（Marco van Basten）等。可以看到，漢語對這些人名的翻譯很有些隨心所欲，缺乏標準規範。

荷蘭語"van"的德語同源詞是"von"，漢語通常譯為"馮"，同樣為介詞，同樣意為"來自"，同樣常用於姓氏。但當用於姓氏時，"馮"與"範"卻有著本質的不同：荷蘭語的"范"為平民大眾通用，而德語的"馮"乃德意志貴族專用。古日爾曼人有名無姓，可想而知同名人眾多，為減少張冠李戴現象，人們將"馮"字附於名後，再將出生地名附于"馮"後，形成"某地之某人"，以區別於其他同名之人。這是"馮"姓的一種來源。另種來源為中世紀時德意志的封邑制度：當時的皇親國戚靠血緣出身，軍政人士因文治武功，而被本國帝王冊封為公侯伯子男等不同爵位，並獲相應封贈土地作為私產。這些受封者出於自豪或炫耀心理，喜歡將自己的領地名置於"馮"後，意為"某地的主人某某"，以此作為自己的稱號或名片，最後這名片逐漸成為了他們的家族姓氏。所以"馮"字後面的字詞多為地名，"馮＋地名"就構成了貴族姓氏，貴族姓氏是貴族們的城堡或地產名稱。大約時至15世紀，此種約定俗成的貴族命名法得到了封建王朝的官方認可，被寫進了國家法律，從此平民百姓被剝奪了姓"馮"的權利——鐵匠、木匠、鞋匠、漁夫、屠夫等字詞隨便你們姓，但是姓前不能帶"馮"。草民姓前帶"馮"違法，帶"馮"或說姓"馮"是貴族們的專利。"馮"姓成為所有講德語的封建王朝土地上高人一等的特權階層（無獨有偶，法國、義大利、西班牙、葡萄牙等國的王公貴族們也有他們的專用姓——"德（de）"，當然姓"德"不等於就有德），直至1918年第一次世界大戰後，同為日爾曼族系的德意志第二帝國與奧匈帝國攜手覆滅，享年650年的哈布斯堡王朝和享年500年的霍亨索倫王朝同年同月壽終正寢，魏瑪共和國、奧地利共和國成立，才徹底廢除了這個不平等的貴族制度。

貝多芬二十二歲時移居帝國國都，自人口一萬的波恩來到人口二三十萬的維也納，也算是半個鄉下佬進城，一上來就直接突入上流社會，周圍的男男女女大多姓"馮"，都自我感覺良好。開始時，傲慢的貴族們對這個相貌難稱英俊，一口波恩土話的外地平民小子，骨子裡少不了幾分輕蔑，但他很快就給他們上了一堂人不可貌相的人生基礎課，令其不得不為之折服——他們到底還是有教養、懂藝術的歐洲貴族。好在不論是讚美還是歧視，貝多芬都有能力將其轉化為前進的動力。大體而言平心而論，維也納的貴族們待貝多芬不薄，與普通市民階層相比，他們才是他真正的知音和不可或缺的贊助人。依靠著貴族們的理解和支持，貝多芬在維也納頭十年的創業之路走得雖然也艱辛，但並不十分曲折，甚至可以說是順風順水。物質生活有充分的保障，外界給他的精神壓力也不大，他唯一可以抱怨的是自己那副生就悲慘的耳朵，上帝的這個玩笑開得實在是不能再殘酷。十幾年的風風雨雨過去，貝多芬已是大師級別，成就斐然名聲遠播，令任何王公貴族都望塵莫及，但若說社會地位，卻依然低於後者，原因簡單而荒謬：他姓"範"而不姓"馮"，他是一個被千萬人熱愛的音樂家，但不是令人肅然起敬的貴族老爺。

以上陳述應該大致符合事實，但並非無懈可擊，不無疑點和爭論，一個有意思的問題油然而生：貝多芬在他的一生裡，特別是在維也納前十幾年的創業階段，他是否曾經因為自己低微的出身和平民身份，而遭到了貴族們的歧視與排斥？這個問題起源於一出黑色幽默：不知道打何年何月開始，不清楚始作俑者姓甚名誰，貝多芬開始姓"馮"了，基於公眾的一個低級錯誤：維也納人誤以為貝多芬從他父系帶來的這個"van"字，意義等同於德意志的"von"字：你看兩個字發音差不多，字面上"van"就比"von"多了微不足道的那麼一小撇，它倆的意思一定相同。所以貝先生雖然姓"范"，其實就是姓"馮"。既然是姓"馮"，自然出身于貴族之家無疑。維也納知道"範"字的人不多，為方便起見，乾脆改

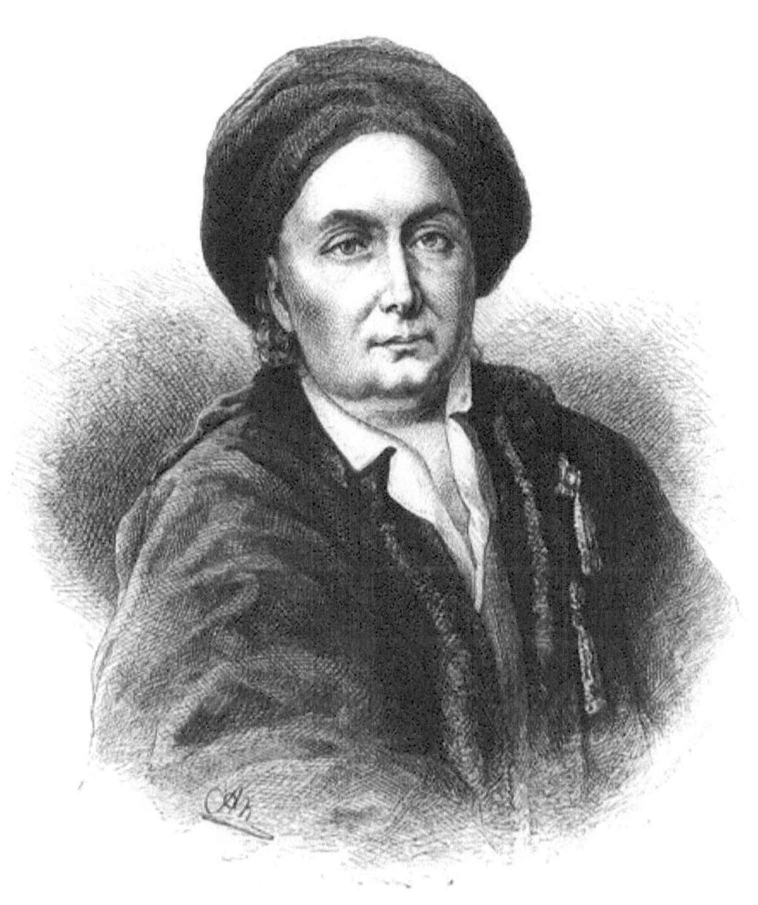

貝多芬的祖父老路德維希·貝多芬(1712-1773)

成"馮"吧。就這樣，貝多芬公開姓了"馮"，音樂會海報上大書著他的名號：路德維希•馮•貝多芬。

今天看來這像是一個笑話：幾乎半個歐洲的人都知道這個"範"乃是一個通俗的荷蘭姓氏用字，尤其於佛拉芒人當中通行。它和使用者的出身有一定的關係，卻是和貴族血統毫不沾邊。但它當時確確實實發生在了貝多芬的身上。原因估計是那年代的信息傳播有欠通暢，外加維也納人很有些天下老大心理，帝國首都的子民嘛，對於其它國家的民情比較漫不經心，就像今天的美國佬，至少一半人不知道小兄弟加拿大的首都叫甚麼。於是鬧出了這個笑話。

大多數人不懂，少數人半信半疑，只有一個人最清楚事實真相，那就是當事人自己。那麼貝多芬本人對於這個公眾誤解，反應和態度是怎樣的呢？居然又和對待"假父王"事件一樣，甚至更進一步：他既不去澄清事實糾正錯誤，也不是聽之任之保持曖昧，而是順水推舟樂觀其成，從此就以貴族子弟自居了。是虛榮的假冒，惡作劇式的玩笑，還是善意的謊言，抑或惡意的欺騙，貝多芬這個"偽貴族"事件，成了後世貝多芬學者研討的一個有趣話題。

十二

按照著名貝多芬研究學者梅納德•所羅門（Maynard Solomon）的說法，貝多芬"假貴族"身份的起源，可以追溯到其維也納藝術生涯的起點，也就是他初來乍到音樂之都的1792年。果真如此則非同小可，因為隨後這個"騙局（deception）"或是被人精心維護著，或是為人隨意漠視著，竟持續了整整四分之一世紀，直至1818年才在一個偶然的場合下穿幫。此時的貝多芬已步入他創作與人生的晚期。這意味著二十二歲的貝多芬來到維也納後，從一個無名之輩發展到一代宗師，期間始終頭頂著一頂貴族冠冕，身披一襲貴族音樂家的衣鉢。

始作俑者何人？按常理推論，初到維也納的貝多芬毫無名氣，不大可能有狂熱粉絲像後來編造"偽父王"故事那樣為他炮製個"假貴族"身份。那麼這個"騙局"的製造者，貝多芬自己就難逃嫌疑了。另外還有一種可能，那就是華德斯坦為前往維也納留學的貝多芬寫給老朋友李希諾夫斯基的推薦信，其中是否有意無意地改動或模糊了貝多芬的姓氏，而人為製造了一種被推薦人乃貴族出身的假象。當然這只是試圖為樂聖開脫的一種猜測，沒有任何直接證據，概因那封推薦信只存在於傳說，而無人親眼見過。酷愛音樂的李希諾夫斯基好像對文字比較淡漠，沒有保留書信的習慣，他和貝多芬密切交往十幾年，竟沒有一封貝多芬信件保存下來。這無疑是一件令人惋惜的事情。

　　直接證據缺失，旁證倒是有一個：貝多芬離去波恩的前一年，在一次上流社會的化妝舞會上，貴族樂隊演奏了作曲玩家華德斯坦伯爵的一首芭蕾舞曲。樂曲為典型的宮廷音樂，雖然也有若干亮點，但總體品質比較一般。即使一般，亦非出自冠名人華德斯坦之手。原作者是誰？無外華德斯坦的小兄弟貝多芬，曲名《騎士芭蕾》（WoO 1），是貝多芬為數不多的舞曲作品之一。一個出錢一個出力，一個願打一個願挨，這是那年月作曲家與其恩主或顧客常玩的互動遊戲，既不違反版權法，也不涉及道德層面。此類交易最著名者要數莫札特的臨終故事：一個裝扮詭異、行蹤神秘的不速之客深夜來訪，向當時正入不敷出囊中羞澀的大作曲家求購安魂曲一部。安魂曲，又作安魂彌撒、追思曲、慰靈曲，是一種特定體裁的合唱套曲，專用於羅馬天主教會的悼亡彌撒儀式，通俗說就是悼歌組曲。這個神秘的陌生訪客是誰？不是影片《阿瑪迪斯》裡的薩列裡 —— 老熟人戴個面具，夫妻倆就都不認識了，騙小孩呐，而是樂曲實際求購者的一個全權代理人。這位代理人具體姓甚名誰至今仍未有定論，但那個幕後委託人早已浮出水面。此君為當時居於外省的一位富有伯爵，名叫瓦爾澤格（Franz von Walsegg）。作為一名音樂愛好者兼業餘作曲家，瓦爾澤格不惜代價向莫札特訂購安魂曲，倒不是為了附庸風雅，而是為了哀悼紀念自己二十歲的亡妻安娜（Anna），因為他發誓要整出 —— 自己沒能力寫就向名家購買 —— 一部最高品質的安魂曲，每年在愛妻的忌日上演。著實精神可嘉。時年二十八歲的瓦爾澤格伯爵是一個真正的情聖，對早逝的妻子一往情深好似天鵝，傷心欲絕的他就此終身沒有再娶。所以這本來是一個比愛情小說更淒婉動人的故事，但後來傳說莫札特被這神秘兮兮的黑衣訪客驚嚇得有幾分神經錯亂，以為這是來自地獄的勾魂使者。這筆看似兩全其美的交易不幸成了他的催命符，未完成的《安魂曲》（K.626）竟成了他的天鵝之歌。神秘訪客傳說源自莫札特遺孀康絲坦茲（Constanze Mozart），真偽至今難辨，概因康絲坦茲的個人信譽並非完美無缺。莫札特去世後，她將《安魂曲》委託他人 —— 主要為莫札特的學生兼助手，她自己的情人蘇斯邁爾（Franz Süssmayr）—— 續完，然後偽造了莫札特的簽名，將作品送交瓦爾澤格，換回餘下的另一半酬金 —— 30達克特金幣，最終完成了這筆交易。所以《安魂曲》的總價格為60達克特，這是當時的市場最高價，大約相當於今天的9千美元。巧合的是莫札特的大作《安魂曲》與貝多芬的小曲《騎士芭蕾》創作于同年（1791），一個是悲劇一個是喜劇，最終它們又都各自回歸到了原作者名下。事實上莫札特的終點正好也就是貝多芬的起點。不論怎樣，這個多少有些捕風捉影的旁證，至少證明了鐵哥們華德斯坦、貝多芬二人確曾有過合作弄虛作假、愚弄公眾的前科。華德斯坦為此曲付給了貝多芬幾個金幣不清楚。其實這樁買賣更像是慷慨大度又體貼入微的華德斯坦，既想贊助貝多芬但又要照顧到他的自尊心，使其免於無功受祿的屈辱感，而特意設計的一個"互惠交易"，實乃一段佳話。

那麼接下來的問題就是：貝多芬這假冒的貴族頭銜，到底給他帶來了什麼具體好處，讓他取得了哪些實際利益呢？唯一可以想見的是在日常生活中，他得到了若干與音樂無關，原本無法獲得的世俗的尊敬和捧場，這讓年輕的他虛榮心得到了某種滿足，混跡於上流社會，或多或少產生了一種和貴族們平起平坐的感覺。"欺騙"能夠換來地位或人格平等，這有些讓人為他悲哀，貝多芬自己也理應感到不安。這裡我們或許應該換一種說法，貴族身份實質上是貝多芬的一塊擋箭牌，一道自我防衛機制，使他免於被傲慢的貴族們歧視乃至排斥。貝多芬的自尊心極強，自小就胸懷大志，隻身來到人文匯粹的維也納，一心要做一番宏偉事業。世俗的尊敬無疑有助於增強他的自信，自信心進一步激發他的學習和創作能量，最終使他的藝術受益。這無疑是一個良性循環，自有它的積極作用，雖然獲取此種待遇和收穫的手法並非全然無可厚非。但是，這個所謂的良性循環即使存在過，它對當事人的促進提攜作用究竟有多大，依然是一個問題，一個無法也無須回答的歷史問題。無論如何，貝多芬的最後成材是其先天秉賦加後天努力的結果。至於這個"貴族出身"，不過是一針效用有限且無傷大雅的"興奮劑"。後人對此自然是理解遠多於苛求。

維也納的王公貴族們又是怎樣看待身為貴族的貝多芬呢？根據所羅門的揣測，前者很容易就可以從後者那並不"高人一等"的言談舉止中看出，此君不似足金貴冑，很可能非我族類，是一個冒牌貨，比如哪有貴族子弟二十多歲了居然還不會騎馬、跳舞，現在才花錢找人教的。但是出於對音樂天才的欣賞和愛護，他們既沒有去追究年輕鋼琴家的家族出身，更沒有去戳穿這並無惡意的騙局，而是不以為意淡然處之。此推理分析兼俱合理與不合理相互矛盾的兩方面。不合理點：貝多芬在維也納幾十年，從來不乏競爭對手和敵視者。他自己一門心思於事業，少有心思精力去主動樹敵，但以他憤世嫉俗敏感暴烈的性情，不免容易得罪人。小人長戚戚，哪裡都一樣。貝多芬二十九歲那年（1800）寫信給魏格勒說：“我的耳朵日夜嗡嗡作響，我能說的，我過的是糟糕的生活。兩年來我躲避社交，因為我不能跟別人說，我的耳朵聾了。如果我從事的是另外一種職業，那或許還可以湊合，但對於我眼下投身的事業，發生這種情況是相當可怕的。我的敵人數目不小。如果他們知道了，他們會說些什麼？”（“but my ears are buzzing and ringing perpetually, day and night. I can with truth say that my life is very wretched; for nearly two years past I have avoided all society, because I find it impossible to say to people, I am deaf! In any other profession this might be more tolerable, but in mine such a condition is truly frightful. Besides, what would my enemies say to this? —— and they are not few in number.” —— Beethoven's letter to Franz Wegeler，1800.6.29）難以想象這“數目不小”的敵人在得悉他的貴族頭銜原來是一張牛皮後，會十分君子風度地不善加利用。但事實上，從來沒有人公開拿貝多芬的貴族稱號作文章。不說公共媒體，就是奧地利帝國的高等法院，都以貴族待遇來處理他的民事訴訟案。如此看來，真相似乎確實無人知曉，秘密被近乎完美地保守了四分之一世紀。

所氏推理合乎邏輯方面：貝多芬在波恩的親朋故友來維也納訪問、定居的不少，如魏格勒、布魯寧（Stephan von Breuning）、裡斯等，他們自然都瞭解他的底細。即使眾人一致同意幫他造假（可能性不大），也難免會無意間走漏風聲。他的兩個弟弟追隨他來到維也納後，二弟卡爾起先教音樂，後轉行作財政部低職公務員；三弟約翰則在藥店作學徒。一看就都是平民子弟。二弟三弟是平民，他們的大哥路德維希顯而易見也不是什麼貴族了。當然也有一種可能，那就是他們哥仨乃是破落貴族子弟。事實真相還是不明朗。兄弟之外是女人，貝多芬並不被人待見為貴族的另一重要證據，是他的戀愛與婚姻。

<h1 style="text-align:center">十三</h1>

貝多芬一生未婚，一生未訂婚，但戀愛史豐富多彩廣為人知，對手幾乎清一色為貴族美少女，僅芳名伴隨著他被載入音樂史冊的就不下兩位數，除了貝多芬研究學者沒人能記得清。魏格勒說：“貝多芬從未脫離於愛情之外。”裡斯說：“他經常陷入愛情之中，但僅能保持很短的時間。”他們的證詞作為第一手資料雖然不可不信，但也不能盲目認可。這

裡有一個事實為大多數貝多芬學者和音樂愛好者所忽視，那就是在人生的黃金戀愛季節，即青春期到三十歲這十幾年間，卻是貝多芬的愛情饑荒期。確切點說，在三十歲之前，貝多芬似乎從未真正談過戀愛，從未享受過兩情相悅銷魂蝕骨的幸福與甜蜜。這自然不是一件令人為他慶倖的事情。以貝多芬情感之豐富，欲望之強烈，他不可能沒有去愛，事實上從小到大，他幾乎無時不刻在愛，從來不缺乏愛，而且他對女人也不乏吸引力，不缺乏"被愛"。他缺乏的是深摯、持久的"互愛"。

波恩青少年時期，初戀甜心是他的學生，貴族小姐艾麗奧娜•布魯寧（Eleonore von Breuning, 1771-1841），小名勞欣（Lorchen）。他于她家教授鋼琴多年，深受她母親，教養不凡、人品高貴的海倫妮•布魯甯夫人（Helene von Breuning, 1750-1838）的關懷及教誨。僅比貝多芬小幾個月的勞欣對家庭教師的熱情不無回饋，送他去維也納留學後以自己編織的兔毛背心相贈，沒多久又給他寄去了一條手工圍巾，一片少女情懷盡在不言中，"尺幅鮫綃勞惠贈，為君哪得不傷悲"。貝多芬回贈給心上人的禮物自然又是作品。但這對有情人的緣分最遠也就到此為止了，從他們的相互通信中尊重有餘而熱烈不足的遣詞造句可以看出，二人其實從未攜手步入花好月圓的境界。性格不合只是初戀失敗的原因之一，貝多芬一輩子也沒有找到一個與他性格相投到有勇氣衝破一切世俗阻礙而與之永久結合的異性伴侶。地位差異也不是主要問題，勞欣後來嫁給了貝多芬的好朋友、平民醫生魏格勒，由此可見布魯甯母女的豁達開明，當年貝多芬正是通過魏格勒結識了布魯寧一家。勞欣出嫁時已年逾三十，在那個時代屬於嚴重晚婚。為什麼把自己耽擱成了貴族剩女，整整十年來她是否一直在癡心等待著少年老師的歸來，除了她本人外已經沒人能夠知曉。帝國的首都花花世界，人走茶涼司空見慣，貝多芬身邊從來不乏女人環繞，並且都是些高品質女人，他不大可能只鍾情於一個，更何況這個還遠在千里之外。二十二歲離開波恩後直至辭世，貝多芬再也沒有和他的綠蒂重逢。臨終前兩年在一封魏格勒給他的信中，勞欣附加了一兩句話，表達了期望老師兼老友回故鄉看看的心願。貝多芬接到這信息後未置可否，自然也沒有回去。故鄉說到底是他的一個傷心地。另外初戀情侶暮年後是否應該重逢，也是一個見仁見智的話題，利弊相間難以辨清。

但初戀終究是刻骨銘心，值得懷疑的說法是貝多芬將勞欣給他的信件和袖珍畫像保存終身，但不清楚那背心和圍巾的最後歸宿。在歌劇《菲岱里奧》裡，他以音樂語言精心塑造一個集美貌、智慧、勇氣和德行于一身的完美女性，她的名字叫莉奧諾拉（Leonora），字形發音與艾麗奧娜（Eleonore）十分接近。貝多芬題贈給勞欣幾部早期作品：《根據莫札特歌劇〈費加羅的婚禮〉中〈伯爵若要跳舞〉主題而作的12段變奏曲》（WoO 40）、《G大調鋼琴與小提琴迴旋曲》（WoO 41）和《C大調簡易鋼琴奏鳴曲（片段）》（WoO 51）。其中最值得稱道的是《G大調鋼琴與小提琴迴旋曲》，海頓、莫札特式的古典風格，優美典雅不輸前輩，與作者其它作品相比，幾可媲美《致愛麗斯》，雖然大師自己對這兩首小品都不以為意。

自1792年底來到維也納，直至1800年底向友人透露他有了"一個愛我並且我也愛她的迷人姑娘"，整整九年之久，青春與荷爾蒙蓬勃燃燒的季節，貝多芬的羅曼史即使不是一片荒蕪，也是青黃不接連年歉收，連那種若有實無的布魯寧式的戀情都沒有，有的只是零零碎碎，來去如風的單相思，姓名可考，勉強可以拿來充數的對象只有兩人：

瑪格達蕾娜·薇爾曼（Magdalena Willmann，1771-1801）：女高音歌唱家，貝多芬的同鄉。兩人在波恩時就相識且熟悉，好像還作過短期的鄰居。1794-1795年期間於維也納重逢，交往時間並不長，卻產生出了一個波及甚廣的傳說：屆時二十四歲左右的貝多芬向才貌雙全且小有名氣的薇爾曼小姐求婚，但被無情拒絕，理由是求婚人"醜且半瘋"。故事聽上去像是有幾分鼻眼，卻是一個無法考證的二手孤證。它出自19世紀貝多芬權威傳記作家，美國人塞耶（Alexander Wheelock Thayer）的名著《貝多芬的生涯（The Life of Ludwig van Beethoven）》。塞耶於1860年左右採訪了薇爾曼的一個侄女，後者向他講述了這則逸聞。這位好像連名字都沒有留下來的侄女是聽薇爾曼的哥哥或弟弟，也就是自己的父親說的。薇爾曼在"拒婚"數年後嫁人，年屆三十即早早過世，也算是美人薄命。貝多芬對於她的死好像沒有什麼反應。

而一個半世紀以來，這則求婚軼事為許多或迷信權威，或人云亦云的專家學者所津津樂道、頻頻引用，包括20世紀貝多芬學名家所羅門、洛克伍德（Lewis Lockwood）等，卻幾乎沒人注意到它的可信度其實很低：一是人證不足：雖然不能算是道聽途説，但口口相傳單線發展，薇爾曼告訴她哥哥，她哥哥再轉告給自己的女兒，從事件發生到被披露於世，時間跨度長達六十多年，三人當中如果有一個有品行或記憶問題（塞耶的誠信自不必懷疑），此傳聞的真實性就要大打折扣。1860年代貝多芬已經是全球聞名，自然誰都想和他的大名沾邊套近乎。二是物證缺失：誇口說一個名人愛你不難，只是空口無憑。薇爾曼從未自貝多芬那裡得到過任何信件及作品題贈。這完全不是貝多芬的風格，有哪一個為貝多芬所鍾情，甚至僅僅是抱有好感的女人沒有得到過他的作品呢。

根據不完整資料統計，先後得到過貝多芬題贈作品的女人有三十三名，其中多人獲得不止一部作品。在這份長得令人眼花繚亂的群芳譜裡，怎麼單單就缺少了作曲家三十歲之前唯一的求婚對象呢。有人揣測創作於1791-1792年間的詠歎調《初戀》（WoO 92）是為薇爾曼所寫，因為她是當時波恩的第一女高音，但猜測被證實之前還只是猜測，"求婚"物證仍然是付諸闕如。三是史料匱乏：瑪格達蕾娜•薇爾曼這個名字，不僅在貝多芬信息豐富的書信、日記、談話本中遍尋不著，就是在魏格勒、裡斯、車爾尼、申德勒、格哈德·布魯寧（Gerhard von Breuning）等人的貝多芬回憶錄中也完全不見蹤影。特別值得注意的是魏格勒：1794至1796年間他正好也生活在維也納，與貝多芬往來密切。如果求婚確曾發生過，對於知心朋友個人生活中的如此大事，魏不大可能沒聽說過，聽說過則不可能在日後的回憶錄中對此沒有任何記載。依此看來，女當事人侄女六十多年後的敘述，就此成了一個徹底的孤證。四是內容不實：早期的貝多芬還是很注意個人儀表的，絕非不修邊幅，連勞欣送他的手工背心都嫌式樣過時了而不好意思穿出去，放在衣櫃裡作為收藏。據貝多芬的忘年交，奧地利劇作家格里爾帕策（Franz Grillparzer）的回憶："他在穿著打扮上是用心的，甚至是講究的，只是到了後來才變得不注意外表，不注意到了骯髒的地步。"車爾尼的說法不約而同："在年輕的時候（直到1810年左右），他的穿著還是比較講究的，他對人的態度也比較殷勤，後來隨著耳聾的程度愈來愈嚴重，人也就愈來愈不修邊幅了。"那時他對自己天才藝術家的狂傲性情也有意識地予以節制。不說那一手讓人不愛也難的鋼琴絕技，貝多芬的文學素養及文筆在音樂家裡也是無出其右，給他的內秀錦上添花。人靠衣裝馬靠鞍，腹有詩書氣自華，這都讓他在女人那裡不無魔力。有另外一則軼事為證：在一個維也納上流沙龍的聚會上，一位頭一回看到貝多芬的貴婦人悄聲對同伴說："他生有一副貴人相呀！('What a noble brow he has!')"當時耳朵還很靈光的被稱讚人聽到了，馬上回頭接口道："那麼，請致敬吧！('Well, then -- Salute it!')"一邊說著，一邊向那婦人一鞠躬。綜上所述，所謂"薇爾曼求婚"就是一個不靠譜的傳說。

芭芭拉•凱格勒維克斯（Barbara von Keglevics, 1780-1813）：女伯爵，貝多芬的學生。該女容貌平平，但頗有音樂天資，是貝多芬最為優秀的鋼琴女學員。兩人的關係由出版於1797年，題贈給芭芭拉的《第4鋼琴奏鳴曲〈大奏鳴曲〉》（Op.7）引發開來，概因這部陽春白雪的作品，卻有著一個下里巴人的別名 —— "戀愛中的少女"（The Maiden in Love），據說這曲名還是作者親自附加的。是十六歲的學生愛上了二十

六歲的老師 —— 看曲名好像是這麼回事，還是二十六歲的老師愛上了十六歲的學生 ——"在一種熱情充沛的心境下創作了此曲"（車爾尼語）的是老師，兩種說法至今並存，都有一定依據，當然也有可能是男有情女有意，並非某個可憐人的單相思。總之幾乎可以肯定，師生之間發生了或初淺或深厚、或片面或全面的某種化學反應，但是由於種種原因，化學反應沒能完成物質轉化，最後無疾而終。比較成功的是隱私保護工作，除去蛛絲馬跡，沒有留下明顯線索，留給後人眾口紛紜去猜測。其實這段羅曼史如果真的存在過，以悲劇收場是當時唯一可能的結局，因為女方家族顯赫，兩位當事人的社會等級懸殊。在這件事情上，貝多芬的假貴族頭銜沒能幫上他什麼忙。幾年後芭芭拉嫁給了一個叫作奧迪斯卡契（Odescalchi）的義大利王子，自己也搖身一變成為奧迪斯卡契公主。可憐鋼琴公主最後也是三十出頭即病歿，才女竟也薄命。凱格勒維克斯家族的豪華宅邸（Keglevich Palace）座落於斯洛伐克首都布拉提斯拉瓦（Bratislava，德語Pressburg，中文譯為普萊斯堡），至今保存完整。前面提到1796年貝多芬唯一巡演時曾到過普萊斯堡，他在這裡逗留了九天，於凱格勒維克斯府第舉辦了一次音樂學術活動。

除了《第4鋼琴奏鳴曲》，貝多芬還題獻給芭芭拉另外幾部作品，充分展現了他對她的情意或友情：《第1鋼琴協奏曲》（Op.15）、《F大調主題變奏曲》（Op.34）和《薩列裡二重唱主題變奏曲》（WoO 73）。其中《第1鋼琴協奏曲》（實際上的第2鋼琴協奏曲）是作曲家三十歲之前屈指可數的重量級作品之一，清新明亮悅耳動聽，1798年于布拉格首演時由貝多芬本人親自彈奏。作品在芭芭拉出嫁一個月後被題贈予她——作為結婚禮物？抑或是告別信物？

1800年初至1810年初，不長不短約十年，是貝多芬創作生涯的全盛期，人稱"英雄時代"，這期間貝多芬以其一己之力，書寫下了世界文化史上不可或缺燦爛輝煌的一頁。如果說前十年貝多芬在愛情園地幾乎顆粒無收，主要原因是他以事業為重，集全力於專業領域發展開拓，而沒有將過多心思用於兒女情長，那麼在接下來這傑作迭出的黃金十年，藝術創作與談情說愛兩不誤，竟然也是他愛情的全面開花季節。只可惜只開花不結果，幾次三番或認真或隨意的嘗試，最後的結果都是鎩羽而歸，他最終還是沒能找到自己夢寐以求的終生伴侶。說夢寐以求其實是誇大其詞，有了"音樂"這個命中註定的終身愛侶，愛情與婚姻絕非他情感航船的終極港灣。隨著年齡漸長、意志的增強和使命感的深化，貝多芬自己對此愈來愈有了明確且充分的認知。十年間可以稱得上是貝多芬的戀人、情人的女人加起來或許要達到兩位數，若干屬於旁觀者捕風捉影或當事人逢場作戲，其中史料記載相對較多，愛情面向婚姻的嚴肅羅曼史大約發生了三次左右：

茱麗葉•圭恰爾蒂（Countess Julie Guicciardi, 1782-1856），女伯爵，貝多芬的學生。茱麗葉應該算是最有名的"貝多芬女人"，因為她異常榮幸地得到了那流傳千古的《月光奏鳴曲》（Op.27, No.2）。她也就是貝多芬在1800年底向魏德勒透露的那個"愛我並且我也愛她的迷人姑娘"。二人的愛情劇上演於1800至1801或1802年間，最長不過兩年時間。很難想象這是三十歲的多情種子生平頭一回被女人愛，但卻是他首次明確宣佈自己"被愛"了，並為此歡欣鼓舞："我眼下的生活可以說好了許多，因為近來我又開始與人交往了。你難以想象過去兩年來我過著多麼沉寂、悲慘的生活。我受損的聽力像個幽靈般四處追隨著我，它驅使我逃離人群，如同一個厭世者，可我本來根本就不是這樣的。這個改變是由一位迷人的女孩帶來的，她愛我，我也愛她。兩年後的今天，我又享受到一些幸福的片刻，並且第一次感覺到，婚姻有可能給我帶來快樂。"（"I am now leading a somewhat more agreeable life, as of late I have been associating more with other people. You could scarcely believe what a sad and dreary life mine has been for the last two years; my defective hearing everywhere pursuing me like a spectre, making me fly from every one, and appear a misanthrope; and yet no one is in reality less so! This change has been wrought by a lovely fascinating girl, who loves me and whom I love. I have once more had some blissful moments during the last two years, and it is the first time I ever felt that marriage could make me happy." —— Beethoven's letter to Franz Wegeler, 1800.11.16）那時他耳疾已經開始惡化，並伴有其它健康問題，身心都處於相對低潮。為空曠冷寂的高原送來一陣溫暖和煦的春風，朱小姐實在是功不可沒，為此得到《月光奏鳴曲》當之無愧。可謂成也茱麗葉。

就像貝多芬的全部、任何愛情故事一樣，"茱麗葉之戀"雖然著名，但第一手資料卻並不豐富，如沒有一封貝多芬寫給茱麗葉的信件存留於世 —— 給她母親的倒是被發現了一封，比較權威的記述來自塞耶的貝多芬傳記。一個重要問題：貝多芬是否曾向茱麗葉求婚，一眾學者專家的意見並不一致。所羅門說沒這回事情，而塞耶等則持相反意見，說雖然缺少直接證據，但推測他一定是求了，並且得到了戀人的積極回饋，甚至更進一步，還贏得了女方母親的首肯，幾乎就是一隻腳已經邁進婚姻的殿堂了，但卻晴空起霹靂，遭到了女方父親的阻擊，以求婚人"沒有地位、財富，或永久的事業"為由，無情棒打鴛鴦。可歎貝多芬的茱麗葉不是莎士比亞的茱麗葉——當然天命在我的貝多芬更不是羅米歐，父命不可違，她很快就順水推舟見異思遷了，1803年嫁給了一個貴族音樂家並移居義大利。她倒是真喜歡音樂，到底還是找了個音樂家，雖然屬於二三流；她也真喜歡金錢地位，所以終究沒能跳出貴族圈，與自己心儀的平民天才終成眷屬。可謂敗也茱麗葉。

可咱貝多芬不也是堂堂一貴族嗎？怎麼一到了談婚論嫁的重大場合，這個頭銜總不起作用呢？原因似乎不難推測：貝多芬的"貴族"身份並不廣為人知，即使知道了也不被重視。物質基礎決定上層建築，一無莊園田產，二無高級職位，這樣的破落貴族和平民百姓也差不多，在上流社會的婚姻市場上不屬於搶手貨。

這次失戀對貝多芬的打擊巨大，除了失去心上人的強烈痛苦，應該還有等級歧視帶來的深重屈辱感。1802年10月6日他寫下了著名的《海利根施塔特遺書》，依此合理推論，他與茱麗葉的戀情最晚應該結束於此前不久，當然有可能更早至1801年。遺書中透露的悲苦哀痛主要來自健康問題，具體說就是那極有可能將要斷送他視為生命的音樂事業的耳疾，而對男女之情隻字未提，輕描淡寫也無。後人很難判斷此次失戀對隨之而來的遺書的促成作用有多大。有可能影響因素甚大，但受害人出於自尊，在遺書中加以掩飾。也有可能的是影響確實較輕，熱戀時雖然情緒高昂，但並沒有被沖昏了頭腦，他自己本來都對結果不抱什麼希望，在上面提及的那封信中，對此已有預見："婚姻有可能給我帶來快樂，但不幸的是她不屬於我的階層，所以我現在肯定是無法結婚。人生在世的首要事情：我當自強不息！"（"……and it is the first time I ever felt that marriage could make me happy. Unluckily, she is not in my rank of life, and indeed at this moment I can marry no one; I must first bestir myself actively in the world." —— Beethoven's letter to Franz Wegeler, 1800.11.16）在這段與波恩老朋友的對話中，貝多芬以平民而不是貴族自居。

有一點幾乎可以肯定，如果沒有失戀，也就不會有遺書。許多文獻說"茱麗葉之戀"持續到了1803也即女方結婚那年，從1802年成文的《海利根施塔特遺書》來看，這幾乎是不可能的。一邊熱戀一邊寫遺書，于情於理都不通。一年前戀愛中的他對人生滿懷信心："不！我不能忍受，我一定要扼住命運的咽喉，而絕不能讓它將我壓碎。哦，生命是這樣地輝煌，我要能有一千次生命該多好！"（"No! that I could not endure; I will boldly meet my fate, never shall it succeed in crushing me. Oh! it is so glorious to live one's life a thousand times over!" —— Beethoven's letter to Franz Wegeler, 1800.11.16）直到二十多年後的1823年，貝多芬在一次和申德勒的筆談中，依然表達了對這段失戀的徹肤之痛，這對於他來說是絕無僅有的。他用法文寫道：“她愛我比愛她的丈夫更深，但是他卻比我更是她的愛人。”（"She loved me much more than she ever did her husband. However, he was her lover more than I was."）貝多芬將茱麗葉的袖珍肖像畫小心珍藏著，幾十次搬家都沒有遺失，直至生命告終。

“茱麗葉之戀”由《月光奏鳴曲》而聞名後世，《月光奏鳴曲》卻並非由“茱麗葉之戀”而產生，她原本不是為朱而作，並不帶任何針對性的愛情元素，也沒有“月光”這個後人追加的浪漫標題，曲名本是不含任何情感色彩的《升c小調奏鳴曲》。茱麗葉甚至不是作者計畫中的受益人。當時貝多芬已將新作《G大調迴旋曲》（Op.51-No.2）獻給了她，可沒過多久不知何故，又將題獻收了回去，而轉贈給李希諾夫斯基的妹妹女伯爵亨麗埃特（Countess Henriette von Lichnowsky）。最後作為補償，才於1802年某時將《升c小調奏鳴曲》題給了茱麗葉，而此時的她或許已是昔日戀人。不論怎樣，朱小姐鴻運齊天，陰差陽錯歪打正著，就此于音樂史上留下美名。

特蕾莎·瑪爾法蒂（Therese Malfatti, 1792-1851）：1810年，三十九歲的貝多芬愛上了他十八歲的鋼琴女學生瑪爾法蒂，這段戀情持續時間不會超過一年，可能只有冬春兩季總共四五個月。他的感情短期內升溫得很快，先是委託一個朋友為他購買領內飾巾和高級布料，請維也納的一流裁縫裁制襯衫和外衣，管另一個朋友借鏡子因為自己的碎了，鄭重其事地準備求婚。接著給遠在老家波恩的魏德勒寫信，請求他將自己的受洗證儘快寄來。這就是在準備結婚了，一件空前絕後的事情。男方滿腔熱情，但是不是剃頭擔子一頭熱呢，不很像，一個巴掌拍不響，想必女方對他的示愛也有某種積極的回饋，這給了他趁熱打鐵加速進行的勇氣。

瑪爾法蒂平民出身，或許是貝多芬一生中愛上的唯一非貴族女性。貴族小姐高攀不上，追求同階級姐妹應該旗開得勝馬到成功了吧，以他當代整個歐洲乃至全世界最偉大音樂家的地位身份。不然，還是沒戲。瑪爾法蒂小姐非貴卻富，父親為當地巨賈，叔叔約翰·瑪爾法蒂為名醫，也是貝多芬的家庭醫生。他們竟一致看不上大作曲家，認為他愛上了他們家小姐是異想天開，是一種愚蠢的行為，看看約翰說的話有多難聽：“他是一個腦袋十足不正常的人 —— 也許正因為如此他才能成為一個偉大的天才。”偉大的天才還配不上你平凡的侄女，這個醫生的腦袋才大有問題。不過話說回來，他的這番言論話糙理不糙，不得不承認還是有幾分道理。不正常的腦袋不一定是天才，但天才的腦袋一定不正常，正常那是凡夫俗子。

這段戀情的結局是求婚被拒，還是求婚根本就沒進行，兩種說法都有，詳情已不可考，總之非此即彼。男方大女方二十一歲，這種年齡差在當時的婚姻市場並不罕見。幾年後瑪爾法蒂嫁給了一個和貝多芬同齡的匈牙利貴族，可見年齡不是問題，不是貴族才是大問題。好在我們的作曲家這次沒有傷心太久，兩年後另一樁震撼人心的戀愛在等著他去進行。

但是事情還沒有完：瑪爾法蒂於1851年去世，十多年後首位貝多芬傳記作家諾爾（Ludwig Nohl）在她的遺物中發現了一份上面帶有貝多芬簽名的樂譜手稿，名為《a小調巴加泰勒（Bagatelle in a minor）》（WoO 59）。"巴加泰勒"的意思是小曲、小玩意兒。這首小曲就是日後家喻戶曉大名鼎鼎，名氣幾乎不在貝五、貝九之下的鋼琴小品《致愛麗斯（Fur Elise）》。有人說《致愛麗斯》是貝多芬送給瑪爾法蒂的訂情信物，可信度還是比較大的。貝多芬以前題贈作品予他人，都是在出版時注明是獻給誰的，從來沒有像這樣將手稿都送給了對方，而自己居然連底稿都沒留，也沒有想到要出版，所以這首日後馳名退邇的小曲，竟沒有一個正式的作品號（Opus）。作品寫於1810年春，除去兩位當事人，無人知道她的存在。被贈者瑪爾法蒂當年或被迫或自願，拒絕了老師的求愛，而對於這件珍貴禮品，既沒公開也沒丟棄，不清楚內心究竟是個什麼態度，直到四十年後她撒手人寰。諾爾使這首小金曲重見天日，功莫大焉，但在1867年出版時卻陰差陽錯，將曲名《致特蕾莎（Fur Therese）》誤寫成了《致愛麗斯（Fur Elise）》。小"愛麗絲"將錯就錯，就此開始了她不脛而走風靡全球的旅程。這時距貝多芬離世已經整整四十年過去。大師當初一定沒有想到，自己牛刀小試的小曲兒，百年後居然隨處可聞耳熟能詳，成了古典音樂中的流行音樂。令人惋惜的是，來之不易的《致愛麗斯》手稿後來還是丟失了。不過丟了也好，缺少了第一手證據，留給後世貝多芬學者們一個永遠的研究課題："愛麗絲"真的是"特蕾莎"之筆誤嗎？如果不是，那麼"愛麗絲"其人究竟又是誰？有關此曲還存在著另外一種傳說：貝多芬原來是留有底稿的，他並且於十幾年後的1822年，重新對原稿進行了若干修改，不過沒有最後完成。此說的真實性還有待考證。後世有關貝多芬的真真假假的故事實在是太多了。

最能集中反映貝多芬的平庸出身給他在與貴族女性戀愛後帶來的不盡煩憂，製造的悲劇性痛苦，莫過於由他那著名的"永生的戀人"書信所揭示的愛情事件。這是一個相對複雜、龐大的課題。為了不致離題太遠，我將另文撰述之。（完）

後記：

嚴格講本文並未徹底完成。本主題是一個大工程，眼下時間興致都有不濟，重新啟動並最後完工，只有寄希望於異日了。更希望拋磚引玉，引來同好借題發揮，共同探討。

參考資料：

──貝多芬：音乐与人生，路易斯·洛克伍德著，刘小龙译，2011，ASIN: B006LWCZS6

──贝多芬传，梅纳德·所罗门著，田园译，2013，ASIN:B00HC05N4Y

──贝多芬传记，马丁·格克著，严宝瑜译，2011，ISBN:9787103036624

──贝多芬钢琴奏鸣曲研究，郑兴三著，2007，ASIN:B00114907E

──贝多芬画传，大卫·温·琼斯著，秦立彦译，2003，ISBN:756333209X, 9787563332090

──贝多芬书简，杨孝敏译，2002，ISBN:7563335714

──歌者贝多芬──贝多芬的艺术歌曲，立彬著，爱乐杂志2012年第6期

──音乐巨人贝多芬，何为著，1970，ISBN:9787807029113

──安东尼奥·萨列里：被诽谤的音乐大师，胡越菲著（http://www.soomal.com/doc/10100003460.htm）

──简说席勒的成名剧《强盗》，孤独的老愤青著（http://blog.sina.com.cn/s/blog_67e51d1b0102dv01.html）

──勤政亲民的腓特烈大帝，霞光著（http://www.epochtimes.com/b5/10/4/15/n2877695.htm）

──世界名人传记系列文学艺术家卷──贝多芬，杨林 晓阳编著（http://www.xiexingcun.com/biography/bdf/bdf.htm）

──维基百科

──百度百科

──Archduke Rudolph, Beethoven's Patron, Pupil, and Friend: His Life and Music by Susan Kagan, 1989, ISBN-10: 0918728746

──Beethoven by Maynard Solomon, 1979, ISBN-10: 002872240X

——Beethoven Essays by Maynard Solomon, 1990, ISBN-10: 0674063791

——Beethoven（Life & Times Series）by Martin Geck, 2005, ISBN-10:1904341004

——Beethoven: The Man and the Artist, As Revealed in His Own Words by Friedrich Kerst, 2011, ISBN-10: 0486212610

—— Beethoven: The Music and the Life by Lewis Lockwood, 2005, ASIN: B00C1WMFRQ

—— The Life of Beethoven by David Wyn Jones, 1998, ISBN-10: 0521568781

—— The Life of Ludwig van Beethoven by Thayer, 2001, ISBN-10: 0722253494

—— "All these notes don't pay my needs!!". Beethoven's capital by Nicole Kämpken, translated by John Simons（http://www.beethoven-haus-bonn.de/six-cms/media.php/75/kurzf_hrer_geld_engl.pdf）

——A Royal Introduction, Beethoven Sonata for Piano and Cello Op.5 No.1（https://joylisney.wordpress.com/tag/beethoven-cello-sonata-no-1/）

——Beethoven and His Royal Disciple, Lewis Lockwood, Introduction by Jessie Ann Owens（https://www.scribd.com/document/231399237/Beethoven-and-his-Royal-Discipline）

—— Beethoven and His Women by Dick Strawser（https://dickstrawser.blogspot.com/2011/12/beethoven-and-his-women.html）

—— Beethoven letter to Lichnowsky（http://alt.music.beethoven.narkive.com/0CceuazC/beethoven-letter-to-lichnowsky）

—— BEETHOVEN THE REVOLUTIONARY by Stephen Johnson（http://www.bbc.co.uk/radio3/beethoven/Revolutionary_politics.shtml）

—— BEETHOVEN: THE MAN AND THE ARTIST, AS REVEALED IN HIS OWN WORDS by Ludwig van Beethoven（http://www.gutenberg.org/files/3528/3528-h/3528-h.htm#link2H_4_0010）

—— Beethoven's Missa Solemnis（http://www.beethoven-haus-bonn.de/sixcms/media.php/75/kurz_beethoven_missa_e.pdf）

—— Beethoven ó s Political Music and the Idea of the Heroic Style by Nicholas Louis Mathew（https://ecommons.cornell.edu/handle/1813/3375）

——BEETHOVEN'S ACADEMY CONCERT OF DECEMBER 22, 1808（http://www.raptusassociation.org/22dec1808e.html）

——Beethoven's history: 1770-1802（http://www.classicfm.com/composers/beethoven/guides/beethovens-life-timeline-part-1/）

——Beethoven's Letters 1790-1826, Vol. 1 of 2 by Lady Wallace（http://www.gutenberg.org/files/13065/13065-h/13065-h.htm）

——BEETHOVEN'S PIANO SONATAS THREE 'ELECTORAL' SONATAS WOO 47（http://raptusassociation.org/woo47e.html）

——Cello Sonata No.2 in G minor Op.5/2 by Francis Humphrys（http://archive.westcorkmusic.ie/details/view/cmf/102）

——Concerts（http://lvbeethoven.co.uk/page34.html）

—— December 22, 1808: The most remarkable concert of Beethoven's career by sgtr（http://sgtr.wordpress.com/2012/01/01/december-22-1808-the-most-remarkable-concert-of-beethovens-career/）

——Friedrich II 'The Great', King in Prussia（1712-1786）and Queen Elisabeth（1715-1797）（http://www.theroyalforums.com）

——Jean-Pierre and Jean-Louis Duport（http://www.cello.org/cnc/duport.htm）

——Prince Lichnowsky（1756-1814）and Beethoven: Life in Vienna（http://www.classicfm.com/composers/beethoven/guides/beethovens-music-and-life-prince-karl-lichnowsky/）

——The "Grand Battle Symphony" Op.91（http://www.beethoven-haus-bonn.de/sixcms/list.php?page=museum_internetausstellung_seiten_en&sv%5binternetausstellung.id%5d=31570&skip=6）

——The darker side of Beethoven（http://libserv23.princeton.edu）

——The Eroica Riddle: Did Napoleon Remain Beethoven's "Hero?" by Christopher T. George（http://www.napoleon-series.org/ins/scholarship98/c_eroica.html）

——The face of Mozart, the composer? by Boatswain（http://www.antiquephotoalbum.nl/bloqjes/?p=59）

——WELLINGTON'S VICTORY AT VITTORIA, OP. 91 by Ingrid Schwaegermann（http://www.raptusassociation.org/battle.html）

——What does the 'van' in Ludwig van Beethoven's name mean? （http://wiki.answers.com/Q/What_does_the_%27van%27_in_Ludwig_van_Beethoven%27s_name_mean）

——Evidences: Beethoven proposed to Magdalena Willmann around 1795?（https://www.gyrix.com/forums/showthread.php?t=4497）

——http://lvbeethoven.co.uk

——http://www.beethoven-haus-bonn.de

——http://www.classicfm.com

——http://www.lvbeethoven.com

——http://www.raptusassociation.org

——https://www.sin80.com/artist/beethoven

——Wikipedia, the free encyclopedia

（2013-2014）

雄獅伏下身軀

—— 聽貝多芬《三重協奏曲》第二樂章

雄獅伏下身軀，蒼鷹收攏羽翼；大師你，雙膝著地
默禱吧，默禱，在父神的面前；靜夜，月光幽清……

真摯的憂傷，流自心靈的溫情，融入提琴的悠長、純淨
苦難生命，不要哀怨呻吟；婉轉的傾訴，柔美得透明……

側耳傾聽，聖靈降臨在鋼琴，明亮的起伏，波濤滾滾
洗滌去世塵，揉撫著魂靈；母親輕吻中，嬰孩含淚入夢……

啊，夢醒，迎來終曲樂章，那霞蔚雲蒸的黎明……

（2006）

英雄的終曲

—— 記貝多芬《英雄交響曲》終曲段落

暴風雨降臨前夕

尼德蘭[1]海岸正沈靜

雲藹下飄著一葉蒼鷹

田野裡傳來短笛

有人迎著風兒在吹

吹得倚馬待發的騎士

回身擁吻送別少女

吹得遠方的村落

應和陣陣晨禱的鐘聲

牛羊抬起了頭頸

草木屏住呼吸……

大水起自天際

帶著諾亞的印記

雷神奏響泰坦[2]終曲

狂飆如歌，滌蕩作洗禮

叫每一粒種籽浸透雨滴

末了，耶和華舉起指揮棒

千萬禽獸仰天發聲

萬千花葉振翅欲飛

將我的血肉碾作齏粉

魂靈裂變為光子，追隨

融化到這片星雲而去……

後記：

《英雄的終曲》終於完成，甚感欣慰，可謂了卻了一樁心事。其實不過短詩一首，從醞釀到殺青，大約也就十天左右時間，對於慢手的我來說也算是靈感之作了，但動筆後多時，確切說直到基本完稿的前一兩天，並沒有信心將其完成，擔心找不到可以準確傳達情思的字句或意象。以文字寫音樂，太有難度了，如果不甘流於凡俗，說些淺顯乾癟的大白話。為貝多芬的音樂 — 尤其是《英雄交響曲》— 配詩，太有意義了。

兩百年來有沒有人為貝多芬《英雄交響曲》寫詩，我隨便狗了一下，中英文都沒有找到，哈，看來咱不僅是獨創，並且還是首創了 ——不會啦。自然，這小詩只是寫了終曲片斷，全曲應該配以一部史詩，只可惜任何文字恐怕都無法勝任，所以史詩仍舊是《英雄交響曲》本身。

"田野裡傳來短笛"，指終曲那小段雙簧管獨奏。作曲家在這裡好整以暇，欲揚故抑，在滿目肅殺蒼茫，山雨欲來風滿樓之際，竟清閒地唱起了一曲田園牧歌，悠揚如雲，憂傷如訴，為即將到來的那雷霆萬鈞火山爆發的最終高潮做盡了鋪襯。每每欣賞到此，我就不禁為大師的絕妙藝術構思拍案叫絕，真乃壯美與柔美完美結合的經典手筆。這段田園牧歌乃本詩靈感的觸發點，特此記述。

（2017）

注釋：

1 尼德蘭：貝多芬的祖籍故鄉。

2. 泰坦：普羅米修士。

卡瓦蒂納（Cavatina）

和她遭遇源於一個偶然事件：那是大約兩周前，一個冬日的上午，我正在班上，坐在辦公桌前，一邊輕鬆敲打著電腦鍵盤，輸入若干千篇一律的日常系統管理命令；一邊給自己戴上副耳機，隨機放一段音樂，以擺脫工作的單調，打發枯燥的時間。就此，辦公室的喧囂與感官隔絕，塵世漸漸離去，我進入到一個人的世界。時間一分分流逝，不知不覺中，忽然感覺到：視線開始模糊起來，面前的電腦螢幕有些不清楚了，兩隻眼睛更是酸酸的。我怎麼了？這是怎麼一回事情呀？

然後，順理成章地，我病態地愛上了她。連續好幾天，每晚入睡前定要和她相會兩三遍，在她憂傷、溫柔的撫摩下，含著淚幸福地入睡。她那雙魔幻的手，輕輕撥弄著我靈魂至深處那最為隱秘、脆弱的弦，教它在不由自主的顫慄中，一絲絲融化、昇華，進入到那遙遠的天際。此時此刻，貝多芬之心，在我的胸腔裡復活、跳動……

貝多芬《第13絃樂四重奏（Op.130）》第5樂章："詩一般柔和的Cavatina（義大利語，意為短小的詠歎調），代表了貝多芬內心的音樂。按貝多芬自己說這是創作於1825年夏天，當時他正處於深度憂鬱之時，他的朋友說貝多芬是含淚創作這首音樂的：'他在精神上是這樣至誠，以致只要提起這段音樂，他眼淚就會湧出。'"（引自網路，作者不詳）

藝術天使的眼淚從來都不會白流。貝多芬一時的淚水，換來了一代代後來人多少的回報。容我轉引油管上幾位網友的有關評論：

keimica 4 years ago: "I know that as well. I believe it's his favorite movement. In a conversation on this subject he referred to it as 'the crown jewel'."

Osukastairu 4 years ago: "I'm reading about Beethoven right now and listening as I see titles in this book. About Cavatina, it says that Beethoven said that only thinking about the melodies made him cry (he was deaf)."

beethomozart 4 years ago: "One of Beethoven's most famous pages, preferred by the author himself, 'never music has impressed such an effect on me' he said, a composition lacking development and repetition, melodic invention of a notorious length and with variety in its last part, written with a sensation of oppression and where sound tends to dissolve constantly threaten by silence, long live ludwig van."

folsak 4 years ago: "Amazing ludwig. This is music no must express any word only feel the music. R.I.P."

DoubleGauss 4 years ago: "Can you name the ensemble that performed this quartet? The Cavatina is a very delicate piece and it's easy to screw it up by playing it fast. This is one of the better renditions I have heard."

hellomate639 4 years ago: "Its a very sad, sweet, near end of life song…"

imajeepster 3 years ago: "The saddest thing is that Beethoven was totally deaf, and never got to hear it….it's the music of someone saying Goodbye."

rchen123 3 years ago: "This music is a gift from the heavens, it is about 'us' as a humans which is full of sadness yet full of hope, full of bitterness yet full of kindness, like lost souls full of contradictions. This version is a minute longer than the version of the 'golden record' on the Voyager spaceship launched in 1977 into the the cosmic abyss."

RIce2324 3 years ago: "Only goes to show that hearing music isn't enough. You have to feel it. Beethoven was the best at that. Probably more-so than any musician in the world."

granchard 3 years ago: "As I drive along listening to the great mans sublime works, I imagine him sitting next to me with the ability to hear, It is a beautiful idea that he would be able to listen.On hearing, I wonder if he would change anything."

folsak 3 years ago: "The limits of the art."

Sonolumino8939 2 years ago: "There are very few pieces which embody life, death, struggle, hope, love, and beauty in all their forms. This is such a piece, an eternal, transcendental work not of this world, but given to mankind to reassure us that there is something more to our lives. Thank you God, and thank you Beethoven."

keimica 2 years ago: "I don't know what kind of women you know who listen to this music that then didn't like it. But it's sad if ANYONE doesn't like this music, and I don't see why you think it must be a woman thing. That's rather limiting. This was Beethoven's favorite piece, which he called 'the crown jewel' and the only piece of his that made him cry. It's also on the Voyager spacecraft, (although the Budapest quartet interpretation)."

DoubleGauss 2 years ago: "Beethoven never actually heard this piece himself as he was completely deaf when he composed it. So if he cried, he cried while imagining the sound in his head."

MoonoRoyalty 2 years ago: "My heart does swell listening to Beethoven, but I do not cry. Why? Because tears are not to be shed over such beauty."

exxcalibur1973 1 year ago: "In the words of Marliave, 'the music here reaches an intensity of feeling that transcends all the agony of grief, all the depths of anguish that human grief could experience.'"

imajeepster 1 year ago: "I know, that's the saddest thing to think of...that he was never able to hear it. Sob..."

exxcalibur1973 1 year ago: "Really, I never knew it was Beethoven's favorite piece. I don't know the musical term for what happens at 4:23 but it is the most, most , most, most amazing thing i have ever heard. I recall hearing it for the first time about 10 years ago. I quit my job and came back home to restart my life because it was as if everything i had done had led to that moment. Where do you go after this? You can't just do what you were doing. It makes no sense. It is a death and rebirth and the divine."

ScoutIsBestClass 8 months ago: "There are two times when it's acceptable to cry. when someone dies and when you hear the Cavatina."

Peter O' Neill 1 month ago: "But it is the Cavatina that immediately precedes that Allegro that made the greatest impression on me. A movement which which in calm finality and intensity goes beyond anything I have heard by the venerable Ludwig.' Samuel Beckett, 1934, in a letter to Morris Sinclair."

(2013)

貝多芬的天空 舒伯特的大地

　　貝多芬的《大公三重奏》（Op. 97）和舒伯特的《C大調弦樂五重奏》（D. 956），同為古典室內樂中的頂尖傑作，各自集中表現了這兩位偉大音樂家的典型樂風，可謂他們的心血結晶。

　　最近迷戀上了這兩曲，特別是《大公》，幾乎達到了有些神魂顛倒的地步。精神高度滿足幸福之餘，覺得不寫幾個字出來聊表胸臆，實在有些對不起自己的這段感情，更對不起提供我如此豐盛精神食糧的兩位敬愛的大師。我一向不贊成以形象的文字來描繪抽象的音樂 —— 表達泛泛的感性賞樂體驗除外，今天勉為其難破例一次，嘗試著以我笨拙的筆，為這兩部作品各抽取一個橫截畫面：

　　《C大調》第二樂章（慢板）：冬日，時近黃昏，冰雪綿綿的曠野上，走來一個衣衫襤褸的流浪人。天，馬上就要黑了；天地間，風吹著雪，雪夾著風。鋪就眼前道路的是覆蓋著冰雪的野草、荊棘和石頭，白茫茫的大地沒有盡頭。他，饑寒交迫，步履蹣跚，眼看隨時就要倒下去，被風雪埋葬在這荒原上。伸出乾枯的手臂，他發出了最後的呼號：溫暖的家啊，你在哪裡？我的親人們啊，你們在哪裡？路啊，你又通向何方？上帝啊，請伸出你憐憫的手，救救你無家可歸的孩子吧！

　　《大公》第三樂章（行板）：夏夜，繁星滿天，幽靜的後花園，夜鶯在婉轉歌吟。一位詩人在徘徊、沉思，及禱告。他，思索得很認真，禱告得很虔誠。苦思冥想帶來幾許惆悵，孤獨著不免有點憂傷。這時，天使靜悄悄地，仿佛潔白的和平鴿翔臨，以她透明而燦爛的聲音，歌唱般地與他對話；用一道道水晶溪流樣的星光，洗滌著他的身體和靈魂。最後，引導著他向上飛翔，自空中俯瞰燈火輝煌的人寰。終於，在那裡，他沐浴于雲海的滾滾波濤，那滾滾波濤是慈悲大愛的聖靈。

近幾天，我數十次聆聽這兩個偉大樂章，每每聽得心潮起伏，熱淚盈眶。《C大調》給予我的，是淒迷、哀傷的淚，一時間，只感覺自己成了一個無家可歸的人，躑躅在那冰天雪地，向上蒼發出絕望的呼號。《大公》帶給我的，是感激、喜悅的淚。感謝上帝賜我這樣美好豐盛的生命，感謝上帝的使者貝多芬，給人間帶來了天國的大美與至善。

故而，我深切理解、欣賞舒伯特；我永遠熱愛、追隨貝多芬。根據自己天性做出這個抉擇，我很滿意。跟隨貝多芬，生命到達如此境界，我複有何求。給我帶來人生最大靈肉享受和至高精神幸福的，是貝多芬。說不盡道不完：我愛你，貝多芬！

後記：

區區數百字小文，遠未一吐為快。我自然明白，文字是很難甚至無法寫好音樂的。此文上網後次日，又聆聽《大公》十幾遍，開車時聽，坐班時聽，睡覺前還在聽，只是聽不夠。既聽全曲，更多的是第三樂章。很享受這樣被音樂感動得心神俱旺的特殊體驗。

這首《大公》，十年前就聽過，當時覺得挺好，但沒什麼特別感動，印象不是特別深。雖然也收入了我喜愛的貝多芬作品單，但後來竟漸漸淡忘了。很高興這次偶然拾起來。

寫此曲時，大師的創作手法已極為高超。《大公》的總體樂風主題鮮明、生動明快，並不難入耳。但這個第三樂章卻不是很通俗，轉調，多主題，變奏多端，不容易一下子就抓住，至少我沒能做到。開始兩三次聽覺得有些散亂，很有些懷疑"這是貝多芬最優美的行板樂章"的說法。聽過多遍後才越來越投入，直至最後百聽不厭欲罷不能，進入了妙處難與君說的境界。

建議剛接觸此曲的朋友，如果不能馬上進入角色，不要著急，耐心多聽幾遍，以期慢慢找到感覺。

至於版本，鑒賞了大約十餘個，完美的尚未發現，最好的可算Claremont Trio。我知道這個女子三重奏組合年輕且不著名，但那些大師組合不是錄音欠佳，就是名不副實。

(2013)

郎朗, 熱情, 與皇帝

一

被譽為現代中國鋼琴王子的郎朗是一個毀譽參半的公眾人物，讚譽者將其和20世紀世界頂尖鋼琴大師相提並論，但基本上提不出令人信服的專業事實依據支持此觀點；貶低者對他不屑一顧，又總是將詬病的矛頭指向其若干政治表現及演奏風格，諸如誇張的面部表情和肢體動作，也不是真正以音樂為論據。郎朗作為一位聞名中外的現代鋼琴演奏家，對他相對客觀公允的評價終究還是應該回到音樂本身上來，也就是去聆聽（而不是觀看）他的演奏。那麼，郎朗的鋼琴演奏水準究竟是處於哪一層次呢？

評判一位著名鋼琴家的總體演奏水準不是一件輕而易舉的事情，這是一個小型的綜合審美工程，一個音樂博士論文題目。就評判標準而言，一位傑出的鋼琴演奏家，最好是具備較為寬廣的演奏曲目，有能力駕馭許多作曲家的各種不同風格的作品。但更重要的評判標準卻不是面，而是點和線。"線"為某作曲家，"點"為該作曲家的某作品，點與線構成演奏家的主攻領域，他/她必須建立起自己不同凡響的勢力範圍甚至獨立王國，對至少一位多則幾位大作曲家的重要作品具有超乎他人的理解演繹能力。簡而言之就是：點線為必須，有面則更好。專比廣更重要，這有些像體育比賽，就公眾普遍認可的競賽成就而言，奧運會十項全能冠軍比不上百米或跳高冠軍。

再者，有比較才能有鑒別。評判一位鋼琴家的演奏水準，必須將他/她與其他演奏家做比較對照，而不能孤芳自賞地以其作品本身作為對其作品的評判標準。參考對比的演奏版本自然是多多益善，涉獵得愈廣，最後結論也就愈傾向於客觀公正。我個人以為為了發現一部樂曲出類拔萃的演奏版本，鑒定者需要滿足以下三個必要條件：1、早已熟悉並喜愛該曲；2、參考對比至少10-20個悉心選擇的出自不同演奏家的版本；3、短期內集中聆聽所有版本，總共至少50遍。如果完不成這些基本功，得出的鑒定結論缺乏說服力，更不要說權威性。另外我還以為一個真正的演奏版本鑒定者，應該具有一種完美主義的人格素質。比如為了尋找理想的《終極奏鳴曲》演奏，我試聽了迄今所能夠發現的上百個版本 — 感謝現代網路，這在唱片時代是完全不可想象的，一是除去少數音樂學院的圖書館，幾乎無人有能力收集一曲所有唱片；二是許多優質演奏根本就沒有唱片出版，兩三年內聆聽該曲幾千遍。最後得出的鑒賞評判結果雖然仍舊不盡完美，但總算好過強差人意。即便這樣，不時還擔心會有漏網之魚，產生遺珠之恨。尋求優質版的工作性質不無意義，但工作量巨大而繁重，尤其對於時間超過30分鐘的大部頭作品。至於工作過程，並不總是樂此不疲的精神享受，不時得忍受審美疲勞及劣質版本帶來的身心折磨。要不怎麼說這乃是一項艱巨的審美工程。

　　作為古典音樂發燒友和演奏版本鑒定愛好者，我對郎朗可以說是很不熟悉，只知道他的演奏曲目比較廣，自古典到後浪漫的主要作曲家的重要鋼琴作品幾乎都有涉及。對於古典音樂中的重頭戲之一的鋼琴曲，我個人只對貝多芬的作品情有獨鍾，比較熟悉也做過一些鑽研，而對於其他鋼琴大家如莫札特、舒伯特、蕭邦、舒曼、勃拉姆斯、李斯特、德彪西、拉赫馬尼諾夫等，我的欣賞水準基本上還只停留在泛泛喜歡的程度。那麼就請容許我對郎朗演奏的貝多芬談些個人體會意見，以一個非音樂專業人士的身份。

二

　　第一部檢驗作品：貝多芬《f小調第23鋼琴奏鳴曲〈熱情奏鳴曲〉》（Op.57）。貝多芬的32部鋼琴奏鳴曲是人類音樂寶庫中的珍品，每部作品皆可稱為一個獨特個體，承載著截然不同的情感樂思，而同一奏鳴曲中的各個樂章所含意韻也是色彩迥異，尤其那幾部相對更有分量的重中之重傑作，具有很高的表現演繹深度，對演奏者的音樂詮釋能力是一個艱巨的考驗。優秀演奏版本建築于演奏家對作品深刻理解的基礎之上，如果對作品的理解失之膚淺或錯位，哪怕鋼琴技巧再高，演奏失敗亦為必然。

　　兩個世紀以來就世界範圍而言，能夠彈好貝多芬全部鋼琴奏鳴曲的鋼琴演奏家不是鳳毛麟角，而是絕無一人。常常是你能彈好這一曲，不一定就能彈好另一曲；你能彈好一曲中的某樂章，不一定就能彈好其它樂章。當然這裡所說的"好"乃是一個群體標準與個體觀念的綜合體，自有其統一客觀性，但主觀成分也不低，因此不無值得商榷之處。我想每一位對貝多芬鋼琴奏鳴曲有著刻骨銘心體驗，並且審美思維堅強獨立的愛樂人，都會逐漸建立起自己的一套個體評判標準，所謂一千個讀者就有一千個哈姆雷特。

　　貝多芬32部鋼琴奏鳴曲中，就技術難度和演繹深度而言，《熱情奏鳴曲》應該位於前幾位，超過大多數作品，但不及晚期的《降 B 大調第29鋼琴奏鳴曲〈槌子鍵琴奏鳴曲〉》（Op.106）、《c小調第32鋼琴奏鳴曲〈終極奏鳴曲〉》（Op.111）等。三年來試聽過約35個《熱情》版本，幾百上千遍，其中一些為盲聽。根據感覺體驗將它們粗粗分為幾類：優、良、中、差、劣，其中優評版只有4個：Andsnes、Biss、Gilels、Pollini。Elly　版似乎不錯，但錄音品質較差，姑且不論。沒有一位鋼琴家做到了將全曲的三個樂章都彈奏得近乎完美，如能將兩個樂章演繹得超凡出眾，而第三個樂章強差人意，即可於個人這裡得到優評，比如 Gilels、Pollini 都是第1、第3樂章強，而第2樂章遜色，Biss　　則是第1、第2樂章強，而第3樂章較弱。不以名氣取英雄，放膽給了好幾位世紀大師差評，如：Ciccolini、Horowitz、Richter、Rubinstein、Schnabel　等。公正與否姑且不論，由此至少可見評者近乎苛刻的慎重與嚴謹。

三

　　接觸郎朗版的《熱情》較晚，此時對樂曲及多種版本已比較熟悉，並且建立起了自己的一定審評標準。兩年前第一遍過耳後總體印象已經建立，現在為寫此文又去聆聽了多遍，最後毫無疑問地將其送入了以上幾位大師的行列。將郎朗版分解地看：第一樂章"很快的快板"可以用十字評語概括：散，拖拉，小氣勢，有形無神。首先速度大成問題，緩慢得超出合理範圍。與優質版對比一下用時：Gilels　9分25秒，Biss　9分18

秒，Pollini 8分49秒，而郎朗用時10分40秒，比最慢的 Gilels 還慢了1分10多秒，比最快的 Pollini 則慢了將近兩分鐘，所以"拖拉"客觀上成立。再者，強弱節奏感不足或嚴重不足，從頭至尾雖有若干基本的起伏波動，但對比層次缺乏鮮明色彩，產生的效果為即使不是一潭死水，也幾乎波瀾不驚，完全沒有表現出樂曲本應具有的那種發自隱秘內心的緊張躁動和不可抑制的如火激情，溫吞水般的彈奏讓聽者很難被感染激勵。嚴格些說，演奏者在這裡完全沒有把握住作品的實質精神。或說"演繹"一詞意味著演奏家可以按照自己的感覺和理解去自由發揮，不無一定道理，但卻有失嚴謹。音樂作品含義的解說詮釋必須受制于作曲家的創作本意，演奏家發揮的自由是有限的，不能恣意散漫地離經叛道，不能劍走偏鋒脫離作品既定的樂思主題，否則就成了演繹敗筆，既不符合作品基本的客觀評價標準，也違背作曲家的創作原意。

對於《熱情奏鳴曲》，大多數愛樂者及演奏家一般都將注意力集中在第一樂章"很快的快板"和第三樂章"從容的快板"上，而將那相對短小低調的第二樂章"稍快的行板"視為夾在兩座高峰之間的幽谷，即使不是可有可無，也幾乎無足輕重，權且當作劇間休息。但恰恰是這個旋律樸素、技巧簡單而讓人不起眼的行板樂章，承載了深厚的精神內涵，其演奏難度絕不低於其它兩個快板樂章，當然這裡所言難度不是說演奏技巧，而是指涵義闡釋。貝多芬的許多看似簡單的慢板，比他那些複雜的快板更難演奏，因為演奏家無法用令人眼花繚亂的炫技來掩蓋自己對作品內涵理解上的缺失不足。慢板裡有深情，慢板裡有思想。貝多芬自己好像說過：我認為行板可以表達崇高與神聖的理想。

本樂章的演奏要訣是"由慢到快，由重到輕，由黑暗到光明"。前半段（主題加第1變奏）沉重堅定緩步而行，後半段（第2第3變奏）熱情洋溢一氣呵成，不能有任何的遲疑停頓。整個樂章好比受難者跋涉於漫漫長夜，最後迎來晨曦初露，快步奔向那光輝升起的所在。第4變奏為向第三樂章發展的過渡段，不在此分析之內。如何表現夜行人自黑夜邁向黎明的行為心理，在此大多數演奏家似乎都陷入了某種理解盲點，貝多芬演奏專家 Gilels、Pollini 有能力將首尾兩個技術要求甚高的快板樂章彈得精彩紛呈，可就是處理不好這個看似平淡無奇的行板樂章。個人感覺郎朗的同齡人 Biss 是唯一將本樂章精確無誤近乎完美地演繹到位的鋼琴家，我對本樂章的理解也正是通過聆聽他的演奏得來。碩果僅存百聽不厭，有了 Biss 演奏的第二樂章，再聽其他人的就都味同嚼蠟了。順便提一句，Biss演奏的貝多芬《c小調第5鋼琴奏鳴曲》（Op.10-No1）也是一個優秀版本。其中第二樂章那個悠長細膩柔情百轉，淋漓盡致地向世人展現了雄獅貝多芬那不為人知的另一面。

既然大多數演奏家都栽在了這個自黑暗走向光明的第二樂章，較難指望郎朗能夠與眾不同，他也確實沒有給人帶來出乎意料的驚喜：上半段力度不夠，仿佛夜幕下的薄霧，有黑暗但沒有沉重，更沒有剛強堅定。更大問題出在下半段，又開始拖拉了，第2變奏與第1變奏相比速度上幾乎沒有明顯差別，期間夾雜著星星點點的遲鈍，缺乏這裡所必需的流暢光明。第3變奏總算快起來了，仍然不夠，且略嫌生澀。不過大體而言，郎朗的第二樂章比第一樂章還是要好些，畢竟彈好第一樂章的人多，彈好第二樂章的人少，不能對他過於苛求了。

第三樂章郎朗有些起色，沒發現什麼大問題，基本上中規中矩，時而平淡無奇，時而靈光閃現，算不上如何出眾，但也完全可以一聽。綜合全曲的三個樂章考慮，郎朗版《熱情》大致處於一個中庸偏下的水準。一般音樂愛好者聽聽無妨，但不值得專家和資深賞樂人士推薦。最後需要說明的是：郎朗版《熱情》只在油管上看到，我在鑒賞時總是將視頻關閉，嚴格實行只聽不看，以完全杜絕視覺印象，儘量做到以音取人。

四

兼聽則明，偏聽則暗，以一首樂曲版本的優劣決定一位演奏家是否演奏得好一位作曲家有失片面，當我看到了郎朗版的《降E大調第5鋼琴協奏曲〈皇帝協奏曲〉》（Op.73），感覺這是一個再次檢驗他演奏貝多芬能力的機會，這也是本文生成的契機。《皇帝協奏曲》與《熱情奏鳴曲》、《降E大調第3交響曲〈英雄交響曲〉》（Op.55）、《c小調第5交響曲〈命運交響曲〉》（Op.67）、《艾格蒙特序曲》（Op.84）比肩並列，同為樂聖最負盛名的英雄代表作，全曲充滿了貝多芬獨步古今的精神氣質，雄渾磅礡如長江大河，宏偉壯麗仿佛進入天堂的拱門。任何一位希望以貝多芬演奏專家揚名于世的鋼琴家，必須通過《皇帝協奏曲》這道試金石的嚴格考驗。為了盡可能不帶任何主觀偏見或觀念去鑒別包括郎朗在內的多個演奏版本，這次我選擇了"盲聽法"。

"盲聽"一般用於兩種場合：樂器聲樂比賽和音響設備測試。其目的很明確，去除視覺印象 — 人是一種視覺動物，擯棄先入為主 — 人更是一種偏見動物，純粹以聲音鑒別評判演出水準或設備品質。盲聽對於古典音樂愛好者和演奏版本鑒賞者至少可以有三個用途：熟悉作品，訓練聽力及鑒別版本。這兩年為寫貝多芬評論文章做了不少盲聽，對這種音樂鑒賞法也越來越有興趣。個人的盲聽法很簡單，首先自某個古典音樂庫下載一部音樂作品的多個演奏版本的MP3文檔到資料夾A，然後將其拷貝到資料夾B，接下來將資料夾B中的文檔隨機改名，聆聽改名後的MP3文檔就成為了盲聽，聽時記錄下感受及評價，完後將兩個資料夾中的文檔做尺寸對比，於是鑒賞文檔和原文檔就對上了號。

　　首批鑒賞版本如下，應該說明的是除去郎朗版，其它幾個皆為多家權威音樂刊物及唱片出版社的推薦版本：

鋼琴演奏	指揮	交響樂團
Brendel,	Haitink,	London Philharmonic
Cliburn,	Reiner,	Chicago Symphony
Kovacevich,	Davis,	London Symphony
Lang Lang,	Barenboim,	Staatskapelle Berlin, live
Pollini,	Böhm,	Vienna Philharmonic, live

　　將各版本盲聽一遍，按總體印象逐一給予評分，結果如下：

評分	鋼琴演奏	指揮	交響樂團
90 -	Kovacevich,	Davis,	London Symphony
85 -	Brendel,	Haitink,	London Philharmonic
85 -	Cliburn,	Reiner,	Chicago Symphony
85 -	Pollini,	Böhm,	Vienna Philharmonic, live
75 -	Lang Lang,	Barenboim,	Staatskapelle Berlin, live

　　接下來或盲聽或明聽，又鑒賞品評了其它17個版本如下：

評分	鋼琴演奏	指揮	交響樂團
90 -	Gould,	Krips,	Buffalo Philharmonic, live
90 -	Michelangeli,	Giulini,	Wiener Symphoniker, live
90 -	Michelangeli,		Orchestra Sinfonica di Roma della RAI, live
85 -	Ashkenazy,	Solti,	Chicago Symphony
85 -	Gilels,	Leopold Ludwig,	Philharmonia
85 -	Gulda,	Stein,	Vienna Philharmonic
85 -	Haochen Zhang（張昊辰）,	Noseda,	Israel Philharmonic, live
85 -	Kempff,	Leitner,	Berlin Philharmonic

85 - Pollini, Abbado, Vienna   Philharmonic, live
85 - Weissenberg,   Karajan,   Berlin Philharmonic
85 - Zimerman,   Bernstein,   Wiener Philharmoniker, live
80 - Arrau,   Davis,   Staatskapelle Dresden
80 - Ax,   Previn,   Royal Philharmonic
80 - Backhaus, Hans Schmidt-Isserstedt, Vienna Philharmonic
80 - Gieseking,   Karajan,   Philharmonia
80 - Lill,   Weller,   Birmingham
75 - Barenboim,   Abbado,   Berlin Philharmonic

五

　　或有名或無名總共22個版本，郎朗不幸墊底，與其作伴的還有他的恩師 Barenboim。結論如何得來？無意多談他人，因為工程量太過巨大，非眼下的時間精力和能力所能承擔，只簡單談談郎朗。盲聽時感覺不好的地方至少有三處：第一樂章"快板"起始鋼琴亮相，琶音滾動有艱澀感，不夠乾淨俐落，缺乏此處應有的光芒四射先聲奪人的氣勢。第二樂章"稍快的慢板"主旋律，速度稍嫌匆促，缺乏一種從容恬靜。這是田園牧歌般優美抒情的慢板樂章，演奏要點是"寧慢勿快"（與標注"稍快的慢板"似乎不符，問題是快慢總是相對而言），來不得一絲半點的心浮氣躁。第三樂章"迴旋曲，快板"某些地方似乎有幾分躁亂，缺乏一種流暢連貫。總而言之，沒有一個樂章給人以近乎無可挑剔的感覺。

　　雖然始終酷愛《皇帝協奏曲》，近期為寫此文又密集過耳了幾十上百遍，但我對其還是不如《終極奏鳴曲》和《熱情奏鳴曲》那樣熟悉，個人化的鑒賞評判標準也才剛剛建立，需要進一步發展完善。在此情形下，一次並非全神貫注的聆聽絕難保證評判品質，所以以上評分只是一種初步印象，而非最終價值判斷，更加客觀準確的評判有賴於對作品的深入理解，及對多版本的長期實驗聆聽。目前排在前幾位的 Michelangeli、Kovacevich、Gould 是否一定就比其他人更加優異也可以商榷。只是對於郎朗版，總體評價隨著進一步的審視非但沒有變好，而且進一步變壞。

　　本著認真負責的業餘治學精神，盲聽後將郎朗版又重複聆聽多遍，自然有新發現：首先就作品理解而言，可以說他並沒有犯下什麼大錯，彈得像模像樣，不時也有一些閃光點。問題出在細節，就技術而言，演奏可謂粗糙，以下是幾個明顯的錯誤：1、第一樂章：開始部分，在樂隊奏完長大的第一呈示部後，鋼琴回歸，開始第二呈示部，大約25秒處，快速向上音階中似乎被吃掉了半個音，或是彈錯了個音。不能百分之百確定這是一個演奏錯誤，總之感覺有點突兀或怪。2、第一樂章：終曲，樂隊齊奏與鋼琴華彩之間應該有一個全休止符，演奏者在這裡將其抹去，樂隊還沒停止就開始了華彩。3、第三樂章：奏鳴迴旋曲式開始後9秒左右處，好像是"岔鍵"了，產生了一個不易察覺但卻實實在在的錯音。4、第三樂章：第一呈示部將將結束時，有一個音似乎被吃掉了。5、第三樂章：再現部B段，一個四分休止符或八分休止符被拖延成了全休止符。

　　這些錯誤比較嚴重地影響了對作品的表現，一個硬傷多多的版本很難稱得上是對作品的優良演繹。大師級演奏家很少有在一次演奏中出現如此多的技術失誤，如果不是考慮到郎朗版是一個實況現場，他的評分還應該更低。網上看到一些評論都說郎朗不缺技巧，缺的是對作品的深刻領悟。此話用在郎朗版《熱情》上有道理，而在《皇帝》的演奏上，他對作品的理解倒無可厚非，但卻失足於演奏技巧。為什麼會出現這樣多的技術失誤？郎朗的鋼琴能力不會難以勝任這些部分，問題應該是出自態度，他對作品的練習不夠，沒有做到精益求精，還有可能是臨場發揮欠佳。後來又聽了一遍郎朗與 Eschenbach 合作的《皇帝》，完全沒有留下比以上版本更好的印象，如果不是更差的話。具體分析意義不是很大，就此不談了吧。

<h1 style="text-align:center">六</h1>

小結：

　　至少就這兩部主要作品來看，郎朗演奏的貝多芬品質不高，與不少大師甚至新秀相比有一定或較大距離，貝多芬作品不是他的強項，他不是 — 至少眼下不是 — 貝多芬演奏大師。那麼他是哪位作曲家的演奏大師？肯定不是舒伯特、勃拉姆斯，好像也不是蕭邦、德彪西，那麼是莫札特、李斯特、拉赫馬尼諾夫嗎？他個人的"點"與"線"究竟是什麼？超越眾人的經典作品有哪些？回答這些問題需要更多的深入研究，非個人興趣和能力所及。據我有限的瞭解，郎朗的演奏曲目不僅十分廣泛，且都具有相當水準，可謂量質兼備，但卻無一專科達到登峰造極。依此看來，他更像是一位奧運會十項全能冠軍，但從未創造過百米、跳高等引人注目的單項世界記錄。此類演奏家或可被稱為"音樂會鋼琴家"，他們的專長在廣度而不在深度，十分適合形形色色的音樂會演奏，而不大適合對作品演繹深度要求更高的唱片錄製。對於堅守古典陣地，傳播嚴肅音樂，給世人帶去美的享受方面，他們絕對是功不可沒，成就和貢獻不容抹煞，應該予以肯定和尊敬。與音樂會鋼琴家相對應的是全能演奏大師，他們不僅能夠在音樂會上意氣風發遊刃有餘，而且對偉大音樂家有著思想層面上的理解研究，有能力發掘不朽音樂作品音符表層之下的豐富涵義，進而給出自己個人化的詮釋演繹，藝術再創造般地彈奏出足以流傳於世的經典版本。郎朗作為一位難得的鋼琴天才，是否有希望完成由音樂會鋼琴家到一代大師的轉型，這將取決於他的先天資質、後天教育、所處環境及主觀願望等諸多內外因素。無論如何，即使郎朗的某些言行不盡人意，作為古典音樂愛好者，我們對他還是應該理解寬容多於指責批判，並給他送去美好的期望和祝願。

(2015)

千古流芳一大公

一

　　在世界音樂史上，若論陽光大氣、燦爛輝煌，很少有作品能夠超越貝多芬的《降B大調鋼琴三重奏"大公（Archduke）"》（Op.97），可以與之媲美比肩的或許只有作者自己的若干傑作如《第5鋼琴協奏曲"皇帝"》等。貝多芬將鋼琴三重奏（Piano trio）這一樂曲形式於《大公》這裡發展到了登峰造極的境界，前無古人後無來者。西方古典音樂寶庫中佳作精品不勝枚舉，但其中也只有少部分能夠被稱為"偉大"和"不朽"。一部偉大作品必須具備的精神特質，或為"崇高（Sublime）"，或為"神聖（Divine）"。"崇高"為人性昇華後帶有莊嚴感的展現，"神聖"為身處塵世而超凡入聖的存在。而《大公》，兼具此兩種珍稀品質。我不知道一個人是不是一定要心懷坦蕩光明磊落才有能力欣賞《大公》，我能夠確定的是：當你深深地沉浸於《大公》的時刻，在那個特殊的審美瞬間，你的心靈潔淨，你的靈魂高尚。

　　《大公》在貝多芬的整個藝術生命當中，也具有某種里程碑意義。自1792年從家鄉波恩來到維也納至1827年魂歸天國，貝多芬在音樂之都的創作生涯橫跨35年。按作品的內容性質看，期間大致可分為三個階段：學生時代，英雄時代和哲人時代。學生時代的貝多芬師從海頓，敬仰莫札特，創作上處於學習探索階段，早期作品不乏臨摹前輩作曲家的痕跡，混合著少年的清純與宮廷的典雅，然而清純不青澀，典雅而脫俗，初試啼聲已具相當水準，如《第1鋼琴奏鳴曲》（Op.2,No.1），清麗雅致如一朵出水芙蓉，幾可媲美同時代任何作曲家的同類作品。然而年輕的鋼琴家兼作曲家對此毫不滿足，自幼就立志將來要成為偉大的音樂家，這才僅僅是個開始，承前啟後繼往開來，他在一部部新作中逐漸展現出力圖開闢個人道路的努力。1795年創作的《第1鋼琴協奏曲》（Op.15，推薦版本齊默爾曼）可謂這個階段的代表傑作。這是一部"混血"作品，兼具莫札特式的歡快明亮和貝多芬式的慷慨激昂，我稱之為"遊蕩在華麗大廳中的一頭年輕雄獅"。既然是雄獅，早晚要衝破玻璃門窗，他人府邸的廳堂再豪華舒適，不是我永遠的家園。1798年作者27歲時創作的《第8鋼琴奏鳴曲"悲愴"》（Op.13，推薦版本古爾德），正式宣告了貝多芬英雄樂風的開創問世。這是他首部里程碑似的作品，具有劃時代的意義。《悲愴》的誕生意味著貝多芬已經完全掙脫了先輩們的影響制約，開始踏上一條嶄新的，深深打上了他自己奇特烙印的藝術創作道路。

貝多芬的英雄時代最早似可定於1798年以《悲愴奏鳴曲》為起源，終於1812年以《第8交響曲》（Op.93）的完成為標誌。通常所言的"英雄10年"為1803-1812，以《英雄交響曲》的誕生為起點。這期間他寫下了包括交響曲、協奏曲、重奏曲、奏鳴曲、序曲、歌劇等在內的大多數作品。不論是生前還是身後，讓貝多芬得以聞名於世的經典傑作大多產自這一時期，按作品的主題劃分大致有以下幾類：

一、反抗專制暴政，追求社會公義。代表作《第3交響曲"英雄"》（Op.55）、歌劇《費德里奧》（Op.72，推薦版本Gardiner）、音樂劇《哀格蒙特》（Op.84）等。

二、扼住命運咽喉，實現自我救贖。代表作《悲愴奏鳴曲》、《第23鋼琴奏鳴曲"熱情"》（Op.57，推薦版本Biss）、《第5交響曲"命運"》（Op.67）、《第5鋼琴協奏曲"皇帝"》（Op.73，推薦版本科瓦塞維奇、米凱蘭傑利）等。

三、謳歌青春人生，嚮往幸福愛情。代表作《第14鋼琴奏鳴曲"月光"》（Op.27，No.2）、《第4鋼琴協奏曲》（Op.58）、《第4交響曲》（Op.60，推薦版本伯恩斯坦）、《D大調小提琴協奏曲》（Op.61）等。

四、弘揚人間美善，冥想呼喚神明。代表作《C大調鋼琴、小提琴與大提琴協奏曲》（《三重協奏曲》，Op.56）、《鋼琴幻想曲"幻想合唱"》（Op.80，推薦版本阿巴多/基辛/Studer/RIAS Kammerchor組合）、《大公三重奏》等。

五、讚美自然世界，尋求反樸歸真。代表作《第5小提琴奏鳴曲"春天"》（Op.24）、《第15鋼琴奏鳴曲"田園"》（Op.28）、《第21鋼琴奏鳴曲"華德斯坦（黎明）"》（Op.53，推薦版本古爾達）、《第6交響曲"田園"》（Op.68）等。

以上粗略分類尚不計包括《C大調彌撒》（Op.86）、《光榮的時刻康塔塔》（Op.136）等作品在內的宗教、應景等相對次要題材，另外類屬尚不明確的作品如《第7交響曲》（Op.92，推薦版本阿巴多）等也未計入。貝多芬音樂主題的豐富多彩由此可見。拒絕複製自我是其不斷開疆擴土的動力源泉，天生在個人字典裡缺失了固步自封一詞，而代之以永無止境，作曲家日思夜想的就只有突破現狀和超越自我。每一次沉寂過後迎來的是井噴式爆發，中晚年的貝多芬另闢蹊徑，開創了自己的晚期創作人生，所謂哲人時代，大致從1815年到1827年。自"英雄"到"哲人"，這是一個在古典音樂史上獨一無二的偉大轉型。

其實以"哲人"一詞來形容晚年的貝多芬並不確切。作為音樂家的貝多芬，運用感性思維遊刃有餘，而理性思維則有些相形見絀，他糟糕的數學能力就是證明，去世的前一年還在認真地跟侄兒學習算術，令人感動且莞爾，同時有些難以置信那些結構嚴整、和聲協調、對位融洽的交響曲、協奏曲乃是出自同一個大腦。依據現代生物科學理論推測，樂聖貝多芬一定是右腦，也即"音樂腦"、"藝術腦"和"創造腦"超級發達，他又會怎樣去從事那些概念化、系統性的純哲學思索呢，康德的二律背反、黑格爾的小邏輯、斯賓諾莎的定義公理、萊布尼茨的邏輯分析，這些理性到了冰冷的哲學術語，如何能夠轉化為動人心弦的音樂旋律。夜晚獨自仰望星空，人同此心，音樂家可以像哲學家那樣面對浩瀚深邃的大自然發出由衷的敬畏和讚美，但前者如何能像後者那樣以追求時鐘般精確的理性意識，去思考日月星辰的運行軌跡，宇宙天體的起源規律等。事實上更有可能的是，貝多芬將自己得心應手的音樂符號當作思維語言，以音律和節奏作為推理邏輯，去拷問那些原始的靈命疑問，思索樸素的哲學命題，如人類與信仰、人生與生命、存在與靈魂、上帝與永恆、時間與空間，等等。這是一種個體化詩意性的所謂哲學，所以說要高度概括定義貝多芬的晚期藝術生涯，"詩哲時代"才恰如其分。他的晚期音樂翻譯成人類語言，不是哲學，而是詩歌，抒情哲理詩歌。包括以下幾個主題板塊：

一、展望人類未來，憧憬理想社會。代表作《第9交響曲"合唱"》（Op.125）。

二、讚美上帝恩典，頌揚天國光輝。代表作《莊嚴彌撒》（Op.123）。

三、思索生命意義，回顧人生軌跡。代表作《第28-第32鋼琴奏鳴曲》、《第12-第16弦樂四重奏》。

《大公》創作于貝多芬的英雄時代後期，隱隱具有混血特徵，與《第1鋼琴協奏曲》中的貝多芬莫札特混血不同，這次是貝多芬自己與自己混血，也即英雄時代與詩哲時代結合過渡。如第一樂章的內容風格大致可歸於"弘揚人間美善，呼喚天國神明"類，而第三樂章樂風突變，出現了與英雄時代各類樂曲截然不同的主題音型，即內省沉思和人神對話，這是詩哲時代作品特別是晚期弦樂四重奏的顯著特質。如同學生時代到英雄時代，作者自英雄時代進化到詩哲時代亦非一蹴而就，其思維方式與藝術手法的演變皆有跡可循，《大公》就是一個很好的例證。其實在《大公》之前，貝多芬就已經展現了他詩哲音樂家的孩童面容，早於1803年創作，長期以來價值被低估的佳作《三重協奏曲》，除去少了一個詼諧曲樂章，整體風格曲式與《大公》頗為近似，第一樂章英武昂揚，第二樂章沉思低吟，第三樂章光輝燦爛。顯露出詩哲眉眼的部分自然為第二樂章，與《大公》相比，這裡變化發展較少曲折，祈禱性的抒情單純，思索尚未進入縱深，具有某種人神話對話的雛形。10年後的《大公》百尺竿頭更進一步，廣度和深度皆更上至少一層樓，朝著作曲家藝術人生終極的詩哲階段邁出了最後堅實的一步。故而，《大公》在貝多芬的整個藝術生命當中，具有某種第二里程碑的意義。

二

網上一位無名專家對《大公》的評介頗到位，不忍割愛轉來："全曲從頭到尾充滿活力，生動有神，似乎對人生充滿無限的希望，對生命給予最大的歌頌！是貝多芬中期的代表作，樂曲結構完美均衡，和聲多變卻又樸實自然，樂器間的對話、呼應、獨白、雄辯，變化多端卻如詩如夢，最後強烈的漸強奏把情緒完全宣泄出來，聽了頗有暢快淋漓、完全融入的感受。"

《大公》四個樂章各具特色，第一樂章奏鳴曲式，第二樂章三部曲式，第四樂章迴旋曲式，主旋律皆鮮明清晰，欣賞難度相對有限，當然也不像《月光》、《悲愴》那樣雅俗共賞。《大公》不是老少鹹宜之作，貝多芬的作品再簡單也有其思想深度，或許除了《致愛麗思》。第三樂章如歌的行板，變奏體式，最為情深意長優美動人，但表現形式比較複雜艱深，不易欣賞理解，因為變奏的靈活多變，主題動機（Motif）不那麼一耳了然，甚至會感覺有些散亂。這完全符合頂尖高雅音樂的特性，那就是聽者不容易輕易進入，而一但進入了，萬聽不厭，如登仙境。貝多芬乃變奏大師，他中晚期傑作如《大公》、《第32鋼琴奏鳴曲"終極"》（Op.111，最佳演奏混合版Eschenbach與Lortie）等的變奏常常看似"偏離"主旋律甚遠，一個變奏即構成一個獨立自主的表達片斷，幾個變奏既各自獨當一面，又相互聯接呼應，最後融匯貫通渾為一體，合成一片有山有水，山是山水是水，山中有水水中有山的風景。

以上妙論"樂器間的對話、呼應、獨白、雄辯，變化多端卻如詩如夢"主要是指第三樂章。"對話體"不是一個專業音樂術語，但"對話"確實存在於許多純器樂作品中。器樂音樂中的對話手法想來是借鑒起源於音樂劇中的重唱曲，既然不同的人聲之間可以相互對話，那麼一部樂曲中的不同樂器也沒什麼不可以。鋼琴三重奏曲式集中了鋼琴、小提琴和大提琴這三件特色鮮明，表達力最為豐富的樂器，大小提琴又接近人聲，所以很適合表現對話，而《大公》第三樂章則是對話器樂的鳳毛麟角之作，可以與之媲美的只有作者本人的晚期弦樂四重奏，如貝多芬的"天鵝之歌"——《第16弦樂四重奏》（Op.135，推薦版本東京四重奏組）的第三樂章（我將另文論述）。在這裡，鋼琴、小提琴和大提琴作為獨立個體，或各自交談，或攜手共舞，A與B，A與C，B與C，AB與C，AC與B，BC與A，繁複多變交織纏綿。每件樂器化身為一個個既生動鮮明又靈活多變，既抽象又具體的藝術形象：以遊吟詩人面貌現身的作曲家本人，自天而降的小天使，化作肉身的神明；詩人婉轉傾訴，天使邊飛邊唱，神明語重心長，曲徑通幽，各盡其妙。

這裡點出了自認的對話主體，即作曲家、天使和上帝。那麼接下來的問題自然是：他們交談的話題是什麼？對話的具體內容有哪些呢？很遺憾，這我就不清楚了，"此中有真意，欲辨已忘言"。實際情況其實是：不是"忘言"，而是"不辨"，沒有"辨"，哪有"言"。不再朝前走了，拒絕對作品做進一步的解剖分析，因為這既無必要，更且徒勞。原因：音樂美就美在一個朦朧，沒有人聲（歌詞）參入的純器樂音樂更乃抽象藝術之王，仿佛聽出了某種語言對話，依稀看到了若干恍惚畫面，靈性就已超越了感官，賞樂審美體驗達到了應有的境界。為避免過猶不及，明智的做法是到此為止，收攏想象的翅膀，擺脫思辨的羈絆，效法天然，自由不羈，盡情漫步於這塊淨美園林中的小徑吧。

三

　　再談演奏。世上音樂千百種，室內樂（Chamber music）至為高雅，屬於小眾化的陽春白雪。室內樂主要指各種樂器重奏曲，從二重奏到九重奏，而弦樂四重奏和鋼琴三重奏因其豐富多彩的表現力，最為各時期的作曲家所青睞。鋼琴三重奏作品的演奏大致有兩類，一為"專項組合"，二為"大師客串"。所謂"專項組合"是由三位頗具專業水準，但還沒有達到音樂會獨奏標準的演奏員（英文統稱為音樂家即Musician）成立"三重奏樂組"，長期固定合作，專門排演不同作曲家的三重奏作品。"大師客串"則是由三位著名的鋼琴家、小提琴家和大提琴家臨時組隊，排演一部或幾部三重奏作品。兩類組合各有千秋："大師客串"的優勢自然是個體的專業技能出類拔萃，對作曲家和作品的理解力高於眾人，並擁有最優良的硬體設備——樂器，普通音樂家可負擔不起動輒要價幾十萬甚至幾百萬美元的珍稀義大利古琴。這樣是不是說大師組合的演奏當然就技高一籌，永遠為最佳版本了？答案是"不一定"。

　　重奏曲如弦樂四重奏、鋼琴三重奏等講究的是不同樂器間的和聲（Harmony）與對位（Counterpoint），其演奏都不設指揮，各聲部的起承轉合輕重緩急，全靠演奏者的配合默契來完成，以期達到水乳交融之境界。想要演奏好一部樂曲，自然需要高超的個體技能，但團隊精神時常更為重要。每件樂器，或主角，或配角；時而作紅花，時而當綠葉，既要協調處理，又需心靈感應。此方面大師組合存在著某些不足，首先大師們永遠有排不完的工作等著他們去做，參加音樂會灌制唱片為音樂比賽當評委出席節日慶典等等。出於對作品的熱愛他們不覺技癢，跨界客串三重奏，但大多是來去匆匆，彩排加演出或錄音擠在三五天甚至更短的時間內，這使得成員間的相互切磋磨合嚴重不足，與合作穩定的三重奏樂組相比。對於複雜深厚的樂曲，演奏成員磨合度欠缺的問題不是個人能力可以徹底解決的。再者，大師們才氣高，心氣也高，幾個人對一部作品全盤及分步的閱讀理解如果不是極為合拍，不免會影響到整體演奏品質。而這對於專業三重奏樂組幾乎不成問題，因為他們是長期合作，反復排演交流切磋，對作品學習研究得更加全面深入透徹。以團隊精神彌補個體能力的不足，這是"專項組合"的優勢所在，使得他們有可能與"大師組合"分庭抗禮。

　　這裡還有一個有意思的"發現"，那就是弦樂四重奏作品的演出或錄音，好像從來沒有大師前來客串。不論作品出自哪位大作曲家，多麼有名或吸引人，小提琴和大提琴的獨奏演奏家對其就是敬而遠之。這又是為什麼呢？原因應該是與鋼琴三重奏相比，弦樂四重奏的結構更為複雜，對演奏成員配合默契的要求更高。四位參與者必須密切交流，反復切磋，並進行大量排練，方才可能勝任。這對於大師們來說就有些難度了，首先不容易湊齊四個人，不是你有節目就是我有計劃，好不容易湊齊了也不大可能長期共事，而匆匆忙忙整出來的成果，品質很難超過"專項組合"，勉強上馬就失去了意義，所以還不如不搞。於是音樂界一件有趣的事情發生了：著名的小提琴家和大提琴家，也即頂尖弦樂大師們放棄了弦樂四重奏這塊領域（馬友友或許是一個例外），獨奏和重奏分道揚鑣了。其結果是優秀的弦樂四重奏演出版本，無一例外是出自專業的弦樂四重奏樂組。

四

過去幾年聆聽《大公》上千遍，鑒賞了三十多個版本，"專項組合"與"大師客串"並舉，反復聆聽對比。努力摒卻先入為主，有意識地抵禦——哪怕不能徹底消除——主觀偏見，不迷信任何權威大師，不借鑒任何專家意見如《企鵝古典音樂唱片指南》等，只相信自己的耳朵和心靈。這是我鑒賞演奏版本的原則標準。最後甄選出以下幾個討論版本：

演奏家/樂組（鋼琴、小提琴、大提琴）	簡称	年份
魯賓斯坦、海菲茲、費爾曼 （Rubinstein、Heifetz、Feuermann）	RHF	1941
所羅門、霍斯特、皮尼 （Solomon、Holst、Pini）	SHP	1943
奧波林、奧伊斯特拉赫、克努舍維茨基 （Oborin、Oistrach、Knushevitsky）	OOK	1959
美藝三重奏組 （Beaux Arts Trio） （Pressler、Guilet、Greenhouse）	美藝	1962
巴倫博伊姆、祖克曼、杜普蕾 （Barenboim、Zukerman、Du Pre）	BZD	1970

肯普夫三重奏組（Kempf Trio）
　　（Kempf、Bensaid、Chaushian）　　　　　　肯普夫　　　2004

克萊蒙特三重奏組（Claremont Trio）
　　（Kwong、E. Bruskin、J. Bruskin）　　　　　克萊蒙特　　2011

　　RHF版：以海菲茲和魯賓斯坦在音樂界的泰斗地位，這可以被稱為"世紀組合"，倍受後人推崇，更被冠以一個俗氣的俗名"百萬美元三重奏（The Million Dollar Trio）"。村上春樹在他的小說《海邊的卡夫卡》中提及並推薦了這個版本。但世紀組合的成果並不能作為典範 —— 在今天看來。致命傷是速度，全曲總共用時不到34分鐘，給人一種趕場的感覺，缺乏應有的從容不迫。比較一下其它幾個版本的用時：SHP37分鐘；OOK35.5分鐘；美藝41分鐘；BZD40.5分鐘；肯普夫41分鐘；克萊蒙特41分鐘。由此可見，RHF版不是後世三重奏演奏家效法的樣板。第一樂章開始階段過快，主題動機應有的那波莊嚴大氣被嚴重沖淡；第三樂章過快，深沉複雜的情感表述就流於膚淺。除了速度，其它方方面面似乎也乏善可陳，魯賓斯坦的鋼琴和海菲茲的小提琴，都沒有給我以驚豔，也談不上激勵感動。總之我以為這個版本沒有準確地把握作品的內涵精神。

　　值得稱道的是此次演出的時機：1941年時值第二次世界大戰初期尾聲，納粹德國的鐵蹄橫掃歐洲大陸，聲勢如日中天，對境內猶太人慘絕人寰的迫害也正變本加厲。在這個極端黑暗的歷史時期，身為猶太人的魯賓斯坦、海菲茲和費爾曼，在大西洋彼岸，西方自由世界的最後堡壘—— 美利堅合演德國音樂家貝多芬的《人公三重奏》，向世人傳達出雙重信息：音樂無國界，貝多芬是全人類值得驕傲的兒子，他的偉大藝術屬於全世界，而決不僅僅是日爾曼，更不是納粹法西斯。縱然烏雲壓頂，光明永在人間。為此，我要向三位大師崇高的人文主義精神致敬！

　　SHP版：用一個詞來形容就那就是"溫情"。整體平和內斂，不浮不躁可謂中庸，不以起伏跌宕取勝，卻又不乏明亮溫暖。單聲道的原始錄音聽上去如一道清泉樣單純質樸，淡淡彌漫著歷史滄桑感。我反復聆聽多遍試圖吹毛求疵，結果卻歸枉然，不愧是一個難得的優質歷史版。再看它的問世年代：1943年二次世界大戰仍鏖戰正酣，但法西斯軸心國大勢已去，長夜已經破曉，人類迎來曙光。在這個特殊的歷史時期，英國鋼琴大師所羅門和他的同伴霍斯特、皮尼，對未來一定是充滿了信心和喜悅，這自然反映在他們對以光輝燦爛為主旋律的《大公》的闡釋演繹之中。

五

　　OOK版：除了大衛奧伊斯特拉赫，其他兩位不算大師，所以這是一個"專項組合"。大衛兼職室內樂令人讚歎。全曲用時看上去也不慢，只比最快的RHF版多了一分半鐘，但粗聽大體沒有給人以趕場感，似乎是很好地做到了該快的時候快該慢的時候慢，也即節奏的合理掌握。第三樂章起始部分，大衛的小提琴溫婉柔美，仿佛慈母的低吟，可以融化人的心靈，這才是大師應有的手筆。進一步細聽，發現本樂章被奧波林的鋼琴搞砸了，至少於三個關鍵所在黯然失色，不然全曲有希望成為經典—— 其實這個"不然"並不存在，如同歷史不能假設，不要說三個，一個失誤毀掉整個版本的事例也常見。來看具體分析：

　　第三樂章起始主題（Tema）段落，小提琴精彩，鋼琴也不遜色。接下來大提琴深沉進入第一變奏，小提琴應和接上，隨後大小提琴再度輪番對歌。本階段鋼琴的角色比較微妙，肯定不是主角，但又不完全是配角，可以算是第二主角吧，類似小／大提琴與鋼琴奏鳴曲中的地位，行使的是伴奏職能，居於從屬地位，其聲勢（音響和速度）稍遜一籌，不能蓋過第一主角大／小提琴。需要有意識地收斂鋒芒，當然也不要過分到淪為弱勢。原則是盡力平和穩健，不要趕，不能有突出重音。與提琴相比，鋼琴天生強勢，演奏者在這裡稍有不慎就容易過了。奧波林正是這樣，彈得有些搶，並伴有重音，雖然問題並非顯而易見，但對於苛求的耳朵，已經比較嚴重地影響到了接收效果。失之毫釐謬以千里，高水準的演奏就是這樣，細節中見真諦，功夫在精微處。一個可能隨之而來的問題：為什麼在這裡鋼琴要扮演綠葉，而不能與提琴平起平坐呢？答案是對話也即情節的需要。此階段發言的主體是大小提琴，內容為"詩人傾訴"，而鋼琴所代表的神靈應該是聆聽者，或應和人。如此自然應該保持相對平和，避免喧賓奪主了。如此解析應該符合作曲家的創作本意。查閱《大公》樂譜，可以看到這裡標有兩條演奏提示，給大提琴的是sotto voce，意為"低聲地，潛在的感情"；給鋼琴的是pp dolce，意為"很弱，柔和、甜美、溫柔地"。看：詩人以深厚的潛在感情傾訴，神靈以溫柔的低音應和。既然是"很弱，柔和、甜美、溫柔地"，不論是速度還是力度，就都應該加以適當的約束了。

　　三個變奏完成後，樂章中點處主題再現，所謂B主題，或將此歸為第四變奏。開幕（Statement 1 of antecedent phrase）由鋼琴擔綱，大小提琴伴奏。這裡的動機是寬廣、悠長，隱隱帶著些許悲壯的憂傷，類似"

念天地之悠悠，獨愴然而涕下"的意境，但目光更高遠，胸襟更廣闊，姑且命名為"天高地遠"。演奏要點一是蜿蜒起伏，外弛內張隱隱發力，幾小節音符演化出千里雲天之勢；二又是不能趕，一趕氣勢就沖淡了；要從容，從容才能吞吐包容，反之則流於凡俗。不幸的是，性急的奧波林在這裡又趕了，再次趕出了問題——公平地說，鋼琴的失誤或走神並不完全是鋼琴演奏者一個人的責任，而是三人的配合出現了問題，換句話說，是整個演奏小組對作品片段的解讀有了偏差。如此評判有何根據？這段樂曲的大體內容是什麼，鋼琴又代表了誰呢？賞樂審美不好過於機械理性了，這段主題象徵的既可以是遊吟詩人，也可以是下凡神明，還可以是作曲家作為旁觀者給出的宣示性小結。經過了前面三段起起伏伏的交心訴說，對話雙方終於達成了某種共識，柳暗花明又一村，主人公仿佛開始步入大徹大悟之境，心開天地寬，夢醒在清晨，整個人煥然一新，去迎接下一幅奇異美景。

樂段解析性標題"天高地遠"主要是指第四變奏中的鋼琴部分，這是主題歷經波折後的昇華，散發著"欲窮千里目更上一層樓"之美，可作曲家還嫌不夠，況且三重奏重點在不同樂器間的和聲與對位，於是小提琴再次登場，以一種全新的姿態，於變奏上關第二陳述部（Statement 2 of variation 4's antecedent phrase）的起點。這又是一段令人難以思議的樂音：作曲家運用高超筆法，將音域狹窄、節拍相近的少量音符以跨節切分音（Off-beat syncopation）的形式巧妙地串聯起來，營造出了一個宛若白衣天使翩然而飛的靈動場景，天使在飛，我也在飛，是謂"比翼天使"。"比翼天使"淩飛於"天高地遠"之間，就此美不勝收了。解析點到為止，演奏要點自水到渠成："天高地遠"中的鋼琴，要悠長、遙遠、超然，"比翼天使"中的小提琴，要明亮、輕盈、飄逸。剛柔並濟，交相輝映。

奧波林的鋼琴第三次超速發生在樂章結束前一分十秒左右處。此乃最後的高潮，這一曠世傑作又一璀璨奇麗的閃光點，也是叫我心神激蕩永不熄滅的淚點——在演奏基本到位的情況下。我以為最好的音樂都具有某種"神性"，也即上帝隱秘的信息。上帝只可意會不可言傳的聲音通過音樂這一特殊渠道被傳播到人間，音樂成為上帝與人類溝通的語言工具之一。西方古典音樂中的部分，那些堪稱偉大不朽的作品，旋律美妙悅耳動聽只是表象，掩藏在這表象之下的為其本質精神，也即永恆的神性。神性貫穿於《大公》全曲，這裡是一大亮點："比翼天使"于"天高地遠"後，樂章進入終曲，經過一段具有反省沉思性質的醞釀積攢感情的序奏，臨界點到來：大小提琴先後以主旋律奏出一段迴腸盪氣的曲調（Final statement of Tema）——這曲調，你可以說是詩人的悲愴，也可以說是哲人的感激——任憑演奏者和聽者的心緒和想象，隨即化為輕音和聲，等待著鋼琴的降臨，少頃，鋼琴王者來了，夢境邊緣的身形，雲中踏浪的步履，一步一個足跡，緩緩向我們走來——你是誰？如此地陌生又熟悉，遙遠又親近，莊嚴又溫暖，同時潔白得一塵不染，優美得令人顫慄。啊，你是聖靈！源自上帝的脈搏，從天國飄來人間，潛入渴慕光明的心魂⋯⋯

等一下，又是"詩人的悲愴"，又是"哲人的感激"，究竟是喜還是悲，你這豈不是自相矛盾？不錯，矛盾確實存在，但這卻不是鑒賞者的誤解，而是作品的深刻特質使然。古往今來，偉大的文學藝術家大多生有一顆善感多變、複雜細膩的心，具有自我衝突心智矛盾等多重人格，這自然反映在他們諸多不朽作品中。直來直去，悲就哭泣喜就歡笑的文字或旋律，不免失於單薄淺顯。音樂巨人貝多芬的情感世界豐富多彩，哲學思辨力也高於同行，所以他的內在衝突比其他作曲家更甚，其優秀作品就是這些矛盾衝突生動傳神的藝術體現。而這一次，他竟然在一小段旋律中注入了可悲亦可喜這雙重元素，實乃絕妙手筆。當然這種解析不無主觀成分，能否在貝多芬的知音聽眾當中獲得普遍認同是一個問題。無論如何，對於這樣的美樂，不完全理解，我們也可以為之迷醉，而理解透徹了，審美境界將提升至一個新的高度。

再有一個問題：你說作曲家在樂章中期的"天高地遠"裡已步入大徹大悟之境，可是怎麼到了尾聲又"悲愴"起來了呢？這豈不又是一個矛盾？回答：確實為另一矛盾，而起伏多變乃貝多芬的一大特性。時而迷茫困惑，時而達觀喜樂，如同風雲變幻。這在他的音樂中多有表現，一個典型的例子：《熱情奏鳴曲》第二樂章，經過艱難跋涉，夜行人終於走出漫漫長夜，縱身奔向那朝霞滿天的黎明，可到了樂曲結尾處，黑暗動機竟再次捲土重來，主導音響行至終點。為什麼？因為貝多芬的藝術構思不同凡響，多種矛盾衝突及反復都出於有意識的匠心獨運設計，或是提綱挈領似的總結，如《大公三重奏》第三樂章終曲的"聖靈降臨"前夕，或是承上啟下的伏筆，如《熱情奏鳴曲》第二樂章結尾處的"黑暗回潮"，等等。所以若想更深一步理解貝多芬的音樂，不僅用心靈，更要用大腦。

六

　　古典樂迷賞樂大致可分為兩個層次或階段，初階和進階，前者關注總體如主題旋律音響走勢等，後者強調細節如情節設計和聲對位等 ——過於專業性的技術分析姑且不論，當然分類並不絕對，總體也會涉及部分細節，而細節則一定包括總體，只是側重點有所差異。總體展現給聽眾一部作品的全景圖像，細節層層揭示該作品的本質內涵。打個通俗的比喻：總體賞樂好比從容貌身材觀看一位美女，看了賞心悅目，就一見鍾情愛上了她。而細節賞樂則是去探索美女掩藏在音容笑貌下的內心世界，去發現她那更為迷人且具更高存在價值的純潔善良等美好天性，進而愛上她的靈魂。不瞭解美女的內在美，你愛上的不過是一具令視覺感官舒適愉悅的美麗軀殼而已。簡而言之，總體賞樂是用耳朵聽音樂，細節賞樂則是用心。

　　演奏版本的欣賞鑒別，就是試圖從樂曲的總體和細節兩方面入手，全面分析演奏家對作品的闡釋是否合乎情理，演繹是否符合邏輯，並從中思考作曲家的創作本意，領悟作品所包蘊的人本思想及美學真諦。越是高品質的演奏，越接近作品的音響符號所隱含的內容實質，也就越準確地反映其本體精神。蹩腳或失敗的演奏則相反，它們有意無意地遺失、忽略甚至歪曲了作品的內涵本意，其結果是輕則讓聽眾難以全面準確地認識到原作的精髓，重則起到了誤導聽眾的負面作用。由此可見版本選擇不容忽視的重要性。一首好聽的流行歌曲，我們都要挑選那個唱得最好的明星歌手來聽，感覺其他人唱的都不入耳，聽一遍都嫌多。一部偉大的古典音樂作品，我們又怎能不格外重視演奏版本的甄選，撿到籃裡便是菜呢。另外演奏版本鑒賞還是一個非常好的自學過程，通過鑒賞版本反復聆聽作品，邊聆聽邊咀嚼、回味和思索，可以發掘出以前"隨便"聽聽時所不能領會的美和意義，從而使自己的賞樂審美水準不斷提高，所以這也是一個發掘個體潛能的實踐過程，用一個時髦的詞形容，此乃一種"行為藝術"。不是嗎？追求藝術美的行為本身就是一種藝術。你欣賞的精神對象越美，你這個人也就越美（慚愧，這樣說是不是有點自戀臭美）。

　　上節通過對OOK版演奏片斷的"挑刺摘錯"，畫龍點睛或蜻蜓點水般簡介了《大公》第三樂章的三五個星光亮點，渾然不覺已下千言，由此可見對一部音樂名作的全盤解析是一樁多麼繁複艱難的系統工程。OOK

版失色或失敗在細節，這是不是意味著諸多細節處理妥當了，優秀演奏版本就應運而生了呢？讓我們接著來看。

BZD版，這是一個年輕大師版，但卻不好算"客串"。巴倫博伊姆和杜普蕾本為樂壇的金童玉女夫妻，深入交流自不成問題，他們與小提琴神童祖克曼的合作也不是曇花一現，三人還聯手錄製了貝多芬的其它幾部鋼琴三重奏和小提琴奏鳴曲，磨合得應該可以了。另外三人還與年輕小提琴家帕爾曼和指揮家梅塔合作錄製了舒伯特的《鱒魚五重奏》（也是我的最愛），五位大師聯手演奏音樂史上最著名的鋼琴五重奏，寫下現代樂壇佳話一段。不過我聽過那錄音一遍，感覺並不是太好，姑且不談。

BZD版是現代高品質錄音，音色聽上去很乾淨；三位都是大師級別，演奏技巧自然沒得說，精彩處肯定會有一些，比如第一樂章頭開得不錯，第三樂章中的"比翼天使"于"天高地遠"段落美妙絕倫，上述的幾個關鍵細節處理得大致都好，完全沒有類似OOK的錯誤。第四樂章中規中矩沒什麼問題。讚美之辭基本上就這些了吧。談完細節談總體，也即大體印象。應該說談總體比談細節容易許多，因為主要是運用直覺感性，而不用深入思索象徵意義等課題。其實總體乃是由眾多細節構成，談總體也繞不開細節。

本錄音的最大問題恐怕在於對全篇節奏的掌握，比如第一樂章展開部C段和尾部（Retransition），速度放慢得太過分了，樂曲氣場被生生截斷，樂章的連貫性被嚴重損害，結尾處也稍嫌超速。第二樂章也有若干莫名其妙的過冷（慢）和過熱（快）現象，雖然沒有第一樂章那麼明顯。第三樂章的第二第三變奏拉得一板一眼，方方正正的像兩塊磚頭，即使不算謬誤，卻是缺乏靈性，也顯得比較拖累。總之全曲給人的印象是輕重緩急處理得有幾分隨心所欲，缺乏一股連貫之氣。這當然是一種獨特的個體演繹，但在對樂思的表達上並不成功，哪怕不算敗筆。

七

作為演奏版本鑒賞者，不斷搜尋新版本，以努力發現更好，力求找到最佳，既是個人的興趣愛好，同時也是一種自命的義務和責任 ——當有意著文公開推薦時。幾年來我嘗試了所能找到的所有《大公》錄音，挑選出具有代表性的反復聆聽，並做全篇和片斷橫向比較。最後終於如願以償。什麼願？一、找到相對理想版本；二、有一定把握做終審評論。

肯普夫版：以兩句話作評：總體無懈可擊，細節接近完美。為何是"接近"？因為出現了兩個不大不小的偏差："天高地遠"起始三五個音符，"聖靈降臨"起始三五個音符，肯普夫的鋼琴都超速了1/4到1/2拍左右，當然情節遠沒有奧波林的嚴重，但還是讓我扼腕 —— 半個到一個節拍毀掉了完美，惜哉！但無論如何，這是一個相對理想版本，自始至終如一張天鵝絨舞臺幕布般華美潔淨，我願予以個人最高的讚美。

另外插一句：這位年輕鋼琴家弗雷迪·肯普夫（Freddy Kempf）和上世紀以演奏貝多芬和舒伯特作品聞名於世的鋼琴大師威廉·肯普夫（Wilhelm Kempff）不是一個人。威廉·肯普夫曾先後與名家謝霖、富尼埃和梅紐因、羅斯特洛波維奇連袂演奏《大公》，了不起且有意思的是都是在他年屆75以後。錄於1970年的前一版被廣為推崇，但今天看來卻值得商榷，簡而言之總體節奏不大對路：前兩個樂章十分精彩，但第三樂章過快，第四樂章又過慢，讓我很不適應。後一版為1974年錄於巴黎的現場演奏，這又是一個罕見的超級組合，肯普夫大師已年近八十，雖然沒有再創經典，但卻很有紀念意義。

克萊蒙特版：也以兩句話作評：總體獨領風騷，細節瑕不掩瑜。三種失誤成就了後者：兩個和肯普夫的大同小異，或許還更重兩分，"天高地遠"和"聖靈降臨"的前幾個音符，都令人遺憾地趕了小半拍。第三類失誤在行板樂章中的小提琴，至少有三四處，運弓的力度出現了偏差，導致馬尾與琴弦摩擦發澀，不僅令音色失去光滑圓潤，並產生了輕度刺耳的"呲拉"聲響，另外第二變奏中有一兩個音符的音準值得懷疑。其實第三樂章中的小提琴並沒有高難技巧，出現這幾個有傷大雅的技術問題不大應該。批評過了不得不說，克萊蒙特仍不失為一個相對理想版本。原因在於總體：這是一個原汁原味的現場錄音，沒有經過任何現代錄音技術的加工美化，如果全篇很精彩 —— 包括出現了問題的第三樂章，個別並非致命的失色或失誤，應該不至於影響整體評判。技術對表現力是音樂界的一大話題，當技術和表現力不可兼得時，是要技巧完美但表現力遜色，還是要表現力出色但技巧有瑕疵，毫無疑問我更推崇後者。卡拉揚曾經說過："我可以容忍一個錯誤的音符，但不能容忍節奏有一點兒謬誤。"音符錯誤是技術，而節奏謬誤就是音樂表現了。技術完美無缺但音樂表現力單調乏味的演奏，估計不出幾年我們就可以從機器人那裡聽到了。

克萊蒙特的演奏熱情洋溢，但隨心所欲而不逾矩，沒有讓感情這把雙刃劍反彈回來傷害了自身，感性的火焰受制於理性的熔爐，任憑波瀾起伏，我自收放自如，輕重緩急拿捏得准，起承轉合恰到好處，不論是快板還是慢板，始終牢牢掌控著樂曲合乎情理的行進走勢。三個人的配合水乳交融，哪怕尚未天衣無縫；你方唱罷我登場，不搶不貪不冒進，該出手時閃亮出手，紅花綠葉皆我所欲。而所有這一切，都建築於對樂曲全面透徹理解的基礎之上。只有這樣，方有可能如此立體全方位地展示作品的本質精神。

過去好幾年內，克萊蒙特都是我的第一選擇，過耳無數遍，可謂久經考驗，不斷尋找以期發現一個超越克萊蒙特的版本也成了個人的一項"藝術科研"工作。今年發現的肯普夫給我帶來一陣驚喜，無疑這是近幾年找到的最佳版本。兩相比較，肯普夫更精雕細琢，當然也內含滾滾江河；克萊蒙特更自然大氣，當然也不乏花好月圓。如果將肯普夫比作一位英俊的王子，那克萊蒙特就是一個英武的將軍，一個美在格局，一個美在氣勢。有趣的是在這裡大丈夫肯普夫樂組偏陰柔，而小女子樂組克萊蒙特上演了陽剛。

<h1 style="text-align:center">八</h1>

雙子星座肯普夫和克萊蒙特，不約而同都在重要段落"天高地遠"和"聖靈降臨"處栽了個小跟頭，絕大多數版本在此都通不過我這一關。一個問題油然而生：這是否說明這些演奏家並沒有什麼問題，問題是出在你這個鑒賞人這裡：本來就應該是那個速度，你個人偏愛慢，不能說明他們的快就是失誤。質疑得好，值得深入探討。對此我基於反思的辯解是：速度總是相對的，在不偏離樂譜標注的範圍內，演奏者有他們自由處理的權力，只是不能盲目，目的是要盡可能更加貼近且最大限度地傳達樂曲所包蘊的內容涵義。就事論事具體道來：如果"天高地遠"這一幅風景素描大致符合本段音樂的表達思路，那麼在演奏中寧慢勿快就是合理的詮釋手段，原因不言而喻：登高望遠，天地悠悠，悠遠、悠長都需要慢。反之如果要快，則需要提出另外的理解體驗，以說明其相應速度的正確性。寫下以上文字數日後，我在聆聽阿什肯納齊、帕爾曼、哈瑞爾版時，就突然有了一個新的感受：這段音樂原來也完全可以這樣解讀呀：經過了前面三段起起伏伏的交流對話，雙方終於達成了某種共識，

柳暗花明又一村，主人公找到了令他糾結不已問題的答案，鬱悶的心胸釋放開來，接下來連跑帶跳，歡天喜地。如此，"天高地遠"被"奔走雀躍"所取代，演奏速度自然要稍快了。就這樣，兩種演繹都有了各自的論理依據，演奏家們原來並沒有錯，雖然我自己還是更傾向於"天高地遠"。

那麼貝多芬的原意究竟是什麼？查閱《大公》樂譜，可以看到第四變奏的起始處也正好標有演奏提示，一共有兩條，分別給小大提琴和鋼琴，內容相同 —— Poco piu adagio，大意為"慢一些"。這麼說在這裡我比較準確地理解了作曲家的創作本意，雖然並不一定就是這個形象化的"天高地遠"。adagio的意思是慢，但究竟要多慢，還是需要演奏家根據個人對樂段的理解行事。另外同樣一個adagio提示，在不同作曲家那裡含意也不盡相同。有專家認為德國人視adagio為最慢的速度。貝多芬是德國人，莫札特是奧地利人，所以貝多芬的adagio要比莫札特的adagio慢許多[注]。這是符合事實的：和世人的一種普遍誤解大相徑庭，貝多芬遠非只會做雄獅怒吼，他也擅長 —— 準確地說最為擅長 —— 做夜鶯歌吟。作為一位全方位的作曲家，抒發氣吞山河的博大胸懷前無古人，描寫深奧精微的內心情感也後無來者。作為一代柔板大師，從學生時代的《第1鋼琴奏鳴曲》、《第1鋼琴三重奏》（Op.1,No.1）到詩哲時代的《終極奏鳴曲》、《天鵝之歌四重奏》，貝多芬寫下了為數眾多情深意長催人淚下的慢板樂章，其中許多段落就形式看，乃是音樂史上行速最慢的樂音。

故而，這兩處的"慢"既是一種基於個人理解的偏愛，也可以說是一種尚未被演奏家們普遍意識並認同的思路，其實已經有了基本上符合我感受的優質演奏："天高地遠"段落，先有SHP，後有BZD，都採用了我所期望的大致速度節奏，BZD比SHP更慢，稍嫌過分，但畢竟符合天地廣闊寧慢勿快的思路。不清楚的是，他們這樣做是出於歪打正著呢，還是碰巧與我在解析上英雄所見略同。而"聖靈降臨"段落，最佳演繹出自美藝版。演奏家在這裡不僅僅是慢，並且非常巧妙地在起始點使用了一個半分休止符，效果相當不錯，雖然後續段落的縹緲夢幻感還嫌不夠，仍有改進的餘地。但必須承認的是：樂譜上並沒有這個半拍休止符，也沒有adagio演奏提示符號 —— 當然也沒有快速提示符號。該演奏中的休止符和慢板處理都是美藝音樂家對原作的"篡改"。可惜在這裡我的解讀思路沒有得到作曲家的確認，但個人認為這種藝術再加工應該在允許的範圍內，只要有合理的樂段解析作為支持。那麼為什麼在此需要暫停片刻呢？答案是為了內容的需要：聖靈大駕光臨，自然要稍緩片刻，哪能說來就到呢，更不會三步並作兩步前來，那豈不有失沉穩莊重，另外我們也需要一點時間準備迎駕。讓我們屏氣凝神，靜靜地等待著聖潔而神秘的她的到來。

　　美藝版：這也是一個在《大公》樂迷中富有盛名的版本。總體整潔乾淨，且比較與眾不同，或說獨具特色，一字以蔽之那就是"柔"，主要是指本應以莊嚴輝煌為表徵的第一樂章。我不以為如此操作切合原作神韻，但作為別具一格的個性演繹，自有其存在價值。第二第四樂章幾乎無懈可擊。第三樂章某些段落如"比翼天使"於"天高地遠"的連貫性不佳，氣場有斷續。最大亮點在"聖靈降臨"，獨一無二的處理不同凡響，讓我終於找到了解析知音。雖然全篇並不理想，本著兼聽則明的態度，這是一個不妨一試的版本。

　　美藝乃上世紀下半葉馳名古典樂壇的三重奏樂組，而肯普夫、克萊蒙特皆為21世紀的後起之秀。新人的最大優勢在於可以繼承前輩藝術家的豐碩成果，借鑒其得失經驗，揚長避短去粗取精，以豐富完善自身。在三重奏演奏這個特殊領域，年輕的"專項組合"至今已經取得了可喜的藝術成就，二三十年來的優質版本大多出自其手，且青出於藍而勝於藍。而"大師客串"似乎有式微的跡象，個人所知道的最近實例為1995年的Previn、Mullova、Schiff版，這三位演奏家應該不算大師，只能稱為"名家客串"，過耳一遍，感覺相當一般。這是不是說演奏大師們逐漸意識到了學有所長術有專攻的道理，感覺自己的"即興"式表演在品質上已經難以匹敵後生可畏的"專項組合"，乾脆就此洗手不幹了 —— 像他們對待弦樂四重奏那樣，一切還有待時間來證明。

　　另外還有一個注意到的事實值得一提：衡量一個國家或地區古典音樂的普及程度和演奏水準，最重要的三個指標應該為交響樂團、獨奏演奏家與室內樂組。在室內樂這個領域，亞洲地區處於明顯的落後狀態。聽了這麼多年，我竟然沒有發現一個由東方音樂家演奏的《大公》，除了優酷上的某個中學生習作。據說整個中國沒有一個像樣點的三重奏和四重奏樂組，雖然那裡有幾十萬以演奏或教授西洋樂器為生的專業音樂工作者，鋼琴小提琴學生更是以百萬計。過去半個多世紀以來，亞洲出過屈指可數的幾位世界級古典音樂家，如前輩先驅日本指揮家小澤征爾、印度指揮家梅塔、韓國小提琴家鄭京和、日本鋼琴家內田光子，後起之秀法籍華裔鋼琴家朱曉玫、中國鋼琴家朗朗等。其中以內田光子的藝術成就最大，因為她乃樂壇公認的當代莫札特作品演奏大師。期望有朝一日亞洲能在室內樂演奏領域迎頭趕上歐美。

九

　　綜上所述可以看到，不論是大師還是新秀，任何優質版本都存在這樣或那樣的問題，這裡好了，那裡就壞了，一方面出類拔萃，另方面又淪為凡俗，找到一個盡善盡美的版本簡直就是奢求，一個不可能完成的任務。其實這很合理，貝多芬的音樂博大精深，有誰能夠全面徹底地參透呢──包括音樂家和聽眾，如此說來他的那些鴻篇巨制，都只可能有相對的演奏佳作，而不可能有理想的完美版本。一代代演奏家們努力工作，不斷向著那可望而不可即的完美目標挺進，音樂藝術的迷人之處正在這裡。

　　另外，什麼叫作完美？由誰來定義及裁判？專業音樂家精益求精奉獻出自認的完美，普通樂迷都可以不買帳。在你看來的完美，在他人眼裡或許很平庸，反之亦真，這裡沒有一個絕對的評判標準。貝多芬的音樂博大精深，既表現在他經典作品的高難演繹性，還表現在其豐富的可演繹性。一個艱深的數學猜想，或許只有一種解答，而一部不朽的音樂傑作，可能會有多種演繹方式，尤其在眾多細節的處理上。一千個讀者就有一千個哈姆雷特，談到趣味無爭辯，個體主觀的差異使得絕對的完美變得不可能，而且也不需要。但另方面，不要忘了以上著名格言的下面還有一句：哈姆雷特不會變成李爾王。藝術審美上，群體客觀的相對統一標準同時也存在，仿佛來自天國的音樂冥冥中自有其歐幾裡德定理，以此為根基拔地而起的藝術大廈不是漫無條理隨心所欲的產物，所以闡釋有高低，演繹分優劣，這也就是音樂評論和版本鑒賞的用武之地。自體驗名作的外在美到探索其內在精神，乃古典樂迷的詩意人生實踐，誠如卡拉揚所言："任何能夠與音樂相伴終身的人，都已經得到了上帝所能給予的最大恩賜。生命只存在于使藝術成為可能，和創造藝術的過程之中。"

注釋：

"Germans who considered adagio the slowest tempo.""... stylistic differences indicate that many of Beethoven's adagios need tempos substantially slower than most of Mozart's adagios would tolerate."——Performance Practices in Classic Piano Music: Their Principles and Applications, by Sandra P. Rosenblum

參考：

The Atheist Codger's Chamber Music Series No.70: Beethoven's "Archduke" Trio, Opus 97

解釋：

文中的"推薦版本"，大多為筆者經過鑒賞比較了至少20個以上不同版本，並于短期內集中聆聽作品至少50遍後得出的結論。個別作品如《費德里奧》不在此列，因為能夠找到的版本較少。還有一些作品如《英雄交響曲》等，雖然個人的基本鑒賞過程已完成，但最後結論尚未得出。

（2017）

豎琴的感恩

一

　　我以為對於任一愛樂者而言，都不大可能毫無保留地全盤接受其偶像作曲家的全部作品，原因一是獨立個體的情思品味不會與作曲家的百分之百一致，二是再傑出的作曲家也難免會有失誤和敗筆。幾年前流覽貝多芬出版作品（Opus）全集，每聆聽完一首/部作品，我會記下一個印象分，滿分為10，5分最低。這張評分清單可以算是個備忘錄，為日後的複習或再欣賞做參考，分數越高的作品，獲得重聽的機會就越大。當然這個備忘錄並不十分靠譜，因為貝多芬的許多作品，尤其是那些比較繁複艱深的，只聽一兩遍很難得其真諦。

　　有這麼一部樂曲，首次嘗試後留下了一個印象分 —— 7/8，7意味著還行，8意味著較好，介於7和8之間，反映聆聽者當時的不確定或猶疑。今年再來複習，斷斷續續過了幾遍，感覺終於得其精髓，於是再給一個重估評價 —— 10分，也即完美無缺，音樂藝術極品。這部作品就是《降E大調第10弦樂四重奏"豎琴"》（Op.74），請注意：又是降E大調。

　　貝多芬在其獨步古今的"英雄時代"，于交響曲、協奏曲、奏鳴曲、鋼琴三重奏、序曲乃至歌劇諸領域，創作出為數眾多世界音樂史上的偉大作品，達到了令後人望而興歎難以企及的頂峰。但美中不足的是，就弦樂四重奏這個至為重要的室內樂形式而言，作者于同一時代寫下的"中期弦樂四重奏"，名氣和分量與其它曲式相比都有所不及。通常所言的貝多芬"中期弦樂四重奏"由五部樂曲組成：《第7、第8、第9弦樂四重奏"拉祖莫夫斯基四重奏"》（Op.59/No1-No3），《第10弦樂四重奏"豎琴"》（Op.74）和《第11弦樂四重奏"莊重"》（Op.95）。五部作品的忠實聽眾為資深貝多芬迷，一般愛樂者對其或是敬而遠之，或是根本就聞所未聞。

我個人是先熟悉了作者的晚期弦樂四重奏，然後再來光臨早期和中期。音樂界對於貝多芬十六部弦樂四重奏的基本共識是，三十歲之前所寫的前六部（Op.18/No1-No6），個人風格尚未充分彰顯，多少仍具有某種習作性質。生命最後三年創作的五部（Op.127、Op.130、Op.131、Op.132、Op.135），取得有史以來這個領域的最高成就。而位於前後兩者之間的五部，作品品質也相應居中，也即比早期高，但比後期低。此種說法泛泛而言大致可以接受。中期五部各有特色，都值得一試，其中沒有公認的出類拔萃者，欣賞程度全憑個人的感覺領悟。《第10弦樂四重奏"豎琴"》在我這裡嶄露頭角，獨拔中期頭籌，達到完全可以媲美後期諸傑作的地步。過去一年幾乎每天都要聽，幾百上千遍下來只是不膩。

三言兩語話《豎琴》：第一樂章採用奏鳴曲式一詠三歎，但情思意念或曰思想性並非一目了然，需要聆聽者見仁見智去感悟。我是僅僅聽出了幾分英武，幾分昂揚。沒有明確理解毫不要緊，靜心欣賞其美即可，如尾聲由第一第二小提琴連袂演出的那段奇崛美妙的對位段落。第二樂章為作者最為催人淚下的篇章之一，將貝多芬與眾不同高於同儕，那哀而不傷的非凡品性表達得淋漓盡致。第三樂章名為詼諧曲，卻聽不出多少詼諧，倒是頗有幾分青春的狂躁。第四樂章又是淚點製造者，作者在這裡再次展現變奏大師的高超手法，將一小段兒歌樣旋律演化出幾多絢麗，或純真稚拙，或凝神沉靜，或歡呼雀躍，或情深意長，或慷慨激昂，無不令人動容。其實本樂章就是一篇足以和《第15弦樂四重奏》（Op.132）那著名的同主題篇章交相輝映的"感恩頌"。

再有一個問題：既然你認為《豎琴》堪稱傑作，與作者同時期那些名篇相比毫不遜色，她卻為什麼遠不如她們馳名遐邇呢？個人的答案為：形式造就結果。弦樂四重奏與其它曲式相比較為艱深，這決定了它的載體傾向於小眾化，再優異的弦樂四重奏樂曲也難以像交響曲、協奏曲、序曲等那樣風靡天下，除非有通俗優美的主旋律做支撐，如海頓《海頓小夜曲》、柴可夫斯基《如歌的行板》、巴伯《柔板》等，而此類音樂流行的也只是其中的單個樂章，並非弦樂四重奏整曲。貝多芬以鋼琴奏鳴曲和弦樂四重奏為表述個人思想情感，刻畫心路歷程的最佳工具，無意委屈內容遷就形式，去製造雅俗共賞的社會時效，他自己甚至說晚期弦樂四重奏乃是為後人所寫，其結果自然是曲高和寡了。《豎琴》的"默默無名"概因於此。

二

　　再來談演奏：鑒賞了所能找到的40幾個版本，反復聆聽甄別後，評選出以下幾個優質版：

（1）Alumni of Perlman Music Program（youtube）

（2）Borodin Quartet

（3）Cavaleri Quartet（youtube），Budapest Quartet

　　以上亞軍季軍三個組合，統而言之就是中規中矩，謬誤不多，亮點也有限，排列在此權作參考，亦可顯示兼聽則明。"豎琴桂冠"女子組合"Alumni of Perlman Music Program（APMP）"似乎不是一個專業四重奏團體，而只是一個臨時組合，果真如此則很了不起，此乃現場演奏亦為難得。她們是這樣年輕，卻又如此成熟。全盤總體既激情洋溢恢弘大氣，又張弛有度沉穩精緻，可謂剛柔並濟兩全其美之典範。多處細節的處理與眾不同可圈可點，出乎意料的發揮令人回味堪稱創意，與其它版本相比即可看出特色，尤其經得起反復聆聽細緻鑒賞的考驗。越聽越覺得不同凡響，常常是以雞蛋裡挑刺的意圖開始，結果代之以讚不絕口。四位演奏者的表現都很優秀，而出類拔萃，最大貢獻者為第一小提琴Kristin　Lee女士，小小年紀大家風度，成熟得令人刮目相看。大到對全局的掌控，舉重若輕遊刃有餘；小到揉弦的強度處理，長弓中的輕重變化，不時演出驚豔之舉，讓人不禁拍案叫絕。她精彩紛呈的演奏或是基於對作品的深刻理解，或是來自青春熱情的即興發揮，極富靈氣應該是恰如其分的評價。APMP年輕女子樂組的貝多芬《豎琴四重奏》版再次證明了一個道理：不要只迷信大牌，高人時常在民間。

　　另外還需要做個坦白，坦白我以貌取人的問題還沒有得到徹底解決：一開始打開這視頻，看到幾張稚氣未盡的娃娃臉，原來是女大學生樂隊（中提琴手長得挺像我女兒的一個好朋友），完全沒有弦樂四重奏演奏家應有的那股哲學家氣質，也就沒寄什麼期望，抱著姑妄聽之的態度勉強過了一遍。開始也沒覺得有什麼與眾不同，幸好後來為與其它版本做比較，陸續又聽了幾遍，終於發現了她的不凡。欣喜之餘，實感後生可畏，哦不，應該是"後生可慰"——　借用以教師為業的我敬愛母親的一句名言。

　　正如貝多芬的其它大作，十全十美的演繹幾乎沒有，優異永遠只是一種相對。APMP版已經足夠令人滿意，但也不是白玉無瑕，至少含有以下幾處瑕疵：一、第一樂章8分35秒至8分38秒之間，超速約1秒上下，造成節奏的瞬間凌亂，有損此處應有的意境。這裡合適的速度可參考Borodin版。瑕不掩瑜，隨之而來的重點對位部分，兩把小提琴拉得光彩四溢，稱之為精彩絕倫不為過。二、第四樂章第一變奏的跳弓段落，有個別處不是特別乾淨俐落。三、第四樂章第二變奏，中提琴手Caitlin Lynch的演奏基本到位，勝過強差人意，但對於這段感人至深的樂段仍嫌不夠，以更高的標準來要求。對比看Cavaleri Quartet樂組Ann Beilby的表現更勝一籌。本節的優良表現甚少，一個普遍問題是速度過快，以至情意盡失。再次證明了那個貝多芬作品演奏原理：技術上越簡單，演繹越不易。即便有若干小問題，即便任何小問題都有傷大雅，APMP版的"豎琴"第四樂章仍為最佳，比其它任何版本都高妙。何以為證？引申開去再來談談變奏曲：

<h1 style="text-align:center">三</h1>

　　相比於交響曲、協奏曲、奏鳴曲和重奏曲中常用的奏鳴曲式、迴旋曲式、三部曲式（包括小步舞曲，諧謔曲，進行曲）等，貝多芬的變奏曲式或許最難詮釋，因為演奏者需要以堅實的理解或感悟為基礎，將之融會貫通於演奏之中，而對不同變奏的理解尤為不易。在有限的篇幅內，作曲家以一個（或兩個）短小音樂動機為原型基調，從中發揮演化出幾段與之相關的變奏，將不同的情愫意念糅合其間。各個變奏跟隨音流走向，或縱向發展闡釋同一情思主題，或橫向鋪展表述不同情思主題（自由變奏或變奏組曲），而不同主題共同服務於一個總課題。可想而知後者的難度高於前者。演奏者如果對各部主題缺乏自個體到全局的理解感悟，不同變奏的表達結果就難免會流於大同小異，貌合神離，從而形成敗筆。且以我最為熱愛且熟悉貝多芬的幾段變奏曲式樂章為例來簡要說明：

　　《熱情奏鳴曲》（Op.57）第二樂章：三段變奏，服務於同一主題，形象化地概而言之可為"自長夜到黎明"。三變奏與主動機的旋律輪廓接近，變化主要在音域與節奏。這應該是最簡明的變奏形式，理解相對容易。即便如此，古今多少鋼琴演奏家都不幸失足於此 —— 特別是第2變奏，完美無缺的詮釋竟只有Biss一人，可謂碩果僅存。具體分析請參閱拙文《朗朗，熱情，與皇帝》。茲不贅述。

《葬禮進行曲奏鳴曲》（Op.26）第一樂章：五段變奏，服務於同一主題，形象化地概而言之可為"青春的憂鬱與思索"。《第12鋼琴奏鳴曲》以其著名的第三樂章"葬禮進行曲"命名，我卻更喜愛這第一樂章。此乃貝多芬最早創作的高水準變奏曲，個人感受也是"自傳體音樂"的首創發軔，後人舒伯特個體化的鋼琴奏鳴曲，蕭邦的敘事曲，柏遼茲《哈羅爾德在義大利》，理查斯特勞斯《英雄生涯》等浪漫標題音樂的濫觴。說實話，這部樂曲我聽得還不夠，過去幾年來總共才過耳幾十遍，沒做過密集聆聽鑒賞，所以眼下對本樂章的理性認識深度不足，只是簡單地癡迷於它那憂鬱而純潔之美，為其深深打動，卻無法對各個變奏做具體解析。當然很多時候這種賞樂程度就已足夠，沒有必要把各段音符分解為一幅幅圖畫。是不是可以這樣說：感悟即理解。

比如第五變奏我聽出來了，更準確地說我的領悟被感動激發出來了，那波濤翻湧的滾滾江河，好一幅"心事浩茫連廣宇"之畫卷：她可能是青春的情天恨海，對人生未來的憧憬嚮往，對生命的禮贊感激，等等，太過一言難盡了。勉為其難以文字去描述，難免會打上個體的主觀烙印，而文字最容易扭曲音樂，文人最容易不知所云，所以最好還是將一切留給含淚微笑的不言吧，有道是"此情直待成追憶，只是當時已惘然"。簡而言之：不論對於演奏家還是聽眾，闡釋或審美音樂，沒有大腦中的理解可以，但不能沒有心靈上的感悟。

《葬禮進行曲奏鳴曲》最佳演奏版出自Arrau大師，尤其這技巧簡單但涵義深厚的第一樂章，高於眾人卓爾不群。兼聽版Lewis。我感覺Lewis是在效法Arrau，彈得七八分相像，用時都很接近，只是火候還差兩三分。認知可以學，風格可以學，但精細入微的感覺和手法不容易學，或者說沒法學，那要靠天賦。另外美樂好比美食，演奏家好比廚師，聽者好比食客：面對同樣一道佳餚，當一位挑肥揀瘦不好侍候的美食家認准了一位名廚的烹調手藝後，再去品嘗他人的，即使不是味同嚼蠟，也是悵悵然若有所失了。

《大公三重奏》（Op.97）第三樂章：四段變奏，或獨自低吟，或互訴衷腸，或情理對答，或展翅翱翔，各變奏展開的幅度較大，時常偏離主旋律原型甚遠（變奏曲常常不容易聽出來的原因在此），乍聽似乎跳躍游離於主題之外，讓人難以觸摸到其所反映的中心脈搏。當然這只是一種表象。為了表達繁複深邃的樂思、豐富多彩的場景、起伏跌宕的進程，一句話"為了劇情的需要"，每個變奏必須具有自己的鮮明特色也即獨立性。而獨立不忘統一，欲擒還須故縱，在先後登場亮相的同時，各變奏相互間仿佛被一隻無形的手牽引著，以那時隱時顯時強時弱，但萬變不離其宗的主動機為準繩脊樑，和諧有機地串聯在一起，從而形成了某種符合情理邏輯，密不可分的線性關聯，以服務於同一課題。此即所謂的"自由變奏"。作曲家匠心獨運地將這些"不像"變奏的變奏層層鋪展疊加，立體全景式地烘托出樂曲的總體主旨。形象化地概而言之可為"詩人與天使的對話"。這是貝多芬最為優美感人的變奏曲（之一），但因其較為複雜的構思設計，聽者一開始不容易輕易進入，常常需要耐心地反復聆聽，以期逐漸感悟領會，最終一旦進入了，如同結識了一位知心密友，必將受用終身。

《大公三重奏》最佳演奏版出自肯普夫三重奏組（Kempf Trio），兼聽版克萊蒙特三重奏組（Claremont Trio）。這兩個"非大師版"歷經審閱，方才自三十多個版本中脫穎而出，應該不會令人失望。唱片出版市場上常常被業內專家推薦的幾個"名家版"，我覺得大多盛名之下其實難副。有關《大公》演奏版本的比較分析，請參閱拙作《千古流芳一大公》。

《終極奏鳴曲》（Op.111）第二樂章：五段變奏，曲式結構與《大公》第三樂章大體類似，但承載內涵更為廣博厚重，乃人類音樂史上變奏曲的巔峰之作。通過以上有關自由變奏的解說可以想見，這裡的各個變奏具有更強的獨立自主性，也即形式上游離於主旋律氛圍，看似幾乎獨立成章。但運用之妙存乎一心，變來變去，再怎麼變，變不出如來佛的手掌心。各變奏形散神不散，曲徑通幽柳暗花明，豁然開朗渾然天成，皆為樂章主題的一個有機組成部分。本樂章被普遍認為艱深，亦有人視為晦澀，卻也不無一定道理。陽春白雪曲高和寡，與交響曲協奏曲等相比，鋼琴奏鳴曲本來就比較小眾化，其至高成就《終極奏鳴曲》自然不如《致愛麗絲》那樣老少咸宜人見人愛。若想登堂入室一窺其妙，聽者一要有悟性，二要情感細膩，三要肯下功夫，確非一椿易事。

其實透過表層肌膚，樂曲的骨骼經脈並非無跡可循。作為以音符書寫的自傳，貝多芬用一個樸實無華的主題動機為基準，運用他天才的創造力，將各個變奏精心打磨，循序漸進層層鋪展，表面看信馬由韁上天入地，實則情理兼備博大精深，各變奏或深沉或淡泊，或歡樂或空靈，或壯烈或聖潔，豐富多彩的音樂語言既生動優美又感人至深，讓抽象的器樂比通俗的歌唱更有一種直擊心靈動人魂魄的力量。作為一種具象解析嘗試，我將本樂章做感性圖解如下：（1）沉思 —— 主題動機，（2）回憶 —— 第1變奏，第2變奏，（3）舞蹈 —— 第3變奏，（4）夢境 —— 第4變奏，（5）攀登 —— 第5變奏，（6）昇華 —— 尾聲，而樂曲的總課題則是"詩哲人生"。具體樂段分析及其相應演奏比較，請參閱拙作《終極奏鳴曲》。簡而言之，若想盡可能深入地演奏或欣賞這部樂曲，參與者需要做到兩點：一是感悟每一變奏的獨特個性，它們各自表達的涵意和意義；二是綜合所有變奏融會貫通，提綱挈領地理解總課題。二者缺一不可。

簡談演奏：不似Gould版《悲愴奏鳴曲》，Arrau版《葬禮進行曲奏鳴曲》，Gulda版《華德斯坦（黎明）奏鳴曲》，Biss版《熱情奏鳴曲》，Jumppanen版《第30奏鳴曲》等，一個人的演奏已近乎完美，足以令人滿意，《終極奏鳴曲》太過山高水長根深葉茂 —— 主要指第二樂章，叫古往今來沒有一個演奏家百分之百地勝任，而有能力將之演繹得盡善盡美，常常是某些部分雖然彈得很好，另些部分卻大為遜色，不是虎頭蛇尾，就是漸入佳境，前後上下良莠不齊，令十全十美豈止鳳毛麟角，簡直徹底絕跡。經過反復聆聽多方鑒賞，苦心孤詣地比較篩選後，我不得不打破常規勉為其難，以兩位演奏家的作品分解組裝成一個"基本滿意版"：Eschenbach，自第一樂章起始到第二樂章第2變奏"回憶"結束，Lortie，從第二樂章第3變奏"舞蹈"起始至全曲結束。

對個人來講，越是高深精妙且鍾愛的樂曲，對於演奏版本的要求越是苛刻挑剔，苛刻挑剔到了吹毛求疵，耳朵裡容不得沙子的境地，比當初找對象還嚴格，恨不得百裡挑一都不夠。橫挑鼻子豎挑眼，這個不行那個不好，真的不好也就罷了，好了還要求人家更上一層樓，精挑細選到了家，幾近匪夷所思。世人皆笑我癡，我自樂此不疲。知否知否，精神享受，就是要講究個食不厭精膾不厭細，將完美主義發揚光大到那極致。

四

回到《豎琴四重奏》：第四樂章，六段變奏。本節音樂就理解而言說容易容易，說難也難。讓我們先易後難：雖多達六段，但所有變奏與主旋律原型都比較接近，聽上去差異不很大，不似上面兩部樂曲中的幾個自由變奏那樣"離題千里"。既然旋律相對接近，可以想見它們各自所要表述的個體思意亦應相似，也即與全樂章的主題保持一致，可謂簡單明瞭。較難把握的變奏之間的相互關聯也貌不驚人，談不上複雜曲折，雖然也有某種逐步向前遞進的縱向演化，總體而言大約是平行並聯關係。可以說這是最為典型且簡單的變奏曲形式。那麼各變奏與全樂章的主題樂思又是什麼呢？簡潔明瞭兩個字 —— 感恩！

說它難就難在，雖然只有一種情感思緒，但各變奏進行表述的行為方式有所不同，所謂"行為方式"既可以說是內在心境，也可以說是外在角色，不同的角色心境構成了不同形式的感恩，感恩並不總是眼含熱淚高唱讚美詩吧，本變奏曲的深層文章在這裡。六個變奏如同一母所生的六個子女，乍一看眉眼大同小異，但卻各具不同性情風度。簡要道來：

第1變奏，大中小提琴運用大量跳弓（spiccato），跳出了一種稚拙活潑，歷經滄桑後或童心未泯，或返老還童的情態。第二變奏，中提琴難得唱起了主角，要的是它那特別的音色，既不高亢似火，也不低沉如訴，單純而深情。或是在撫今思昔，或是在虔誠祈禱。第三變奏，弦樂器以頓弓（martele）作為支撐，撐起了一片歡呼雀躍奔相走告的場景。第四變奏，水至濃時不見水，情到深處不言情，乃本樂章的中心，直抒胸臆明澈見底的感恩頌。下面還要再說。第五變奏，承上啟下，畫風一變，樂曲由柔轉剛，感恩竟然以威武昂揚的進行曲姿態行進，且能把人打動。第6變奏，由強轉弱，向尾聲過渡，作為奔向終曲歡呼高潮的前奏。

不論是欣賞還是演奏，參與者需要發現各變奏的個性與共性，反復聆聽或許是必由之路。此乃經驗之談，個人當初就是這麼走過來的：斷斷續續過了幾遍，駑鈍如我對《豎琴》的領受還只停留在泛泛，只對那憂美的慢板樂章有所觸動，而其它幾個則不明所以。一日做隨機片段練習，忽然發覺某旋律聽上去熟悉：哎，這段好！隨即重播數遍，不覺茅塞頓開，感從中來，像是發現了一片新大陸，Eureka！接下來更一發而不可收，只是感動不已，一種往昔對心儀女郎一見鍾情的感覺竟油然而生，愛上了呀！當日失魂落魄，呈現出一幅病態，見誰都想傾心訴說，雖然明白說了也是白說，沒人會和你產生共鳴。本樂章主題"感恩"即由此而來，錯不了了。此段音樂即第四樂章第二變奏。再往下對全樂曲的感悟欣賞也水到渠成花開蒂落。終於開竅了，這第二變奏就像是一把鑰匙，為我開啟了《豎琴》的拱門，心有靈犀一點通，豁然開朗，信步踏入殿堂，裡面的美景就此一覽無餘。

但讓我沒有想到的是，第二變奏雖美，更精彩的還在後面：隨著賞樂的深入，漸漸發現第4變奏更為感人，情深意長，不可方物。怎麼說她呢？就像《葬禮進行曲》第一樂章第5變奏，《熱情》第二樂章第2變奏，《大公》第三樂章尾聲，《終極》第二樂章好幾處，《豎琴》第二樂章中段，等等，貝多芬有太多的樂曲能把我搞得失態，讓我每聽一次，那根隱秘的心弦就被肆意撥弄一回，眼角膜也隨之過水一遍，沒有辦法，總是這樣，或許要永遠這樣了。不是我的淚點低，而是貝多芬的音樂太強大，讓我硬撐不住，當然也沒必要撐，順其自然最好，男兒有淚不輕彈，只因未到傷心處 —— 不！這不是傷心的淚，絕對不是，這和傷心沒有一丁半點關係，只因未到感恩處，這是感激的淚，喜樂的淚，甜蜜的淚。

APMP演奏的第四樂章，幾近完美地將各個變奏具有的素質特徵表達了出來。第一小提琴Kristin　Lee十分稱職，船長的作用名副其實，配得上一個全贊。有業內人士說第一小提琴領銜弦樂四重奏有時會比演奏協奏曲還艱難，可見此項技術領導工作的難度之高，不光自己這重頭戲部分需要盡力發揮，還得統籌兼顧全局，因為個人演出得再好，如果團隊的整體表現不佳也是白搭。好在這個團隊的其她成員也很爭氣：第二小提琴Miki-Sophia Cloud、中提琴Caitlin Lynch恪盡職守甘當綠葉，某些段落擔綱主奏亦不負所托。大提琴Jia　Kim令人印象深刻，整體表現堪稱優異，與第一小提琴交相輝映。就說這樂章中心第四變奏，小提琴的火候可謂精粹，既不人為煽情，也不流於平淡，一串串音符柔和委婉而細膩，好似三月春風吹佛下的一叢叢白玉蘭，寓深情厚意于自然傾訴；大提琴在這裡負責敲邊鼓，出手時機與輕重分寸拿捏得恰到好處，將那幾個簡樸的襯托和聲整得妙不可言，猶如空穀回音，布穀聲聲，盡顯弦樂四重奏之美。幾位年輕音樂家拉得我的一顆心都要溶化了。除了不吝讚揚演奏家的精彩演出，更要將永遠的讚美獻給我們的作曲家：貝多芬呀貝多芬，你這個聾子，怎麼就創造出如此感人肺腑的樂音？這是你從天堂竊來的吧？哦不，你本來就是上帝派往人間的美的使者，傳播天國之音本是你的職責與使命。

有形的感恩頌再美，也有曲終人散的時候，而無形的感恩頌沒有終點。感恩感恩，一口一個感恩，可到底什麼是感恩？又究竟感的什麼恩呢？動人的音樂沒直說，聽者也沒處去詢問，只有自己思考琢磨。感恩，說白了，就是不將自己的擁有所得視為理所當然，命該如此，而要飲水思源感恩戴德。為人要知道感恩，忘恩負義枉為人也，感恩既是一件德行，也是一種天性。人活一世草生一秋，從小到大，我們自他人領受了太多的恩情，此生今世難以報答，那麼即使做不到結草銜環，刻骨銘心，亦當心懷感激，不時惦念：感父母的養育之恩，感親人的相愛之恩，感朋友的情誼和協助之恩，感人生道路上處處遇到的好人美事，最後更要衷心感激奇妙的命運，那慈悲神明賜予的驚人恩典！

（2019）

成也月光 敗也月光

　　貝多芬《升c小調第14鋼琴奏鳴曲"月光"》（Op.27-No.2）：作者最負盛名的鋼琴奏鳴曲，卻讓我此刻下筆維艱，難就難在她如雷貫耳的鼎鼎大名。"月光"之名，出自十九世紀德國有影響力的音樂評論家賴爾斯塔勃（Rellstab，1799-1860），他在貝多芬去世後數年發表的一篇音樂評論裡，形容此曲的第一樂章如"輕舟蕩漾在月光鄰鄰的琉森湖上（a boat passing the wild scenery of Lake Lucerne in the moonlight）"。我要對這個命名者直直地伸出右手大拇指，先向上，再朝下：先生的這個聯想比喻用得絕了，絕得讓人聆聽此曲時，或別無選擇或不由自主地進入了您所描述的畫面，身臨其境那個如夢似幻的自然場景。您的妙喻在幫助廣大聽眾進入及理解樂曲方面功不可沒。但另方面，它同時也將他們運用自己想象力的自由剝奪殆盡，讓我們除了這銀銀的月光，幽幽的湖波，幾乎什麼也感受不到了。真可謂成也月光，敗也月光。樂曲借著"月光"美名不脛而走，直至家喻戶曉老少皆知，終於成為古典音樂中的通俗歌曲下里巴人。這究竟是《第14奏鳴曲》的幸還是不幸。

　　這裡需要指出一個無奈的事實：時至今日在古典樂聽眾中，貝多芬絕非首選大熱門，起碼落後于蕭邦莫札特柴可夫斯基等幾位大家。既為聖，何至此？樂聖少人朝拜的原因大致有二：一是他那些英氣四射激情澎湃的鴻篇巨制如《英雄交響曲》、《命運交響曲》、《皇帝鋼琴協奏曲》等，需要某種特質的血液和心臟來承載，這讓凡夫俗女無福消受，因之望而卻步；二是他情思並重深不可測的曠世傑作如晚期鋼琴奏鳴曲和絃樂四重奏等，又使得純真質樸的心靈不易領會，不覺敬而遠之。故而，《月光》的流行對於擴大貝多芬的影響，無疑是一件大好事情，她並且也成為進入古典樂審美領域的一塊敲門磚。但是過去近兩百年來，眾多專業人士和資深樂迷不喜歡"月光"這個名號，原因很簡單，它太直白淺顯了，無形中扭曲壓縮了作品豐富的涵義，降低乃至糟蹋了其高超的品質，更且嚴重限制了聽眾的想象力。他們無疑是正確的，通俗標題"月光"如果不是誤導，也是以偏概全，因為即使對於第一樂章"月光"之稱名副其實，第二樂章和那與第一樂章同等分量的第三樂章，與所謂月光風馬牛不相及。至於作者本人，對於自己這部樂曲因為被善意"歪曲"而風靡世界的結局自是始料不及，無獨有偶，更讓他想象不到的事情是當初手稿被自己隨便丟棄的即興小曲《致愛麗絲》，半個世紀後竟會紅遍天下。貝多芬並沒有很看重當時就已廣受歡迎的這部還不叫"月光"的奏鳴曲，對於它的流行還略有微詞，覺得那些追捧者是丟了西瓜撿蘋果，為了這個升c小調奏鳴曲而忽略了自己其它更好的作品。

除了"月光"，對於本曲的其它聯想感受也是眾說紛紜，典型的有"悲劇說"、"愛情說"等。嚴肅的悲劇說也是從第一樂章聆聽而來，我個人難以苟同，因為從中沒有聽出什麼悲聲。貝多芬的音樂幾乎沒有讓我悲的，沒有悲傷悲愁悲涼，更沒有悲哀悲切悲慟 —— 除了一種感覺叫悲壯，有的只是發自肺腑的感動和超凡出世的振奮。個人雖然時常也會有無傷脾性的感慨傷懷，但卻不喜歡悲音哀樂，沒有以毒攻毒的心理需要。如果貝多芬的音樂總是讓人悲悲戚戚，我又怎會長年累月幾乎每天聆聽他幾小時，如虔誠信徒的讀經禱告，成為日常生活不可或缺的一個組成部分。

世俗的愛情說來自茱麗葉·圭恰爾迪伯爵小姐。貝多芬和他的這位鋼琴女學生確實有過一段失敗的短暫戀情，但是作品原本並非計畫題獻給失戀對象的，最後朱小姐有幸成為受益人並因此名傳後世，完全是出於某種陰差陽錯。具體經過可參看貝多芬權威學者塞耶（Alexander Wheelock Thayer, 1817-1897）所撰《貝多芬的一生》（Life of Beethoven）。既然如此，《月光奏鳴曲》就與愛情無關，哪怕這主題再抓人眼球。另外還能有什麼聯想表述嗎？山花爛漫的第二樂章和狂飆突進的第三樂章，理解上大致不構成問題，古今爭議的懸念在第一樂章，眼神朦朧迷離如蒙娜麗莎的她究竟表達了什麼事務和心情？我的看法是要看演奏，因為這個既可厚重亦可空靈的樂段，闡釋的可塑性很大，賦予了演奏家廣闊的演繹空間。她可以被彈成憂鬱型，淡淡的或深深的，也可以被彈成夢幻型，幽幽的或悠悠的，當然，憂鬱及夢幻合為一體亦無不可，並且還有其它可能性。

我個人更傾向並欣賞"夢幻型"，並認為這是貝多芬的創作本意，因為他當時記錄在樂譜上的指示是"幻想曲風格的奏鳴曲（Sonata in the manner of a fantasy）"。這裡的"幻想曲"一詞為音樂術語，在當時指較為自由的樂曲形式。我以為作者在這裡是一語雙關，此"幻想"還應指作品的主題基調。那麼"幻想"應該怎樣進行呢？嚴謹細心的作者在樂譜上也特意給出了提示："整段柔板以極度細膩敏感的方式彈奏（the entire Adagio is to be played with the utmost delicacy）"，並且還在大多數樂段標注上了"微弱（pp）"演奏符。細膩敏感加微弱，不正是心靈夢幻的特徵麼。本曲看似是一個"不眠人"的夢遊故事 —— 既然發生在夜晚，多少還是有可能與月光或星光有關。樂曲一反傳統三樂章奏鳴曲"快-慢-快"模式，而採用了如果不是首創也是極為罕見的"慢-快-更快"的循序遞進式。樂曲畫面既非呼之欲出，不妨借助於想象：夜深了，不眠人獨處一偶，四周闃然無聲。他或臥，或坐，或行走在郊外，草地森林，山丘湖畔。靜謐的夜幕下，跳動著一顆幽思冥想著的心，一幅幅幻象薄霧雲紗樣升起、聚攏、消散。接下來，心兒自天空回歸大地，不眠人回憶起了童年，那些跳躍歡笑的日子。最終，不眠之夢豁然驚醒，嚴酷的世界再次展現在眼前。不眠人奮然躍起，拔足飛奔，旋風般沖入旭日東昇的黎明……

（2019）

一曲獻給母親的頌歌

貝多芬《第15奏鳴曲"田園"》：必也正名乎。"田園"之名，為當時樂曲的漢堡出版商克蘭茨（Cranz）所加，是否曾向作者徵求意見未見歷史記載，後者至少事後沒有表示異議。與俗名標題"月光"幾乎成為眾矢之的命運截然不同，"名副其實"是後人對"田園"名號的一致好評。《田園奏鳴曲》可謂七年後問世的《田園交響曲》的預演。以音樂描寫大自然，貝多芬不是古往今來第一人 —— 以鋼琴或許是，在他之前有維瓦爾第《四季》協奏曲，海頓《四季》清唱劇；在他之後，層出不窮蔚為大觀，從斯美塔納《伏爾塔瓦河》到格羅菲《大峽谷》，從德彪西《大海》到霍爾斯特《行星組曲》，八方過海各顯神通，然而《田園交響曲》雄踞此領域頂峰的歷史地位不可撼動。為什麼？音樂上貝多芬技高一籌自不待言，更深的原因恐怕是因為沒有人比失聰的他更加熱愛大自然。

生存在她的懷抱，為其哺乳養育，人類對大自然母親的感情應該是敬畏、崇拜和熱愛。反映在文學藝術上，繪畫最為直接，景色被複製於紙面，但局限于靜態、單一場景，情感游離於象外。詩歌散文轉為間接，化立體風景為文字符號，寫景中揉進抒情，想象力與思索介入了，成為更高層次上的審美，咱們的老祖宗最為擅長。"大漠孤煙直，長河落日圓"、"落霞與孤鶩齊飛，秋水共長天一色"，不是圖畫，勝似圖畫了。音樂則更進一步，將視覺藝術轉化為了聽覺藝術，湖光山色姹紫嫣紅，由觀看蛻變為聆聽。以樂寫景，妙在情景交融，聆聽音樂時，我們人多分不清哪段是在寫景，哪段是在抒情，實在也無須分辨，因為不影響美的感受。這就是音樂比文字高妙，詩人在音樂家面前黯然失色的地方。誠如柏遼茲在大力推崇《田園交響曲》時所言："那些偉大、崇高而美麗的古代詩篇，在這一音樂的奇跡面前也變得蒼白！"（Berlioz: A Critical Study of The Symphonies of Beethoven）

《田園奏鳴曲》即情景交融的一個範例。與作者在《田園交響曲》裡以音樂模仿鳥語花香、電閃雷鳴不同，這裡沒有刻意的寫景，而只有單純的抒情，借景抒情，情與景在這裡是我中有你你中有我，水乳交融渾然一體。聽到情時，仿佛就看到了景，反之亦然。"行到水窮處，坐看雲起時"，你說是景還是情。四個樂章格調均衡而統一，沒有貝式奏鳴曲中慣用的戲劇性，也即情節的大起大落，作者在這裡尋求的是平淡中見真情吧。若要以一句話來概括這部作品，我選擇"恬靜而明媚"。明媚的是景，恬靜的是心。作者的心靈博大精深，他的感情千變萬化，這裡的"恬靜"是其中珍貴的一種。恬靜是主旋律，與之合奏的情感有怡然、陶醉、喜悅、滿足、感激，等等。置身於大自然的懷抱，行走在田野鄉間小路，當事人的步履悠閒而輕快，輕快得像是腿腳裝上了彈簧，只想一步步顛起來。這不禁讓我想起來女兒小時候，快樂得邊走邊跳的莞爾情景。

這是一部感人至深的作品，感動什麼呢？感動作者在樂曲裡抒發出來的那種發自心底的感動，為當事人的感動而感動，及音樂之外的聯想：《田園奏鳴曲》創作於1801年，當年夏天年僅三十歲的貝多芬在寫給友人的信中，首次披露了一個個人秘密：日益惡化的耳疾開始重創他的聽力。聽力對於一個音樂家而言，少說也是半條命。在殘酷命運如此的重壓下，於言為心聲的音樂裡，我們聽到了什麼？我們沒有聽到什麼？沒有理所當然的有病呻吟，沒有怨天尤人的黯然神傷，更沒有萬念俱灰的自暴自棄，作者對大自然母親的一片赤子之心，對人生與生命的徹骨熱愛絲毫不減，竟發出了如此平和恬靜，散發著可貴的人性光輝，讚美詩般的田園頌歌。這就是貝多芬，這就是貝多芬精神。貝多芬精神，既反映在《命運交響曲》中"我要扼住命運的咽喉"的那股英雄氣概，也反映在《田園奏鳴曲》中這種慨然接受，溫情擁抱自然天命的超然態度。

樂曲形象為何？田園不會日日夜夜牧歌聲聲，大自然不乏嚴酷暴戾的時辰，怡然自得的心情不可能始終如一。那麼，這應該是一個心境片段，短期體驗田園之美時所得。所以，"郊遊者"怎麼樣？《田園奏鳴曲》可以被看作一個引子，對大自然更全面深厚的感情，反映在其後的《田園交響曲》中。

《田園奏鳴曲》完成後，貝多芬對他的學生，未來著名鋼琴教育家車爾尼（Carl　Czerny，1791-1857）說："我對自己迄今所寫的東西都不怎麼滿意，從今以後我要努力走出一條新路（I am not very well satisfied with the work I have thus far done. From this day on I shall take a new way）"《悲愴》、《葬禮進行曲》、《月光》、《田園》都問世了，更且重要的聽力開始出現了嚴重問題，他竟然毫不滿足，對自己如此苛刻，還想著要更上一層或幾層樓，雄心壯志也太過龐大了吧。確實，但卻遠非自我膨脹，而是恰如其分，對於自覺肩負某種神聖歷史使命的年輕作曲家而言。現代鋼琴家兼音樂評論家安東·科迪（Anton Kuerti）先生就貝多芬此言發表了一段精闢評論："作為一個已經征服了維也納藝術領域，發表了如《弦樂四重奏》（作品18）這般偉大作品的作曲家，貝多芬的自我評價的確語出驚人。他的話反映了一位藝術家對專業極高的熱誠和摯愛。而且他對追求完美作品的執著並不是為了個人功名的成就（儘管這一點他已經達到了），而是為了滿足他對自身能力的考驗和潛力的實現。他不僅僅是為了創作出偉大的音樂作品，更是希望能擔負起人所不能為的使命，把他的內心世界、他的精神和他的靈魂聖化為音樂。"（《解說貝多芬32部鋼琴奏鳴曲及迪亞貝利變奏曲（Beethoven: The Complete Piano So-natas & Diabelli Variations）》）

（2019）

睡美人驅散暴風雨

　　貝多芬三十二部鋼琴奏鳴曲在古典音樂界享有盛譽，但時至今日，流行於世為愛樂者所熟知，還不一定熟聽，也就屈指可數"有名"的那麼幾部　——《悲愴》、《葬禮進行曲》、《月光》、《田園》、《暴風雨》、《黎明》、《熱情》、《杜鵑》、《告別》等。除了極少數特例，貝多芬的器樂作品不帶提示樂曲內容的標題，而是按照樂曲形式命名，如《升c小調第14鋼琴奏鳴曲》、《降E大調第3交響曲》等。以上簡明通俗的樂曲名大都不是作曲家自己所取，而是出自他人如出版商評論家等的聯想創意，所謂外加標題。詩意形象的名號對於作品的推廣傳播不無貢獻，但若干也引發了某些爭議，如著名的"月光"，眾多專業人士和資深樂友認為它既名不副實，又剝奪了聽者的自由想象力。如此看來，樂曲俗名可謂功過兼具。

　　《d小調第17鋼琴奏鳴曲"暴風雨"》（Op.31-2），樂曲俗名再次引發爭議，但僅局限於我個人。"暴風雨"之名的形成和傳播，始作俑者為貝多芬生涯晚期的私人助手申德勒（Schindler，1795 – 1864），以貝多芬代言人和權威詮釋者自居的他在大師去世後，對外宣稱貝多芬生前曾親口告訴他，若要深入瞭解此曲，可參閱莎士比亞戲劇《暴風雨》，《第17鋼琴奏鳴曲》就此被人冠以"暴風雨"之名並流傳至今。無獨有偶，《第5交響曲》"命運"之名也是由此人而來，以大同小異的獨家新聞，或孤證。孤證也是證，問題在於在貝多芬研究領域，申德勒是一個極具爭議性的人物，他被眾多史學家考證為了謀取個人私利，篡改乃至銷毀了大量無比珍貴的第一手史料如貝多芬談話簿等，其心可誅神人共憤。時至現代，又開始有研究者為惡名昭著的他鳴冤叫屈搞翻案。此段公案尚未了結，人就不能蓋棺定論，也算是對歷史負責。總之，這個人的話不可輕信，在他文化騙子的名聲被徹底洗清之前——估計是永世也洗不清了，卻也不可全不信，基於就事論事不因人廢言原則。兩難！

對於《第17鋼琴奏鳴曲》，後人出於隨意、寬容、想當然等各種莫名心態，竟全盤接受了長期以來信譽掃地的當事人首創的"申德勒暴風雨"說，好像還從未有人對此提出質疑。一眾專家學者以其為基點，正經八百地展開學術研究，相關論文汗牛充棟，大致可分為二支：一是考證奏鳴曲《暴風雨》與戲劇《暴風雨》的關聯度，二是論證鋼琴曲《暴風雨》與自然界暴風雨的相似性。比如有專業工作者長篇著文，逐段分析證明《暴風雨》的樂曲構成與《暴風雨》劇情的對應關係，望曲生義生搬硬套，結論難免穿鑿附會。我這人天生比較不信邪，更不願被一個基本誠信尚且存疑的歷史人物牽著鼻子走，所以決定擯棄先入為主的"暴風雨"概念，而盡自己的努力去探尋樂曲的內容涵意。探尋？你想怎麼探尋？又能怎麼探尋呢？很簡單——聆聽加思索，大量聆聽，認真思索。人會騙人，音樂從不騙人。也算是功夫不負有心人吧，很快，聆聽加思索開花結果了，不無欣喜地發現：莎翁未獲邀請，老天更沒下雨。貝多芬《第17鋼琴奏鳴曲》與戲劇《暴風雨》和自然界暴風雨毫無瓜葛。Really? 是的，是真的！且容我分析解釋：

第一樂章：神來之筆，大膽豐富想象力的產物，直逼鬼斧神工。靜如水月，迅若疾風；輕似落花，重比雷霆。如夢似幻氛圍中，隱隱透著幾分詭異。整體畫面既富戲劇性，又含自然情愫，難怪兩百年來，世人始終在莎劇和自然界兩個圈子裡打轉而難以自拔。可即便是有了這兩條人為現成的文本圖像兼備的雙重線索，奇情異致本樂章的初意內涵依然撲朔迷離，令人困惑不已，引得多少愛樂者和學者專家投入這"猜謎"遊戲。我亦姑且一試：樂曲起始階段（呈示部主部主題，1-21小節），開門見山直奔主題，三段旋律先後登場亮相，以廣板（最慢）、快板和慢板的形式，依照如此次序：1、廣板初現，2、快板初現，3、廣板再現，4、快板再現，5、慢板初現。再往下，螺旋形向上行進，隨著樂章的展開深入，三段旋律不是交織纏綿紛攘錯綜，就是往來衝突短兵相接；不是東風壓倒西風，就是西風壓倒東風，萬變不離其宗。提綱挈領綱舉目張，聆聽時留心分辨，牢牢把握住這三段既衝突又和諧，既對立又統一的主旋律，它們的代言形象、象徵意義及互動關係，是理解本樂章的關鍵要點。

　　速度反映風度，音高定位品性：先發廣板短小柔弱，卻是明亮而空靈，酷似某種希望的誘惑；隨之的快板急切而衝動，像是對前方光明的熱烈追逐；末尾的慢板陰沉而森然，好比對快板追求廣板的橫加干涉。一日聆聽，我突發此想，隨即感到一陣微微驚悚：不對呀，這音樂場景聽上去怎麼這樣熟悉？！頓時，一幅畫面自腦海升起：黑夜下，曠野中，地表上懸浮、遊走著一小團光。一個純真可愛的小男孩，或小女孩，為這美麗神秘的光團所吸引，情不自禁拔腿追趕，卻怎麼也攆不上。那發光體在前不即不離，引誘著後面的小孩子不停追隨著，最後進入了一個不明所以的場所。哦，這應該是一部迪士尼動畫片中的一個場景，十幾二十年前陪小女看過好多遍。可又是哪部影片呢？絞盡腦汁卻怎麼也想不起來了，立馬上油管搜索，哈，結果很快出來　——《睡美人》。除了背景由室外轉為室內，其它情節大致無誤：古老陰暗的城堡裡，小公主奧蘿拉在大魔女瑪列菲森的催眠下，夢遊般追隨著那磷火鬼魅般的光球，一步步穿過空蕩蕩的大廳，盤旋曲折的樓梯，來到高高塔樓的頂層，旋即被魔法擊中，陷入了那千古迷夢。

　　像，太像了，除了背景神似形不同，動畫片中的是城堡，音樂裡的是曠野：柔弱明亮的廣板好比那神秘的光團，也即黑夜裡的期盼和希望。只是樂曲中的光芒不是來自魔鬼的誘惑，而是天然根植於人類內心深處，那對真理和美善的憧憬目標，終極所在。衝動急切的快板像是睡美人奧蘿拉，去追尋那終極之光的夢，而音樂中的這個逐夢人，自然就是作曲家自己了。那陰沉森然的慢板，無疑非瑪列菲森莫屬，也即橫亙在夢之光和逐夢人之間各類妖魔鬼怪的總體化身。樂曲上演了一出三角演義，那麼需要關注的就是ABC之間的互動關係。看吧：光團搖曳閃爍，時隱時現，發出她誘人的召喚。逐夢人懷著一顆熾熱的心，雖時而惶惑，時而遲疑，但始終熱情不滅，鍥而不舍，追逐不停。而光團仿佛一位被追求的美少女，不肯讓對方輕易得手，若即若離與其保持著一定距離，周而復始，不住召喚（以訴說式的單音宣敘調），像是欲擒故縱。更大的阻礙當然在黑巫婆，它豈能讓他與她結合的美夢成真。飄忽往來，不時變換身形；大發淫威，釋放出種種手段，不是要將那她斬斷撲滅，就是要將他擊倒在地。光火雖然微弱，卻是柔中有剛，她拒絕夭折於黑暗，淒風苦雨中，熄去複燃，幾起幾伏，每每看似油盡燈枯，旋即又出現在前方，亭亭玉立，光彩照人。而那逐夢人，更是絕不屈服就範，義不容辭捨生忘死，與黑勢力展開近距離搏擊。正與邪征戰的音流犬牙交錯，跌宕起伏，氣勢磅礴，經久不息……

　　第一樂章終了，故事還沒完，遠遠沒有完，至少接下來還有兩個樂章。一個有意思的現象出現了：第一樂章有故事，人物形象鮮活，情節曲折生動，但卻令人費解。而緊隨其後沉思的第二樂章和激蕩的第三樂章，曲調節奏變化相對平緩，缺少大起大落的戲劇場景，但卻比第一樂章容易理解得多，延續方才的思路即可：如果說第一樂章是"逐夢"，第二樂章就是"夢中"，不是求仁得仁，就此美夢成真一了百了了，而是在追求過程中片刻小憩。歷經磨難，連追帶打，執著求索的主人翁累了，他像睡美人一樣睡過去了，雖然沒有被撒旦的使者施展了魔法。月光映照在求索者疲憊而堅毅的臉上，宛若塞爾克拉斯青銅雕像。沉睡中的他並沒有真正在休息，而是以夢代替行動：他在思索，靜夜裡泉水流淌樣地思索。他思念著那美麗神秘的希望之光，他回顧著與惡勢力驚心動魄的搏鬥，另外，他還思想著甜美的人生。我們的世界再怎麼黑暗，也還是要熱愛人生，永遠熱愛人生，不為別的，就因為人生實在是美好的。第三樂章，"夢醒"：哦，沒有什麼救星前來吻醒逐夢者的夢幻，更沒有什麼王子以真理之劍刺死了玄衣魔頭，一切都還要靠自己，靠自己的雙腳去追求，靠自己的雙手去搏鬥。好在懸浮在前方的憧憬之光還在，有了她，只要有了她，就有了繼續、不斷、永遠前進的無窮動力。於是，他重整旗鼓，輕裝上路，再次踏上那逐夢征途，跋山涉水，奔走呼號，百折不撓……

　　—— 然後呢？接下來怎麼樣？最後結果怎麼樣？贏了嗎？好人贏了嗎？好人戰勝壞蛋了嗎？逐夢人把黑魔王殺死了嗎？他將自己心儀神往的希望之光追到手了嗎？—— 問題很多，可以理解，答案可惜只有一句短得不能再短，灰得不能更灰的話：無可奉告。不是有答案故意不說，而是作曲家根本就沒提供。貫穿貝多芬偉大藝術生涯的有兩大主旋律，一為"尋求"，二為"抗爭"。尋求似羅丹的《思想者》，抗爭如米開朗基羅的《大衛》。尋求人生與生命的目的和意義，抗爭人類存在的黑暗、不公和殘酷。—— 可是在這裡，他為什麼不提供給我們"尋求與抗爭"的結果，尤其是積極向上的結果呢？如莎士比亞安排哈姆雷特最終殺死惡人那樣，多振奮人心呀！—— 答案很簡單：貝多芬他沒有結果，至少在現階段沒有。作為一位以誠為本的藝術家，他不能或違心或自欺欺人地編造出一個皆大歡喜的好萊塢結局，以麻痹自己並取悅聽眾。對於他，追求抗爭即為目的，手段過程就是結果。還不夠嗎？—— 嗯，聽上去也有道理，可是，人們不喜歡懸念，不喜歡沒有結果的抗爭，更不喜歡這樣的悲劇結局。—— 沒有結果，準確說是暫時還沒有結果的尋求和抗爭不是悲劇，而是通往那終極光明的必由之路。縱觀貝多芬的一生，他創作的所有音樂作品，尤其是那些史詩式的重要作品，沒有一部是悲劇，而全部為勇往直前恢弘大氣，如星光閃爍於漫漫長夜，寓歡樂于莊重的人間正劇。

回歸主題。貝多芬沒看過《睡美人》，而《睡美人》的編劇保不准還真聽過《暴風雨》，並從中得到了某些靈感，不然二者在所述情節上怎會如此地合拍默契。經過以上睡美人解析，再來看自然界暴風雨說，不難察覺其牽強附會，漏洞連連。比如第一樂章那被稱為暴風雨前夕屏氣凝神期待著的廣板動機，為什麼在整個樂章的各個階段反復出現？暴風雨不會下下停停吧。貝多芬《田園交響曲》和羅西尼《威廉·退爾序曲》中那兩段著名的暴風雨，都不是這樣下的。還有既然第一樂章被解讀為暴風雨的降臨，第二樂章為暴風雨過後的心曠神怡，那麼下面再次爆發噴湧的第三樂章又是什麼？如何自圓其說，難道又下雨了？至於莎翁戲劇說，更是失之毫釐謬以千里了，茲不贅述。貝多芬《第17鋼琴奏鳴曲》不愧為一部偉大的作品，第一樂章更是奇峰出世大音希聲。她既不是浮光掠影的借景抒情，也不是照本宣科的戲劇演繹，而是一次探索追求真理美善的理想主義實踐。作為中期奏鳴曲傑作，她與具有同等人文性質的《月光奏鳴曲》和《熱情奏鳴曲》堪稱三足鼎立。通過樂曲解析，發掘其內涵精神是一樁有意義的工作。我個人既不熱衷也不擅長圖解音樂，具象化抽象，但對某些詩畫感明晰的作品持開放態度，為寫樂評偶爾為之。想象音樂中的戲劇場景時，常常提醒自己要謹慎，可以抒情，但不可以煽情，不要為了追求文字效果而不知所云地信口開河遍地開花，以免劍走偏鋒誤人子弟。此次面對奇崛神異的第一樂章，不由大膽地運用了一下想象力，邀請《睡美人》驅散《暴風雨》，也算是以毒攻毒的權宜之舉。名不正，則本質不清。長期以來，人為編排的"暴風雨"之名無形中造成了人們對作品的理解偏差和詮釋謬誤，正本清源此其時也。

（2019）

一片雄鷹抖落的羽毛

貝多芬《降E大調第18鋼琴奏鳴曲"狩獵"》（Op.31-No.3）：在作者所有"有名"的鋼琴奏鳴曲中，《狩獵》應該是名氣最小的一位了，特別是與《悲愴》、《月光》、《熱情》等馳名遐邇的大哥大姐們相比。這是否說明其品質也相對遜色呢？答案基本上是肯定的，但需要留意這裡的"相對"一詞。

或許是《第17奏鳴曲"睡美人"》太過深重了吧，作者需要休息片刻，鬆弛一下繃得過緊的腦神經，於是就有了隨後的《狩獵》。這是一部富有靈氣的作品，塑造了一個貴族公子哥兒的形象。—— 什麼什麼？公子哥兒，等於貝多芬？太離譜了，搞錯了吧你！—— 對不起，沒有搞錯，確切說從表面上看沒有。貝多芬，尤其是年輕時的貝多芬，絕非一天到晚不是怒髮衝冠，就是板著一副苦大仇深的面孔，他也有過風流倜儻的青春時光。在《睡美人驅散暴風雨》裡筆者指出，貫穿貝多芬一生的兩大主旋律是"尋求與抗爭"，注意這裡說的是主旋律，除此之外他還有豐富多彩的副旋律，談情說愛為其犖犖大者，其它的還有遊山玩水、插科打諢、吃喝玩樂、社交胡調，等等。既然是貴族公子哥兒，這些都是必修課；既然是藝術家，不會玩樂像什麼話。藝術家不會玩樂天誅地滅。

全曲四個樂章：第一樂章給人以一種大夢初醒感，像是尋歡作樂的引子；第二樂章諧謔曲，輕盈明快，一闋玩樂進行曲；第三樂章小步舞曲，自然是輕歌曼舞了；第四樂章，熱情如火的急板，音響畫面如走狗放鷹，"狩獵"名號由此而來，我也無意質疑。那麼，全曲就此如安東·科迪（Anton　Kuerti）先生在他的《解說貝多芬32部鋼琴奏鳴曲及迪亞貝利變奏曲（Beethoven: The Complete Piano Sonatas & Diabelli Variations）》中所言，乃是一部徹頭徹尾的戲謔之作了嗎？

且慢，我有不同意見，我聽出來了某些"不和諧"音，起碼有兩處：第三樂章，本曲首先打動我的這個小步舞曲，外松內緊，寓嚴肅於典雅。聞之暗暗吃驚：既然跳起了宮廷舞，幹嘛還要這般不苟言笑？不知道此乃泡妞的專業場合麼。豈止是嚴肅，簡直是有種儀式般的莊嚴肅穆，同時透著精神貴族那股骨子裡的高貴。更近一步，舞曲中竟出現了貝多芬獨有的"英雄模式"：主題動機先是在中低音部出現，徘徊，然後于中高音部變形再現，象徵著當事人自陰霾走向光明。作者運用此技法得心應手，在多部傑作中屢試不爽，功勳卓著。借鑒舒曼形容蕭邦的音樂為"掩藏於花叢中的一尊大炮"，這裡的小步舞曲就是"置身于美人堆裡的一個英雄"，也只有貝多芬有本事把傳統宮廷舞"曲解"成了這般模樣。他瞞得過泛泛聽眾，但瞞不過他的極品知音，分明聽出來了：你這確實在跳舞，但卻是帶著一幅假面具在跳。面具代表著你此時的環境身份，肢體語言卻暴露了你的本質靈魂。你的身體在舞場，可心不在這裡，你的心依然在沉思，思索著那些終身困擾著你的命題。

第四樂章："左牽黃，右擎蒼"，見獵心喜，馳馬飛奔，原是少年狂。這是純爺們兒的遊戲，講究個血脈噴張野性勃發，這下總該讓自己徹底放鬆，全身心投入了吧。可瞧你：跑著跑著，進入高潮佳境處，竟又調轉馬頭一躍出界了，隨之風捲殘雲，電閃雷鳴，雖說只是幾道靈光閃現，也足以讓你原形畢露。那時刻，你跑出了動物圍獵場，自由自在，天馬行空，捨棄追逐肉體的獵物，轉為追逐心靈的獵物，一如既往，樂此不疲，像你在《熱情》、《月光》、《睡美人》中所做的那樣。也難怪，"海到無邊天作岸，山登絕頂我為峰"，你的狩獵場本不在塵世，你的狩獵場在精神天地。

大智慧者，詩哲聖賢，置身于喧囂的人群，雖也可以亦真亦假，或逢場作戲，或童心未泯地與眾人嬉笑同樂，以一副非我的面孔，但他的內心深處，依舊是無可救藥的孤獨，發自其根深蒂固的本性。他依然，永遠地存活在他那與生俱來，看似自我封閉，實則包容宇宙時空的心胸裡。高聳的山嶽，崎嶇的小路，愈往上跋涉行進，周圍的同伴愈加稀少，直至最終只剩下孤家寡人。孤獨不是問題，困惑才是。但是你已別無選擇，除了繼續向上攀登，因為這是你生來無可逃避的宿命。《狩獵奏鳴曲》，一縷自天而降的光影，有人看到了你的輕飄，而我看到了你的高邁，因為你不是飛花，不是落葉，你是一片翱翔於蒼穹之巔，雄鷹抖落的羽毛。

（2019）

終極奏鳴曲

一

　　18至19兩世紀，西方古典音樂園地碩果累累，空前絕後，但以人類歷史宏觀的視角看，可以被稱為文化巨人的音樂家也還是屈指可數。其中貝多芬作為偉大作曲家的一個異於他人的特色，是他一生永遠進取，拒絕原地踏步，奮力挑戰自我，不斷尋求個體突破與超越的精神及成就。將貝氏作品集稍加分析，可以留意到一個有意義的現象，那就是在各式音樂體裁內，他的作品大多是越寫越好，後期品質高於前期。比如他的5部鋼琴協奏曲，大致是一部比一部更佳；最後的《大公三重奏》執7部鋼琴三重奏之牛耳；6部晚期弦樂四重奏無與倫比；9部交響曲中《合唱》登峰造極，雖然《英雄》也不遑多讓，算是一個難得的特例。

　　貝多芬以為鋼琴奏鳴曲是最能表現自我思想情感的一種音樂形式，他史詩般的32部鋼琴奏鳴曲按創作年代可分為早中晚三個時期，普遍看法是《悲愴》、《月光》為早期代表作，更上一層樓的《黎明（華德斯坦）》、《熱情》為中期雙子星座。個人看法是那既沒有通俗別名，且在一般愛樂人中不那麼耳熟能詳的第30號和第32號奏鳴曲，尤其是後者，不僅是他全部鋼琴奏鳴曲中的頂尖之作，也是人類音樂寶庫中的稀有經典。令人難以想象的是貝多芬在創作這些情思深邃、結構複雜，而又優美動聽的晚期傑作時，自己已經什麼都聽不見了。肉體上，他生活在一個靜默死寂的世界；靈魂上，他邀遊於一個五彩繽紛的音響王國。

　　《第32鋼琴奏鳴曲》是貝多芬於鋼琴奏鳴曲這一曲式上的封筆之

作，有人稱之為"宏偉教堂刺破藍天的十字架"，我以為是十分到位的評價。這部金曲所傳達的信息、包容的內涵和承載的意義，在人類音樂領域亦為罕見。這是音樂思想家以音符為傳播媒介，為普遍意義上的精神貴族個體書寫的一部濃縮了的百科全書及史詩。《悲愴》、《葬禮進行曲》、《月光》、《田園》、《暴風雨》、《狩獵》、《黎明》、《熱情》、《特蕾莎》、《杜鵑》、《告別》、《槌子鍵琴》，貝多芬的著名鋼琴奏鳴曲大多被人冠以雅俗共賞別名，以努力反映作品的主題動機及音樂特色，但他的這部傑作卻竟然是一個例外，長期以來沒有自己獨特的別名，只有這個既繞口又乾巴巴的《c小調第32鋼琴奏鳴曲》（Op.111）。該結束了，現在容許我不揣淺陋，為兩年來給我帶來幾番領悟莫大感動的她起一個正式的名字 —— 《終極奏鳴曲（Eternity Sonata）》。"終極"代表"最後"、"至高"，用於本曲再恰當不過，她是貝多芬於鋼琴奏鳴曲上的絕筆及登峰造極之作，人類音樂藝術所能夠企及的珠穆朗瑪峰上的一塊淨土。英文"Eternity"具有"永恆"、"不朽"、"永生"、"上帝"、"來世"等多重涵意，更能表達此曲博大精深的無限精神。

就音樂藝術而言，《終極奏鳴曲》究竟高雅或艱深到了何種程度呢？來看看歷史：貝多芬於1815到1826這十餘年間創作了他的最後幾部鋼琴奏鳴曲和弦樂四重奏，在接下來的將近一個世紀內，除去舒伯特、蕭邦等極少數大師級同行，這些音樂傑作乏人問津，幾乎沒有機會被公開演奏。原因很簡單，沒人欣賞得了。沒人欣賞，也沒人意識到自己沒有能力欣賞，公眾乃至音樂界普遍認為這些根本就不是好作品，甚至是敗筆，哪怕她們是出自大名鼎鼎的貝多芬。曲高和寡，莫此為甚。直到20世紀初，感謝科學技術革命，隨著留聲機、電唱機的發明普及，對音樂的反復聆聽成為了可能，促成人類音樂欣賞方式一個跨時代的飛躍，這些作品才慢慢流傳開來，逐漸為世人所得知、熟悉乃至認可，稀世珍寶終於重見天日。即便如此，時至今日，貝多芬的晚期鋼琴奏鳴曲和弦樂四重奏依然屬於古典樂中的陽春白雪，遠不如他的中期傑作馳名遐邇。臨終前幾年貝多芬曾經說過，眼下的自己是在為後代人作曲。這裡他成功地扮演了一次預言家。

我個人對《終極奏鳴曲》的認識遭遇，竟然也和歷史大同小異。十幾年前首次接觸，淺嘗輒止匆匆而過，沒有留下任何印象。兩年前再次嘗試，這次比較有耐心，沒有像上次那麼浮躁，有意識地多聽了幾遍，終於聽出了點味道，接下來竟一發而不可收。每天早上的活動變成了一道日常程式：8點左右來到辦公室，泡上一杯黑咖啡，一邊處理著日常郵件和雜務，一邊聆聽此曲，一直聽到10點鐘才開始做正事 —— 如果期間無人打擾的話。再次感謝科學技術，雖然只有一張CD（Lill 版），卻陸陸續續自網上搜索到了上百個版本，包括上世紀大多數一流鋼琴家的演奏。於是少則兩三遍，多則幾十幾百遍，將所有版本或淺或深一一接觸過來，聽全曲，聽片斷，聆聽對比，對比聆聽，兩三天不聽就會感到某種失落，這麼兩年多下來怎麼也過耳了幾千遍，竟然沒有任何審美疲勞，從來沒有任何音樂作品經得起這樣長時間、高頻率的聆聽考驗。如此這般聽下來，總算聽出了些內容。有時候誇張地想，我就是為了欣賞此曲而生，我就是為了聆聽貝多芬而生的。

<h1 style="text-align:center">二</h1>

　　《終極奏鳴曲》內容豐富、涵意深刻且技巧艱難，將樂器之王鋼琴豐富的表現力發揮到了極致，給後世演奏家留下了廣闊的演繹空間，這也是對他們藝術能力的一個極大挑戰，一般人哪能有貝多芬那樣博大精深的情感思維呢。本曲是作者對自己一生的回顧總結，是貝多芬以音符書寫的自傳。作為鋼琴演奏家，即使無法做到充分，也必須盡可能地理解貝多芬，因為只有在正確理解的基礎上，你才有能力試圖揣測當年作曲家想要通過外在音樂所表達的內在涵意，才有可能將本曲闡釋的相對比較倒位。當然，高超的鋼琴演奏技巧是基本前提。

　　《終極奏鳴曲》由兩個樂章組成。第一樂章，c小調，4/4拍，奏鳴曲式 —— 呈示部、展開部、再現部，第一主題、第二主題，對位手法、賦格風格、調性轉換、減七和絃、大三和弦、交替八度，等等，這些專業術語對於我們業餘愛樂者欣賞、理解樂曲有多大幫助呢，我很懷疑。不懂得天文學，仰望星空就沒感覺了麼；一片美麗的自然風景，一邊是詩人、畫家，一邊是地質學家、植物學家，哪個能將它描繪得更加生動。所以這些家庭作業還是留給音樂學院的本科生去做吧。為什麼市面上發行的多數古典音樂評介文章與讀者有很大距離，一個主要原因是大量專業術語充斥期間，枯燥乏味得讓人不忍卒讀，和普通愛樂者的期待要求嚴重脫節。

　　第一樂章是典型的貝多芬式，確切地說，是中年時代悲劇英雄式的貝多芬。它全程充斥著緊張、躁動的氣氛，跌宕激越上天入地，壓抑後爆發，升空後落地，此起彼伏不絕於耳。比如第一主題先是自低音部以泰山壓頂般的震撼形式登場，隨即是一小段快速音節爬升，轉眼間于中高音部竟以一副嬉戲甚或輕飄的形象再現，大起大落變幻莫測得幾乎讓人無所適從。接下來這個主題反復亮相，或激烈或狂暴或沉重或飄逸，無論如何演化，萬變不離其宗，效果是輕者牢牢牽引著聽者蹦緊了的感官神經，無法得到片刻的安逸，更沒有絲毫回味思索的餘地；重者如一條於半空中被一隻無形的魔掌揮舞著的皮鞭，一記記抽打在被震驚著的靈魂的深處。這是一段外表看相當情感化，實則寓理性於感性的音樂，難以用語言精確表述。以色彩形容之，黑色無疑是最為接近的選擇；以比喻來反映，它是長夜裡一片風雨飄搖中的海洋，偶爾閃現的幾點星光是那僅有的光亮。疾風驟雨自黃昏席捲至黎明，風平浪靜方才終於遲遲降臨。

音樂的主旨並不複雜深奧 —— 人生無常，命運多舛，活著，是一場非人的磨難，與殘酷的拼搏。這個千古常新的主旨，對作者有所瞭解的人應該都很熟悉，它是貝多芬在其"英雄年代"得以安身立命的獨家品牌，反復出現在人們耳熟能詳的《熱情奏鳴曲》、《命運交響曲》、《英雄交響曲》等標誌型作品當中。孤立地看這個樂章，一個疑問不禁油然而升：貝多芬怎麼沒有進步？從早期的《悲愴奏鳴曲》到中期的《熱情奏鳴曲》再到晚期的《終極奏鳴曲》，他為什麼不厭其煩地老調重彈，反復上演著同一思想主題？ —— 答案是"對比"。一明一暗，一天一地。沒有第一樂章的人間煙火，就沒有第二樂章的超越昇華；沒有第一樂章的黑色、單一，也就沒有第二樂章的色彩斑斕、氣象萬千。循序漸進，欲揚先抑，這個樂章必須和下個樂章聯繫起來看，只有耐心地聽完全曲，方可理解作品的精心設計，與作者的匠心獨運。

因為是典型的，為人所熟知得幾乎被臉譜化了的貝多芬，理解門檻相對就比較低。有了對作者與作品的或理性或感性的認識作定位基礎，演奏起來就相對得心應手，雖然純技巧要求很高。對於這個樂章泛泛而言，只要將其激烈、厚重而劇變的情緒心理淋漓盡致地抒發出來，演奏應該說就不算失敗了。個人感覺大多數鋼琴家的所謂演繹都還可以，不堪入耳的很少，不同凡響出類拔萃的也沒有 —— 至少我至今還沒有發現。坦率地說，個人對《終極奏鳴曲》的鑒賞重點不在這個樂章，為之付出的時間精力遠遠無法和第二樂章相比。我也沒有刻意去對比不同版本之間的微秒差異。這個樂章對於我來說，大致為進入第二樂章的過渡橋樑。

三

　　本曲的重點及精華在第二樂章。就篇幅而言，她占全曲的三分之二長，樂風不似世人所熟悉的貝多芬，音樂所表現的情感豐富、思想深邃，乃是感性與理性完美結合的典範。本樂章附加標題為"小詠唱，樸素如歌的慢板（Arietta, Adagio molto semplice e cantabile）"。標題起得十分隨意，完全不能反映其所代表的作品的實際內容。《終極奏鳴曲》號稱艱深，其實本樂章形象生動，極富戲劇感。這是一首變奏曲，由主題、五段變奏和尾聲組成（也有分得更細的9變奏說），每段都包含著獨特鮮明的主題畫面在裡面。個人的感性圖解如下：（1）沉思 ── 主題，（2）回憶 ── 第一變奏，第二變奏，（3）舞蹈 ── 第三變奏，（4）夢境 ── 第四變奏，（5）攀登 ── 第五變奏，（6）昇華 ── 尾聲。六大板塊既相互關聯又各具特色，集中反映了貝多芬深奧奇妙的內心世界的幾個主要時空領域。每部分都情深意長，催人淚下。

　　（1）沉思：這或許是貝多芬所有樂曲中節奏最為凝滯，音響最為靜謐的段落，充滿了沉思冥想氣息，仿佛一位哲人的脈搏在緩緩跳動。一個問題油然而生：作曲家在這裡"沉思"什麼呢？──讀懂了音樂，答案迎刃而解。《終極》狀態中的貝多芬，考慮的不是法國大革命等時事專題，他早已跨越了憤青階段，世俗政治被徹底排除在了藝術創作之外；他思考的不是社會理想、人類信仰等問題，那是幾年後的《合唱交響曲》、《莊嚴彌撒》將要努力表現的內容；他思索的甚至也不是《英雄》《命運》般的個人生存話題，雖然多少有幾分接近。音樂詩哲在這裡沉思冥想的，是生命的本質意義，與生與死的永恆課題，也即對個體存在的終極關懷。可以了，音樂家用音符來沉思，評論文字點到為止已足夠。

　　"沉思"主旋律以單純樸質取勝，相比於《命運交響曲》第一樂章那個著名的"短短短長"四音符動機，這裡是一個"長短長"三音符動機，平和如水，民歌樣洗盡鉛華。下面我們將看到，貝多芬以他天才的創造力，將如此質樸簡潔的主題動機演變出怎樣的一部音樂史詩。技術上十分簡單，但絕不意味著容易演奏，要想充分表達出其中深厚的內在精神至為不易，很少有人能做到。輕重不可忽視，緩急更是關鍵。演奏要點一：甯慢勿快，寧靜致遠。速度加快一分，氛圍喪失三分。一定不能趕，一趕，就把氣場趕跑了。想要儘快通過這些五六歲琴童都能準確無誤彈出的音符，去表演下面技巧艱深的段落，說明完全沒有把握樂曲的精神，不理解音樂的內涵。看不起簡單，只能表明浮躁。貝多芬的許多看似簡單的慢板，比他那些複雜的快板更難演奏，因為演奏家無法用令人眼花繚亂的炫技來掩蓋自己對作品內涵理解上的缺失不足。慢板裡有深情，慢板裡有思想。貝多芬自己好像說過：我認為行板可以表達崇高與神聖的理想。演奏要點二：外松內緊，隱隱發力。緩慢但不輕柔。貝多芬生前為之做過專門研究和貢獻的鋼琴的延音功能在此被集中運用，以創造出餘音迴旋不絕如縷的特殊效果，傳達內在那既悲涼遒勁，又超然拔脫的無限滄桑感。這考驗著演奏家的人生歷練。樂器演奏達到最高階段，靠的不是雙手技術，而是心靈感悟及氣質天賦。

版本鑒賞：許多鋼琴家在此段落失足於一個"快"字，以演奏貝多芬作品見長的前輩大師 Backhaus（德國，1884-1969）為代表，延音短促，行雲流水一般。另外有Gieseking（德國，1895-1956）、Kempff（德國，1895-1991）、Fisher（匈牙利，1914-1995）、Richter（俄國，1915-1997）、Michelangeli（義大利，1920-1995）、Gulda（奧地利，1930-2000）、Brendel（奧地利，1931）、Pollini（義大利，1942）、Uchida（日本，1948）、Levit（俄國，1987）等人，雖然比 Backhaus 慢些，但意境也已喪失殆盡。Frank（德裔美籍，1925-2014）、Ashkenazy（俄國，1937）、Buchbinder（奧地利，1946）、Schiff（匈牙利，1953）、Brautigam（荷蘭，1954）、Jumppanen（芬蘭，1974）、Andsnes（挪威，1970）、Lewis（英國，1972）等不能稱之為快，只是不夠慢，但嚴格講不慢基本上就是不佳了。快的原因是缺乏對此段寓深刻於單純的音樂之內涵的透徹理解。想想看，沉思能快馬加鞭地進行麼。這裡只有把握了"沉思"二字，方可做好文章。你首先必須是一個喜愛沉思，認真沉思過的人，才有可能盡量貼近地還原貝多芬的"沉思"，不論對演奏家，還是對鑒賞者來說都是這樣。

只要把握住了這個慢字訣，演奏好本樂段的障礙至少就去掉了一半，所以說這純粹是一個理解問題，與技巧完全無關。值得一聽的版本不少：Schnabel（奧地利，1882-1951）、Elly（德國，1882-1968）、Solomon（英國，1902-1988）、Arrou（智利，1903-1991）、Gould （加拿大，1932-1982）、Ogdon（英國，1937-1989）、Kovacevich（美國，1940）、Barenboim（阿根廷-以色列，1942）、Ugorsky（俄國，1942）、Levy（阿根廷，1947）、Lebedev（俄國）、Sokolov（俄國，1950）、Korstick（德國，1955）、Pogorelich（克羅埃西亞，1958）、Lortie（加拿大-法國，1959）、Hamelin（加拿大，1961）。其中大師級人物 Schnabel、Elly、Solomon、Arrou等並不高人一籌，甚至比好幾位後起之秀遜色，

但考慮到他們的啟蒙示範作用，歷史功績值得提上一筆。Gould更不比其他人出色，只是和自己於其它段落的敗筆相比，這是他最為沉靜的時刻，特此道及。Lill（英國，1944）的"沉思"是所有版本中最緩慢的，或許也最為厚重，將音樂主旨闡釋得比他人更加準確。可以說是 Lill 的演奏幫助我發現了本主題的涵意與奧妙，這也是我在一段時間裡將他的整體版本列為首位的原因，但後來發現了他於其它方面的不足，而不得不將之降級。與其並駕齊驅的是Eschenbach（德國，1940）。兩人的速度大致相當，3分34秒對3分27秒，Eschenbach 比 Lill 快了10秒以下，基本上可以忽略不計。Eschenbach 的觸鍵更為刻意精心，注重對個體音符的把握處理，以細膩的輕重力度對比傳達音樂情感的微妙起伏，故而我願將他的"沉思"推薦為首席，他人無出其右。

這裡還有一件有意思的事情：Backhaus 和 Schnabel 兩位前輩鋼琴大師都以忠於樂譜，力圖展現作曲家原意著稱。但在"沉思"的演奏上，二人一快一慢截然相反。孰是孰非，究竟哪一位違背了作者的創作意圖？其實貝多芬已在樂譜上注明了"慢板"二字，時至現代這更不成為一個問題。不論 Backhaus 怎樣成功地演繹了其它作品，他的《終極奏鳴曲》是一個不成功的嘗試，全曲用時僅20分鐘出頭，從頭至尾持續高速運轉，這不是一個優劣問題，而是一個正確與錯誤的問題。

四

（2）回憶：主題轉入變奏，音流開始明亮起來，節奏上也稍微加快，雖然仍為行板。相比本樂章的其它部分，"回憶"段落的特色不是很鮮明，圖解標題"回憶"也只是聽者的一種模糊的主觀感覺而已。大師在這裡回憶什麼呢？—— 一個不需要回答的問題，答案自然是他甜酸苦辣色彩斑斕的人生之路，具體是什麼我們不可能知道，也沒有必要知道，不知道更有助於張開想象的翅膀。"回憶"與"沉思"聽上去風格差異不大，後者有些像是前者的延續深入。二者的細微差異在哪裡？不易用語言表述，簡而言之，"回憶"的情緒更為平和，徹悟的心靈愈發純淨，但隱隱仍含有幾絲感傷和心酸。"沉思"與"回憶"都進行在幽靜的夜晚，前者是一顆閃爍的孤星，後者是一條流動的長河。當年再波瀾壯闊的人生經歷，到了回憶的時空也只有不動聲色地緩緩前行，雖然其間仍有暗流湧動。演奏上，仍是寧慢勿快。還是那個貝多芬原理：技術上愈簡單，演奏好愈不易。要深厚，不要心浮氣躁；要沉浸，不要浮光掠影。這是一片暮秋的風景，色彩已經不那麼絢麗，將其刻畫得生動談何容易。

再次談到貝多芬的慢板樂章不易演奏，想起來另外一個例證，即他的《熱情奏鳴曲》（Op.57）：對於這部傑作，大多數愛樂者及演奏家一般都將注意力集中在第一樂章"很快的快板"和第三樂章"從容的快板"上，而將那相對短小低調的第二樂章"稍快的行板"視為夾在兩座高峰之間的幽谷，即使不是可有可無，也幾乎無足輕重，權且當作劇間休息。但恰恰是這個旋律樸素、技巧簡單而讓人不起眼的行板樂章，承載了深厚的精神內涵，其演奏難度絕不低於其它兩個快板樂章，當然這裡所言難度不是說演奏技巧，而是指涵意闡釋 —— 這是在比較鑑賞了30幾個版本後得出的經驗之談。如何表現本樂章中那夜行人自漫漫長夜到晨曦初露後的行為心理，大多數演奏家似乎都陷入了某種理解盲點，包括大名鼎鼎的 Rubinstein（波裔美國，1887-1982）、Horowitz（俄裔美國，1903-1989）、Gilels（蘇聯，1916-1985）等，幾人的演奏都缺乏鮮明特色，盲聽難以分辨哪個是哪個。貝多芬演奏專家 Gilels、Pollini 有能力將首尾兩個技術要求甚高的快板樂章彈得精彩紛呈，可就是處理不好這個看似平淡無奇的行板樂章。個人感覺 Biss（美國，1980）是唯一將本樂章精確無誤近乎完美地演繹到位的鋼琴家，我對本樂章的理解也正是通過聆聽他的演奏得來。碩果僅存百聽不厭，有了 Biss 演奏的第二樂章，再聽其他人的就都味同嚼蠟了。順便提一句，Biss 演奏的貝多芬《c小調第5鋼琴奏鳴曲》（Op.10-No1）也是一個優秀版本，其中第二樂章那個悠長細膩柔情百轉，淋漓盡致地向世人展現了貝多芬那不為人知的另一面。貝多芬絕非僅僅擅長做雄獅怒吼，一生中他寫下了許許多多或情深誼長或曲徑通幽的優美樂章。可惜世人對此嚴重認識不足，這也是眾多"貝多芬誤區"中的一個。

版本鑑賞："回憶"沒有令人極為滿意的版本，少數幾個優秀演奏味道似乎也多少差點火候。Eschenbach 可稱最佳，Barenboim、Lill、Levy、Sokolov、Lortie、Hamelin、Trifonov（俄國，1991）等緊隨其後。很多演奏家再次失足于超速，如"沉思"部分上述幾位，Backhaus 在這裡簡直就是在奔跑了。Ugorsky 則是一個反例，過猶不及，又太慢了，效果似乎並不大好，雖然還不能算是失敗。他的整體《終極奏鳴曲》的特色就是一個"慢"字，他人一般用時30分鐘左右，而他花了整整38分鐘，創了記錄，要知道 Backhaus 僅用時22分鐘，首尾差別可謂巨大。"主題"加第1變奏和第2變奏，Eschenbach 皆為最佳，十分不易，值得讚賞。

五

　　（3）舞蹈：與其它幾部分相比，以"舞蹈"標題來概括本樂段應該最不會產生異議。這是一段富有創造性的音樂，她聽上去像舞曲，但行進迅疾、強健有力，截然不同于古典樂派年代流行的小步舞曲、芭蕾舞曲、圓舞曲等。其中大量切分音、舞曲節奏的運用或許都是貝多芬於奏鳴曲形式上的首創。現代日裔鋼琴家內田光子（Mitsuko　Uchida）指出此段舞曲與20世紀節奏搖滾樂布基伍基（Boogie　Woogie）、拉格泰姆（Ragtime）和爵士（Jazz）有著濃重的相似性，這一發現引起了音樂界的驚歎。貝多芬的晚期鋼琴奏鳴曲與弦樂四重奏中，有一些樂段章節已頗具19世紀末20世紀初現代音樂的色彩，如《第29號鋼琴奏鳴曲（槌子鍵琴奏鳴曲）》（Op.106）、《第30號鋼琴奏鳴曲》（Op.109）、《大賦格弦樂四重奏》（Op.133）等。他不愧是一個走在時代前面的音樂家。

　　那麼貝多芬在這裡跳的是什麼舞呢？——答案是愛之舞。"舞蹈"可視為前面章節"回憶"的延伸。當人生步入蒼茫的黃昏，最能引發無限感慨的回憶自然是愛情了。其實愛之舞也就是生之舞，甜美的愛情卻注滿苦澀，悲苦人生又處處有歡樂。生命結晶於愛情，愛情是濃縮了的人生。當火熱的愛情漸漸遠去，對她美好的回憶將伴隨著當事人終身。所以貝多芬在這裡跳的又是人生秋之舞，他的雙腳在奔騰雀躍，他的雙眼卻滿含著淚水。每當我聆聽這段既令人熱血沸騰，同時又黯然神傷的奇異舞曲時，就不由得想起了當年貝多芬失戀後寫給他永恆的戀人約瑟芬的一段話："讓我們再一起去無憂無慮地散步吧，沿著那條曾給我們帶來了多少歡樂的小徑。"這小徑象徵著生命之路，它留下了兩行腳印，一行叫歡樂，一行叫悲傷。沒有悲傷難以體驗到真正的歡樂，歡樂原來是由苦難釀就玉成。短暫人生苦中有甜，甜裡帶苦，但無論如何是一次無比美妙的體驗過程。既然如此為什麼要愁眉苦臉呢，只要心靈還在跳動，就應該努力去歡樂。有愛就有歡樂，有歡樂生命就鮮活，所以歡樂是一種存在意義。那麼就讓我們一邊唱著歡樂頌，一邊縱情而舞吧。

　　貝多芬的慢板音節不易演奏出深度，那麼像"舞蹈"這樣的快板段落呢，答案依然為否定，儘管與本樂章的其它部分相比，"舞蹈"片段比較容易闡釋，需要演奏家在深刻理解的基礎上去展示發揮的空間相對有限。演奏要點一：一氣呵成，流暢圓潤。不要有絲毫停頓，任何休止符都會破壞連貫性，不論是人為製造還是技術失誤，哪怕只有十分之一秒。生命不息舞蹈不止，一氣呵成的意義在這裡。演奏要點二：如波似浪，滾滾前行。要將舞曲鋪展得如波浪般悠悠起伏，恰似一江春水向東流。人生說到底是一次隨波逐流，不論是順流而下還是逆流而上。"波浪"感的關鍵在於輕重，重如波峰，輕若波谷。整體速度自然要快，但須防止過猶不及，太快了，輕重起伏就不易得到兼顧。另外速度本身也需要有細微的緩急之分，雖然通體大致為勻速。總而言之，"舞蹈"演奏考驗的不是指法速度，而是其控制力度。

版本鑒賞：先談負面教材。Fisher、Schiff、Biret（土耳其，1941）流暢欠佳，明顯有一種"艱澀"感，這可以說是致命傷。Leotta（義大利，1980）或許稍好些，但流暢度也有問題，還是一個"澀"。Eschenbach、Uchida都出現了不該有的停頓，雖然只有微小的幾瞬間，嚴格講也不能算是小紕漏。Lebedev有些亮點，但也有些神經質；Guy（法國，1969）狂躁得有幾分搞笑；Pletnev（俄國，1957）既"躁"且"澀"；Graffman（美國，1928）挺流暢，但讓我想起了機器人；Novitskaya（俄國，1951）像是在炒黃豆；Jumppanen 的速度過快，失去了應有的從容大氣；與其相似的有Brautigam。Schnabel 先是過快，半途減速下來，缺乏連貫性。Arrou 有點生硬，節奏亦欠佳，都不夠大師水準。Gieseking、Gould、Solomon三位大師也都跌倒在超速，Gould 仍舊是邊彈邊哼，太過激情投入了，快得近乎亂，給人一種失控感。演奏家常常需要控制，而不是放任演奏時出現的情緒波動。Gulda版也快，好在仍處於掌握之中，波浪感也有幾分，可總體還是顯得有點兒"躁"，意境表達就淡化了（順便說一句：Gulda 的貝多芬《黎明奏鳴曲，Op.53》我以為最佳）。Michelangeli 則是粗糙，雖然他的貝多芬《皇帝協奏曲》（Op.73）是經典，起始段絕對的大手筆，不同凡響。Ugorsky 依然是慢條斯理，舞蹈跳成了踱步。Hamelin 似乎在故意弄散節奏，結果是感覺有些怪。Kempff 的節奏有些與眾不同，彈得最不像舞曲，聽了幾遍，感覺還能夠接受，但也談不上怎麼欣賞。Guller（法國，1895-1980）也有點特別，即使不說壞也難說好。Pogorelich、Lifschitz（俄國，1976）的節拍不差，但觸鍵音色即使不算生硬，也是不夠圓潤。後起之秀　Đuzel（克羅埃西亞，1990）總體相當不錯，但卻出現了一兩個錯音。

值得一聽的錄音不少：Backhaus、Richter、Vedernikov（俄國，1920-1993）、Brendel、Ashkenazy、Kovacevich、Pollini、Goode（美國，1943）、Lill、Pommier（法國，1944）、Buchbinder、Korstick、El Bacha（黎巴嫩，1958）、Andsnes、Lewis、Ponochevny（白俄羅斯，1976）、Yeol Eum Son（韓國，1986）、Levit 等。這裡就不一一點評分析優劣了，那將是一件吃力不討好的工程，況且也沒有必要，因

為已經有了一個最佳版本 —— Lortie。一氣呵成流暢圓潤，如波似浪滾滾前行，Lortie 的舞蹈基本上達到了這兩全其美。與他人相比，Lortie 彈得稍慢，缺少外向的激情四射，但細細品味，感覺他發的是深功內力，從容不迫外馳內張，展示大將風度，于舉重若輕不動聲色中，創造出了一種雋永的意境，恰到好處地將貝多芬筆下舞者那寓懷舊傷逝於激昂奔放的複雜矛盾心情傳達了出來。如此評說自難免含有主觀成份在內，但在聽過無數遍後，我確實感覺 Lortie 版最經得起咀嚼回味，每次聽他的貝多芬"舞蹈"，我都忍不住要回放幾遍，豈止是百聽不厭。當然不是說他已經盡善盡美，在對幾個過渡音節的處理上，他的手法顯得有些草率，不夠精雕細刻。美中不足，瑕不掩瑜。況且幾乎沒有任何人將這幾處彈得完美。我個人以為這裡應該輕柔。

六

（4）夢境：我想以8個漢字來概括本樂段 —— 神來之筆，天外之音。空靈、神奇，說她人間能有幾回聞那是真的。貝多芬的早、中期時代作品，大都深深紮根於人間土壤，雖然其間也不時有靈光閃現，如《三重協奏曲》（Op.56）第二樂章、《大公三重奏》（Op.97）第三樂章等，仿佛天國之音降臨，但如"夢境"這樣縹緲絕塵、超凡入聖，卻是聞所未聞。

神來之筆從何而來？一曰靈感，二曰夢境，其實靈感也即白日做夢，夢境可化為超意識靈感，兩者是一對相似體，總之為一種神秘啟迪，或聖靈感應。現代科學家經研究得出結論：想象力發達的人，夢也做得豐富多彩。以此揣測，這段如夢似幻的音樂，很有可能是作者在做了什麼奇異之夢後寫下的，也即夢幻產物。那麼他可能夢見了什麼呢？沒有歷史記載，後人只有猜測。談談些許個人體驗：多年前我曾經夢見過一座太空星城，景色壯觀奇麗，非人間所能目睹，心靈因震撼、驚懼而顫慄，就此終身難忘了。後來將這奇夢寫進了小說《劫持》（未完成）。另一次我於夢中聆聽到一段陌生而絕美的女高音歌唱，被感動得難以名狀，只可惜不會作曲，夢醒後那旋律也忘記，只有以文字記錄下了這難忘夢境，作短文《夢中的天音》。將心比心依次推論，貝多芬很有可能是夢到天國了。不論是他潛意識裡想象中的天堂，還是神靈托夢給他的景象，總之他魂遊到了一個非人間的境地，哪怕只有一瞬間，也足以讓他的心靈受到莫大啟迪，非凡的靈感由此產生，順理成章化作不食人間煙火的音符。行文至此，忽地想起了雪萊的名詩《致雲雀》的起始段："你好啊，歡樂的精靈！／你似乎從不是飛禽，從天堂或天堂的臨近，／以酣暢淋漓的樂音，／不事雕琢的藝術，／傾吐你的衷心。"

《終極奏鳴曲》的演奏難度，至此達到了高峰。就純鋼琴技法而言，"夢境"並不困難，不過是有些簡捷的顫音、震音之類，沒有特別的高難技巧，任何演奏家都能勝任。說她難，難在意境的表達。夢，夢中的天國，這叫詩人的文字、畫家的彩筆都難以精確描述的虛幻存在，現在竟然被作曲家以抽象的音樂刻畫出來了，這可為難了後世的鋼琴演奏家們。演奏家和作曲家相比，人生經歷和個體想象力遜色，人文修養、精神境界也不在同一層次，這叫他們力有餘而心不足，空有一身演奏技巧，卻難以精確地闡述作品的真諦。樂器演奏在此就如同詩歌翻譯，對於偉大詩人的作品，凡俗譯者雖然有能力看懂文本，但字面閱讀並不代表真正理解。沒有透徹的理解，翻譯只能照虎畫貓般機械地進行。

"夢境"演奏要點一：點到為止，寧虛勿實。要空靈神秘，要朦朧縹緲，要純淨聖潔。夢中的天國，美在這些方面。觸鍵要淺，避免一槌子到底，以防音響結結實實地發出，當然還須保證清晰度。一個常見錯誤是將各個音符彈得過於飽滿充實了。你這一實在，夢境就破了。演奏要點二：欲速不達，中速為王。緩急與輕重同等重要，皆不可偏廢，都需要格外側重。"夢境"中平行和上行音階的速度，或許應該與人的脈搏同拍，也就是每分鐘60到80下。作曲家在這裡想要表達的或許就是靈魂初到天堂時的心跳。這裡一個最常見錯誤是速度過快，快得讓我忍不住想問各位名家大師：尊敬的女士們、先生們，你們在此彈得如此迅速，究竟是想要傳達什麼事物、心境和理念呢？或者換句話說：諸位以為貝多芬在譜寫這段音樂時，他想要表述的東西可能是什麼？小結：要點一說的是外在、客觀的夢中的天堂，要點二說的是內在、主觀的靈魂的心跳。理解把握了這兩點，方才有可能成功演奏"夢境"。

"夢境"的變奏形式為　A1B1A2B2CDE，個人從非技術欣賞角度將其粗略分為三部分　——"入夢"（B1）、"夢中"（B2）和"夢醒"（C）。A1為"舞蹈"停歇後漸漸進入"夢境"的過渡段，A2　為"入夢"緩緩流向"夢中"的過渡段，D、E　為"夢境"向第5變奏行進的過渡段。過渡段落相對而言較為次要，但也有其意義甚至圖畫，比如以主題"沉思"為基調的 A1 可以理解為一邊沉思著一邊入睡，也即夢前狀態；A2 為夢中似睡非醒的思維渾沌狀態；D、E為大夢初醒後陷入反思，於深深的內省中梳理調整著思緒，最後毅然決然作出抉擇，啟程展開終極行動。如此看來這個夢境十分地完整。將"夢境"三個主要部分都演繹得接近完美的演奏幾乎沒有，可以稱為優秀的錄音也是鳳毛麟角。有一點疑慮需要指出，"夢境"彈奏的輕重指標不易通過錄音鑒定，因為音響高低可以調節，播出來的效果可以很不一樣，雖然能夠前後段落對比著去判斷聲高聲低，但不是十分準確。只有勉為其難了。

版本鑒賞：還是先來看看相對的敗筆：速度過快者，其中有些還兼有觸鍵過實、太硬的問題：Schnabel、Elly、Backhaus、Nat（法國，1890-1956）、Gieseking、Kempff、Haskil（羅馬尼亞，1895-1960）、Yudina（蘇聯，1899-1970）、Solomon、Richter、Badura-Skoda（奧地利，1927）、Gulda、Gould、Kovacevich、Biret、Pollini、Goode、Uchida、Brautigam、Pletnev、Andsnes、Lewis、Ponochevny、Mari Kodama（日本）等。因人而異，有的快了八九分如 Backhaus、Gould，有人快了五六分如 Kempff、Pollini，五十步笑百步，總之是超速了。Backhaus馬蹄聲聲，幾乎不喘一口氣；Richter 歇了幾口氣，但也是在趕飛機；行色匆匆的還有 Uchida，沒能在此展現東方女性的優雅從容。Levit彈的是進行曲吧，完全不對路。Gould 則近乎"油"，讓人想起了水族館裡忽來竄去五顏六色的觀賞魚。Brendel 的速度勉強可以，力度又出了問題，結果是靈性缺失，與其為伍的有 Arrou，太腳踏實地了（順邊說一句：Arrou 的貝多芬《葬禮進行曲奏鳴曲，Op.26》我以為最佳）。Michelangeli仍舊是浮躁，令人懷疑他是否具有演奏奏鳴曲必需的一種精緻素質。Korobeinikov（俄國，1986）則跳到了另一極端，彈得非常慢，方方正正，機械得像是在數1234567。Ugorsky 算是比他稍好些。快不行，慢也不一定就行，如果沒有恰到好處的輕重與節奏。

幾個不妨一試的版本：Fisher、Ashkenazy、Eschenbach、Barenboim、Lill、Buchbinder、Jumppanen、Yeol Eum Son、Đuzel。幾個可以稱為優質的版本：Guller、Serkin（奧裔美國人，1903-1991）、Schiff、Hamelin、Lortie、Lebedev、Leotta、Amirov（俄國，1981）。除了Lebedev，其他人用的都是中速。Lebedev的慢速可以算是一種特色。Schiff、Amirov 都不錯，但又都感覺仍然不盡人意。Leotta 的"夢中"速度似乎接近理想，但虛幻、輕盈感欠缺。Lortie 的"夢中"美中不足快了一兩分，也是縹緲不足，但他的"夢醒"採用漸漸走強直至高潮式，如滾滾沉雷步步直逼人心，很少有人能處理得更佳，之前的那5個"杜鵑回聲"一氣呵成，柔滑潔淨優美之極。Hamelin 的"夢中"、"夢醒"可謂優異，"入夢"部分似乎稍微有那麼一點點散，但總體可列為最佳之一。 Guller 或許是前輩鋼琴家當中首先降低速度的吧，比較難得。當然還有 Serkin。我聽的是他在1987年告別音樂會上的實況演奏，以詮釋貝多芬作品著名的鋼琴大師那時已經高齡84，面容寫滿滄桑，時顯力不從心，如終曲段落，但依然努力發出天鵝的歌唱，令人動容。誠如某評論所言："在那場最後的音樂會中，塞爾金的偉大心靈，帶給聽眾一個宏觀高遠的視野，凌空透視貝多芬藝術中至高無極的境界。"

經過反復聆聽多方對比，終於又發現了一個頗有特色的相對最佳版本之一，演奏者為華裔法國鋼琴家朱曉玫女士（1949）。朱曉玫的演奏與眾不同富有創意，觸鍵極為細膩微妙，音色水晶般純淨透明，冰清玉潔中含著幾分溫潤；緩急近乎恰到好處，雖然尚未達到增之一分則太長減之一分則太短的境地；輕重對比與節奏把握尤其精妙，奏出了幾乎無人做到的飄渺虛幻感，特別是那幾個若有似無的虛擬停頓，將夢中人看到眼前這不可思議的天堂美景時的驚訝、遲疑、困惑及喜悅的複雜心情表現得淋漓盡致。聽得出這是心靈的反射，與鋼琴機械師不可同日而語。以上說的是"入夢"和"夢中"段，不得不指出她的"夢醒"部分有欠從容，與 Lortie 等相比遜色。這是最早讓我迷上《終極奏鳴曲》的光點，當時聽的是 Jumppanen，他在這裡彈得很慢，每每感動得我熱淚盈眶。貝多芬很善於刻畫長夜消散旭日升起的畫面，如《葬禮進行曲奏鳴曲》第一樂章，《熱情奏鳴曲》第二樂章等。

朱曉玫另闢蹊徑的演奏不僅向我們奉獻了一個難得的優異版本，還附帶著一個額外成就，那就是作為一個新的典範拋磚引玉，讓人發現了"夢境"的進一步潛力：啊，經過了無數鋼琴家的臨摹塑造，原來她還可以呈現出這樣的一副與以往不大一樣，甚至大不一樣的容貌，那麼她應該、一定可以變得更加美麗。令人惋惜的是，朱曉玫的"夢境"雖然出類拔萃，但在其它節段中她的演奏存在著不少嚴重問題，如"沉思"過快，"舞蹈"生澀，"攀登"乏力及條理不清等，這使得其整體《終極奏鳴曲》難以成為最佳版本之一。當然也不用遺憾，她在"夢境"中的靈光一現已經很了不起，畢竟貝多芬不易理解詮釋，況且這並非她的主攻，《終極》或許是她迄今出版的唯一貝多芬奏鳴曲。朱曉玫青少年時期在中國因家庭出身橫遭政治迫害，去國後事業、生活上也歷經磨難。經過個人的不懈努力，最後終於大器晚成，以演奏巴赫的巨作《哥德堡變奏曲（Goldberg Variations）》享譽歐洲乃至全世界。

<h1 style="text-align:center">七</h1>

（5）攀登、（6）尾聲：本樂章的第五變奏及尾聲，既為《終極奏鳴曲》的終曲，也是貝多芬於鋼琴奏鳴曲這一音樂形式留下來的絕筆。貝多芬善寫終曲，更準確地說，善於將終曲打造得輝煌燦爛，從而將樂曲推向最後的高潮。典範佳例不勝枚舉，此次亦不例外，《終極》之終曲，不論在思想境界上，還是在藝術形式上，皆可謂鍵盤音樂領域的登峰造極。

曲高和寡，這卻是一段不易聽懂的音樂。我個人的經歷是，在或隨意或認真地聆聽了許多遍後，賞樂層次依然停留於"二無"狀態 —— 聽時無感覺，聽後無印象。直到幾十遍過後，心智終於逐漸開竅。對樂曲越來越欣賞，也就越來越理解；越來越理解，也就越來越欣賞，審美工作進入了良性循環。談到音樂理解，見仁見智司空見慣。《終極》之終曲，即使在古典音樂界，也極少有人能說出個所以然來，更談不上眾說紛紜。現代著名匈牙利鋼琴家，音樂教育家希夫（Schiff）先生舉辦過一個貝多芬鋼琴奏鳴曲專題系列講座，期間他邊演奏邊講解，向聽眾全面介紹了貝多芬的32部鋼琴奏鳴曲。這是一件十分有意義的工作。希夫在談到 《終極奏鳴曲》第二樂章第五變奏時，用了一個詞來概括其涵意 —— Gratitude，也即"感激、感恩"之意。希夫認為貝多芬寫下這段音樂，表達了對生命的衷心讚美，與對慈悲上帝的無限感恩之情。我尊重希夫的理解，同時不得不坦率表明個人對他這番解釋的異議：以"感恩"二字來形容第五變奏，恐怕既失之淺顯，更有可能是一種曲解。我贊同希夫的一個觀點，那就是貝多芬於《終極》的終端，努力在表達一種深厚的宗教情懷。那麼這個宗教情懷，如果不是對上帝"感恩"的話，又可能是其它什麼呢？我基於個人理解的答案是 —— 也以一個動詞來概括這段戲劇感十足的音樂 ——"攀登"。

音樂的內在涵意，應該盡可能讓音樂自己來闡明，如果抽象在這裡不構成問題的話：一反前方變奏"舞蹈"、"夢境"的音調偏離主題動機甚遠的處理方式，"攀登"啟始即直奔主題"沉思"，旋律音型雖然一致，卻換了一種風貌，密集音符不再是悠長而遒勁的流動，而代之以進行曲式的步伐，沉思搖身一變為行進，迅速全面鋪展開來。變奏由兩股音流組成 —— 行進于中高音區的右手發出的上行音流，與行進於低中音區的左手發出的下行音流。兩道音流構成對比複調，時而平行並進，時而混合交叉，其中上行音流無疑為主旋律，冠冕堂皇勇往直前，但下行音流不甘為僕，時而低調伺機反撲，時而張牙舞爪捲土重來，演出一番變調篡位行為。努力掌控全局的右手旋即做出反應，以兼併融合而非強力壓制為手段，將對方的攻擊消弭於無形，但堅頑的左手仍然拒絕就範，屢敗屢戰鍥而不捨，幾次三番衝擊復辟，聲調森嚴而凜冽。就這樣，兩股音流於你來我往、穿插交替、碰撞融合的迴旋變化中，上演著一出既分裂又統一，時而敵對時而友善，衝突和解和解衝突，生與死輪番演進，冰川與熔岩、光明與黑暗交織纏綿呈螺旋狀直線上升，浮士德與魔鬼爭戰不息的二重大戲。

透過這波浪翻滾滔滔不絕的雙重音流，我看到了：在那邊，正前方，半空中有一個人，正在向上攀登，他不是在爬高樓大夏，不是在爬懸崖峭壁，而是在攀爬懸垂于藍天與大地之間的一條看不見的天梯。在他的腿腳處，席捲著一大團烏雲，夾裹著冰雪、沙塵與風暴，正一寸寸向上移動，勢必要將他整個地吞沒、浸透，再摔回地層表面。那人在空中飄來蕩去，看上去似乎岌岌可危，但卻是繼續著他一步一個腳印向上的行動，顯示出了強烈的企求，與不屈不撓的意志。烏雲忽高忽低、翻滾盤旋，始終不離他的前後左右，只要稍有鬆懈，他就將前功盡棄，被拋下那一線天梯，陷入萬劫不復。空曠的天穹中，他顯得是那麼的渺小、孤獨而無助，可是在行為上，他卻顯得如有神助，生命不息，攀登不止，一步一個臺階，向那光明的所在進發……

他是誰？——他是貝多芬，他是我，他是你，他是人類精神貴族的一個縮影。被莫名其妙拋到了這塵世上，我們的天性嚮往光明，生命為尋求真善美而存在，我們的終極企盼，死後靈魂進入天國，與當初創造了我們的上帝永遠同在。那麼烏雲又是誰？——它是貝多芬，它是我，它是你，它是人類與生俱來的罪性的象徵。我們的心靈固然願意追隨上帝，但肉體卻軟弱了，性本善的靈魂嚮往天國，貪得無厭的欲望卻眷戀著塵土，為此我們行各類不義的事情，犯下大大小小種種罪惡。世人都犯了罪，虧缺了神的榮耀。背離了上帝的意志，地獄的大門就此向我們敞開……

音樂進入縱深處，上行音流于堅定有力之餘，還飽含著某種說不清道不盡的深情，是臨近頭頂上方那目的地的激動，還是對腳下這塊土地的眷戀。下行音流依然不依不饒，如影隨形追逐著前者；高音突起幾聲清亮，如雲雀歡呼歌唱，攀登者更上一層樓，到達了最後小憩兼衝刺的平臺，距離頂點已不再遙遠。幾乎沒有停留，右手滾滾而上，似要絕塵而去；左手拒絕接受失敗的結局，迅速重整旗鼓，向對手發起最後的追擊；右手以馬不停蹄當作應戰，緊鑼密鼓再接再勵，向頂峰發起衝刺；

此時此刻，左手追趕上了右手，從音高到聲速，雙方糾纏在了一起，你中有我我中有你——這是最後的搏擊，還是和解的擁抱？終於，右手迸發出一串典型的貝多芬之音，這是人生搏擊的終局發力，攀登生命最後的腳步聲。旋即，上行音流與下行音流同時戛然而止，攀登告終。《終極》進入終極——

此時此刻，我再次地熱淚盈眶，不論聽過幾百遍、幾千遍，在這裡我總是要心潮起伏，被感動得想哭又想笑。既為了攀登者經過如此的艱難曲折，最後終於大功告成，精神克服了肉體，光明戰勝了黑暗，這是怎樣的一次朝聖之旅哦，更為了下面即將聽到的聲音，和那看到的事情："攀登"終結，緊接著一小段宣示性的單音音階，左右手完成和解，開始比翼齊飛歌唱，仿佛一對白色的和平鴿，雙雙于那高音部翱翔，長大的震音與和絃顫音，令人心顫的顫音…… —— 聽上去有些熟悉，像是那天國之音，啊不，這回不是夢，這回是真的，真真切切的天國，眼下就在我的面前。聽呀，看呀，睜開眼睛，幾乎什麼也看不見，除了潔白、純淨、明亮，光華一片，光華一片啊！……

《終極》的演奏難度，到"攀登"達到了至極。"沉思"、"回憶"等段落，技術上比較簡單，只要透徹理解了音樂內涵，演奏效果自然水到渠成。"舞蹈"的理解難度相對不高，技術要求大致處於中等水準。"夢境"的理解不易，即使理解透徹了，演奏好也不是順理成章的事情，細膩的手法技術必須能夠勝任。而"攀登"更是如此，它的理解尺度和技術要求都最高。以下說法在此不一定正確：理解成什麼樣子，就演奏成什麼樣子。理解上有偏差，演奏自然會錯位。而理解到家了，能否通過演奏如實地表達出來，仍將取決於演奏者的天賦、技術、經驗、身心狀態和所處環境等多重因素。

演奏要點一：左右開弓，並駕齊驅。"攀登"演奏存在的最大問題是"重右輕左"，將注意力過多地放在了右手上，而將左手當作無足輕重的配角。錯誤的處理方式來自理解的偏差，演奏者顯然沒有意識到"攀登"乃是存在個體的精神與肉體、神性與人欲衝突、搏擊乃至融合的一次天路歷程，左手內容作為負面形象在此具有重要的啟示意義，它的存在絕非僅僅是為了烘托右手主旋律。沒有左就沒有右，沒有地就沒有天，沒有黑暗就沒有光明。只有深刻理解了這一點，才能合理地分配左右能量。也即演奏要點二：波瀾起伏，螺旋上升。時而東風壓倒西風時而西風壓倒東風，而西風比東風更為強勁持久。左手不斷掀起風浪，而右手始終掌控著局面。在局部，或左或右時重時輕，呈波浪狀向前滾動。在全局，後浪推前浪，一浪高過一浪。最終右手收容了左手，終於大獲全勝，神性戰勝了人性。演奏要點三：處變不驚，大氣沉穩。要從容征戰，不要刀光劍影；要星起星落，不要疾風驟雨；跋涉如俊馬踏過荒原，昇華似雄鷹穿越雲層。貝多芬在創作《終極》時已年屆天命，早已過了憤青時代，即使靈性上依然有掙扎，也已經在第一樂章中盡情宣瀉。第二樂章是他登堂入室後大徹大悟的產物，絕不能再以和《悲愴》、《熱情》相同的手法處理，否則將失於簡陋膚淺。

版本鑒賞：問題版多如牛毛，優良版鳳毛麟角，由此可見"攀登"之異常艱難。概述如下："重右輕左"者最多，其中許多右手彈得很好，乍一聽很熱鬧，也算得上是光彩奪目，但左手缺乏深度，甚至形同虛設，從而造成音流單薄或含混不清，這樣的演奏只能歸於淺顯。很遺憾本團隊裡大師還最多：Schnabel、Kempff、Vedernikov、Brendel、Ashkenazy、Biret、Pommier、Buchbinder、Schiff、El　Bacha、Andsnes、Lewis、Levit等，其中　Brendel　的表現比較典型，去聽他的版本即可得到概念。"左手不清"也可成一類，指右手比較一般，左手還存在問題：Nat、Solomon、Roberts（英國，1933-2013）、Goode、Lebedev、Kodama。"混亂型"，指雖然左手得到了某種重視，但是左右協調沒能處理好，形成了混亂效果：Gieseking、Arrou、Zechlin（德國，1926-2012）、Gornostayeva（俄國，1929-2015）、Gulda、Kovacevich、Uchida、Novitskaya、Pletnev、Frederick　Kempf（英國，1977）。"遲頓型"，指出手遲頓，觸鍵笨重，缺乏連貫流暢性：Frank、Barenboim、Guy。Sokolov時快時慢，節奏不對；Ugorsky 過慢，精神萎靡不振；Korobeinikov 還是在數數，讓人無法忍受；Eschenbach有氣無力，缺乏連貫性；Lill只比他稍好些；Hamelin散掉了；Pollini竟也平淡無奇，毫不激動人心，演奏《熱情》的熱情哪兒去了。說完輕的、慢的，再來看重的、快的：Backhaus的賽馬依然在馳騁；Richter仍舊緊隨其後，拒絕好整以暇。健步如飛集團裡還有兩位女選手：Haskil、Yudina。他們對樂曲的理解都值得懷疑，要知道不論是"感恩"還是"攀登"，都不好如此快速的。超速不行，超重一樣不允許，以下幾位為負面代表：Fisher、Michelangeli、Gould、Trifonov。Michelangeli 左手過輕右手過重；Gould幾乎可稱狂躁，聽來很不舒服，不客氣地說這是在暴殄天物；Trifonov開始階段還可以，不幸越來越快，最後有些失控；Fisher的左右配合應該說還是不錯的，問題是彈成了重金屬，激情抒發得過於外露。《終極》之終極時的貝多芬已達天人感應之境界，實在不應該再如此暴烈了。演奏家必須有意識地以發展的眼光去認識、理解處於不同人生階段與精神層次上的貝多芬。

　　幾個值得一試的版本：Graffman、Jandó（匈牙利，1952）、Kor-stick。幾個可稱優秀的版本：Jumppanen、Lifschitz、Ponochevny、Leotta。Lifschitz 的左手很強大，總體有氣勢。Jumppanen 的左右手問題不大，但節奏慢了小半拍，激情顯得不夠。這是一個現場演奏，不容易了。無獨有偶，Leotta 的左右協調、節奏處理值得垢病的地方不多，但也是缺少了一點激情。這也是一個現場，不好過於苛求了。Ponochevny 相當不錯，只比下面的首席稍遜幾籌。兩個特點：一是這幾位都不是大師，至少眼下還不是；二是他們都不屬於上一代，有的還很年輕。

　　最後鄭重請出"攀登"的最佳演奏版本 —— Lortie。這是至今發現的唯一自各方面看都幾乎無可挑剔的演奏，其最大亮點在於左右手的配合，即使不能譽為天衣無縫，也可以稱為珠聯璧合。右手時高時低幾起幾落，在飽受對手輪番衝擊的驚濤駭浪中，雖然也有起伏傾斜，但卻桅杆不倒逆流而上，始終牢牢把握著旋律曲調的形勢走向及主題動機層層鋪展的主動權。而左手沒有淪為無足輕重的陪襯人，時而低沉壓抑時而森嚴凜冽，它發出了自己不容忽視的聲音，在與右手碰撞融合、衝突和解的反復搏擊中，生動地展示了一個屢敗屢戰強悍頑梗的負面美學形象。左右手精妙配合的效果是顆粒飽滿、線條清晰及層次分明。只要專注地聆聽，就可以感受到組成樂曲的上下兩道音流 —— 特別是那不易合理控制的下行音流 —— 皆獨立鮮活呼之欲出，演奏者"一心二用"、統籌兼顧的能力讓人讚歎，這需要在對樂曲有著深刻理解的基礎上具備高超的演奏技巧。左右手的配合可以說是細節，在對本段音樂的整體處理上，Lortie 的演奏也是可圈可點，頗具大將風度。何謂大將風度？ —— 寓熱情澎湃於從容不迫之中，將繁複沉鬱梳理得舉重若輕。他的速度屬於中等稍微偏上，既不溫吞水般讓人昏昏欲睡，也不風風火火趕場子；雖然音符密集音流厚重，行進節奏卻舒展流暢，毫無凝滯或失控感，音節段落之間交接轉合的分寸每每拿捏得恰到好處。速度好，力度亦佳，既非有氣無力如夢遊，也不一味發力砸鍵盤；左右、前後、上下都安排有輕重對比，進行時機令人信服，比如臨終時的登頂。Lortie 演奏的總體效果既不內斂含蓄，也不張揚霸氣，並且還不是四平八穩試圖兩頭討巧的中庸。盡可能形象地說吧，他既不是小溪，也不是激流，他是層層疊疊滾滾向前的一條江河。而這，應該正是進入天命之年的貝多芬的真實精神寫照。我正是在反復欣賞 Lortie 版的過程當中，慢慢領悟到了本段音樂的奧妙與精神，最後發現、形成了這個"攀登說"，可以說沒有 Lortie 的精彩演奏，也就沒有以上這幾千賞樂文字。演奏家與賞樂者的良性神遊互動，這可謂一個典範。

八

　　以上根據個人兩三年來的大量賞樂實踐，在逐段分析作品實質內涵的同時，從非專業角度點評了一眾鋼琴家手下形形色色的《終極奏鳴曲》。這或許是一種由本人"首創"的音樂作品演奏版本鑒賞法。一般專家、愛樂者推薦好版本，都是說誰誰演奏的某某作品如何，似乎還從未有人評說某部作品張三這部分彈得好，而李四那部分演得妙，這不是把一部作品人為地割裂開來了麼。其實這也是沒有辦法的辦法，《終極》博大精深豐富多變，集悲愴、激越、深沉、淡泊、歡樂、空靈、壯烈、聖潔等多種不同素材於一爐，情感思維轉換跨度很大，對演奏者的悟性及表達力要求極高。這使得有史以來沒有任何一位演奏家能夠自細節到總體將之詮釋得盡善盡美，因此分解賞析或許是一種可行的方法。比如我現在一週五天每次聽《終極》，人為地將其分為兩大部分，第一部分自第一樂章起始到第二樂章的第二變奏"回憶"結束，第二部分從第二樂章第三變奏"舞曲"起始到全曲終結。第一部分聽 Eschenbach，第二部分聽 Lortie。當中的錄音版本轉換倒不是一個令人煩惱的動作，因為第二樂章的幾大板塊本來就要回放重播數次。總體而言，《終極》雖然沒有完美的綜合演繹，也有相對最為優秀的版本。個人心目中對此已有定論。

　　評判最佳整體版本，首要標準是演奏者必須在零技術失誤的基礎上，沒有出現任何理解性偏差。何謂理解性偏差，以上分段解析已羅列出評判準則，例如"沉思"輕飄、"回憶"浮躁、"舞蹈"生澀、"夢境"實在、"攀登"混亂等等。一個重大理解性偏差雖然不一定會毀了整個演奏，但要被奉為經典就沒有可能了。不出錯聽上去似乎容易，實際做到卻異常艱難，達標者鳳毛麟角不到，絕無僅有正好。而零錯誤還只是基本要求，除此之外，演奏者還必須具有能夠讓人眼目一亮的閃光點，也即對作品段落及片斷超凡脫俗的演繹，如此亮點自然是多多益善。經過不厭其煩千百次的聆聽對比、自我糾正和反復確認，我評選出了個人心目中的《終極奏鳴曲》的最佳演奏版 —— 加拿大——法國鋼琴家 Louis Lortie。

　　Lortie　是唯一一位沒有出現任何較為嚴重的理解性偏差的演奏家，不僅如此，在第二樂章中的幾大段落中，他的表現不是獨領風騷，也是名列前茅："沉思"、"回憶"遜色於 Eschenbach、Lill 等少數人 —— 十分令人遺憾，"夢境"為屈指可數的幾位最佳之一，而"舞蹈"、"攀登"兩章節，他以近乎完美的演奏一枝獨秀。出類拔萃總是相對的，以此形容 Lortie　的綜合表現並不為過，這使得他成為貝多芬《終極奏鳴曲》的第

一演奏家 —— 他是否當之無愧或許是一個不是問題的問題，都說文無第一武無第二，只是迄今確實沒有發現可以全盤與 Lortie 相媲美的版本。兼聽則明偏信則暗，作為參考，以下列出其它幾個雖然存在或這或那問題，但亦可稱為優秀的版本：Ashkenazy、Eschenbach、Barenboim、Lill、Buchbinder、Lewis、Jumppanen。需要說明的是這不是一個終極名單，我仍然在繼續聆聽對比，將根據新的體驗發現來對其進行修正。這是一件並不輕鬆的工作甚至工程，我儘量以認真負責的態度去做。最後必須說明的是欣賞音樂乃是一項主觀性很強的藝術審美活動，百分之百純粹的客觀標準並不存在，見仁見智再正常不過，任何觀念見解都將受制于個體情感思維及經驗，主觀局限性在所難免。拋磚引玉，無論如何這應該是一件有意義的工作。

在對比鑒賞中再次驗證了一個道理：唯名觀誤人不淺，不以名氣論英雄。開始時我也是篤信名家，將注意力放在那些富有聲望的前輩貝多芬演奏家身上，諸如 Backhaus、Schnabel、Brendel 等。可是大師名家並不令人滿意，於是克服偏見，把眼界放寬，再來嘗試普通鋼琴家，很快就發現了在這個特殊領域，前者普遍並不比後者高明，雖然他們的歷史性貢獻不能被抹煞。時至今日，中青年演奏家取得的成就已經超過了他們的前輩，優良版大多出自他們的手下。這應該歸功於隨著時代的發展，古典音樂界對貝多芬晚期作品的研究與日俱進，理解愈來愈深入，演奏水準自然也就水漲船高了。藝無止境，對《終極奏鳴曲》的詮釋演繹遠未終結，至今沒有任何人的演奏達到了至善盡美的境界。為此，一代代音樂工作者不斷努力，探索其思想內涵，挖掘其美學意義，美國音樂學家洛克伍德（Lewis Lockwood）在他《貝多芬：音樂與人生》（Beethoven: The Music and the Life）一書中的總結性意見可以被引為一個示範："在每首奏鳴曲中，我們都能感覺到一種無與倫比的音樂體驗已經終結，達到了只有偉大的藝術家才能擁有的智慧。1820年2月初，貝多芬在對話本上引用了康德的話：'道德律法在我們心中，星光熠熠的天堂在我們頭頂。康德！！！'正是在這種道德精神的引導下，脆弱的人類勇於抵抗逆境，維護道德的堅定性，以便像一位藝術家那樣積聚力量，向著天堂奮勇前行。我們在《c小調鋼琴奏鳴曲》（Opus 111）的結尾，以及貝多芬晚期作品中的其它少數瞬間感受到這種境界。這些瞬間在貝多芬之前和之後的作曲家中幾乎無人能及。"（劉小龍譯）

《終極奏鳴曲》，迴旋於精神世界的上空，直至人類存在的終極。

（2015）

貝多芬32幅自畫像

　　貝多芬的32部（帶出版編號的）鋼琴奏鳴曲，為後世音樂界譽為世界鋼琴曲庫中的"新約聖經"，可見其歷史地位的尊崇。按照出版年代並非嚴謹地劃分，這32部作品大致可分為三部分：早期（1795-1800），中期（1801-1814）和晚期（1815-1822）。簡而言之：早期不乏佳作，惜乏人問津；中期傑作雲集，多馳名遐邇；晚期巨作薈萃，但曲高和寡。比之交響曲、協奏曲、合唱曲等的社會大眾屬性，貝多芬以鋼琴奏鳴曲和弦樂四重奏為表達個體化思想情感，記錄自我心路歷程的最佳藝術形式。以此看來，這32部鋼琴奏鳴曲可以視為貝多芬純粹為自己所做的，盡可能貼近主觀本體的自畫像。

一、貝多芬"早期鋼琴奏鳴曲"

　　包括曲式系列號1至11，共11部作品。除去那既不幸又有幸被中級學琴者彈爛玩俗了的《悲愴奏鳴曲》，其餘都不甚流行，貝多芬忠粉外聽者寥寥。造成此現象的原因或許是中期傑作眾多，從而掩蓋了早期的光芒。一個人在某一方面太過出類拔萃了，他在其它方面的優秀表現就容易為人所忽略。此現象發生在貝多芬身上並非僅此一回。

　　《c小調第8鋼琴奏鳴曲"悲愴"》（Op.13）：貝多芬年僅二十七歲時創作，就此躋身于偉大音樂家的行列。《悲愴》開啟了鋼琴奏鳴曲的嶄新時代，執早期牛耳名副其實，眾望所歸。曲名"悲愴奏鳴曲（Grande Sonata Pathetique）"乃樂譜出版商所加，並得到作者認可。"'悲愴'的譜子的開始處只記著Grave —— 重板，音樂中更多的是英雄氣概而非'悲愴'。"（百度百科）我不能更認同這位無名先生所寫的此條短評了，實在是一語中的。《悲愴》其實既不悲，更不愴，而是心存高遠，壯懷激烈。他猶如一位古希臘神話英雄，赤裸的軀體中承載著普羅米修士的精神 —— 為了將光明灑向人間，縱然受盡肉體和精神的雙重磨難，甚至犧牲自己寶貴的生命 — 也在所不惜，義無反顧。你是悲劇，你是英雄；悲劇的英雄，更是英雄中的英雄。故而，"悲愴奏鳴曲"實為"英雄奏鳴曲"。這是作者系列英雄類作品的第一部，或許也是人類有史以來的第一部以疾風驟雨般慷慨激昂風格來弘揚個體理想主義精神的英雄樂曲，意義自非同一般。

　　《f小調第1鋼琴奏鳴曲》（Op.2-No.1）、《c小調第5鋼琴奏鳴曲》（Op.10-No.1）：這是兩支我十分珍愛的小曲，貝多芬的輕音樂，或典雅或柔情，也優美且通俗，很好地展示了作者不廣為人知的那單純溫柔的一面。即使個人風格尚未鮮明樹立，曲調形式中仍有海頓、莫札特的身影，也不失青出於藍勝於藍。比如第1的第二樂章，第5的第二樂章，哦，我的陽剛巨人，你也忒劍膽琴心，柔情似水了。前者宛若一位尊貴歐洲王室的妙齡公主，既活潑又高雅，既嫻靜又熱情。後者仿佛一位鄉村少女，"我雖然黑卻是秀美"，我雖然土卻是自然；心的低語如雨滴滾過芳草，愛的舞蹈似野蜂漫天飛舞，誰說俺鄉下村妞不能媲美城堡裡的公主。那麼好吧，公主我所欲，村姑亦我所欲也。面對兩位平易近人的絕美女子，你很難不對她與她一見鍾情，而一旦愛上了，她們就徹底屬於了你。所以在藝術王國，愛是多多益善，因為愛得愈寬廣，擁有得就愈豐盛。多好呀，愛即擁有，你永遠也不會失戀。

　　《c小調第3鋼琴奏鳴曲》（Op.2-No.3）、《E大調第4鋼琴奏鳴曲》（Op.7）、《D大調第7鋼琴奏鳴曲》（Op.10-No.3）：皆為四個樂章。海頓莫札特等的古典派鋼琴奏鳴曲多為三個樂章，較之四樂章作品相對短小，結構相應簡單。貝多芬的前十一部奏鳴曲中有六部，前五部中有四部採用了四個樂章，初出茅廬的他首先在樂曲長度上向前輩發起了衝擊。此三部皆屬重量級，既"重"在篇幅，更"重"在內容，樂思深沈，結構繁複，作者開始探索自己獨闢蹊徑的路。理解上三者都艱難，淺嘗輒止難以進入。其中第七品質最佳，勝過具有實驗性質的前兩部，思想性不遜《悲愴》，勇於探索的愛樂者必須一試。三部樂曲好似三位內心熾熱但不苟言笑的先生，皆堪稱詩人，三位性情稟賦大同小異的詩人，或同一位詩人位於不同的人生階段。為了開拓自己標新立異的路，面對遍地荊棘，篳路藍縷，屢敗屢戰，直至迎來那晨曦初露的黎明。

十個詩人九個半患有憂鬱症，還有半個不肯承認。另外哪怕沒有，也得裝作有，以求"為賦新詞強說愁"。所以詩人畫像也符合作者自己對第7的定義：這部樂曲是"將正陷於悲哀裡的人的心理狀態，用各種光線和陰影的微妙變化來加以描繪出來。"（引自中文網站，相應英文谷歌搜索未果，故未能確認出處）。談到這部樂曲想起一則樂壇軼事：1980年代初鋼琴大家裡赫特於布達佩斯的一場音樂會上演奏貝多芬《第7鋼琴奏鳴曲》，感人至深的演繹到了第三樂章響起，"我有迷魂招不得，雄雞一聲天下白"處，全場觀眾竟一同落淚。李賀的這兩句我最為欣賞的中國古詩句，在這裡與貝多芬的音樂竟如此嚴絲密縫地契合，簡直就像是一次穿越時空的文化交流，東方詩人為西方作曲家賦詩，西方作曲家為東方詩人譜曲，讓人不禁感歎人類各種族情感思維跨越地域年代的共通性（universality）。這也就是我們作為東方人，完全有能力深刻理解由衷熱愛全人類文化藝術皇冠上的那顆最為璀璨的明珠 — 西方古典音樂的原因。

《F大調第6鋼琴奏鳴曲》（Op.10-No,2）：第一樂章，輕快中摻雜著戲謔，雀躍中糅合著詭異，頻繁而怪誕的變調，有人努力營造著一種滑稽的戲劇效果。第二樂章，戲終人散，夜深人靜；孤燈獨處，形影相弔。第三樂章，漫漫長夜後，主題形象滿血復活，重歸意氣風發勇往直前。有嬉笑，有眼淚，表情帝；先是高調，隨之低沈，再而奮起；喜怒哀樂無常，幾番大起大落。如此一個角色像什麼？ — 不難辨認，分明一個白臉紅鼻子舞臺小丑，或宮廷中專事插科打諢以博帝王一笑的弄臣。什麼？小丑？弄臣？等一下，貝多芬，才高八斗心高氣傲，怎麼可能會自認小丑弄臣？

當然可能。作為一名胸懷大志的青年音樂家，既為了事業，也為了生存，不得不長年累月，整日裡混跡於所謂上流社會，周旋于達官貴人圈，不勝其煩的社交，虛情假意的應酬，強顏歡笑的迎合，近乎施捨的贊助，讓他不能不時常感到寄人籬下，取悅于人的莫大屈辱。最終，以自嘲為力量，化屈辱為藝術，"小丑奏鳴曲"應運而生。因此我們千萬不能小覷小丑，他們給人們帶來歡笑，他們絕非淺薄輕浮之人，相反很可能情感豐富思想深刻。要知道找到一個天才小丑，不比找到一個天才詩人或哲學家更容易，所以小丑既不小，也不醜，相反可能高大上。很長一段時間裡，我欣賞不了這部樂曲，每次聆聽自有幾分勉強甚至強迫，當自認終於參悟到了"小丑"深意後，情況發生巨變，開始喜愛上她，評分由6一躍為9，聆聽自然也由忍受變為享受。理解萬歲！小丑不朽！

《E大調第9鋼琴奏鳴曲》（Op.14-No.1）：形式短小簡約，外表流暢明快，但格局並不小，很有些厚積薄發，寓深邃於淺顯的味道。最明顯的證據在奏鳴曲式第一樂章的再現部，旋律出乎意料突變，由E大調轉為C大調，轉瞬間，悠然神往被強扭為惶然而蒼涼，雖只區區十幾個小節，仿佛驚鴻一瞥，亦足以令人驚異甚至震撼，簡直是展現了一個活生生的舒伯特呀，端的是"古道西風瘦馬，夕陽西下，斷腸人在天涯"。讚歎不已之餘，再次見識了貝多芬對後世作曲家的巨大影響。既然是舒伯特的前輩，那麼就視他為一個年輕的流浪者吧，主動放逐自我，茫茫然面對那不可知的未來，抱有一腔美好期望。人世經歷尚嫩，現實開始給他上課，難免叫他有些彷徨無措，暗自神傷。不論怎樣，往後漫長的路，還得靠自己一步一個腳印地走下去。對此他依然充滿信心，因為心中懷有不滅的憧憬。自然，這是我們早已熟悉的，典型的貝多芬式結局。總之，一部以小搏大的精品之作。作者還曾將這部鋼琴奏鳴曲改編成一首非正式的弦樂四重奏（Hess 34）。

《G大調第10鋼琴奏鳴曲》（Op.14-No.2）：一部十分鋼琴的鋼琴奏鳴曲，精緻、清雅、明麗，等等，還有什麼形容詞能堆上來？你像什麼，將你比作什麼樣的人好呢？聽來聽去，思前想後，茫然之余，冒出來個"伯爵夫人"。怎麼說？外表看上去宛若一襲色彩豔麗、手感絲滑，由名貴綢緞精心縫製的洛可可長裙，不乏隔三岔五可以一聽的旋律，似是而非亦可一品的情調，只是感覺欠缺了些許內在精神，一句話：不大貝多芬。同時期《悲愴》都問世了，為何還會出產這樣的作品？靜心反向思考，第1第5等也不那麼貝多芬，怎麼就能讓我怡然接受呢。造成貝多芬偉大的眾多方面之一是他的豐富多樣性，所謂宮廷音樂在他的早期階段不乏先例，再次於《第10鋼琴奏鳴曲》中扮演一個出色的宮廷音樂家的角色也不足為奇。全面地看，我們應該充分諒解貝多芬偶爾顯露出來的凡俗，作品上和人品上的凡俗，比如這部作品，似可稱為一種"雅俗"，即高雅中的凡俗。其實呢，俗與雅總是相對的，俗乃人生不可或缺的一大組成部分，任你詩哲聖賢，也需柴米油鹽。所以我們不必將高雅整天掛在嘴邊上示眾，從我做起，能免俗儘量免俗，能脫離俗不可耐就好。得，又理解了。

《降B大調第11鋼琴奏鳴曲》（Op.22）：第一樂章"春風得意馬蹄疾，一日看盡長安花"，第二樂章"滄海月明珠有淚，藍田日暖玉生煙"，第三樂章"亂花漸欲迷人眼，淺草才能沒馬蹄"，第四樂章"碎意幽思隨風去，飛花落葉逐波流"。哇，名詩佳句出雙入對，讓人眼花繚亂，幾乎目不暇接。這豈不是典型的文字意象堆砌，行文之大忌也，為何明知故犯？這就要問感覺了，感覺樂曲就是這樣堆砌音樂意象的。作者自己當年很看中這部作品，稱之為"極好"。對不起了我的偶像朋友，在這裡想和你唱個小小的反調：她確實挺好，但好像沒你說得這麼好。全曲信馬由韁走馬觀花，詩情畫意應有盡有，美景亮點林林總總，卻感覺迷失了點什麼，深度？力度？真情？實意？也是，也不是，說不清道不明。說不欣賞她吧，好像不儘然；說欣賞她吧，好像又不切實。不管怎樣，暫且稱她為"漫遊者"吧。她遊得挺悠美，遊得很浪跡，但游得不夠深厚，遊得不大透徹，是謂"漫遊"。

《A大調第2鋼琴奏鳴曲》（Op.2-No2）：11個兄弟姐妹，人家本來排名老二，怎麼才趕上了你的末班車？想來是不討喜了。坦白說，欣賞度與其他諸位相比，開始時這個確實較低，而且理解上不夠到位，所以置於最後下筆，但目前情況已大為改善。其實這是一部頗得業內專家好評的作品，因為他既不海頓，也不莫札特，而是一個典型的貝多芬，具體表現在戲劇性。傳統器樂音樂講究一個純字，譜寫抽象而非描繪具象（維瓦爾蒂的《四季》等算是少數例外），所以古典樂派極少在鋼琴奏鳴曲裡畫像雕塑，更不要說講故事或演戲了，而不信邪的年輕作者在這兒—— 他的第二部同類型作品裡破天荒地一一都幹了，而且幹得很漂亮。你看：第一樂章，無憂無慮，俏皮搞笑，活潑熱烈中夾雜著些許不討人厭的油滑，和兩分莫名的焦灼，雖然還趕不上嬉皮士那麼痞，多多少少也有些影子了。第二樂章：由明至暗，步履沉重，轉喜為憂，年輕人遇到前所未有的挫折挑戰了，或是物質上的，或是精神上的，更可能是兩者兼而有之。這讓他再也笑不出來了，眉頭收攏，開始認真思考一些嚴肅課題，進而直面人生。第三樂章，雨過天晴，人又開始飄，輕快得像是小孩子玩捉迷藏，或是和狗狗玩拋接飛盤遊戲。區區挑戰不在話下，只要年輕，萬事不在話下。第四樂章：面向未來，整裝前進，步履輕快而堅定，漸漸步入威武昂揚，由低至高，由弱轉強，直至暴走族一般。年輕人在成長，這就是那過程。人物畫像也就呼之欲出了——熱情得忘乎所以，精力充沛得過剩，但是有品味，有思想，更有嚮往追求的——大學生。

二、貝多芬"中期鋼琴奏鳴曲"

貝多芬"中期鋼琴奏鳴曲"包括曲式系列號12至27，共16部作品。除去《悲愴》和《槌子鍵琴》，作者有名的鋼琴奏鳴曲基本上全都被包羅在這組樂曲裡了。這裡的"有名"一詞具雙重含義，一指樂曲的流行程度，也即通常所說的名氣，二指樂曲約定俗成的別名，或作品標題。作品寫得好就會有熱心人好事者為其命名，常常不管原作者同不同意，而"名正言順"後的作品更容易流行，兩者也算是相輔相成。最後時間顯現了它的公正，時至今日，不是全部也是絕大多數，有名的曲子大都成了傳世名作，而打一開始就默默無名的幾部作品不論是影響力還是品質，比有名的那些確實要相對遜色幾分。既然如此，筆者也不能免俗，就先來欣賞這些"有名"的貝多芬鋼琴奏鳴曲：

《降A大調第12鋼琴奏鳴曲"葬禮進行曲"》（Op.26）：這是一部繼《悲愴》後的又一部高品質作品，屬作者上乘鋼琴奏鳴曲之一。深為後輩同仁舒伯特、蕭邦等推崇及效仿，亦為專業評論家所青睞，但在古典樂迷市場卻有些被冷落，遠不如《月光》、《田園》、《暴風雨》、《黎明》、《熱情》等中期傑作馳名遐邇。實則論及思想性及藝術性，《葬禮進行曲》比之這幾部名篇不遑多讓，完全有資本與其並駕齊驅，被忽視的原因或許與它內在型的情思厚度和演繹難度有關，也即曲高和寡了。多部樂曲自內容到形式各具鮮明特色，很好地反映了作者勇於創新，拒絕複製自我的藝術特徵。我們說貝多芬在他的32部鋼琴奏鳴曲中有意識、下意識或無意識地為自己畫像，而位於不同的人生階段，處於不同的外在環境及內在心境，他採用時而大同小異時而迥然不同的多樣筆法，或精雕細琢，或濃彩重抹，或行雲流水，或朦朧空幻，與之對應的文藝觀包括現實主義、理想主義、古典主義、浪漫主義、印象主義等等。當然，單一的所謂主義流派從來不是他的考慮重點，更不是他的藝術要求，他的創作準則簡而言之那就是"曲為心聲"。較為確切地說，貝多芬的鋼琴奏鳴曲多為現實、浪漫與理想主義的混合載體。

《葬禮進行曲奏鳴曲》可謂這樣一個範本，因為它刻畫的是一個既貼近現實個體，同時也被浪漫理想化了的藝術家形象。形式服務於目的，樂曲打破傳統四樂章奏鳴曲"快-慢-慢-快"模式，首次採用了"慢-快-更慢-更快"結構，慢如波谷，快若波峰，波谷波峰交替輪換，如江河波濤滾滾前行。不難感受到它描寫的是現實生活中的人物，其階段性的心路歷程，但除了那人為標題化了的第三樂章"葬禮進行曲"，很難說出具體的戲劇場景，換句話說有人物但無故事，有感應但無圖像。比如那承載著深情厚意的第一樂章，幾個變奏悠長而婉轉，誠摯而幽微，但若想轉譯為既非不知所云的煽情，也不過於主觀臆測的形象化文字，豈止是一言難盡，幾乎就是一件不可能完成的任務。有評論家在這裡聽出了一篇清新優美的田園詩，作為個人或群體意見自有其理，用於樂曲介紹不無啟發作用，個人感覺還是以有限的具象將廣博的抽象狹隘化了，也即"

文不勝曲”—— 本人也沒少做類似事情。以文書樂實在是一項艱難的工作，因為音樂的美妙本應是這樣的，“悠然心會，妙處難與君說”。再難說也勉為其難蜻蜓點水地小結一下吧：《葬禮進行曲奏鳴曲》試圖通過一種冷熱交替，忽暗忽明的強烈反差對比，來表達個體生命的陰陽圓缺，人生命運的起伏跌宕。

《升c小調第14鋼琴奏鳴曲“月光”》（Op.27-No.2）：請參閱《成也月光 敗也月光》一文。

《D大調第15鋼琴奏鳴曲“田園”》（Op.28）：請參閱《一曲獻給母親的頌歌》一文。

《d小調第17鋼琴奏鳴曲“暴風雨”》（Op.31-No.2）：請參閱《睡美人驅散暴風雨》一文。

《降E大調第18鋼琴奏鳴曲“狩獵”》（Op.31-No.3）：請參閱《一片雄鷹抖落的羽毛》一文。

注釋1：貝多芬創作期分類，有按年代分，有按作品風格分，或年代與風格兼顧。至今還沒有一個被各方普遍採用的最終結論，其實也不必有，有歧義才有研究與探討。早中晚三個時期已成基本共識，中期和晚期以1814-1815年為界，好像也沒有什麼異議。較大分歧為早期和中期的分界線，一種說法是1800年，一種說法是1802年，甚至1803-1804年。作者于1800至1802三年間創作了12號到18號鋼琴奏鳴曲，不同年份作分界決定這幾部作品的歸屬。我這裡採用的是貝多芬創作期學說的首創者Wilhelm von Lenz的分類法，早期和中期以1800年為界。自作品風格上看，此條1800分界線不無道理。奏鳴曲《葬禮進行曲》、《月光》、《田園》、《暴風雨》、《華德斯坦》、《熱情》等都屬同類作品，樂風與前11部（第8《悲愴》除外）有較大不同。如果將前15（甚至前18）號都劃為早期，既難以反映1-11號與12-15號的不同特性，也割裂了12-15號與16-27號的類似屬性（19，20號除外），並且造成了某種頭重腳輕，學習實踐階段的早期有多達17部，而成熟多產的中期僅為10部，似乎有悖情理。注意：19和20號乃名義上的中期，實際上的早期。

注釋2：我在文章中開了一個無傷大雅的小玩笑，夠不上惡作劇吧。希望眼尖的讀者可以發現。

（未完待續，本文仍在寫作之中）

（2019）

海濱漫步 —— 音樂, 我永遠的情人

1. 對於音樂，我又能說些什麼呢，除了一句"此中有真意，欲辨已忘言"？

2. 有人喜歡說：我是聽古典的。言語間透著對現代的不屑。現代樂迷反齒相譏：那些聽古典的老派。 在我看，全都是傲慢與偏見。我很高興，欣賞趣味上我很全面。

3. 一首好的（我指好的）現代流行歌曲，可以如一部古典交響樂一樣打動我。

4. 說現代流行音樂不如古典音樂具有人文主義內涵，也就是所謂的深刻，是不確切的，我難以苟同。現代音樂，無病呻吟膚淺簡陋的確實佔絕大多數，但也有少數優秀作品，不論其表現形式是搖滾還是饒舌，是重金屬還是朋克，鞭辟入裡連血帶肉地揭示了人類存在本質上的無助絕望，其荒原狼嘶號哀鳴般的歌唱，比古典音樂更能喚起現代心靈的共鳴，其時代價值也正在於此。

5. 今晚，音樂讓我徹夜難眠。

6. 見慣了人間的悲歡離合，我時常感覺自己是個鐵石心腸的人。可是音樂，常常能輕而易舉地打開這鏽跡斑斑的心扉，讓我淚水漣漣。

7. 在我彌留的時辰，我親愛的人們啊，請你們都離開吧，就讓音樂，送我於人間走過的最後一程。

8. 聽莫札特歌劇的女聲詠歎調，淚水總會湧上眼眶，沉浸于憂傷的甜蜜、甜蜜的憂傷中，難以自已。這是審美的時刻，精神幸福的時刻。這是我最接近天堂、遠離塵囂的時刻。

9. 如同美貌是天賜的錢幣，你若是欣賞古典音樂，就比他人天生多出了一件精神享受器官。感謝上帝，盡情享用這天賜的無價之寶吧你。

10. 久違了，《少女的祈禱》，你再次誘發了我的一腔心潮，滿眼淚水。哦，我真愛這種聖潔的感覺，期望她能和我永遠同在。阿門！

11. 音樂是有性別的。比如貝多芬的交響曲，即典型的雄性，女性能發自內心欣賞的不多 —— 客觀但政治不正確地說。那麼，典型的女性音樂有什麼？一時半會想不出來，蕭邦、莫札特男人都能欣賞。這樣是不是可以說，男性的精神頻率比女性的更為寬廣？

12. 貝多芬《哀格蒙特序曲》，西貝柳斯《芬蘭頌》，黃鐘大呂，交相輝映，交響樂夜空上的雙子星座。

貝多芬身後，最具貝多芬氣質的作曲家就數西貝柳斯了（個人至今還不很熟悉肖斯塔科維奇）。綜合成就自遠遠不及，但單說《芬蘭頌》，似乎已有青出於藍的味道。

13. 貝多芬生前一定想象不到：在自己離世160年後，在那遙遠的神秘國度中國，一個年輕的東方男子，以飽蘸著熱血的狂熱筆墨，寫出了對自己的崇敬、讚美和感激。

真正的藝術屬於全人類，以此為證 —— 《貝多芬 —— 我愛你》，一曲穿越種族文化時空，對人類不朽靈魂的讚歌。

14. 大陸流行音樂的一大惡俗，是那些柔若無骨軟綿綿的男聲，憋著嗓音較著勁，看誰更女兒態，娘娘腔。他們幾乎是一種舞臺公害。

15. 靈魂陰暗甚至惡毒的人能夠領悟、欣賞人類珍貴的文化財富 —— 西方古典音樂嗎？

答案無疑是肯定的，一個例子就夠了："鐵石心腸的男人"（希特勒語）、"布拉格屠夫"、德國納粹党党衛隊頭目海德里希，是一個小提琴天才，他演奏的巴赫催人淚下，自己也會為音樂感動得流淚。但是。欣賞音樂，體驗藝術之美，並不妨礙他殺人，殺成千上萬無辜的人，包括兒童、婦女和老人。

結論：醜惡的人，能夠與美善的事物（和諧？）共存。

16. 現代人應該如何給貝多芬的七部交響曲（第二至第九）做歷史定位呢？評說自然是見仁見智，這裡是我的個人意見：有史以來所有其他作曲家的同類作品全部加起來，也抵不上貝多芬的這七部交響曲。換句話說，人類可以沒有其它所有的交響曲，但是不能沒有貝多芬的這七部交響曲。

同樣的定論，也大致適合於他的三十二部鋼琴奏鳴曲、五部鋼琴協奏曲和7部鋼琴三重奏。尤其是那《第32鋼琴奏鳴曲"終極"》、《第5鋼琴協奏曲"皇帝"》和《第7鋼琴三重奏"大公"》，拿人間所有的鋼琴奏鳴曲、鋼琴協奏曲和鋼琴三重奏來換，也是遠遠不夠。自然，這僅僅是個人的極端意見，其實莫札特、舒曼、勃拉姆斯等的鋼琴協奏曲我也很能夠欣賞。

17. 《鱒魚》《鱒魚》，我真愛你。因為你，我發誓：此生今世，不食鱒魚。——舒伯特《鋼琴五重奏"鱒魚"》（Piano Quintet in A Major "Trout"，D667）

18. 索朗旺姆的《青藏高原》，不厭其煩，一遍遍聽，聽得我心潮澎湃，憂傷感歎。古老的高原，多災多難的民族啊，請接受我，一個漢族兄弟，給你們的微薄祝福！

19. 巴赫必須"淘"著聽，一千多首的作品集，難說部部皆精品，所以必須耐心地去篩選鑒別，以尋找出能夠產生共鳴的。莫札特也是如此，當然，莫比巴容易"淘"許多。貝多芬則更容易，幾乎不用怎麼篩選，一百餘部作品，佳作、傑作占了一大半。貝多芬比他人高明的一點是努力推陳出新，避免複製自己，不像維瓦爾蒂那樣"一首協奏曲寫了400遍"（斯特拉文斯基語）。

20. 沉思、憂美，外帶幾分神秘、詭異，色彩變遷洋溢著絢麗，而又不失沉穩莊重（唉，這些形容詞被用於描述音樂，實在顯得蒼白不堪），我越來越能夠欣賞理查•施特勞斯，尤其是他對獨奏小提琴淩越於管弦樂隊上的大量運用。《英雄生涯》幾乎百聽不厭了。

21. 我對小提琴情有獨鍾，所以是薩拉薩蒂的粉絲，自然是基於他的提琴小品，甚至過於帕格尼尼。薩氏乃典型的西班牙風格，妙在將憂鬱、熱情兩種看似矛盾甚至衝突的情愫有機地合為一體，很對我的口味。高明的藝術沒有冰火不相容一說。聯想到現代流行，瑪麗亞•凱莉（Mariah Carey）的臺風，將天真爛漫與狂野奔放融於一身，讓人不能不讚歎。

22.蕭邦，一道冰山上婉轉奔流而下的溫泉，讓你清醒地沉醉，寧靜地澎湃，幸福地憂傷。

23. 貝多芬之後，蕭邦、李斯特、帕格尼尼、薩拉薩蒂、維尼耶夫斯基等皆為優秀作曲家同時身兼演奏巨匠，19世紀音樂界群星萃燦，全才輩出。時至20世紀，拉赫瑪尼諾夫、克萊斯勒等勉為其難，繼承兩棲傳統。而到了海菲茨、魯賓斯坦等，就只能演繹性地再創作經典。從此，作曲和演奏正式分道揚鑣，文武雙全，稀琴絕響。

24. 弦樂四重奏是一種較為 —— 如果不是最為 —— 高雅、艱深的樂曲形式，據說是純音樂的權威代表。其顯著特徵為"三不好"：不好寫，不好演，不好聽。不好寫、不好演是音樂家的事情，姑且不論。不好聽是愛樂者的事情，比較重要。不好聽是指不容易聽，不是說樂曲本身不好。當然，不容易聽就容易感覺難聽，結果還是"不好聽"。

發燒古典許多年，向來偏重交響樂、協奏曲、器樂獨奏等，室內樂相對是個薄弱環節，對於弦樂四重奏更是有些敬而遠之，不肯輕易下水。室內樂寧願去碰鋼琴三重奏、五重奏等。有了樂器之王的高調加入，什麼樂曲似乎都輕快熱鬧了許多，至於它是否喧賓奪主就不去考慮那麼多了。

可是最近，貝多芬的弦樂四重奏，主要是後期那幾部，輕而易舉地將我征服。特別是那些慢板樂章，可謂心靈傾訴的絕版。在音樂面前文字如此蒼白，我還是就此打住。

注：貝多芬晚期弦樂四重奏為以下六部作品：

作品127：降E大調第12號弦樂四重奏（1825）

作品130：降B大調第13號弦樂四重奏（1825）

作品131：升c小調第14號弦樂四重奏（1826）

作品132：a小調第15號弦樂四重奏（1825）

作品133：降B大調大賦格（1826），原作品130之終曲

作品135：F大調第16號弦樂四重奏（1826）

"這六部作品是貝多芬一生最後的作品，形式複雜、內涵深邃，在當時過於超前，因此沒有受到評論家和聽眾的賞識。但現在人們普遍認為，這些作品是他在弦樂四重奏這一體裁下的最偉大成就，甚至是歷史上所有音樂作品中之佼佼者。斯特拉文斯基認為大賦格可謂是'最偉大的音樂'，並稱'這絕對是一首當代音樂，而且永遠都會是當代'。瓦格納稱作品131號的首樂章表達了自己'所知道的最悲傷的情感'"。—— 維琪百科

25. 拋開畫面，擯棄語言，請畫家、詩人走開 —— 讓我們去聽音樂。當我們沉醉于音樂時，圖畫、文字沒有位置，我們沒有眼睛，只有耳朵和心靈。

26. 對於眾多古典樂迷而言，無疑地，這世界上可以沒有波蘭，但不能沒有蕭邦；可以沒有芬蘭，但不能沒有西貝柳斯；可以沒有奧地利，但不能沒有莫札特、舒伯特；可以沒有德國，但不能沒有巴赫、貝多芬。

27. 肖斯塔科維奇《牛虻浪漫曲》，應該是前蘇聯音樂史上最優美感人的旋律，如此催人淚下。小提琴技巧簡單之極，但要拉出那深厚的內涵來非常之難，因為沒有地方能夠以巧取勝，演奏者無法以任何炫技來掩蓋情感表達的不足。拙作中篇小說《華盛頓DC的小提琴》中，她於起始、尾聲處出現了兩次，作為一種前後呼應。二三十首小提琴名曲穿插於《DC》中，她是唯一被採用了兩次的樂曲，可見我對她的喜愛程度。

28. 音樂與其說是我的精神食糧，莫如說是我的精神鴉片。生命中沒有音樂，精神世界雖然貧瘠，但還不至白茫茫一片大地。而生命中有了音樂，精神得以沉醉或麻醉，並於沉醉或麻醉中尋求永生，哪怕這永生到頭來只是一場虛幻。

29. 莫札特的女高音詠歎調 (aria for soprano) ，古典音樂殿堂中的一朵奇葩，前無古人後無來者。悠然心會，妙處難與君說。川端康成說"笑得像花一樣這句話用來形容她是逼真的"（《伊豆的舞女》）。我說："此曲只應天上有，人間能得幾回聞"用來形容莫札特的女高音詠歎調是逼真的。

30. 聽音樂不是做科學論證，不是搞社會調研，不是進行人格精神分析。一首樂曲，你把她研究得透裡透了，從歷史背景到掌故逸事，從曲調格式到旋律節奏，再深入到音符段落，你對她還能有強烈的感覺嗎？你還能為她的美所感動莫名嗎？對此我很懷疑。我相信：神秘消失，美即不在，至少減退。

音樂欣賞不是一件皓首窮經的工作。音樂是一種不能不說，但又不能說太多的藝術。美女不能解剖，音樂不能說透。不可言說的東西最好不要徒勞地硬說──慚愧，我自己就沒少硬說。

31. 天堂與人間之間橫跨著一座橋，橋面為音樂，橋面兩旁的欄杆，一邊叫詩歌，一邊叫繪畫。

32. 對於舒伯特，你越聽，越為他深深惋惜，哀歎命運對他的殘酷不公。一朵天才之花，冬天迎風綻放，春天黯然凋謝。

舒伯特31，莫札特36，蕭邦39，孟德爾松38，雪萊31，拜倫36，濟慈26。上帝十分吝嗇祂派往人間的文藝使者，給我們編排了太多這樣的悲傷故事。

"傑出的藝術家，往往都不是凡人，而是神仙下凡，一旦完成使命，就回到天國去了。按現代醫學看，他們也是一種精神病患者，他們的思維和情感都與常人明顯不同，與這個世界格格不入，所以他們會早夭。"——網友槍眼

33. 莫札特歌劇《魔笛》中的男女聲二重唱《我們穿越熾熱的爐火》（Wir wandelten durch Feuerqluten），不愧為天籟之音。只可惜太短了，幾乎就是靈光一現，轉瞬即逝。

古典音樂中堪稱偉大不朽的樂曲都有一個共同的缺點，那就是太短了。短得讓人意猶未盡，悵然若失。

有關貝多芬的奇聞逸事不少，以下是其中之一：《第三交響曲"英雄"》公演後，一次在一個晚會上，一位貴族小姐對他說："親愛的貝先生，你的第三交響曲挺好的，但就是太長了點兒。"貝多芬答道："是嗎，親愛的小姐，那我下次就再寫一部更長的。"

哈哈，真有你的貝多芬，怎麼能這樣對待美麗迷人的小姐呢，人家不是還誇你了麼。絲毫聽不得不同意見，一點不會討女人的歡心，難怪當了一輩子王老五。

故事真假不清楚，但《英雄交響曲》當時普遍遭人非議的就是"太長了"。交響曲之父海頓、前輩大師莫札特，最長的交響曲也不過才30分鐘。就這樣，海頓還無奈地寫了一部《驚愕交響曲》，以喚醒台下那些聽交響曲聽得昏昏欲睡的聽眾，你貝多芬憑什麼整一部五十多分鐘的出來。不把我們統統聽睏睡了你不甘休，提前溜走要被嘲沒品味，忍著不走別提多難受，你這不是活活折磨人嘛。連專業評論家們都說："這音樂太令人厭煩了，既冗長又雜亂無章。""超出了人的耐力極限，一個小時畢竟太長了。"得，欣賞音樂不幸變成了一場煎熬。

現場聆聽、觀看貝多芬親自指揮《英雄交響曲》的首演，這在將來被古典發燒友看作是多大的福分呀，而且那年代還沒有攝像機、錄音機、iPhone什麼的，更沒有電視實況轉播。問題是當時端坐在維也納河畔劇院的千百位皇親國戚、達官貴人和高端市民，絕大多數還就是生在福中不知福，幾乎無人意識到，此刻自己正置身于世界音樂史上一個千載難逢的詩史般場合。

我對於《英雄》的態度，說她短得意猶未盡未免有些矯情，但真的一點也不覺得長。如此人間絕響，我願意一直聽下去，一直聽到她那成千上萬顆音符，融化分解為我靈魂細胞的一部分。

貝多芬自己認為《英雄》是他所寫最好的交響曲，是最好，而不是

最好之一。這點我和貝多芬英雄所見略同，我也認為《英雄》是他最偉大的交響曲 —— 當然也是有史以來最偉大的交響曲，其次為《命運》，第三才是《合唱》。

34. 一部弦樂四重奏，如果你聽一遍就入門了，很大程度上說明：不是你的音樂感悟力十分高強，就是這部作品十分通俗，兩者必居其一。一部高雅深刻，不以民歌小調為主旋律取勝的弦樂四重奏，需要反復聽好多遍，方才可能登堂入室。這不成了強迫自己喜歡，自然欣賞演變為被迫審美了麼？好像是的。被迫審美，這是一個課題。

35. 你欣賞什麼音樂，你就是什麼人。這話既正確，又錯誤，因為可以找到許多正反事例為佐證。

36. 鳥之將死，其鳴也哀；人之將死，其言也善。貝多芬的晚期弦樂四重奏是他生命的絕筆，偉大作曲家的"音樂遺囑"。六部皆精品傑作，藝術成就絲毫不比他那些馳名遐邇的交響曲、協奏曲、奏鳴曲等低。很遺憾當時沒有得到社會應有的認可，至今竟然也仍不普及，真正的曲高和寡了。有慧眼獨具之專家評論"這些作品是他在弦樂四重奏這一體裁下的最偉大成就，甚至是歷史上所有音樂作品中之佼佼者。"————此言不虛，絕無過譽。貝多芬的晚輩知音，去世僅比他晚一年的舒伯特，當年看過這些弦樂四重奏的手稿後感歎道："他寫到這個程度了，還留給我們寫什麼呀！"有人對晚期弦樂四重奏的具體形容為"形式複雜、內涵深邃"。音樂作為美的至高載體，複雜和深邃只是其追求的終極目標的一個方面，另外我想追加兩句，那就是：異常優美，感人肺腑。很高興最近開始欣賞了，她們來得正是時候。貝多芬晚期弦樂四重奏給我帶來的心靈衝擊和精神震撼，與他的中期巨作如《英雄交響曲》、《命運交響曲》、《皇帝鋼琴協奏曲》、《艾格蒙特序曲》等等量齊觀。

37. 當你著文高談闊論某古典音樂作品時，請千萬記得附上作品序號（當然婦孺皆知的曲目可以例外）。這樣一可以讓讀者知道你具體說的是什麼，二可以順便顯示一下你嚴謹的學術作風。我真是被那些業餘作法搞得有些頭大，常常要費時費力地去尋找他們所談論作品的序號。

38. 真心熱愛貝多芬音樂的人們，不論其膚色、種族和國籍，拋開世俗的高低貴賤，皆為摯友知音，因為我們有著相似的血型氣質，擁有共同的靈魂及精神。我們是人類中獨特的一群。

39. 貝多芬哪裡僅僅是一頭只會怒吼的雄獅呀，這是對他最大的無知和曲解。貝多芬為數眾多的柔板樂章，是人世間最最溫柔、細膩、抒情、純美的樂音，常常輕而易舉地催人淚下。

40. 我越來越感到，我就是為了聆聽貝多芬而生的。我是在聽貝多芬嗎，不，我是在聽宇宙，我是在聽上帝。

41. 小女去年學了半年不到的鋼琴，開始進展還很不錯，但沒過多久就不肯繼續了。雖然多少有點兒惋惜，但我們堅決尊重她的個人決定——當初也是她自己表示有興趣才學的。不學就不學，沒啥了不起。她省力，我們省時、省錢、省心。我早就看出來了，她沒有繼承我對音樂的興趣愛好。

出國老中大多是半音盲，古典、現代音樂兩竅不通，欣賞水準基本停留在大陸、港臺那些早年的流行歌曲，另外還有些紅歌上。可他們為何一窩風逼著子女學樂器，特別是鋼琴，花錢出力在所不惜呢？實為一大怪誕現象。很可能正因為他們自己對音樂既不懂也不愛，才看不出子女的天賦所在，才希望子女在音樂上成就點什麼，以彌補自己一生的缺憾，外加滿足幾分虛榮心。既然有意開發孩子的音樂才能，培養孩子的藝術修養，家長應該多給孩子創造條件才對，學習條件不只是樂器老師等硬體，文藝薰陶等軟體更需要跟上，但在北美的古典音樂會場上，東方面孔鳳毛麟角，其中半數還是日本韓國人等。平時爭先恐後送孩子去學習鋼琴小提琴的華人家長們，此刻怎麼都不見了。

42. 賞樂的基本功效大致有三——消遣，釋放和昇華。絕大多數人只能享受到頭兩種。

43. 我也算是海納百川，既古典又現代。所謂現代，從臺灣的周傑倫大陸的王二妮，到21世紀歐洲的Enigma，美國的Evanescence、Blue October、My Chemical Romance、Linkin Park、 Enrique Iglesias 等。我這個年齡段的大陸人很少有人能欣賞這些西方新生代，少數人能聽Beatles、U2、Michael Jackson、Mariah Carey、Madonna、Britney Houston、Celine Dion、Michele Boston等就挺先鋒了。當然，近幾年開始落伍，趕不上流行的速度，值得一聽的新潮音樂實在是太少了，要不就是我的耳朵開始衰老遲鈍？

44. 腓特烈大帝和貝多芬同為德意志千載一遇的奇男子，都具有出類拔萃氣吞山河的英武氣質，一個在政治軍事上，一個在音樂藝術上。腓特烈以他的馬鞭和軍刀，貝多芬以他的樂隊指揮棒和鋼琴鍵盤，各自調度著他們的千軍萬馬。歷史證明後者的樂器遠比前者的武器更具震撼及感召人類心靈的偉力。轉眼間兩個世紀過去，腓特烈的血肉軍團早已化為塵土，而貝多芬的音符軍團始終馳騁於星球的表面。穿越時空無遠弗界，英雄命運月光田園，有一種聲音叫作不朽，有人類的存在就有貝多芬。

45. "盲聽"一般用於兩種場合：樂器演奏（或歌唱）比賽和音響設備測試。其目的很明確，去除視覺印象 —— 人是一種視覺動物，擯棄先入為主 —— 人更是一種偏見動物，純粹以聲音判別演出水準或設備品質。

盲聽對於古典音樂發燒友和演出版本鑒賞者至少可以有三個用途：熟悉作品、訓練聽力及鑒別版本。這兩年為寫貝多芬評論文章做了不少盲聽，對這種音樂鑒賞法也越來越有興趣。個人的"盲聽法"很簡單，首先自一個古典音樂庫下載一部音樂作品的多個演奏版本的MP3文件到資料夾A，然後將它們拷貝到資料夾B，再將資料夾B中的文件隨機改名，聆聽改名後的文件就成為了"盲聽"——完全不知道演奏者為何人。聽時記錄下感受及評價，完後將兩個資料夾中的文件尺寸對比，還原資料夾B中的文件名，於是鑒賞文件和演出版本就對上了號。

46. 盲聽鑒賞了西貝柳斯的《D小調小提琴協奏曲》，頭三個版本：（1）奧伊斯特拉赫，樂隊和指揮不詳；（2）海菲茨，倫敦交響樂團，指揮 Beecham；（3）張永宙，柏林交響樂團，指揮 Jansons。

第一版：一上來就令人失望，因為錄音品質較差，不得不選擇放棄。我還沒有達到願意聚精會神地聆聽品賞珍貴歷史錄音的水準，因為高品質的現代錄音還聽不過來。演奏得再好，音響品質差，審美效果還是要大打折扣。感覺這是奧伊斯特拉赫，因為大師是上世紀70年代初去世的，油管上他的錄影都是黑白片。第二版：第一樂章開始不久即聽出了某種"柔性"，立即判斷這是張永宙，並且很有把握。女性氣質在樂器演奏中不容易被"掩藏"，尤其對這種雄性十足的大作。雖然在開始階段有些許"露怯"，但總體而言還是很不錯的，尤其難得的是這還是一個現場版。第三版：從頭至尾，無可挑剔幾近完美。自然為20世紀的頭牌小提琴巨匠海菲茨的大手筆了。結果又如何呢？

答案揭曉：第一版為海菲茨，第二版為張永宙，第三版為奧伊斯特拉赫。於是再去找來一個音響效果好的海菲茨版（芝加哥交響樂團，指揮Hendl）來聽，發現仍遜色于奧伊斯特拉赫。進一步驗證了那個簡單的道理：一代宗師並非打遍天下無敵手，沒有任何一位演奏家能夠執所有作品演奏之牛耳。當然用這個事例作為論據並不很有說服力，因為在20世紀的小提琴演奏領域，奧伊斯特拉赫本來就是大師中的大師，歷史地位和海菲茨相去不遠，幾乎並駕齊驅。

總之兼聽則明偏聽則暗是正道。接著又盲聽了另外9個著名演奏家的版本，發現奧伊斯特拉赫的地位依然不可動搖。結論：西貝柳斯《D

小調小提琴協奏曲》最佳演奏 —— 大衛·奧伊斯特拉赫。大衛版究竟出類拔萃在哪裡，具體分析等有時間再談吧。

47. 我對小提琴情有獨鍾，對貝多芬作品更是，但對被人譽為小提琴協奏曲第一的貝多芬小協卻始終談不上著迷，泛泛喜歡而已，感覺不如勃拉姆斯、西貝留斯等的同類作品更對胃口，具體點說，就是覺得她氣勢有欠雄渾（貝多芬不夠雄渾哈），變化不夠複雜，有些缺少跌宕起伏迴腸盪氣。

今晚現場聆聽，第二樂章某處，哈恩（Hilary Hahn）把我給拉得熱淚盈眶，這是以前從未有過的，她讓我在某種程度上重新認識了這部作品，十分感謝。順便說一句：哈恩演奏的西貝留斯協奏曲在我給出的12個版本排名中不幸墊底，又要抬出本人那個"演奏家性別論"。

48. 音樂乃人間最接近天堂的藝術。你和音樂愈親，你也就和天堂愈近。當然，這裡的音樂主要是指西方古典音樂。

49. 看到一篇音樂欣賞趣味與智商相關性的研究報導，結論是貝多芬的粉絲智商最高，遙遙領先于其他賞樂群體。於是虛榮心被滿足了一回。不清楚究竟是欣賞貝多芬需要高智商，還是高智商人群更能欣賞貝多芬。我知道的只是：欣賞貝多芬，你需要一顆大心臟，大心臟！

50. 人們說莫札特是明亮和歡快的，可是人們沒有注意到，莫札特也有陰鬱和悲哀，有些甚至浸入到了骨頭。這麼說，人們對他的理解有問題？再可是，莫札特的陰鬱和悲哀也蘊含著明亮和歡快，他的陰鬱是五月的烏雲，他的悲哀是星光下的陣雨。這麼說，人們對他的理解又沒有問題。

51. 莫札特的悲哀都浸透著歡樂，柴可夫斯基的歡樂都浸透著悲哀。我喜愛前者遠勝於後者，哪怕我的悲哀是血液，歡樂是肌膚。

52. 相信你自己：當你在聆聽偉大古典音樂作品時，你的靈魂純淨，你的精神崇高。在那特殊的人生時刻，你暫時超脫於塵世，進入了一個聖潔的境地。

53. 音樂是女人和酒最好的代用品。

54. "比如貝小協，第一樂章隨著鼓聲咚咚咚的，木管吹起來，弦樂極度煽情，感情積聚到極點 …… 以至於不能早上聽，覺得重口味。每聽一次就想給貝爺跪一次，太牛了簡直。"—— 網友評論

一看我就笑了，這位網友非常可愛，估計是個小年青，但和我當年不一樣。我敬愛、崇拜貝多芬，卻從未有過想要跪拜他的感覺。每次聽

他聽得心潮澎湃時，就想給他一個狠狠的男人式的擁抱。

55. 我的軟弱在音樂面前暴露無遺。生活讓我變得堅硬，而音樂喚醒我休克了的柔情。

56. 欣賞音樂是抽象思維活動，還是形象思維感受，還是兩者兼而有之，聽音樂能否聽出畫面來，音樂能否以筆墨描述，哪種音樂欣賞法高級或低級，這些話題在音樂欣賞領域也是見仁見智，沒有統一意見，記得朱光潛《美學文集》裡對此有過探討。有一種非正式交響樂形式叫作"音畫"，如德彪西《大海》、穆索爾斯基《展覽會上的圖畫》等。此外還有"交響詩"、"音詩"，如斯美塔納《我的祖國》、理查施特勞斯《英雄生涯》、西貝柳斯《芬蘭頌》等，都是試圖以抽象音樂表現形象畫面，甚至以音樂來講故事。某些音樂如貝多芬《田園交響樂》、聖桑《動物狂歡節》、格羅菲《大峽谷組曲》、普羅科菲耶夫《彼得與狼》等，的確能夠在腦海裡喚起一些模糊的自然畫面。但是我個人一般不去做這樣的聯想努力，感覺這不但無助，反而有害音樂審美。音樂審美應該是比視覺審美更高級的精神活動。

57. "泠泠七弦上，靜聽松風寒；古調雖自愛，今人多不彈。"（『唐』劉長卿《彈琴》）劉時代就有"古調"、"流行樂"之分了，那時的流行樂如今已是老朽不堪的古調，而眼下的流行樂不可避免也將繼承這個樂極生悲的命運，生於太空船英特網時代，並且將衰朽得更快。

58. 西方執世界文明牛耳的人文主義，既在他們的思想體系、章典制度，也在他們的文學、藝術和音樂。西方精神就是人類精神。在我看，你若是真正理解了西方的文學藝術，特別是他們的古典音樂，你就把握住了人類存在的精髓，那就是理性、博愛與追求上帝。

59. 音樂，是至高的藝術，高過雕塑、繪畫與詩歌。音樂，是人類靈魂與上帝溝通的一條隱秘渠道。音樂家，是上帝派往人世間轉播祂聲音的使者。

60. 欣賞音樂乃是一種審美天賦，幾乎不可以通過後天學習得到。一個人有這個天賦，別人難以誤導；沒有這個天賦，再好的指導恐怕也是白搭。在這裡，教育不是萬能的。當然，我希望自己這個論斷並不正確，希望更多的人能夠通過教育獲得欣賞古典音樂的能力，希望我們的知音遍天下。

61. 音樂不僅僅是一門藝術，她還可以是一門宗教。如此說，少數偉大作曲家的地位就近乎教主了。

62. 和網友談起音樂欣賞的層次問題，講述了一個親身經歷：莫札特《C小調彌撒》，特別喜愛其中的起始部分《憐憫經》。短短幾分鐘，今年以來已經聽過幾十上百遍了。總聽不膩，每次聽都來感覺，上眼淚，好似聽到了天國的樂音，只是感動莫名。明明是獨唱曲加伴唱，我有意不去找歌詞，怕知道了歌詞內容會在欣賞時分心。我不管那女高音唱的是一首情真意切的聖詩，還是一張枯燥乏味的義大利菜單，我也不用知道這歌曲用的是詠歎調、宣敘調還是彌撒調如果有的話，我要的，就是完全徹底地沉醉於那*純粹*的音樂美當中，如此而已。這算是什麼欣賞層次？我認為是很高層次，如果還不是最高層次的話。哪位能夠說對這首樂曲我理解感受得比你更深。因為在欣賞時，我不光眼淚流得比你更多，更且，你或許才摸到了天國的大門，而我已經進去和上帝他老人家握手了。

63. 所有人或大多數人都欣賞貝多芬，貝多芬就不是貝多芬了。天才只能被天才欣賞。

64. 現代有一個時髦詞叫作"勵志"。提倡特立獨行，注重個人奮鬥的美國人特別喜歡聽勵志故事，不管真假，比如《阿甘正傳》。要說勵志成就，貝多芬可謂巨人，至少在文藝領域前無古人後無來者。但是，貝多芬的價值、意義和成就，遠遠超過他的勵志故事。

65. 多年前我寫道："我希望死在貝多芬的《皇帝鋼琴協奏曲》中，冠冕堂皇、威武昂揚地離去。"時過境遷，我再不那麼樂觀向上了。死，哪能那麼富有激情，當然，它還可以是美的，那麼就換一首曲子吧：貝多芬的《終極奏鳴曲》（Op.111）。

66. 絕大多數人的音樂、藝術欣賞範圍，局限於其青少年時代的個人體驗。就像靈魂滯留在那遙遠的家鄉，與自己陳舊的兒時記憶廝守終身。

67. 比之文學、繪畫、雕塑、舞蹈等"視覺藝術"，"聽覺藝術"音樂更加普及並具廣泛的影響力。欣賞文學繪畫等需要一定的文化修養，而幾乎每個人都喜愛不是這種就是那種音樂。音樂對人神經的刺激和精神的影響最為直截了當，如癡如醉的各式樂迷就是見證。音樂與人靈魂的脈搏互動，或者說和人的性情氣質對應，於是"什麼樣的人就欣賞什麼樣的音樂"大致不錯。當然這是就總體而言，一個古典音樂愛好者不一定就不是一個趣味淺薄的人，一個通俗音樂迷也可能情感豐富思想深刻。音樂帶給人更多的是感情的共鳴宣洩，而不是思想的啟迪交流，不懂德文、義大利語絲毫不妨礙我們沉醉於莫札特的歌劇和彌撒。音樂同時又是最為抽象、純粹的藝術，也即最遠離肉體觸覺感官的藝術。高雅和低俗的音樂都可以煽情，但卻很難直接激發原始情欲，雖然許多音樂試圖這樣做。現代的一些通俗歌唱更是剝去了最後一層偽裝，加入了女人誘人的叫床聲，但音樂尤其是古典音樂，和人的肉體感官之間總是夾隔著文化情感這層媒介。

68. 賞樂不一定要與心境同步，音樂常常有以毒攻毒的功效。90年代中一段時期內身心處於非常低潮，無意間得到一盤身為猶太人的帕爾曼演奏的猶太古民族樂曲，那音樂真是悲哀到了極點，簡直就是讓小提琴來代人哀哭淒訴，不是柴可夫斯基《悲愴交響曲》那昇華了的旋律能夠相比。我一遍又一遍地聆聽，非但沒有聽得悲上加悲，相反卻聽出了某種悲傷中的甜蜜，並從中得到些許慰籍。此即審美的妙處。

69. 人們在欣賞人體藝術即裸體繪畫雕塑時，常常不可避免地產生或淺或深的性幻想甚至性喚起，而欣賞音樂則完全不同，概因音樂是相對最純粹高雅的藝術，遠離肉體，和靈魂更近。欣賞音樂能否引發性幻想，或許因人而異，高興自己從未有過這種體驗，不然聽覺審美的品質將大打折扣。想想看，一邊聽著《晴朗的一天》，一邊幻想著和蝴蝶夫人做愛，那賞樂就不成體統了。蝴蝶夫人說到底還是一位具體的女性，客觀上能夠成為性對象，居然有人還能更進一步。據說托爾斯泰聽純樂器作品貝多芬《克魯采奏鳴曲》（Op.47）時聯想到了男女作愛，並因此寫了篇同名小說。我有點慶倖不具此等近乎看見桌腳就聯想到女人大腿的豐富想象力。順便說一句：聽貝多芬《英雄》《命運》兩部交響曲的終曲段落，我總不免產生瘋癲感，謂之"精神的射精"。

70. 鋼琴如心跳，小提琴如血流。都是我的最愛。

71. 讀貝多芬的各種傳記，最讓我生氣的就是，總有人說他"外貌醜陋"。怎麼一回事情呀？貝多芬的畫像我看得多了，他的形象在我眼睛裡，就是一個頂天立地的美男子。

72. 你若是欣賞貝多芬，真的欣賞，不是附庸風雅的那種，據此我可以猜測：一你是一位男士；二你的心胸比較博大。

73. 我對音樂的期望和要求：（1）興奮，就是一般的好聽，所謂聽覺享受；（2）感動，能讓我流淚，打開我封閉的心扉；（3）激勵，能讓我瘋癲，點亮我沉睡的靈魂；（4）思索，能讓我回味，攪動我混沌的腦海。

74. 我的剛強和我的軟弱，在音樂面前都暴露無遺。

75. 心靈獨立強大者，活在他自己的世界裡。

76. 貝多芬迷是有福的，只要堅持聽，耐心聽，反復聽，你們的偶像總會不負所望，讓你有新發現，新體驗，新感動。

《c小調第八鋼琴奏鳴曲"悲愴"》（Op.13），《c小調第五交響曲"命運"》（Op.67），《c小調第四弦樂四重奏》（Op.18-No4），最新發現自然為後者。一脈相承，介於奏鳴曲和交響曲之間的四重奏，也是大同小異的格調，她是弦樂四重奏中的悲愴命運。雖然名氣或成熟度比姐妹篇遜色，仍不失為一部早期傑作。

奇怪的是幾年前竟將其遺珠，不是說錯過了沒有聽，而是聽了但沒留下深刻印象，也就是沒覺得怎麼出色，竟然給了一個極低的6分，近來總算又撿了回來。當然這種體驗曾多次發生，由此可見對於貝多芬，反復聽十分重要，不能指望任何作品都能像《命運》那樣過耳不忘。

《第四弦樂四重奏》屬慷慨悲歌之作，全曲從頭緊張到尾，缺少常有的慢板抒情，在作者16部弦樂四重奏中或許最為狂野不羈。很高興仍有能力為如此雄性的樂曲所激動，看來人還沒老，至少精神不老。我相信：熱愛貝多芬的人永遠年輕！

版本：仍在對比鑒賞中。目前為止最欣賞這個非大牌，由亞裔組成的Ying Quartet。若干細節雖不無瑕疵，激情如火是其亮點，要知道此曲切忌四平八穩甚至老氣橫秋。首領第一小提琴Ayano Ninomiya女士相當稱職，很好地起到了感染激勵隊友，引導帶領全組的領頭羊作用。比如5分46秒開始的那個漸強式，處理得妙到好處，讓我聯想到了《命運交響曲》終曲那由娟娟小溪逐漸匯合成驚濤駭浪的漸強音流。再有那迴腸盪氣的終曲樂段，狂放而不忘情，張揚而不失控，類似《英雄交響曲》終曲樂段的迷你"暴風雨前的牧歌"，尺度分寸掌控得無懈可擊，叫人百聽不厭了。

77. 貝多芬音樂是一座高聳險峻的礦山，取之不竭的寶藏留待有心人去探尋發現。最近迷上了，或說終於聽懂了這曲 —— 貝多芬《第二弦樂四重奏"寒暄"》（Op.18-2）。尤其是第二樂章，貝式英雄氣質的早期展現，哀而不傷浸透著悲壯，交織著惆悵，最終自陰鬱步向光明 —— 最愛貝多芬的這一特色。其中的大提琴主奏片段寬廣深沉而溫情，美不勝收，隨之而來的小提琴更動人心魂，自然包括那純淨美妙的和聲。形式上，慢板中加入一段快板，是效仿莫札特的的大作《第20鋼琴協奏曲》（K.466）嗎？效果不錯，但這樣的處理在作者的慢板樂章中絕無僅有（尚需確認）。總之，酷愛這個樂章，遺憾的是太短了，不過癮，只有反復聆聽。再次感到在抒情慢板這個"領域"，貝多芬的頂峰地位無人望其項背。而快板"領域"誰又能與其爭鋒？

現在年輕人的三重奏、四重奏表演不時給人帶來驚喜，常常呈現與其年齡不相稱的成熟老到，不少最佳版都出自他們手下，超越前輩成就。這個Attacca Quartet版極好，比如第二樂章幾乎無懈可擊，第一小提琴堪稱絕佳，毫無瑕疵，每個音符都處理得那麼清晰乾淨，更恰到好處地優美絕倫 —— 幾乎都是我想要聽到，或說正中心懷的。雖然尚不好說本演奏就是自認最佳，因為還沒有進行正式鑒別，只是和老牌樂組Borodin，Alban Berg做了個比較，但懷疑還能碰到更棒的。

78."神說，要有光，就有了光。"（《聖經創世紀》）

用一個簡明扼要的詞來高度概況貝多芬的音樂，那就是"光明"；用一句更準確全面的話來描述，那就是"衝破黑暗，迎來光明"。貝多芬的許多作品不乏烏雲翻滾，而他的所有作品都霞光滿天，陽光終將穿透烏雲是他一生不變的主旋律。當他向你鋪開一縷陰霾，隨之而來的是遠為廣闊的燦爛和輝煌；當他展示給你兩分黑暗，必將再贈送你十分光明，他從來不會帶你一黑到底，從來不會，那不是他的性情與風格，因為他是光明之子啊！貝多芬之光，或是勇氣和力量，與殘酷命運搏擊抗爭的勇氣，天地間正氣磅礴噴湧的力量；或是讚美和感激，對奇妙生命的謳歌讚美，對造物主博愛恩典的無限感激。貝多芬偉大在哪裡，貝多芬就偉大在這裡。

貝多芬自己說過："我的藝術可以用來改善可憐人們的命運。""音樂是比一切智慧、一切哲學更高的啟示，誰能參透我音樂的意義，便能超脫常人無以自拔的苦難。"看來他頗有自知之明，與先見之明，簡潔的話語比以色列先知說的更富啟迪意義和預見性。俾斯邁稱讚《熱情奏鳴曲》說："如果能夠常常聆聽這樂曲，我的勇氣將永遠不衰！"那時代沒有收錄機DVD，他當然不能常聽，到底還是聽得少了，不知道貝多芬的幾十部樂曲都配得上如此讚譽。故而，熱愛貝多芬音樂的人是有福的，因為你直面命運的勇氣將永遠不衰，你的精神世界必定富足充盈；生而在世你時常會哭泣，但你更樂於歡笑；你前行的道路上有陰暗，但更有光明。